講談社選書メチエ

799

考えるという感覚／思考の意味

マルクス・ガブリエル
姫田多佳子・飯泉佑介［訳］

MÉTIER

技術、その小さくて巨大な勘違いは
人間をいささかも己から守るものではない
ドゥルス・グリュンバイン

目次

まえがき　11

序論　19

第1章　考えるということの真実　39

無限の複雑性／考える？　それはいったい何だ／考えることができるのは人間だけではない／宇宙の範囲／アリストテレスの感覚〔Sinn〕／コモンセンスは時に感覚的／「感覚〔Sinn〕」の意味〔Sinn〕、あるいは思い違いの仕方あれこれ／宇宙に亡命し、そこから眺めているのは誰だ／すべての対象が物なのではない／赤い蓋は（現実に）存在するか／思考は神経の興奮ではない／真理以外の何ものでもない／世界はお望みのままに／フレーゲの「思想〔Gedanke〕」／意味と情報、そしてフェイクニュースのナンセンス〔無意味〕／私たちの第

六感

第2章　考えるという技術　111

地図と領土／コンピューターは中国語ができるか／写真はクレタ島を覚えていない／一匹のアリが砂の上を這いまわることは、なぜウィンストン・チャーチルと無関係なのか／インターネットという神／文化の中の居心地悪さ／感情的知性と、記号のデジタルジャングルに隠された価値／「機能主義」という名の宗教／思考はタバコの自動販売機ではなく……／……心はビール缶の山ではない／ステップ・バイ・ステップで脳をペースメーカーに？／技術という理念、あるいは、どうやって家を建てるか／総動員／社会はビデオゲームではない／機能主義のアキレス腱

第3章　社会のデジタル化　179

論理的でしょ？／集合とのピンポンゲーム／いずれすべてがクラッシュする／

そもそもコンピューターにできることはあるのか／ハイデガーのつぶやき／奇跡も多すぎると不安になる／「完全なる用立て可能性」の時代に／「サークル」に捕まった？／ヴィンデンへの寄り道／意識一つ、テイクアウトね／ここでは誰が問題を抱えているのか

第4章 なぜ生き物だけが考えるのか　247

ヌースコープ／魂とカードボックス／「さあ、来い、古箏！」／照らし出された脳／意識ファースト／内、外、それとも、どこでもないところ？／湿っぽくて絡み合った一個の現実

第5章 現実とシミュレーション　291

空想はスマホと出会う／避けられない「マトリックス」／追　悼／ホラーとハンガー（ゲーム）／美しき、新しき世界／あなたは目覚めているのか、それとも夢と独り言の中に囚われているのか／あなたはオランダを知っていますか／

物質と無知／現実とは何か／どっちつかずの現実／魚、魚、魚／つかみどころのない現実の変動幅／カエサルの髪とインドのマンホールの蓋とドイツ／フレーゲのエレガントな事実理論／私たちの知の限界を超えて／思考の現実は頭蓋基底のレッスンではない／マッシュルームとシャンパンと思考－思考との違い／人間は人工知性だ／人間の終焉

本書のおわりに 409

謝　辞 413

原注 427

文献一覧 441

語彙集 456

人名・作品名索引 466

凡例

・本書は、Markus Gabriel, *Der Sinn des Denkens*, Berlin: Ullstein, 2018 の全訳である。
・訳文中で用いた記号類については、以下のとおりである。

「 」 原文における » «
（ ） 原文における（ ）
［ ］ 原文における補足や注記
〔 〕 訳者による補足や注記
〈 〉 すべて大文字で表記された語、また、術語であることを示すために訳者が補足した個所（「 」で示した場合もある）
傍　点　原文におけるイタリック体（書名・論文名などの場合については左記）
ゴシック体　原文におけるボールド体

・書名、雑誌名、新聞名、テレビ番組名、映画の作品名、ゲームの作品名は『 』を、芸術作品の作品名は《 》を、論文名、講演名、テレビ番組や映画のシリーズ名などは「 」を付して表示した。
・著者による引用文は、特に注記しないかぎり、原書から訳者が訳出した。ただし、読者の便宜のため、巻末「文献一覧」では、邦訳のあるものについては併記した（複数の邦訳が存在する場合、入手しやすいものを示した）。

・巻末に「人名・作品名索引」および「語彙集」を掲載した。これらで取り上げられている原綴については原則として索引および語彙集の中で示すこととし、特に必要がないかぎり訳文中には示さなかった。

まえがき

本書は『なぜ世界は存在しないのか』、『「私」は脳ではない』に続く、三部作の最後を締めくくるものですが、先の二作を読んでいなくても理解できるように書いてあります。本書は、前二作と同様、哲学的にいろいろ考えてみたいというすべての読者を対象にしたものです。そして、この考えるというプロセスこそがテーマになっています。これから私は、誰にでも分かるような、とっつきやすい方法で（人間的）思考の理論を展開していきます。

考えるということ／思考は、哲学の中心にある概念です。プラトンやアリストテレス以来、哲学は考えることについて考える学問である、と理解されてきました。考えることについて考えることは、論理学の起源です。一方、論理学は、私たちのデジタル文明の土台の一つでもあります。というのも、一九世紀における哲学的論理学の進歩なくしては、情報科学は決して発展しなかったでしょうから。ここで最も大きな影響を与えたのは、数学者にして論理学者・哲学者でもあったジョージ・ブール（一八一五―六四年）とゴットロープ・フレーゲ（一八四八―一九二五年）です。二人は一つの思考理論を世に問い、それを起点にして今日の情報科学の基礎となる最初の形式論理学の体系が発展してきました。つまり、彼らは現在のコンピューター革命とデジタル化に向けて大いなるお膳立てをしたと言えるでしょう。

この思考理論は、難解な専門用語を使わずとも成立する哲学書の登場を待ち望んでいます。その哲学書を理解するために、皆さんが論理学のテクニカルな側面に入り込む必要はありません。なぜなら、考えることは、本書でご紹介していくように、一つの感覚器官〔を働かせること〕だからです。考えるとは、感覚的なこと（うまくいった場合、愉快なもの）であり、独創的に考えをめぐらせることを断念させられるような暴力的な訓練ではありません。その反対です。哲学的に考えるということは創造性に富んだプロセスであり、だからこそロマン主義者やフリードリヒ・ニーチェのような哲学者は思考を詩作の域にまで近づけたのです。

哲学は、結局のところ、数学そっくりでも、詩そっくりでも（その他、何らかの芸術ジャンルでも）ありません。哲学は、そのどちらの分野とも一線を画し、一つのインターフェースを作り出します。ですから、哲学は、私たちが考えることについて考える最も一般的な方法なのです。哲学は、自然科学と科学技術の土台となる言語・思考形式を作る数学よりも一般的です。同時に哲学は、私たちの日常の具体的な現象の近くに寄り添います。私たちの経験と知覚の根本を究明しようとするのです。そのため哲学は、正体不明の自然の出来事や人間のような生き物の行動を予想し、管理できるようにするためのモデルを構想するだけではありません。そうではなく、哲学では現実と私たちの現実経験についての認識を追究します。哲学は知恵を目指しますが、それが意味するのは、私たちが現実にはすべてを知っているわけではないということを厳密に知る、ということです。ですから、ソクラテスたちは哲学を、自分たちが知らないということを知ることであり、そのことを知らずして知恵には到達できない、と理解しました。

考えるということは、自然的現実と心理的現実のあいだのインターフェースです。そのかぎりでは、前二作のテーマ――世界（もっとも、現実にはそんなものは存在しません）と「私」（脳と同一ではありません）――と結びつけることは適切です。考えることは、結びつきを作り、結びつきを認識することでもあります。私たちは、考えているとき、かけ離れたいくつもの現実を結びつけ、それによって新たな現実を作り上げるのです。

そうはいっても、考えるということは、象牙の塔の中で進行する現実離れしたプロセスではありません。ですから、哲学を学術的ガラス玉演戯〔ヘルマン・ヘッセの長編小説に由来する言葉で、実践的目的をもたない抽象的思考ゲームのこと〕に還元しないほうがいいでしょう。それは職業哲学者たちが、〔物事を〕一つ一つ細かく分析しつつ、複雑な論証と一連の思考に対して〔一定の〕立場を示すことだからです。

イマヌエル・カントでさえ、ケーニヒスベルク大学で行った論理学の講義の中で、哲学の「学校概念」と「世界概念」を区別しています。[1] 学校概念〔としての哲学〕は体系的な理論を構成することであり、その腕前は哲学の学科や演習で訓練されて後世に伝えられます。この場合、私たちの合理性の理解にとって不可欠な基本的概念を構築することが重要です。カントは、そのプロセスを、自身の有名な著書の表題と同じく「純粋理性批判」と呼んでいます。

それに対して、世界概念〔としての哲学〕のほうは「人間理性の最終目的」[2] を研究することに主眼を置いています。これには、人間とは何者であるのかという問いや、私たちの考える能力の本質は厳密に言って何であるのかという問いも含まれます。私たちは自然の一部にすぎないのでしょうか。もしや、特別に賢い動物、あるいはむしろ、みずからの知性で目がくらんでしまった動物なのでしょうか。それとも、人間は一つの非感覚的現実のくだらない道具なのでしょうか。

> この高位の概念は哲学に尊厳を、つまり絶対的価値を与える。本当に哲学のみが内にこそ価値をもち、他のすべての認識にまず価値を与えるものなのだ。[3]

今日までに存在した偉大な哲学者たち——気の向くままに若干の名を挙げるなら、プラトン、アリストテレス、イマヌエル・カント、ゲオルク・ヴィルヘルム・フリードリヒ・ヘーゲル、フリードリヒ・ニーチェ、ジャン＝ポール・サルトル、ミシェル・フーコー、エディット・シュタイン、ハンナ・アレント、ユルゲン・ハーバーマス、マーサ・ヌスバウム——は、哲学の世界概念への貢献によって文化的記憶にその名を刻みました。プラトンには、たった一本の学術論文もありません。けれども、彼によって伝えられた対話篇の中で、かつて言葉で表された最も深い哲学的思考のいくつかが簡単な言葉と対話形式で活き活きと表現されたのです。

残念なことに、ドイツの一部ではここ何十年か、公の場で哲学的に議論する文化が廃れてきました。その責任は——私のテーゼによると——主に自然主義にあります。自然主義は、あらゆる真なる知とあらゆる進歩は、テクノロジーによる人間の生存条件のコントロールと自然科学との結びつきに還元することができる、と主張しています。けれども、これは根本的な間違いであり、それどころか危険な眩惑です。今日の私たちはイデオロギーの危機という形で、この幻に悩まされていると言えるでしょう。――すなわち、言うまでもなく、宗教はまったく消滅していませんし、〔むしろ〕現実の説明モデルとして大々的に復活してきています。いわゆる「ポピュリスト」は、実際には一度も存在したことのない、昔の民族的アイデンティティを扇情的に訴えてきます。また、インターネットという新しい主要メディアによって成立した公共空間は、危機に陥っています。これらの危機は、どれも哲学的に考え直す努力なしには克服できません。というのも、自然科学と科学技術の進歩は、倫理的な反省を行うことなく自動的に人間の生をよくしてくれるものではないからです。それどころか、私たちは歯止めのきかない進歩によって、この惑星を破壊しています。このことは、じっくり考えて、進路を正すきっかけとしたほうがいいでしょう。

私たちが存在したどの時代もそうだったように、今日、人間と――テクノロジーによって人間の影響力が拡大したことで――この惑星の生命すべての存続が危うくなっています。哲学がこの試練に立ち向かうには、私たちが現実をよりよく認識できるようになるための新たな道具と思考モデルを哲学自身が発展させるしかありません。哲学は今、ポスト真実《トゥルース》の時代の嘘に抵抗しています。つまり、もう一つの事実《オルタナティヴ・ファクト》というナンセンスな主張に、陰謀論や根拠のない黙示録的シナリオに反論しているのです。こうしたことがどうしようもないほど蔓延して、近い将来、現実に人類の最後が訪れることがないように。

そういうわけで、私は本書で今一度、時代にかなった啓蒙的なヒューマニズムを擁護していきます。ヒューマニズムは人間の知的・倫理的能力を、ポストヒューマンやトランスヒューマンにかぶれて私たちを侮《あなど》る人々から守ってくれるからです。

新しい実在論の基本的特徴は、本書で完結する三部作によって、大学〔という枠〕を超えて一般社会に紹介されてきました。新しい実在論という私の提案は、根本的な思考の誤謬を克服するためのものです。しかし、この誤謬は私たちの社会的・人間的な欠陥でもあり、私たちはそういう欠陥にとらわれてしまっています。特にヘーゲルが述べたような今日蔓延する「真理への不安」が、その最たるものでしょう。あるいは、アメリカの哲学者ポール・ボゴシアン（一九五七年生）の言うところの「知への恐れ」です。すでにボゴシアンは、真理や客観的事実、現実は存在しないといった、ポストモダンの根底にある数多の思考の誤謬を批判してきました。[4]

前二作の内容を知っておく必要はありません。三部作のどの本も十分それだけで成り立っています。そのため、前二作ですでに紹介された考察が本書のあちこちで繰り返されることになりますが、それによって読者の皆さんには、議論になっている事柄について自分なりのイメージを作ってもらいたいと思います。

哲学書には、読者に刺激を与え、読者自身を思考にいざなうという役割があります。哲学から学べるのは、人間存在に対する本質的な問題——例えば、人間とはいったい何者なのか、私たちは他の動物と何が異なるのか、コンピューターは考えることができるのか、など——に対して抱いている自分の偏見を反省し、より全体を見渡せる形で整理するということです。

結局のところ、皆さんに私の立場を説得できたかどうかは最も重要なことではありません。考慮すべきは、真理以外の何ものでもないのです。〔しかし〕人間の思考をみずから探索するというとき、その中に潜む真理はそう簡単には突きとめられません。常に哲学的な意見の相違があるのは、そのためです。ですから、どんな問いにも必ず答えられると思うのは根本的な誤謬だと言えるでしょう。むしろ大切なのは、どんどん考えることで新たな思考の形式や領域を開拓することです。本書でお分かりになるように、私たちは間違えることがあるということを、私は現実というものの決定的な標識とみなしています。考えることは現実の一部ですから、そうした考えることはまさにどんな性質をもっているのかと問うことができます。そのため、私たちは〔考える際に〕決して間違えない無敵の存在などではありえないのです。それでも私は自分の理論は正しいと考えています。そうでなかったら、ここでご紹介することはないでしょう。

本書のタイトル *Der Sinn des Denkens* には、意図的に二つの意味がかけてあります。主テーゼは、思考は、見る、聞く、触《さわ》る、味わうなどと同様、一つの感覚〔Sinn〕である、というものです。私たちは考えながら現実に触れています。結局のところ、現実は思考によってしかアクセスできません。色がふつうは見ることでしか、音は聞くことでしかアクセスできないのと同様です。けれども、同時に私が支持するのは、考えることには新しい意味〔Sinn〕が、つまりは私たちの時代の進路に向かうための方向づけが与えられるべきだということです。というのも、考えることは――ずっと以前からそうだったように――多様なイデオロギーの潮流と、それに付随するプロパガンダによって不安定な状態に陥れられているからです。皆さんが最近、ドナルド・トランプについて考えたことを全部思い出してみてください！　そのとき考えたことに、そもそも意味があったでしょうか。トランプという人物をめぐって盛り上がっているスキャンダルについていちいち語るのは、まさに彼のずる賢いメディア戦略の罠の一つではないでしょうか。

インフォスフィア／情報圏と呼ばれるデジタル環境の中で私たちが絶え間なくさらされている情報の氾濫によって、哲学的に考えることに対する新たな挑戦が生まれてきています。本書は、考えるとはそもそもどういうことなのかを自覚するための試みです。そうすることで、今日シリコンバレーの怪しげな魔法使いたちと彼らのもとに集《つど》うテクノ錬金術師たちが人工知能〔知性〕を作るという主張のもとに要求している領域のコントロールを、わずかなりとも取り戻したいのです。デジタル化の犠牲者、つまり救いようのない情報中毒者やテクノ・ゾンビになりたくなければ、私たちはガジェット〔スマホなどの小型デジタル電子機器のこと〕にかけられた魔法を解き、それらが全能であるという信仰を捨てなければなりません。

序論

人間とは、動物であろうとしない動物です。それは、いつの頃か、自分はいったい何者なのかと考え始めたからです。[5] 私たちはまた、おぼろげであれ明瞭であれ、人間像というものをもっているので、よい生き方の本質は何かということについての考えを必要としています。よい生き方とはどんなものかを考える分野である**倫理学**は、**人間学**に基づいています。人間学とは、人間は他の生き物や宇宙の無機的領域と厳密に言ってどう違うのかという問題を研究する分野のことです。[6]

私たちがもつ人間像と価値は密接に関係しています。倫理的価値は人間のふるまいの指針となります。倫理的価値は、私たちの行為を、あるべき行為（すなわち、よい行為、言い換えれば、倫理的に正しい行為）と、あるべきでない行為（すなわち、間違った行為、言い換えれば、倫理的に正しくない行為）に区別します。ただし、これらとは別に、どのような価値体系においても、一般によくも悪くもない行為（道路の右側ではなく左側を歩く、何もせずぶらぶらする、深呼吸する、パンにバターを塗る、など）や、まったく容認できない行為、すなわち悪い行為（子供を虐待する、一般市民に毒ガス攻撃を行う、など）が認められるでしょう。倫理的に正しくない行為のすべてが悪い行為であるとは限りません。なぜなら、例えば友人を守るためについ嘘をつく、仲間とゲームをしていてインチキをする、といったことも倫理的に正しくない行為ですが、それらが価値体系自体に大きな害をもたらすわけではありませんから。反対に、悪しき行為は価値体系を内部から完全に崩壊させます。二〇世紀に残念ながらあまりにたくさんいた全体主義のサディスティックな独裁者が、その典型です。独裁者は、自分自身の価値体系を破壊した挙げ句、ついには誰も、何も信じられなくなり、全面的な監視機構を作り出す必要に迫られます。

　人間とは何かについての深い迷いがあるかぎり、私たちは自分の価値体系を正しく調整することができません。そして、人間とともに倫理が危機にさらされることになります。強調しておきますが、これは他の生き物（植物も含みます）や無機物が倫理的に重要でないということではありません。その反対です。しかしながら、自分自身と自分が接する現実世界に対して、どのような義務を負っているのかを判断するには、私たちは本当は何者なのか、そして自分たちの真実に鑑《かんが》みた上で将来何者でありたいのか、と自問しなければなりません。[7]

　残念ながら中立的な立場から人間とは何者なのかを規定することは大変難しく、不可能でさえあります。というのも、人間についてどのように規定しようとも、それは自己規定だからです。このような自己規定は、単に自然科学的な事実を論じるだけでは十分ではありません。なぜなら、人間は精神をもった生き物だからです。**精神**《ガイスト》とは、人間とは何者なのかという観念に照らし合わせて人生を送る能力のことです。この能力が具体的に現れるのは、私たちが自分自身の人生についてのイメージを形作り、その中で、どのような条件があれば人生がうまくいっているとみなすのかを思い描く時です。私たちは誰でも幸福でありたいと思いますが、幸福とは実際のところ何なのか、誰にでもあてはまる仕方でそれを説明することはできません。哲学的に見ると、**幸福**とはうまくいっている人生を表しているにすぎず、それについてカタログにリスト化できるような、すべての人に通用するスタンダードなどありません。せいぜい明言できることといえば、どのような条件のもとでなら幸福の追求がうまくいくとみなすことができるのか、ということくらいです。それらの条件が、人権というものです。

とはいえ、今日では人間の概念が揺らいでいます。デジタル時代になり、知性をもって問題を解決するという、かつての人間の特権は、いつのまにか多くの分野において機械によって代行されるようになっています。その機械はといえば、生存と生活を容易にするために私たち人間が作り出したものなのですが。

アテナイで最初に哲学的思考が花開いた時期は最初の民主主義の形成期と時を同じくしましたが、それ以来、哲学的思考の中心課題の一つは思想の広場における混乱を暴露することです。今日の思想の広場は、デジタル時代の主要媒体たるインターネットです。ですから、本書のスローガンは、熟慮ファースト、デジタルセカンドです。これはカントの有名な啓蒙的標語「汝、みずからの悟性を用いる勇気をもて」の現代版です。速報やニュースを分刻みで伝え、デジタルで結びついた私たちの思考を混乱と興奮に投げ込むグローバルなプロパガンダシステムの時代において、熟慮することは何を措いても必要なことです。

本書の第一主テーゼは、考えるということは、聴覚、触覚、味覚、平衡感覚など、今日人間のような生命体の感覚系に数えられている他の多くの感覚と同じように、感覚〔Sinn〕である、というものです。この主テーゼを持ち出すのは、思考は情報処理のプロセスであり、本質的にシリコン〔半導体の原料〕などの無機物によって模造できる、という今日広く流布しているイメージに対抗するためです。手短に言えば、コンピューターは、結局のところ、われらがアナログな官僚組織につきものの古きよき書類ファイルと同じように、ろくに考えることはできません。コンピュータープログラムというのは単なるデータ処理システムであって、例えばフライトの予約、方程式の解、外国語の（どうやら許容できる程度の）翻訳、本の執筆、Ｅメールの送信といった作業を早く処理するためのものなのです。

また同時に、私たち人間の知性それ自体が人工知性〔人間によって生み出された知性（原語では「人工知能／ＡＩ」と同じ表記）〕の一つの事例であることを論証します。人間が考えるということは、太陽の進行や月の公転、宇宙の膨張あるいは砂嵐のような、精神的部分を抜きにして理解できる自然のプロセスではありません。精神的部分があるものはすべて、人間という生き物によって生み出されています。

人間はこの事情を自覚していて、そのために、さまざまな生存条件に的確に介入できるという事実に沿って、みずからの生を方向づける生き物です。ですから、人間は磨き上げた技術を、つまり自分の生活環境を改善して楽に暮らせるようにするシステムを使えるのです。人間は、まさにその自己認識において、こうした技術と深く結びついています。この結びつきの深さは、私たちが私たち自身の知性を生み出すものであることに由来していると私は考えます。私たちの思考の仕方は、何千年も前から数々の高度文明の中で発達し、絶えず変化してきた社会経済的な条件の枠組みによって形成されています。そうして、人工知性が登場しました。私たちの精神[8]です。私たちの精神、すなわち、私たちの人間としての自己規定である精神は、何千年も前に文字という形で初めて書きとめられました。

それ以前、私たちの祖先がみずからを人間として規定したことを示す可能性は、他の媒体（口述、芸術作品、儀式など）によって伝承されました。この伝承が私たちを形作っています。なぜなら、この伝承が私たちを、自分たちが将来、何者であろうとしているのか、という問いと向き合わせているからです。

何千年も昔から、人間の生は、人間とは本当は何者なのか、という問いのまわりをめぐっています。最古の有名な答えの一つは、人間とは理性的な生き物である、というものです。このことを意味する人間の定義 *zôon logon echon* ——訳し方や解釈にもよりますが、言葉、思考、あるいは理性を用いることができる生き物——は、アリストテレスに由来します。

ところが、まさにこの人間の際立った特徴であり特権であると考えられているものが、このデジタル時代に危機に瀕しているのです。オックスフォード大学で〔二〇二三年からはイェール大学で〕教鞭を執っているイタリアの哲学者ルチアーノ・フロリディ（一九六四年生）は、現代の人工知能は人間の自尊心を深く傷つけるもので、地動説、ダーウィンの進化論、フロイトによる無意識の研究といった世界観・人間観の大革命が人間に与えたのと同じくらいインパクトがあるとさえ考えています。[9]

実際、私たちが絶えず持ち歩いているコンピューター——スマートフォン、スマートウォッチ、タブレット——は、仮想環境では知能においてとっくの昔に大部分の人間を凌駕しています。〔コンピューター〕プログラムは人間よりチェスがうまく、碁や古きよきアタリ社のゲームでも私たちを打ち負かします。プログラムは人間より優れた旅行代理店であり、あっというまにインターネット全体をくまなく探しまわり、この惑星の隅々の気温を知り尽くします。人間が短時間には気づけないパターンを膨大なデータの中から見つけ出し、最高の数学者たちが大変な苦労をしなければ検証できない数学的証明さえ行います。

これほどの進歩を目の当たりにして、科学者や未来学者、哲学者や政治家は、いわゆる惑星意識に到達し、みずからを人間への従属から解放するまでに、あとどのくらいかかるのだろうかとあれこれ推測しています。中には、あまり遠くない将来、シンギュラリティ〔技術的特異点。人工知能が人類の知能を超える転換点〕、あるいはスーパーインテリジェンス〔超知能。人間の知能をはるかに上まわる仮説上の主体〕と呼ばれる、想定を超えたデジタル大惨事が起こるのではないか、と危惧している人もいます。代表的な人物に未来学者レイモンド・カーツワイル（一九四八年生）がいますが、彼はその考え方によってAI研究の先駆者マーヴィン・ミンスキー（一九二七―二〇一六年）の後継者となっています。ビル・ゲイツ（一九五五年生）やスティーヴン・ホーキング（一九四二―二〇一八年）といった著名人も、まもなく知能爆発が起こり、知能をもった機械たちが覇権を握って、人類を絶滅させるかもしれないと警告しています。

一方、そんなことは馬鹿馬鹿しいと考え、インフォスフィアは靴と同程度の知性だと唱える人もいます。アメリカの哲学者で人工知性の哲学の先駆者たるジョン・ロジャーズ・サール（一九三二年生）は、人間によって作られたコンピューターには本当の思考はできず、いつの日かコンピューターが意識を獲得する可能性は完全にゼロパーセントである、と長年にわたって主張しています。

真実は間違いなく両者の中間のどこかにあるでしょう。インフォスフィアとデジタル革命は、映画

『ターミネーター』やミシェル・ウエルベックの小説『ある島の可能性』で描かれているようなディストピア的未来をもたらしたりはしません。同じように、IT投資家フランク・テレン（一九七五年生）が『フィロソフィー・マガジン』誌で私と対談した時に期待していたように、近年爆発的に加速するテクノロジーの進歩が、人類が抱えるあらゆる問題を解決してくれることもありません。

人類が抱えている水と飢餓の問題は、より優れたアルゴリズムや、より計算速度の速いコンピューターで片づけることはできません。それどころか、デジタル産業の技術進歩、つまり効率のよいハードウェアによる高い計算能力というものは、水と飢餓の問題拡大に寄与しています。というのも、そういった計算能力が向上するや否や、新たな機種を売るべく古いスマホやタブレットはさっさと処分されることになるのですから。コンピューターは、私たちの倫理的問題を解決してくれません。むしろ、問題を悪化させています。私たちはスマートフォンを作るために世界の貧しい地域からレアアースを採掘し、ハードウェアのためにプラスチックを使い、デジタル世界を維持するために膨大なエネルギーを消費しているのです。クリックするたび、Eメールを送るたび、エネルギーは消費されます。私たちが直接的にそれに気づかないだけです。しかし、それでは事態はよくなりません。

確かに、テクノロジーの進歩で先進工業社会の医療と生活状況は急激に向上しました。ですが、一方でインフラのデジタル化にともなう弊害として、私たちはずいぶん前からサイバー戦争、フェイクニュース、デジタルインフラへの大規模サイバー攻撃、そして常時ネット接続やソーシャルメディアの新たな公共圏に起因する社会的疎外現象などに直面しています。明らかにきわめて物質的なケースである盗聴スキャンダル（オバマ政権時代）はもとより、ツイッター〔X〕でのプロパガンダ（トランプ政権時代)、民主主義を内から崩壊させる選挙用ボット、インターネットで準備されたテロ、オンライン上の人々の行動を測定し、制裁を加えるために中国国内に設置された大規模な監視システムなど、デジタル化の弊害は枚挙にいとまがありません。

ここで、用語の使い方に混乱がないよう、まずは本書でたびたび登場することになる二つの人間学的主テーゼについてお話ししましょう。**第一の人間学的主テーゼ**は、人間とは動物であろうとしない動物である、というものです。このテーゼは、ポストヒューマニズムとトランスヒューマニズムのもとで広がっている、今日よく見られる混乱を説明します。どちらの運動も、人間から訣別し、動物-人間的部分と技術的部分から成るサイボーグになることこそ素晴らしい、と信じています。

現在、ポストヒューマニズムとトランスヒューマニズムは特にカリフォルニアで広まっていて、どちらも人間は超克できるのだと考えています。そして、人間の代わりにその座につくのは、フリードリヒ・ニーチェ(一八四四―一九〇〇年)が最初に呼び出した、あの古きよき〈超人〔超人間〕〉です。アメリカではスーパーマンをはじめとする多くのスーパーヒーローがハリウッドを通して広まったポップカルチャーの一角に定着していますが、このカルチャーは、いつか死すべき人間としてのこの世のしがらみは振り捨てられるものであり、限りなく素晴らしい未来に出発することは可能だと暗示しています。ですから、アメリカのテクノロジーと研究が超人の探究に力を注いでいるのは偶然ではありません。

この関連で言えば、フランスの社会学者にして哲学者であるジャン・ボードリヤール(一九二九―二〇〇七年)はすでに、ウォルト・ディズニーがテクノロジーの発達した遠い未来に死から蘇るために自分を冷凍保存させたという都市伝説に対して注意を喚起していました。[11]動物の大きな問題の一つは、いつかは死ぬ、ということです。死すべき運命にある生き物のなすことはすべて基本的に生と死を中心にまわっており、その際、私たちはたいてい生はよいこと、死はよくないことと考えます。長らく科学技術は、この世の死を克服するというファンタジーに結びついていました。今日では、私たちの動物性を取り払い、**インフォーグ**――デジタル情報だけで成り立つサイボーグ――になるという（病理的な）願望が、あらゆるレベルで広まっています。

私たちにとって自分という存在が自分についての情報と同一なら、ハードウェアがもっと進歩した暁《あかつき》には、私たちの精神を情報としてハードウェア上で動かすことも可能になるでしょう。このアイデアは、アメリカの素晴らしいテレビドラマ・シリーズ「ウエストワールド〔*Westworld*〕」の中でうまく表現されています。このシリーズではウエストワールドという名の未来のテーマパークが登場し、そこで人間は、区別がつかないほど人間そっくりなロボットと遭遇します。人間はロボットを自分の楽しみのために利用します。シーズン2では（ネタバレ注意！）、このテーマパークを経営する会社の目的は、完璧なロボットを作り出すために来場者から行動データを獲得することだと明らかになります。この計画全体の背後には、サーバーにアップロードされたウエストワールド創設者の一人の精神が潜んでいました。この人物は完璧なロボットの体に入り込んで、インフォーグとサイボーグを融合させようと目論んでいたのです。

しかしながら、現実には、このファンタジーが実現することは決してありません。したがって、私はこの現実逃避に対抗して、**啓蒙的ヒューマニズム**を支持します。啓蒙的ヒューマニズムは、外国人であれ、自国人であれ、友人であれ、隣人であれ、女であれ、男であれ、子供であれ、昏睡状態の人であれ、トランスセクシュアルの人であれ、すべての人間を文字どおり人間とみなす、そのことに最初から何の疑いももたない人間像の上に成り立ちます。このことを強調する必要があるのは、近代、特にルネサンス以降において展開された古典的ヒューマニズムの立場が、欧米系の白人で、政治的に重要であり、裕福な成人男性を、暗黙に、時にはあからさまに人間存在のスタンダードとみなしていた、という事情があるからです。ですから、カントの著作でさえ、残念なことに人種差別的な前提、女性蔑視の前提で溢れています。彼は南半球の住人のように自分にとってまったくなじみのない人間について、例えば「黒人」という人種を「動物の力強い成長」云々と説明するなどして、その人間性を否定しています。[12] しかし、カントは決してただの有名な人種差別主義者ではなく、何より普遍的な人間の尊厳についての理論家です。こんな話を聞くと、どうやってカントはその両方を一個の人間の中で調和させることができたのかと不思議に思ってしまいますが。

第二の人間学的主テーゼは、人間は精神をもった自由な生き物である、というものです。言い換えれば、私たち人間は自分の人間像を修正することで自分を変えることができる、ということです。私たちの精神の自由の本質は、人間としての生き方を自分で決めるという点にあります。私たちは自分の人間存在を定義し、その定義をベースに自分の行動の指針となる倫理的価値を見出すのです。

だからといって、人間はいつも、あるいは、ほぼいつも自分たちの価値に則って行動しているわけではありません。自由とは、倫理的であれ非倫理的であれ、いずれにも行動できるということです。しかしながら、精神の自由とは、自分の行為を何らかの規範によって統一し、方向を定めなければ、私たちはまったく何もできない、ということも意味します。その際、自己規定の究極の地平、すなわち最上位の価値は、近代においては人間をどう解釈するかによってあらかじめ定められています。最上位の価値は、もはや人間の外の神の領域に求められるのではなく、私たち自身の内に求められるのです。それは私たちが良心の声に操られるという意味ではなく、むしろ私たちはみな人間であるということを認識することで自分自身を統制し、制御できる、という意味です。このようにして近代精神は理性の担い手として人間を方向づけ、その最終的な帰結として人間以外の動物の生を、もちろん認めます。したがって、啓蒙的ヒューマニズムは、動物の権利を認めること、この惑星に住む人間と他の生物の生存条件を向上させるために環境を保護することを要求します。

ところで、まさにこのことは、ホモサピエンスという言葉の中にすでに織り込まれています。ホモサピエンスというのは、スウェーデンの自然科学者カール・フォン・リンネ（一七〇七—七八年）が『自然の体系』で用いた言葉です。それによると、人間は他のあらゆる形態の生き物とは異なり、「汝自身を知れ〔Nosce te ipsum〕」という要請が向けられる生き物なのです。[13] 知恵（sapientia）とは、自分自身のことを決める能力があるということです。問題は、知恵が必ずしも正しいことをするという意味ではないことです。ですから、リンネが引用したこの格言の由来とされる古代ギリシアのデルポイの神託は、ソクラテスをすべての人間の中で最も知恵のある者と呼んだのです。[14] ソクラテスが本当に知恵があると言えるのは、次のようにこの要請の構造を理解したからです。すなわち、人間とは何者なのかという問いの答えは、神や神々、あるいは宇宙によって前もって与えられた何らかの規範に言及されることで確定されるのではなく、ただひとえに私たちが自分自身をどのように規定するかによって確定される、ということです。ジャン＝ポール・サルトル（一九〇五―八〇年）がいささか紛らわしい言いまわしで述べたように、私たちは自由の刑に処せられているのです。[15]

ですから、本書は自己規定を行う書なのです。人間の自己規定は二つのレベルで行われます。一方のレベルで中心となるのは、人間は――望むと望まざるとにかかわらず――生き物である、つまり動物の中の一つの種である、ということです。だからこそ、そもそも現実を認識できるのです。認識とは真空空間におけるプロセスではなく、生物学的パラメーターと不可避的に結びついています。私たちは神でも天使でもなく、**ウェットウェア**――私たちの神経系を覆う湿った物質〔脳〕――上で動いているコンピュータープログラムでもありません。ですが、別の面から言えば、私たちは単なる動物の一種でもありません。なぜなら、ドイツの詩人ドゥルス・グリュンバインの言葉を借りれば、私たちは「進化の系統樹で人間の一歩手前にいる哺乳動物」とは異なっている、すなわち「人類と動物園にいる動物との中間にいる生き物」ではないからです。[16] 反省と言語を通して思考という感覚が特別に発達した、精神をもった生き物として、私たち人間は無限に多くの精神的現実と接触しているのです。

アメリカの哲学者ソール・アーロン・クリプキ（一九四〇―二〇二二年）が適切に述べているように、現実を「私たちを取り巻く膨大な量の散乱物」[17] と混同してはなりません。私たちが認識する現実というものは、宇宙という物質‐エネルギーシステム全体と同一のものではまったくありません。私たちが思い違いをしてしまう対象は現実に存在します。そして、まさにそれゆえに、私たちがそれ自体存在するとおりに把握できるものも現実に存在します。思考は現実の一部です。そして、思考はそれ自体、現実的なものなのです——まさに私たちの感情や、（映画『最後のユニコーン』に登場する）ユニコーンや、（カーニバルやゲーテの『ファウスト』に登場する）魔女や、腹痛、ナポレオン、便器、マイクロソフト、未来と同じように。このことは、拙著『なぜ世界は存在しないのか』で詳しく取り上げました。

　商品生産がグローバル化し、情報サービス業がデジタルネットワーク化したために、私たちはイデオロギーの危険な暴走を経験しています。**イデオロギー**というものは、総じて、結局は不公平な資源配分を暗黙裡に正当化する歪んだ人間解釈の一つである、と私は理解しています。今日私たちは、現実は私たちが思っているのとはまったく違うかもしれないと吹き込まれ、しょっちゅう騙《だま》されています。そして、それに輪をかけているのが、フェイクニュース、もう一つの事実《オルタナティヴ・ファクト》に始まり、果てはポスト真実〔post-truth〕に至る、「ポスト真実《トゥルース》の時代」の政治スローガンです。

　こうして、私たちは美しく新しい形而上学の時代に到達しました。ここで言う**形而上学**とは、私たち人間がその手中に陥るとされる仮象や錯覚と現実世界（実在）を区別する理論のことであり、すなわち現実を総体として扱う理論です。私たちの時代は、徹頭徹尾、形而上学的です。現代は、私たちの全人生がその最も重要ないくつかの側面において、ほとんど、あるいはまったくと言っていいほど、その本質を見抜くことができない幻想である、という幻想の上に成り立っています。

　現実は幻想であるという、この幻想のせいで、現実に起きていることが見えにくくなっています。本当は、ここ二〇～三〇年のデジタル革命は近代知識社会の帰結なのです。啓蒙主義の時代には、「人類の教育」という目標のために、あらゆる知の形を結びつけることに重点が置かれていました。[18]

そして、一九世紀の後半になると、人類の重要な精神的成果のすべては科学技術と自然科学という分野でのみ達成できるし、達成すべきだ、という考え方が実証主義によって確立されます。だからこそ、今日では**唯物論**が形而上学の主導権を握っているのです。私が唯物論〔物質主義〕と言うとき、それは存在するあらゆるものは物質から成り立つという考え方と、人間としての私たちの生の意味は結局は物品（自動車、家、セックスパートナーや人生の一時期のパートナー、スマートフォン）を蓄積することと、それらを享楽的に無に帰せしめること（化石燃料の燃焼、豪奢な贅沢、星付きレストランでの散財）にあるという倫理的解釈の両方を意味しています。

社会政治的な観点では、唯物論とは、なるべく全国民が浪費を楽しめるように、政府が主に経済的なガイドラインを作り上げ、物質的な資源をよりよく配分する、という考えに相当します。つまり、私たちがみんなで浪費を楽しむことによって、唯物論的人間像のほうも容易に維持される、というわけです。

デジタル革命は、現代における監視装置とも密接に関係しています。周知のように、現在のデジタル技術は冷戦時代の軍事的な研究プロジェクトに端を発していますが、このことはアメリカのテレビドラマ・シリーズ「ジ・アメリカンズ〔*The Americans*〕」ではっきり描かれています。現代の巨大インターネット企業は広告のプラットフォーマーであるため、これまでの伝統的なマスメディアの状況を圧迫しています。というのも、伝統的なマスメディアは、読者の注意をつなぎとめるために、過激なニュース解説やスキャンダルに頼るしかなくなっているからです。

とはいえ、ここでは社会学的にあれこれ記述することはさほど重要ではなく、今日の唯物論イデオロギーの根底にある誤った考えを哲学的に論じることのほうが重要です。特に私たちの思考〔とは何かという問題〕に取り組んでいきましょう。イデオロギーは、いわば精神的ウイルスとも言うべきもので、思想〔考えられたもの〕という名の血管を駆けめぐり、あちこちでこっそり健康の土台を攻撃し、しまいにはその人を打ち負かしてしまいます。ペーター・スローターダイク（一九四七年生）の言葉を借りるなら、私はいわゆるコ・イミュニズム〔共・免疫主義〕に、つまり私たちの精神的免疫システムの改良に従事することにします。[19] 私たちは、自分たちは真実を知ることができないとか、インターネット時代に現実はもはや存在しないのかもしれないといった誤った考えに対してワクチンを打つ必要があるのです。

そこで、本書では、虎穴に入らずんば虎子を得ず、でいきましょう。つまり、リアリティ・ショーの時代、そして進歩し続けるインターネット社会の時代について、あえて考え抜くのです。課題は、私たち自身の思考にとっての意味をもう一度、勝ち取ることです。思考の意味こそが、まもなく人間は廃止され、完全デジタル化という天国のような時代に入るのだ、という誤解から私たちを守ってくれるのです。

第一の主テーゼは、すでに述べたように、私たちの思考は感覚である、というものです。今日知られている感覚モダリティ〔様相〕——聴覚、視覚、触覚、味覚、嗅覚、さらに平衡感覚などの感覚——と並んで、私たちには思考の感覚〔Sinn des Denkens〕があります。私はこのテーゼを**ヌースコープテーゼ／思考鏡テーゼ**へと発展させ、思考とは私たちがそれを手段として用いることで無限を窺い知ることを可能にし、かつ無限のものを数学的に表すことも可能にする感覚である、と主張します。つまり、私たちの思考は、他の感覚のように限界づけられることも、身近な環境に制限されることもなく、例えば量子力学という形で他の宇宙にさえ適用することができ、あるいは私たちの宇宙の数学的基本構造を理論物理学の言語で把握することができるのです。したがって、私たちのヌースコープは身体的現実をも通り越し、私たちを無限と結びつけます。

この主テーゼは、一般に通用している〔心の〕イメージに逆らっています。つまり、私たちの心に関わる器官は、知覚と認知のみから成り立っている、言い換えれば、外界が私たちの中で引き起こす状態とそのさまざまな知覚が内部で結びついて生まれる状態のみから成り立っている、とは考えないのです。私たちの意識とは無関係な外界が私たちの神経の先をくすぐることで内部プロセスが始まり、そして神経のもう一方の先で外界とは何ら関係がない像が生まれる、という捉え方は、結局のところ正しくありません。私たちの心的生活は、頭蓋冠の下で生まれる幻覚ではありません。それどころか、私たちは思考という感覚のおかげで、思ってもみないほどはるかに多くの現実と接触しているのです。

本書では、近代の認識論の根本的な間違いである**主観と客観の分裂**を退けます。この間違いの本質は、考える主体たる私たちが、自分に適合しない現実と向き合っているという誤った考え方をしていることにあります。この考え方のために、近代において、私たちには現実がそれ自体どのような姿をしているのか、まったく認識できない、あるいは、おおよそですら認識することは決してない、という印象が広まったのです。でも、私たちは知覚して思考する生き物として、自分たちとは切り離された現実と向き合っているのではありません。主観と客観は、上位の全体の中の対立する二つの部分ではないのです。むしろ、私たちは現実の中にある部分であり、私たちの感覚とは、私たち自身である現実のものと、私たち自身ではない現実のもののあいだを取り持つ媒体なのです。これらの媒体は、みずからとは別個のものである現実を歪めたりはしません。むしろ、媒体それ自体が現実のものであり、まさにインターフェースです。ですから、他の感覚と同様に、考えるということで問題になっているのはインターフェースなのです。

インターフェースは、さまざまな意味の場〔Sinnfeld〕の垣根を越えた幅広いコミュニケーションを可能にします。見るという体験を例にとりましょう。私は今、ポルトガルの美術館のミュージアムショップで買ったベルスコーニのブードゥー人形を見ているところです。私はこの人形を私の視点から見ています。もし私に健全な脳がなかったとしたら、もし私がちょうど眠っていたとしたら、もし私がこの人形のことを思い出さなかったとしたら、私はこの視点をとることができないでしょう。でも、私がこの人形を再認できるという事実もまた、私の視点の一部です。この場合、ブードゥー人形が現実にそこにあるということは、知覚しているという私の心的状況にとって、私の脳と同じくらい必要不可欠なことなのです。

私は色で〔周囲の世界を〕知覚しています。私が意識して使えるカラーパレット〔としての知覚能力〕をもっているのは、私が何百万年にも及ぶ進化の枠組みの中でそのような色彩受容体を選択した生き物であるからにすぎません。人間の視覚は、光線という電磁波の一種を研究することができる物理学の場と、ブードゥー人形を買って意識的に見るといった私の意識的生活の場のあいだでのコミュニケーションを可能にするインターフェースです。私たちの視覚や主観的視点は、ここに登場する電磁波やブードゥー人形、そしてそれなしにはブードゥー人形も存在しえなかったであろう素粒子にまさるとも劣らぬ現実です。

これから見ていくように、これと同じことが思考についても言えます。思考は現実に存在するインターフェースであり、このインターフェースは私たちを物質的でない現実――数、正義、愛、連邦議会選挙、芸術美、真理、事実、その他諸々――と結びつけます。けれども、一方で思考は物質やエネルギーに関わるいくつものシステムと直に接触しています。ですから、私たちはこうしたシステムについても考えることができるのです。

このことと関連するもう一つのテーゼは、私たちが考えるところのもの（つまり、私たちによって考えられたもの／思想〔Gedanke〕）は物質的なものではない、というものです。存在するのは物質－エネルギーシステム、すなわち物理的宇宙だけではない、という主張を、私は**非唯物論**と呼びます。考えるとは、考えられたものをつかむことです。思想は、脳の状態でもなければ、物理的に計測できる何らかの形の情報処理でもありません。にもかかわらず、人間は、生きていて、一定の脳の状態にある、すなわちもっと一般的に言えば一定の身体的状態にあるのでなければ、思想をもつことができません。

これまでに立てたテーゼを組み合わせると、**本書の第二主テーゼ**である生物学的外在主義に行き着きます。**生物学的外在主義**とは、私たちが自分の思考上の出来事を描写し、把握するのに用いる表現は、生物学的なものと本質的に関連がある、と主張するものです（二五二頁以下参照）。このことから、私は世間一般の意味での本物の人工知性／人工知能は存在しない、と結論しようと思います。私たちの現代的なデータ処理システムは――遍在的なインターネットも、もちろんこの一部ですが――意識をもっていませんから、本当の意味で考えているわけではありません。だからといって、このデータ処理システムの危険性が減るわけでも、デジタル化についての議論の緊急性が薄れるわけでもありません。

私たちは思考の意味〔Sinn des Denkens（＝考えるという感覚）〕を再び勝ち取り、誤ったイメージから思考を守らなければなりません。そのイメージとは、思考は頭蓋冠の下で脳というコンピューターによって行われる計算プロセスである、つまり原理的に正確にコピーし、シミュレーションできるプロセスである、と考えるものです。思考をシミュレーションしても、思考そのものにはなりません。それは、ミシュラン社の道路地図上のフランスが、そこに模写された領土と同一ではないのと同じことです（一一二頁以下参照）。それでも、私たちが人工知性／人工知能と呼ぶものは、確かに現実に存在します。ただ、それは知性的ではありません。そして、だからこそ危険なのです。

デジタル化の危険性についてはこれまで過小評価されてきましたが、その危険性の源の一つは、私たちが人間としての自己理解を紛らわしい思考モデルに合わせて調整していることにあります。なぜなら、進歩したデータテクノロジーが人間の思考空間を征服すると考えることで、私たちは自分自身について誤ったイメージを作ってしまうからです。こうして、私たちは人間存在の核心を攻撃するのです。

人類が新たなテクノロジーによってブレークスルーを成し遂げたどの時代においても、人工物が人類を支配するようになるのではないか、という思想が広まりました。**アニミズム**は自然のすべてのものに魂が宿っていると信じることであり、今日この信仰は汎心論とも呼ばれています。しかし、人工知性は、人間を外から攻撃するのではなく、内から攻撃します。なぜなら、攻撃してくるのは私たちが作り出した人工物ではなく、それらに対して間違ったアニミズム的イメージを作り上げる私たち自身だからです。

ずっと前から、人間は、思考とは何か外から来たもの、神々あるいは唯一の神から与えられたもの、あるいは『２００１年宇宙の旅』（一九六八年、スタンリー・キューブリック〔監督〕）などの映画がほのめかしたように、地球外の存在から与えられたものと考えてきました（もしくは、もっとあからさまに『プロメテウス』（二〇一二年、リドリー・スコット〔監督〕）のように。こちらでは、宇宙人が私たちの創造主であると、はっきり示されています）。このように文化史において長く刷り込まれているため、私たちは生命をもたないシステムの中にも自分たち自身の思考プロセスを見出せるという錯覚に簡単に陥るのです。しかし、これは克服すべき迷信です。タコやハトよりスマートフォンのほうに知性を認めるという人は、むしろ多いでしょう。しかし、これは——人間にとっても、他の生物にとっても、私たちの環境にとっても——致命的な倫理的帰結を招く誤りです。というわけで、サイエンスフィクションに惑わされないような現実的な方法で、〈人間的な、あまりに人間的な〉、考えるという感覚／思考の意味を何としても回復させる時期に来ているのです。

第1章

考えるということの真実

無限の複雑性

考えることへの最初のアプローチとして、思考は複雑性の低減に関わる、ということを検討してみます。私たちは、考えている時に、本質的なことと本質的でないことを区別しながら、生《なま》のデータを情報に加工しています。そうすることで、私たちは現実世界でのモデルを捉えるのです。このようにして複雑性を低減させることは、思考を通じてみずからを現実の中で方向づけることができるための前提条件です。

実際、思考とは無限をめぐる一種の旅です。私たちが常に無限なものにさらされ、それゆえに考える時に現実を単純化していることは、次のような日常的な場面を想定してみると、ごく簡単に裏づけることができます。

ケルン中央駅は、たいていかなり混んでいます。あなたは月曜日の朝、乗り継ぎをするため9番線に向かっている、と想像してください。9番線に向かう途中、あなたは他の通勤客や旅行者をよけるように歩いていています。まだ時間があって、お腹がすいているので、何か食べられるところを探して、あたりを見まわしているかもしれません。もしかすると、誰かへのお土産も探しているかもしれません。

通行人をよけ、飲食店の状況に目をやり、お土産を探しているあいだ、あなたは特定の対象や出来事に気がつくことでしょう。つまり、他の通行人をよけるには、その人たちを観察し、次の動きを瞬間的に予測する必要があります。食べるところを探して、駅構内のショップやカレーソーセージのスタンドを見極めています。お土産を求めて見まわしながら、花屋か、できればおもちゃ屋はないかな、と期待しています。人々は、この中央駅で繰り広げられるさまざまな出来事に注意を払っているのです。最後に、人混みにいるのですから、スリに気をつけなければなりませんし、急いでいる人にぶつからないようにする必要もあります。こうしたことは、場面全体を「中央駅の月曜の朝」として認識し、個々の出来事をその全景の中に埋め込むからこそできることです。

場面転換その一――物理学者とエンジニアが中央駅から少し離れたところにいるとしましょう。この二人は、朝の中央駅というシステムはどのくらいのエネルギーを消費するのか、という問題を考えています。その際、中央駅というシステムに属する通行人のエネルギー事情は考慮に入れますが、もちろん通行人の関心や体験はいっさい無視されます。もしかしたら、この物理学者は、［この場面を］評価するために、宇宙という物質的‐エネルギー的現実に合わせた概念だけを用いて、人間という概念をまったく使うことなく、エネルギー消費の状況をイメージするかもしれません。すると、現在の物理学では、彼は電磁波とともに、原子から構成された、いわゆるバリオン物質に焦点を合わせることになるでしょう。暗黒物質と暗黒エネルギーについては、その名が示しているように、このような計算に取り入れられるほど十分に知られていません。

場面転換その二――宇宙人の一行が、未知の技術を使って、私たちにはケルン中央駅として知られている地球上の領域を眺めています。宇宙人は、この地球ではすべてが人間を中心にまわっていると人間が考えていることを知りません。彼らは人間ではないので、私たちの関心も不安も共有していません。ですから、彼らはケルン中央駅にいる人間が何よりも他の人間たちのふるまいに注意を向けており、それに合わせて判断していることも知りません。彼らは、人間も物品も、人間によってコントロールされるエネルギーバランスも調査しません。まったく異なるスケールで対象と出来事を調査するのです。

彼らの機器は、ものすごく解析度が高く、人間の研究者にはとても使えないような極小スケールで効果を発揮するかもしれません。この宇宙人たちは、ものすごく小さくて〔私たちの大きさの基準と比較してですが〕、〔量子力学の単位である〕プランクスケールで、つまり私たちの知っている物理法則がそのままではもはや通用しないところで活動しているのかもしれませんし、もしかしたらこの宇宙人たちはまったく別の度量衡単位を適用しているのかもしれません。仮に、この宇宙人が昆虫の認識する現実に合ったスケールで存在しているなら、地球上の一立方メートル中にいる昆虫の数は彼らにとって決定的に重要ということになりますが、さて、どうでしょうか。

この調子で、皆さんが飽き飽きして本書を読む気がしなくなるまで、もっと場面転換を続けることもできます。私にいたっては、場面転換のシナリオを書き続けた挙げ句、棺桶に片足を突っ込みそうになるでしょう。場面転換を続けられるのは、ある月曜日のケルン中央駅の情景のような、たった一つの場面を把握しようとするだけでも、その方法には無限の可能性があるからです。それぞれの可能性には、それぞれの法則と出来事の連続をともなう一つの現実が対応しています。

この無限に多くある現実を、私は**意味の場**〔Sinnfeld（＝感覚の場）〕と呼びます。[20] 意味の場とは、複数の対象が、ある特定の仕方で関連をもつように配置されているところです。それらの対象の関連の仕方を、私は意味〔Sinn〕と呼びます。〔Sinn のもう一つの概念である〕感覚（例えば、見る、聞く、味わう）は現実の一部です（二四八頁以下参照）。見られている情景というものは、本質的に「見る」ことに関連づけられています。私たちにとっての視覚とは、そのような情景の感覚です。同じことは、聞くことにもあてはまります。誰かがノックしているのが聞こえるとき、私の聴覚は、そのノックと同様、現実に属しています。私たちの感覚は、現実を鍵穴から覗き込むように見ているのではありません。現実の様相に感覚自体が関与しているのです。

もちろん、思考する人が誰も認識していない意味の場もあります。少なくとも、その存在を否定するもっともな理由はありません。全知の神がいるとすれば、すべての意味の場は実際に認識できるでしょう。とはいえ、それが無限にあったら、全知の神でも苦労するでしょう。というのも、本当にすべてを認識しようとするなら、神自身の意味の場の外にあるすべての意味の場を認識すればいいというわけではなく、神自身の意味の場も現実にすべて認識しなければならないからです。このことは厄介な問題を投げかけますが、哲学的神学の分野に属することですから、本書では深入りしないことにしましょう。

（しかし、せっかくですから、ちょっとした思考実験をしてみましょう。神が自分自身以外のすべてを認識しており、さらには自分自身をも認識しているとしたら、そこには神が認識しているもののすべての領域があることになります。すると、この領域には神と世界〔神以外のすべて〕が属します。しかしながら、もし神が絶えず神と世界に関わっているのなら、神は自分が絶えず自分と世界に関わっているという事態そのものにも関わっているのでしょうか。そして、自分が絶えず自分と世界に関わっているという事態に自分が関わっているという事態にも関わっているのでしょうか。神は、自分と世界について考え、その際、同時に、自分が自分と世界について考えているという事態について考えることができるのでしょうか。底なし沼のようですね。）

無限の場面転換についていろいろ考えてきましたが、この話のポイントは、特権的な現実などない、ということです。すなわち、すべての意味の場を有意義に把握し、認識できるような意味の場というものはないのです。仮に先ほどの神の問題が解決できたとしても、私たち人間の立場はほとんど変わりません。なぜなら、私たちは神ではありませんし、したがって全知ではありませんから。そうすると、一つの世界〔*eine* Welt〕、あるいは一つの現実〔*eine* Wirklichkeit〕の代わりに、意味の場の無限性が前面に出てきます。現実的なものは単数形で存在するのではありません。むしろ、現実的なものということで問題になっているのは、低減不可能な複雑性、つまり決して単純化できない複雑性なのです。

なお、現実〔*die* Wirklichkeit〕や複雑性〔*die* Komplexität〕を、その状況下では一つしか考えられないものと設定したところで、こうした複雑性をコントロールすることはできません。ここでは、私たちになじみのあるたった一つの情景についてさえ、それをどのように調べようと、その情景に属するすべてのことを把握することはできない、ということを示すにとどめましょう。結局、常に場面転換の可能性があるのです。そして、ありとあらゆる場面転換の可能性とともに、ケルン中央駅の月曜日の朝のような情景を把握することは誰にもできません。

考える？　それはいったい何だ

というわけで、私たちは本書の主人公である「考える〔Denken〕」のところに来ました。とりあえず、ざっくり言ってしまうと、考えることはさまざまな意味の場を通っていく旅であり、その旅の目的は、無限の中で事実を把握することによって、みずからを正しく方向づけることだと言えるでしょう。考える／思考というのは、考えられたもの／思想〔Gedanke〕を捉えることです。考えられたものとは、思考の内容のことであり、人が把握するところのものです。思考の内容とは、ある意味の場で起きていること、例えばデイヴィッド・ホックニーの「プールの」絵画で描かれていることに関わります。思考内容には形式があります。この形式は、考える人に対象が――例えば、たった今プールに飛び込んだ人が――特定の仕方で現れるということをもたらします。哲学では、通常このことを、何かが何かとして把握される、と言います。例えば、私はたった今プールに飛び込んだ人をスイマーとして把握しています。そのため、私はその人を助けようとはせず、この情景を程度の差はあれ無関心に眺めるでしょう。このように、考えられたものには対象があります。**考えられたものの対象**とは、その考えられたものが扱っているものです。それに対して、**考えられたものの内容**とは、その考えが対象を扱う仕方（つまり、考える人にとって対象が何として、あるいはどのように現れているか）のことです。

あとで説明しますが（三八三頁以下参照）、私たちは考えられたものを作り出すことはできず、ただ受け取ることしかできません。考えられたもの／思想は、突然、頭に浮かぶのです。私たちは単なる受信者であり、したがって自分の思考の働きを正しい波長にチューニングするしかありません。ですから、アメリカの哲学者マーク・ジョンストン（一九五四年生）は、私たちは考えるとき「存在の生産者（producers of presence）」ではなく「存在のサンプル採取者（samplers of presence）」である、と述べています。[21] つまり、私たちはデータを受け取るのであって、それらのデータを前もって処理することでこのプロセスを操ることはできないのです。

思考の働きは、方向づけの拠り所となる道しるべを設定します。ケルン中央駅で拠り所となる道しるべの一つは、通行人という概念です。番線という概念もそうです。概念というのは同じではないものを同一視するという機能を果たしていますが、このことをひっくるめて、イギリスの哲学者ヒラリー・ローソン（一九五四年生）は思考と定義しています。〔しかし〕この考え方は、ローソン自身に由来するわけではなく、プラトンからテオドール・ヴィーゼングルント・アドルノ（一九〇三―六九年）へと至る哲学の歴史を決定づけているものです。アドルノは、一九六六年出版の『否定弁証法』において、この考え方を根本から批判しています。[22] 考えること＝バイアスをかけることということの考え方は、数えきれないほど多くの思考の誤りの源になっていますが、本書でそのことが暴かれるでしょう。

実のところ何が危うくなっているのかを理解するために、ここで考えられていることを一度分かりやすく説明したいと思います。ケルン中央駅の1番線と9番線を細かいところまで見ていくと、それぞれまったく違います。1番線と9番線では、階段の汚れ具合が同じではありませんし、停車する列車の路線も異なります。また、レールは摩耗の度合いが違いますから、物理的にも同じではありません。さらに、1番線は9番線とは異なる場所にあります。哲学的に表現するなら、1番線と9番線は、それぞれ異なる属性をもっているので、互いに区別される、ということです。**属性**とは、あるものと別のものを区別するもので、それがなければ二つを取り違えてしまうようなものです。

1番線と9番線は、それぞれ属性が異なるので同一ではありませんが、比較することはできます。比較できるのは、それらが引き受けている機能ゆえです。1番線にも9番線にも列車が停車します。時刻表には、どの列車がどこに向けて何時何分に発車するのか――少なくとも発車する予定か――という情報が載っています。つまり、1番線と9番線は同一ではありませんが、いくつかの観点から見れば類似しているのです。この1番線と9番線の類似性は、番線という概念でくくられます。概念はしばしば同じではないものを同一視するという機能を引き受けており、だからこそ概念はなかなか役に立つのです。概念がなかったら、私たちは自分を方向づけることができず、途方に暮れてしまうでしょう。概念とは道しるべであり、そのおかげで私たちは何かを認識できるのです。

思考は、無限をめぐる旅において、その中でみずからを方向づける媒体です。思考という媒体は、あらかじめ方向を設定しています。その方向に目をやりながら、私たちは特定の目的――例えば、列車にたどりつくことや、中央駅の構内を移動する途中でアップルサイダーを買うこと――にとって重要となる対象や出来事の出現を見通します。もちろん、同じ中央駅の構内であっても、まったく違うふうにみずからを方向づけることがあるかもしれません。例えば、ドラッグを売ろうとしたり、法的に反対の立場にある警察官としてドラッグ密売人を特定しようとしたりする場合です。ケルン中央駅でのスパイ活動は確かに行われているでしょうが、それに気づく人はまずいないでしょう。なぜなら、スパイ活動をそれと認識するためにはスパイや秘密情報機関という概念が必要ですが、それらの概念は、その名が示すとおり、秘密であることが望まれますから。

考えることができるのは人間だけではない

私たちは考えることなしに無限の中でみずからを正しい方向に向けることはできません。考えるからこそ、皆さんは私がここでケルン中央駅について書いたことを追体験できるのです。私が描写した情景について、皆さんは間違いなく何かをイメージすることができたと思います。どのように情景をイメージするかというのは、想像力をどのように駆使するかということですが、想像力は思考の一部です。〔それゆえ〕何かを想像力を使って思い描くことは、考えられたものを把握する一つのやり方であり、つまり考える仕方なのです。

考えることは、人間だけの特権ではありません。他の生き物も、みずからを方向づけます。他の生き物にも、人間と同じように、考える時に道しるべとして利用する概念があります。豚だったら何を考えるでしょうか。例えばエサをもらうことを考えるでしょう。人間が斧を振り上げて走ってきたら、危険が迫っていると考えるでしょう。他にももっともっと多くのことを考えるでしょうが、豚の考えることは私たちにはよく分かりません。なぜなら、豚が生きていく上では、私たち人間とは別の道しるべが重要なものとなるからです。スーパーマリオが何者で、なぜマリオはキノコを獲ると大きくなるのか、豚にはまったく見当がつかないように、豚の一生にどんなことが起きるのか、そして豚が自分にとって重要な意味の場で思いきり動きまわるために、どのような概念を用いているのか、私たちには見当もつきません。

ここで重要なのは、前世紀の哲学が生み出した一つの偏見からはっきりと解放されることです。この偏見は「言語論的転回」と呼ばれています。**言語論的転回**とは、現実のものを探究することから、現実のものを探究するために私たちが用いる言語という道具を探究することに転換することです。

たいていの場合、この言語論的転回には、私たちの思考は徹底的に言語で表されるのだから、異なる言語を話す時は文字どおり異なった仕方で考えている、という説がともないます。とりわけ、過去においては時折、考えることができるのは何にせよ人間だけだ、なぜなら考えるのに用いる言語をもっているのは人間だけだからだ、という主張がなされました。この主張は、徹頭徹尾、間違っていると私は思います。他の生き物だって言語を用いることができます。そして、思考は人間の特権であると前提することから出発するのは筋違いです。この前提に納得できるのは、ある特定の思考の形式を思考そのものと同一視する時だけです。高等数学や〔ボードゲームの〕ラビリンスをする時の合理的な考えというのは——私たちが知っているかぎりでは——人間にしかありません。私の知るところ、他の生き物はラビリンスで遊ぶことができません。いえ、それは私の思い違いかもしれませんが。言語は、考えられたものを表すためのコード〔符号と文法から成る、メッセージを成立させる規則の体系〕

として、人間の生活に必要不可欠です。発話によるコミュニケーションと文字という形をとった言語は、私たちの文明の原点、つまりゲームのルールを明確に定式化することで人間の共同生活を組織化することの原点にあります。

言語論的転回の落とし穴から逃れるには、概念と語を区別するといいかもしれません。語はドイツ語、ヒンディー語、アラビア語などの自然言語で用いられるチップ〔Spielmarken（ゲームなどに用いるコイン）〕です。「語」というのも一つの語ですし、「うわっ」や「そして」も語です。とはいえ、言語における語の単位を厳格に区別し、分類するのは、それほど簡単ではありません。ですから、言語学は、一つの学問として、さまざまな言語においていかに語の単位を区別し、分類するべきか、そして言語一般としてはどうなのかを研究します。つまり、言語学は言語構造がどのように形成されているのかという問題と取り組んでいるのです。言語学は科学的なモデルを用いて言語行動をいくつもの単位に区分しますが、この単位には言語学によって立てられた一定の規則が適用されています。ここには、例えば現代標準中国語（すでに言語学的カテゴリーの一つです）を話す中国人すべての実際の言語行動は結局のところ見通すことができない、という困難がともないます。とはいえ、それなしには中国人同士の有意義なコミュニケーションが成り立たない、という特定の構造を挙げることはできます。コミュニケーションが有意義に成り立つには、話し手が別の話し手の言語行動を規則にかなっているものとして認識できることが前提となります。ですから、言語学は、こうしたやり方で音の単位、語の単位、文の単位、テキストの単位を区別するために、言語行動の中に規則を求めるのです。

しかし、語とは異なり、概念は自然言語のチップではありません。私が番線〔Gleis〕について抱く概念は、どこかのイタリア人女性がbinarioについて抱く概念とまったく同じものです。つまり、»Gleis« という語と »binario« という語は同じものを意味しているのです。それが意味しているのは番線という概念であり、この概念はさまざまな番線を同一視し、関連する意味の場にある番線以外の対象から番線を区別します。

もちろん、異なる言語同士では、語の意味が部分的にしかオーバーラップしない、ということも起こります。ですから、私たちはさまざまな言語において、それぞれ異なった仕方で考えている、というふうに考えてしまいます。でも、もっと正しく言えば、私たちはさまざまな言語において異なった仕方で考えているのではなく、異なることを考えている、と言ったほうがいいでしょう。

もちろん、このことは一つの同じ言語内における文についてもあてはまります。ここで何もヨーロッパ的思考と東アジア的思考の（あいだにあるとされる）異質性などについて乱暴な推測をする必要はありません。アメリカの哲学者ウィラード・ヴァン・オーマン・クワイン（一九〇八―二〇〇〇年）がいみじくも強調した根底的翻訳（radical translation）の問題、つまり、これまで言語学者たちによって解明されてこなかった言語を翻訳するという問題は、すでに家庭で始まっているのです。[23]言語的には、理解できている相手であっても、その人が何を考えているのかを理解しようとすると、お互いに波長が合わないとか、相手がその言葉で考えていることがさっぱり分からないとか、挙げ句の果てには、これは理解不可能かもしれないと気づくといったことは頻繁に起こります。

ですから、考えることは、心の中で声に出さずにみずからに向けて話すことと同じではない、と言うことができます。考えるとは考えられたものを把握することであり、その行為は言語的にコード化されているのではなく、概念的にコード化されているのです。心に思い浮かべたことを言語に翻訳することはできますが、そうしたからといって、心に思い浮かべたことがもっとうまく、あるいはもっと正確に把握できるとは限りません。絵というのは、文と同等の権利をもって考えられたものを表現することができます。なぜなら、絵画は何かを何かとして表現しますから——仮にそれが抽象表現主義の芸術作品の一つとして色が配置されたものであったとしても。私たちは何かの情景を描写するとき、しばしば像を思い描いて考えます。私たちが考える時に用いる像は、文と同じように、考えられたもの（真か偽であるもの）を表現することができます。

もちろん、考えることと考えられたものを表現することのあいだにはフィードバック効果がありまず。特定の考えられたものを言葉で表現することによって、自分が実際に考えていることについて何かを学ぶというのは、よくあることです。それでも、私たちが考える時に使うコードそれ自体は、自然言語ではありません。自然言語の文というのは、それが考えられたものの表現として理解される時にだけ、真か偽なのです。言語ではない形でコード化される理解のあり方〔概念的思考〕がなかったら、一つの文はカンヴァスについた色の染みと同じくらい真でも偽でもありません。文や絵画が考えられたものを表現するのは、誰かが考えられたものを考えていながら、その考える働きが文あるいは像という形をとっていない時だけです。

宇宙の範囲

言語論的転回を信じて疑わない人や、私たちから独立した現実を認識する人間の能力に対する別の疑念に取り憑かれている人なら、ここまで読んではくれなかったでしょうし、あるいは私が述べたことに対して、どうしてそんなことが分かるんだと怒ったことでしょう。「豚がどのように考えるか、そもそも豚が考えるなんてことがあるのか」、そう尋ねてくるかもしれません。疑り深い質問者は、さらにこんなふうに続けるでしょう。「現実は無限に複雑だそうだが、マルクス・ガブリエルはどうしてそんなことをご存じなんでしょうかね？」

この問題に取りかかるため、もう少し深いところから始めたいと思います。というのも、私たちの意識の外側に存在する現実があることを、いったいどうやって知ることができるのでしょうか。私たちの人生のすべてが長い夢である可能性はないのでしょうか。あるいは、夢の中や、映画『マトリックス』で描かれる仮想世界の中のように、外界というものが存在しない、そんな徹底した幻想の中で生きている可能性はないのでしょうか。

この紛らわしい問いに答えるのが、哲学の一分野である認識論です。**認識論**は、とりわけ（人間の）認識とは何であり、それはどこまで到達するのか、という問題と取り組みます。私たちは何を知ることが、あるいは認識することができるのでしょうか。

認識論的な問いを立てるのに哲学の専門家である必要はありません。私たちは、ずっと前から、日頃、現実と偽物《フェイク》、すなわち現実と幻想を区別するのがますます困難になっている、という問題に直面しています。社会的問題や政治的問題の場合、私たちはしばしば価値観や偏見という眼鏡を通して物事を見ていますし、異なった判断を下しています。だとすると、私たちは自分の意見に縛られていて、客観的な現実を把握することができないように思えます。

この情報時代にあって、情報の出所はどこなのか、その出所はそもそも信頼できるのかも知らされないまま、私たちは雨あられと降り注ぐ情報にさらされています。本物のニュースとフェイクニュースが拡散するスピードと、クリック一つで呆れるほど多くの情報にアクセスできる手軽さによって、あっというまに足元はぐらつきます。今日、私たちの生きる世界はもはや誰にも見通すことのできない巨大な眩惑の連関〔Verblendungszusammenhang〕なのだという印象を、多くの人に与えています。

でも、それは思い違いです。まさに正反対なのです。というのも、情報時代とは、急激に知識が増大し、現実が多様化する時代だからです。新しいのは、現実がモニターやメディアの背後に隠れてしまうことではなく、私たちがさまざまな媒体によって万物に介入することで古い現実を変え、新しい現実を作り出していることです。私たちは、現実との接触を失ったのではなく、現実を無限に複雑にしたのです。言ってみれば、人間の生において、これほどたくさんの現実が存在したことは、いまだかつてありませんでした。

ここで、広く流布している誤りに注意を向けたいと思います。この誤りは「経験主義」という名をもっています。**経験主義**とは、現実について知りうるすべてのことは感覚が提供するデータを解釈したものにほかならない、というテーゼです。この文脈において、感覚〔*Sinn*〕とは、環境からの刺激を受け取り、その刺激を変換するシステム〔系〕のことを意味しています。ですから、私たちは決して刺激そのものを直に把握することはできず、結局は常に刺激の解釈を把握していることになります。

このような見解の問題性を見抜いていた人の一人が、オックスフォード大学の物理学者デイヴィッド・ドイッチュ（一九五三年生）です。『無限の始まり』で彼は、経験主義を根本的な失敗であり、ひどい哲学であると断言しています。この哲学は間違っているだけでなく、学問における認識の進歩を妨げている、というのです[24]。ドイッチュは、現代物理学というのは――彼に言わせると、特に量子論は――無限に広大な宇宙を研究するが、必ずしも観測データを集め、それらを一つの理論という形にする必要はないのだ、と述べています。物理学的な知の根本は、ドイッチュによると、抽象的なものの実在性[25]（reality of abstractions）です。この見解を正当化するために、彼は物理学者で情報科学者のダグラス・リチャード・ホフスタッター（一九四五年生）の議論に基づいて画期的な論証を行っています。

ここで、ドミノブロックをドミノ倒しのように並べるところを想像してみましょう。どのブロックも台と針金でつながれていて、いつでも立て直したり、倒れないように固定したりできるようになっています。さて、これらの針金が整数の足し算のような簡単な数学問題を解くソフトウェアで制御されている、と仮定してみましょう。つまり、こんなふうに作動するのです。例えば、２＋２を計算しようとするなら、はじめに二つ、それからもう二つのブロックが倒れます。五番目のブロックは立ったままですね。どこかでブロックが倒れずに残ったら、それは計算が終わったということです。倒れているブロックを数えれば、それがこのドミノ・システムで計算できる範囲の任意の値をとる関数ｘ＋ｙ＝ｚの答えです。もちろん電卓を使ったほうが楽ですが、まあ、これは単なる例ですから。

ポイントは、ただドミノブロックを見ただけの人は、どうして五番目のブロックが立ったままなのか不思議に思うかもしれない、ということです。その人は、針金を見て、五番目のブロックがまっすぐ固定されているのを確認するでしょう。でも、どんな物理的プロセスの説明をしたところで、2＋2は4であり、この実験装置のソフトウェアが正しく計算したから五番目のブロックが立ったままなのだ、という説明にはかないません。この説明に則れば、五番目のブロックは六番目や七番目のブロックとも違います。五番目のブロックも六番目や七番目のブロックも物理的に見れば針金で固定されているから立っているのですが、五番目のブロックとそれ以外のブロックでは重大な違いがあります。なぜなら、五番目のブロックは倒れずに残っている列の最初のブロックなのですから。このドミノ・システムは、かなり性能は悪いながらも、そこそこ使える計算機として利用できそうですね。

この例を用いて、ドイッチュは物理学が還元主義的な理論ではないこと、つまりすべての出来事を物質的‐エネルギー的構造に還元する理論ではないことを示そうとしています。この文脈において**還元主義**とは、物理学をその理論構築において、宇宙で生じるすべての出来事と構造を根本的なモデルに——例えば宇宙の基本レベルにおける素粒子の配列に——還元することを目指す学問として想定するものと理解できます。還元主義は、その最も粗雑な変種において、宇宙における出来事と構造はどれも物質‐エネルギーの配置以外の何ものでもないとする物質主義的主張を行うに至ります。

初等数学の法則それ自体は、物質‐エネルギーに関わるような構造ではなく、一般に言われるように抽象的なものです。2という数は、どんな場所にも存在しませんし、いつの頃か生まれたものでもありません。2という数には場所もなく時間もなく、だから抽象的なのです。もし私たちに数や、幾何学的図形、多次元空間、あるいは無限集合のような数学的対象を認識する能力があるなら、私たちの認識は、経験主義が主張するように、宇宙の刺激を受け取り、それらを解釈することで根拠づけることはできません。なぜなら、抽象的な構造は、私たちの解釈によって生まれたものではなく、むしろ多くの場合、本当のところどうなっているのかを表しているものだからです。

　ドイッチュは、このようなことから、私たちは数学を駆使する能力に基づいて無限なものと接触している、と結論づけています。彼によると、この接触はそれ自体、感覚的なものではありません。つまり、外界の刺激を色や音として知覚する時に想定されているような刺激‐反応図式を本質としていないのです。私たちは感覚器官に持ち込まれるデータを解釈し、その基礎の上で数学的洞察を獲得しなければならないというわけではありません。端的に言えば、ドイッチュは経験主義が正しいということに反論し、「抽象的な何か――遺伝子の知識や理論などといった物理的でないもの――が物理的な何かに変化を及ぼす」[26]ことを認めなければ、量子論は正しく理解できない、と主張しています。まさにドミノの例の五番目のブロックで見たとおりです。

　ドイッチュによると、**宇宙**《ユニバース》、すなわち物理学の対象領域は、小さな構成要素に還元することも、他のすべての構造を包括する最大の構造としての宇宙《コスモス》に還元することもできません。ですから、彼は還元主義もホーリズムも物理学的理由によって誤りだと考えています。**ホーリズム／全体論**（古代ギリシア語の *holon*「全体」より）は、宇宙のあらゆる出来事と構造を宇宙の全体構造に遡って語ります。それに対して、還元主義は、通常、あらゆる複雑構造を単純構造の相互作用を通して説明しようとします。理想的に言えば、完璧な還元主義的理論においては、宇宙を構成する最小要素が説明できるわけです（が、私たちはまだそういうものを見つけていません）。

還元主義も、ホーリズムも、現在の物理学の知識からは自然科学的に導き出すことができません。私たちは現在、そもそも物質の最小構成要素が存在するのかどうか知りませんし、観測可能な宇宙が最大の物理的全体なのかどうかも分かりません。どれほど物理学の研究が進んでも、アクセス不可能な形で私たちの宇宙とつながっている別の宇宙が存在する可能性や、今のところ最小と考えられている構成要素を形作る、もっと小さな構成単位が存在する可能性は、決して排除できません。それどころか、実際に私たちの宇宙だけでなく、たくさんの宇宙があるとする量子論の解釈を多くの研究者が支持しています。

自然科学の分野でも、複雑性がコンピューターシミュレーションによってかつてないほど科学的に正確に調べられるようになったことから、古典的な経験主義から離反する動きが見られます。現代の科学的世界像は、私たちが日々デジタル革命として認知しているブレークスルーによって急速に変化しています。テクノロジーの進歩は量子力学の発見以降、加速していますし、その量子力学は論理学・情報科学と強力なタッグを組んでいます。そうしたものの上に、今日の自然科学的 - テクノロジー的文明は成り立っています。

とはいえ、ドイッチュのような科学者は別の偏見からまだ解放されていません。その偏見というのは、考えることを私たちの感覚に対置させていることです。それだと、感覚とは実のところ何なのかについての古いイメージが修正されません。ですから、考えているとき私たちは感覚を通して与えられたデータを処理しているにすぎない、という頑固な偏見を克服しなければなりません。このことを私はもう一度、確認したいと思います。私たちはもっと前進しなければなりません。そして、古い経験主義を克服するだけでなく、思考を感覚〔Sinn〕として理解することを認める新たな認識‐知覚理論を発展させなければなりません。そうすることで、この仮定を自然科学的‐人文科学的に研究・検証することができるのです。

アリストテレスの感覚〔Sinn〕

感覚についての最初の詳細な理論は、今日存在するほとんどの学問の祖であるアリストテレスに見出せます。彼の『魂について』は、少なくとも二〇〇〇年ものあいだ、人間の感覚についての理解を形作ってきました。後世に大きな影響を与えた一節の中で、アリストテレスは、慎重な言いまわしながら、人間には「視、聴、嗅、味、触」の五つの感覚があるようだ、と結論づけています。[27] その理由として提示されていることは、今日の見解からすると大胆に過ぎ、多くの誤った前提から成り立っています。アリストテレスは水、土、火、空気の四元素説を前提にしていますが、私たちはそれが誤りであることを、ずっと以前から知っているのです。五感という考えには、そうしたやや疑わしい歴史があり、しかも現代の神経生物学や物理学によって明らかになっていることがあるにもかかわらず、私たちは相も変わらず日常的に五感のことを口にしています。

一方、今日の感覚生理学では、存在するのはアリストテレスが要請した五つの感覚モダリティ〔様相〕だけではないことが分かっています。大雑把に考えるなら、一つの感覚モダリティは私たちのもつ感覚の一つ——例えば視覚——と対応します。しかしながら、私たちのもつ平衡感覚、温度知覚、固有受容性感覚〔深部感覚〕、つまり身体の各部分の位置を感じる感覚、そしておそらく時間知覚も感覚だと理解してよいでしょう。私たちは時間知覚のおかげで、そろそろ出かける時間だとか、起きる時間だとかを感じ取れるのです。

一つ一つのモダリティは、私たちが質として体験する情報を提供します。つまり、感覚モダリティには、それぞれ感覚質が割り当てられている、ということです。私たちは、赤と緑の違い、さまざまな明暗の違い、音の高さの違いを体験するだけでなく、空間内での自分の身体の位置がどのように変化しているのかも体験します。例えば、飛行機が離陸する時のことを考えてみてください。自分の視線の方向自体は何も変わっていないのに、突然上を見上げた感じがしますね。さまざまな感覚モダリティによって、私たちは飛行機が離陸あるいは着陸することを感じ取るのです。一つ一つの質的な体験（列車の中で目の前のトレイに置かれているコーヒーの香り、インターシティ特急の座席のブルー）を**クオーレ**と呼びます。その複数形が**クオリア**です。

感覚モダリティは、互いに影響を及ぼし合っていて、**認知的浸透**（cognitive penetration）と呼ばれます。特に現実について習得したことは、私たちの感覚の体験、すなわちクオリアを変えてしまうようです。同じワインでもワイン通は素人とは異なる味わい方をしますし、同じ交響曲でも専門家には、その曲の背景を知らない人や初めて聴く交響曲の耳慣れないメロディーに戸惑っている人とは異なって聞こえます。

アリストテレスは、モダリティ〔様相〕と質を分析することによって私たちの感覚器官を区別し、その違いを私たちの生物学的な仕組みの中に定めようと試みた最初の人です。彼は革新的な先駆者であり、当時はまだ分かっていないことが多かったせいで大いに勘違いをしているにしても、それでも私たちは彼のおかげで貴重な洞察を得ました。なぜなら、アリストテレスが魂について述べたことのすべてが時代遅れになったわけではないのですから。

コモンセンスは時に感覚的

アリストテレスの感覚生理学に見られる経験的なディテールに対するもっともな批判があるにもかかわらず、よく見逃されているのは、彼が唱えた共通感覚〔Gemeinsinn〕というあいにく少々曖昧な学説です。私たちは現在に至るまで常識〔Menschenverstand（＝人間のもつ知性）〕という言葉を使っていますが、これはラテン語の *sensus communis* にあたる言葉で、アリストテレスの場合はギリシア語ですから *aisthêsis koinê* です。英語なら common sense、フランス語なら bon sens です。今日、この言葉は、非常に漠然とした形ではありますが、広く共有されている信念を意味しています。ですが、ほとんどの人が本当に共有している意見というものを実際どのようにして確かめればいいのか、その方法はまったくはっきりしません。アリストテレスは、この共通感覚、つまりコモンセンスに本来まったく別のアイデアを結びつけていました。

強調しておきますが、アリストテレスは五感を名づける有名な章の中で、共通感覚はあるのかという問題について、決して自分の考えをはっきりとは打ち出していません。むしろ、彼の述べるところによれば、とりあえずは五つの感覚モダリティがあるとしておくのが適当である、ということになります。その上で、もう一つの別の感覚モダリティがあるに違いないと自分に反論し、それを共通感覚に結びつけます。そこでアリストテレスは、今日までまったく解けていない感覚生理学上の問題にぶつかるのです。この問題は、現在、**統合問題**として知られています。これは、私たちは孤立した質を知覚するのではなく、むしろ一つのまとまりに統合された経験をしている、ということです。私たちの意識的経験というのは、大なり小なり統合された印象を与えます。例えば、今私は列車が走る情景を目の前にしているのであって、感覚データがごちゃごちゃに集まったものと向き合っているわけではありません。ただし、ドラッグの影響下なら話は別です。というのも、幻覚作用のあるドラッグなどは、共感覚的に私たちのクオリアをぼやけさせるからです。それでも多少なりとも安定した情景は残ります。

ですから、カントは私たちの意識を認知的浸透という構造として理解するに至ったのです。近代における認識論の代表作『純粋理性批判』の中で、彼は以下のように述べています。

そこにおいてすべての知覚が全般的合法則的連関のうちにあるものとして表象されるのは、ただ一つの経験のみである。それはちょうど、そのうちで現象のすべての形式と存在または非存在のすべての関係が生ずるのが、ただ一つの空間と時間のみであるのとまったく同様である。さまざまな経験について語られる場合には、さまざまな経験が同一の一般的な経験に属するかぎりは、それらと同じ数だけの知覚が存在する。すなわち諸知覚の全般的総合的統一はまさしく経験の形式をなすのであり、しかも諸概念に従った諸現象の総合的統一に他ならない。

経験的諸概念に従った総合の統一はまったく偶然的であろう。そして、もし経験的諸概念が統一の超越論的根拠に基礎づけられないとするならば、諸現象の雑踏がわれわれの魂を満たしても、そこからは決して経験が生じえないということがありうるであろう。その場合には、諸対象に対する認識のすべての関係もなくなるであろう。なぜなら、普遍的必然的法則に従った結合が認識に欠けるであろうからである。したがって〔法則的結合を欠く〕この認識はたしかに思考なき直観であるとしても、しかし決して認識ではないであろうし、だからわれわれにとってはまったくの無に等しいものであろう。[28]〔『純粋理性批判』上、有福孝岳訳、『カント全集』第四巻、岩波書店、二〇〇一年、一八七―一八八頁〕

私たちが経験するのは、雑踏ではなく情景《シーン》です。ですから、ボン大学の同僚ヴォルフラム・ホグレーベ（一九四五年生）は、適切にも「人間の情景的存在」と述べています。[29]私たちは、知覚によって現実と――赤い肘かけ椅子やフランス人、列車にテーブル、その他多くのものが存在する現実と――接触している、という印象をもちます。そのような経験は、それぞれのクオリアが私たちに対して一つの連関を形成してくれなければ不可能です。この連関は情景的に仕上げられます。どういうことかと言えば、私たちは、ある出来事を典型的なものとして経験させてくれるようなストーリー展開を期待している、ということです。そうすることで、私たちは持続的なショックの中で凍りついていなくて済むのです。私たちは、実際の現実より現実はずっと単純なのだと簡単に自分を信じ込ませる、そんな日常生活を生み出しています。なぜなら、本当は私たちの生活における個々の情景は無限に多くの他の意味の場と統合されている意味の場だからです。現実には、すべてのものの本当の始まりも本当の終わりもありません――あらゆる次元で無限の彼方が私たちを待ち受けているのです。

統合問題については、カントはアリストテレスの土台の上で彼独自の考察を展開しました。アリストテレスは、考えるということは総じてさまざまな印象を一緒に据えること、つまり印象の編成だと言っています。編成はギリシア語で *Syn-Thesis*（*syn*「一緒に」＋ *tithenai*「据えること」）です。アリストテレスと同様、カントは考えるということを、概念同士を結びつけること、すなわち *Syn-Thesis*〔総合〕と理解していました。

現在において統合問題が生じるのは、さまざまな感覚モダリティがいったいどのように神経を介して結びついているのか、感覚生理学では説明がつかないからです。このことは、一つのモダリティ内〔*intramodal*〕についても（例えばさまざまな赤の色調について）、複数のモダリティにまたがって〔*intermodal*〕（例えば触覚と色の知覚の連関について）も言えます。この問題では、私たちは今日アリストテレスより格段に進歩したとは言えません。

さらに驚くべきは、アリストテレスがもう一つの画期的な洞察をまとめていることです。それは今日においても引き継ぐことができます。つまり、彼は自身の共通感覚という想定を正当化するために、注目すべき論証を行っているのです。まずアリストテレスは、私たちは身のまわりの個々の質や物を知覚しているだけでなく、「自分が見て、聞いていることも知覚している」[30]と指摘します。私はこの瞬間、自分の水筒の蓋を知覚しているだけでなく――この一文を読んでもらえばお分かりのように――自分が水筒の蓋を知覚していることも意識しています。私はこの節をパリから帰ってきて書いていますが、昨日乗った高速列車タリスのワインレッドの座席がどんな感じだったかをちょうど思い出しています。

ともかく私は、アリストテレスが知覚の知覚と描写した高階の態度をとることができます。最近では**メタ認知**ということがしばしば言われますが、それは哲学の伝統では単に**自己意識**、つまり意識の意識と呼ばれているものです。身のまわりにあったり私たちの生体の中にあったりするものについての意識は、**客体《オブジェクト》次元〔の意識〕**と呼べるでしょう。それに対して、この〔客体次元の〕意識についての意識、つまり自己意識は**高次元〔の意識〕**です。[31]

ここまではいいでしょう。けれども、私たちにはアリストテレスがリストアップした五つの感覚しかないのだとしたら、例えば視覚は、その他の感覚を使って把握できなくてはならないはずです。でも、ここに登場している五感のどれも、そんな仕事はできません。私たちの視覚自体には、色も匂いもありません。触れることもできません。

そこでアリストテレスが提案する解決策は、私たちは共通感覚をもっている、というものです。そして、彼はその共通感覚を、思考（noein）や想像力（phantasia）と結びつけます。[32] ここで決定的に重要な考えは、知覚は自分自身を意識できる、つまり、みずからを知覚できるが、それは知覚には客観的な構造――ギリシア語で言うロゴス〔*logos*〕――がそなわっているためである、というものです。

「なぜなら、知覚はロゴスの一種だから」[33]です。考えるということを共通感覚と結びつけたアリストテレスは、ここで、考えるとは先の知覚の客観的な構造を、すなわちロゴスを洞察する能力である、と解釈します。けれども、彼は思考そのものを感覚モダリティの一つとして理解することには尻込みしています。

「感覚〔Sinn〕」の意味〔Sinn〕、あるいは思い違いの仕方あれこれ

ここまでのことを少々現代ふうに言い換えると、次のようになります。知覚というのは、私たちの感覚器官が私たちの知覚する自然の一部であることで情報を獲得しているだけではありません。知覚それ自体も情報なのです。なぜなら、知覚には内部に構造が与えられていて、赤と青、甘いと酸っぱいといった違いを解明しているからです。私たちが何かを知覚しているとき、私たち〔自身〕が締め出されている感覚的現実に目を向けているのではありません。また、外から現実を覗き込んでいるわけでも、ちょっと宇宙に耳を傾けているわけでもありません。ということは、私たちは知覚という手段を使って見知らぬ外界に接近する必要はないのです。知覚のおかげで、私たちはもうすでに現実と接触しています。このことをヒューバート・ドレイファス（一九二九―二〇一七年）とチャールズ・テイラー（一九三一年生）は『実在論を立て直す』の中で**接触説**と呼んでいます。ここにもアリストテレスの影響があります。彼は触《さわ》ること、つまり触覚を考えることと結びつけていました。私たちは

絶えず現実のものに触れています。現実のものとコン‐タクト状態にあるのです（ラテン語の *con*「とともに」＋ *tangere*「触れる」）。[34]

このような基本的考察によって、現在一般的となっている知覚〔パーセプション〕と認知〔コグニション〕の対置――これは知覚と思考の古典的対立を引き継ぐものです――は端《はな》から失われます。内部の思考プロセスを、末端の刺激によって――すなわち私たちの生体の外にある現実の影響によって――引き起こされる知覚から区別するのは、すでに定着した考え方です。ただし、この区別は広く通用するものではありません。確かに、知覚はコグニション〔認知〕の一形態としても理解されることがありますが、それはすべての情報処理がごく一般的な意味で知覚と呼ばれる場合に限ります。ところが、アリストテレスが提唱する接触説は、まったくそうはみなしません。なぜなら、この理論は思考を知覚の一形態と理解しているのであって、知覚を思考の一形態と理解しているのではないからです。上位の概念は知覚です。考えることは、知覚の下位に置かれます。

それでは、「知覚」ないしは知覚モダリティの一つである「感覚」とはいったい何を意味しているのでしょうか。一般に、**感覚モダリティ**とは対象と接触することを言い、これは意識の間隙を越えて対象を再認識できるが、エラーが起きやすい接触である、という定義になります。

型にはまったような定義ですが、その意味は皆さんよくご存じの視覚を例にとって簡単に実感できます。私はまたもや水筒の赤い蓋を見ています。話をもっと面白くしたいと思うなら、皆さんは自分が見たいものを想像してください（私だったら、いくつかアイデアがありますが）。そうこうしているうちに、私は蓋のことはほとんど忘れてしまっています。でも、水筒は今でも私のパソコンのそばにあり、どうしてもそれに目が行ってしまいます。こうして私は蓋を再認識します。でも、もしかしたら隣で仕事をしている同僚のヤンが、こっそり別の水筒と取り替えていたかもしれません。そうすると、さっきと同じ赤い蓋をもう一度見ていると思ったとき、私は思い違いをしていたことになります。

私が思い違いをするかもしれないという状況は、私が思い違いをしないかもしれないという状況をともないます。これは客観性という哲学概念です。**客観性**とは、思い違いをするかもしれないし正しいかもしれないという態度を示す指標です。気をつけてください、客観性とはどこでもないところから眺めて、完全に中立の立場から現実を把握することではありません。実態は正反対で、客観性の本質は客観性の中に主観性が組み込まれているという点にあります。**主観性**とは、私たちが思い違いをしうる、その仕方のことです。いつ、どのように私が思い違いをするかということは、私についての何事かを語っています。主観性がなければ客観性はありませんし、その逆も同様です。客観性とエラーの起きやすさは関連しているので、無主観的客観というものはありません。

けれども、それは私たちが物をそれ自体の姿で認識していないという意味ではまったくありません。知覚は客観的です。どういうことか説明しましょう。私はちょうど今、ある特定の視角から自分の指を見ています。だとすれば、私は知覚によって自分に指があることを知ることができます。同時にそれが思い違いであることもありえます。ちょっと考えにくいですが、もしかしたら私は今夢を見ているのかもしれませんから。仮に私が指をなくしてしまっていたとしたら、また指があればいいなあ、と夢の中で願うことがあるかもしれません（その場合、精神分析でどんなふうに解釈されるかはともかく）。

　客観性とは、自分の主観を除外して、できるだけ中立に判断することではありません。むしろ、感覚のような、対象をうまく捉えたり捉えそこなったりする能力のあるところに、客観性は存在しています。ですから、私たちの知覚は、疑問の余地なく客観的です。でも、同じように主観的でもあります。具体的に言えば、私たちは複雑な有機体であり、しかも身のまわりの環境の一部として知覚のプロセスに加わっている、という点で主観的なのです。私は自分の生物学的特性を通して情報を周囲の自然環境に提供しています。だからこそ、皆さんは私と会った時に私を見ることができたり、私に電話をかけると私の声が聞こえたりするのです。周囲の環境に対して私が行っているもう一つの貢献は、物理学的に〔電磁波などの〕放射として研究される領域と相互に作用することです。有機体としての私は、赤い蓋のような物質的－エネルギー的対象との接触を確立するのに欠かせない多様な相互作用のうちに物理的に組み込まれています。だから、知覚を私の神経の末端と水筒の物理的相互作用だけに還元することはできません。そんなことをしたら、〔思い違いをする仕方としての〕主観性がうまく説明できなくなってしまいますから。私が思い違いをしようがしまいが、物理的相互作用はそこに存在しているのです。

　私たちの知覚は客観的ではないと誤って信じている人が多くいますが、それは客観性という概念を決して手の届かないキメラと取り違えているからです。このキメラはアメリカの哲学者トマス・ネーゲル（一九三七年生）が言うところの**どこでもないところからの眺め**という着想に相当しますが、ネーゲルはそれを退けることができました。[35] 今示したように、客観性の本質は、現実を外から見ることにあるのではありません。それに、そんなことは物理学的に不可能です。というのも、知覚とは、何よりも環境と有機体のあいだで行われる物理学的に調べられる情報の交換なのですから（もちろん、それだけではありません！）。〔しかし〕知覚は高度に個人的かつ自伝的であるという点で主観的でもあります。ですから、私がどのように思い違いをするか、思い違いをしかねないかは、私について何事かを語ります。いいですか、同じことは皆さんにも言えるんですよ。

宇宙に亡命し、そこから眺めているのは誰だ

「どこでもないところからの眺め」に対するネーゲルの批判は、残念なことに、よく誤解されています。どこでもないところからの眺め、観察位置から解放された絶対的な客観性が存在しないということは、私たちが現実をそれ自体あるがままに、言い換えれば、まさに現実的にある姿では認識できない、という意味ではありません。ネーゲルは、私たちは精神の牢獄あるいは媒体《メディア》から逃れられず、そのため純粋な事実を把握することができない、とはいっさい主張していません。そうではなく、客観性とは私たちが精神的能力のおかげで現実を把握したり把握しそこなったりする立場にあることだ、と指摘しただけです。とはいえ、把握したり把握しそこなったりするにしても、それは常に一つの立場からしかできません。ウィラード・ヴァン・オーマン・クワインは、これと同様の考えを主著『ことばと対象』の最後で次のように述べています。「〔…〕宇宙への亡命は存在しない」[36]と。

しかしながら、ここではっきりさせておかなければなりませんが、人類は今でもそういう宇宙への亡命という幻想にしがみついているのです。思考や知覚、そしてテクノロジーに関しても私たちをはるかに凌ぐエイリアンというテーマは、人類の文化的な自己理解において、今日のSFジャンルの中で中心的な位置を占めています。神もまた、宗教的原理主義者たちから宇宙への亡命者として不当な扱いを受けています。つまり、神は立場から解放された絶対的な観察者であり、神の考えることは私たち地球の憐れな理性ではとうてい見透かすことができない、と歪曲して考えられているのです。こういうイメージに問題があることは、すでに取り上げました（四三頁参照）。

この状況は、きわめて不気味に、しかし的確に、中国のSF作家劉慈欣《リウ・ツーシン》（一九六三年生）の『三体』三部作の中で描かれています。[37] 劉は毛沢東主義による文化大革命下で起きた、進歩した地球外文明と人類とのコンタクトを描きました。地球外生命体を探していた中国の研究チームは宇宙の密告者から、ある警告を受けます。それは、すぐさま探査をやめよ、さもなければ彼方の文明が地球にやって来て三〇〇年後に地球を滅ぼすであろう、というものでした。残念ながら人類は、この親切な異星人の警告に耳を貸さず、本当に宇宙人の地球遠征という事態を引き起こしてしまいます。その間、さまざまなグループのあいだで抗争が起こります。というのも、宇宙人を迎え撃とうとする人々がいる一方で、来るべき人類滅亡を祝福し、彼らを神のように崇《あが》める人々もいるからです。

数々の賞を得た、この現代のSF小説の傑作はディテールも面白いのですが、その一つが、宇宙人は嘘をつくことができない、というものです。彼らは、純粋に事実に向かう完全に中立な知性のように、自分たちの種とその生存可能性をテクノロジーによって最適化することにのみ邁進しています。

ここには彼らの強みだけでなく、弱みもあります。地球のレジスタンス勢力は、まさにその点を利用しようとするのです。ここには客観性という概念の誤解が鮮やかに示されています。

ちょっと宇宙にお散歩に行きましたが、そろそろ感覚〔Sinn〕という概念の話に戻りましょう。皆さんにしっかり認識しておいてほしいことがあります。それは、精神の能力は――その能力のおかげで私たちがある対象を把握したり把握しそこねたりすることがある時には――客観的である、というものです。私たちにとっての客観性の本質は、私たちが評価を下さないとか、どのような立場もとらないということにあるのではなく、現実をそれ自体の姿で認識できるということ、そして同じ理由からそれに失敗することもありうるということなのです。

認識論は私たちの知覚も研究対象としています。知覚は知識の豊かな源だからです。[38] 今日の認識論からすると、知覚が関わっているのは、総じて思い違いではなく、成功事例だと言えるでしょう。これは**事実性**と呼ばれます。つまり、誰かが何かを知覚すると、その何かはその人が知覚したとおりであると推測される、ということです。私が目の前に赤い蓋があるのを見ると、私の目の前には赤い蓋があると推測されます。また、怖い夢を見て驚いて目覚めた娘が私を呼んでいるのが聞こえると、娘が私を呼んでいると推測されます。客観性と事実性は関連しています。つまり、物が実際にどのように存在しているかを知ることのできるいかなる事態においても、私たちは思い違いをすることがある、ということです。

すべての対象が物なのではない

感覚生理学について語るとき、たいていの人は感覚的に把握する、つまり知覚できる、ある種の対象のことを考えています。このような対象を、物と呼びます。一つの**物**は、時間的・空間的な広がりをもつメゾスコピック〔微視的領域と巨視的領域の中間〕ないしはマクロスコピック〔巨視的〕な対象のことです。物とは、私たちが神経の末端を介して接触する、まさにその対象なのです。これらの対象は、私たちがそれら〔対象〕を知覚することに対する――常識的な意味での――原因にあたります。

ここで、すぐに使いものにならなくなる一つの知覚理論のことが頭に浮かびます。いわゆる**知覚の因果説**のことです。この説によると、私たちの意識ないしは身体表面の外側にある外界には、私たちの感覚器官を刺激する物が存在しています。感覚刺激は有機体の内部で加工され、脳内の情報処理によって印象へと形を変えられる、ということになります。

この理論のロジックには、共通感覚の居場所はありません。知覚の因果説は、私たちの思考の機能は外から原因と結果の連関を通じて持ち込まれる情報を有機体内部でさらに処理することである、と前提しなければなりません。すると、知覚と認知は厄介な形で区別されてしまいます。ですから、どのような形にせよ、今日の感覚生理学の世界観的基盤である知覚の因果説は、真理の一粒くらいは中に隠れているとしても、まったく使いものにならないのです。

もう一度、赤い蓋のところに戻りましょう。仮にこの蓋が、私が蓋を知覚することの原因でないならば、私は目の前の一つの物である赤い蓋を知覚することはできないでしょう。これは正しいですね。このことは、今水筒がある場所に別のものが置かれれば、私はその別のものを知覚するということからも理解できます。私が水筒の代わりに緑のコーヒーカップを置くなら、このコーヒーカップは、私がもはや赤い蓋ではなく緑のコーヒーカップを知覚していることの原因となります。ですから、私は今、緑のコーヒーカップを知覚していますが、赤い蓋は知覚していません。つまり、赤い蓋がなければ赤い蓋を知覚することはないし、緑のコーヒーカップがなければ緑のコーヒーカップを知覚することはないのです。

もちろん、あの赤い蓋は、私が赤い蓋というものを知覚するのに十分〔な条件〕ではありません。知覚するためには、まず私は目を開き、その目を赤い蓋のほうに向けなければなりません。次に、もし私が赤い蓋という概念をもっていなかったら、赤い蓋を知覚することはできないでしょう。このことが間違いないのは、赤い蓋を知覚していることを私は意識しており、自己意識的でさえあるからです。私はこの瞬間、目の前には赤い蓋があり、その蓋が私が蓋を見ることの原因であることを知っています。赤い蓋という概念をまったくもたない（もしかしたら赤の波長域の色がまったく知覚できない）別の生き物が同じ瞬間に蓋のほうを向いたなら、その生き物は確かに私が言うところの知覚を行っているでしょうが、知覚の仕方は私とは異なります。

〔しかし〕小難を逃れて大難に出会うことがないように、このような考えはきわめて慎重に定式化しなければなりません。というのも、私たちが赤い蓋や緑のコーヒーカップという概念を知覚される現実に覆いかぶせていると思われては困るからです。概念を覆いかぶせたところで、どうにもならないでしょう。

重要なのは、物と対象を区別することです。物とは、すでに述べたように、言うなれば手でつかめるものです。それは、テーブルや月のように、私たちが時間・空間的な現実として意識し、同一視できるものです。私たちの経験は、特に物を見るという感覚モダリティによって供給されています。視覚を過大評価してしまうと、現実を純粋な物の世界とみなしてしまうかもしれません。そこでは、ありとあらゆる物がばらばらにちらばっていて、それを見たり、それにぶつかったりすることができる、ということになります。

ポルトガル系のアメリカ人哲学者で、現在最も重要な知覚理論の研究者の一人であるチャールズ・トラヴィス（一九四三年生）は、二〇一七年と一八年、私と共同で行ったボン大学でのセミナーで、物のことを »obstacles to free passage«、つまり自由な通行の障害と呼びました。トラヴィスは、この意味において、物は現実についての理論的パラダイムを与えてはくれない、と指摘しました。現実に存在するすべてのものが物であるわけではありません――私たちを取り巻く〔電磁波などの〕目に見えない放射線のことを考えてください。それは物ではありません。

対象の特徴は、物とは異なり、私たちがそれについて真なる思想をもつことができるという点にあります。思想は、それが真でありうるとき――ただし、偽でありうる時でさえ――**真理適合的**です。ルートヴィヒ・ヴィトゲンシュタイン（一八八九―一九五一年）の説に倣って、さらに有意味な思想と意味を欠いた思想とを区別することもできます。**有意味な思想**とは、必然的に真でも、必然的に偽でもない思想です。それに対して、**無意味な思想**とは、必然的に真である思想、いわゆる**トートロジ**

ー（例えば、ネコはネコである）、もしくは必然的に偽である思想、いわゆる矛盾（例えば、ここにいるネコはネコではない）です。思想が真理適合的であるなら、その思想は何かを扱っています。意味のある思想が扱っているものは、すでに述べたように、その思想の対象です。そして、その思想がどのようにその何かを扱っているかというあり方が内容です（四五頁参照）。

私たちは物ではない多くのことについて考えることができますから、私たちの思考は物の世界をはるかに超えて広がっています。私たちは数、痛み、正義についても、素粒子や暗黒物質についても考えることができます。同様に、私たちはまだ物の世界では起こっていない未来の出来事についても考えることができるのです。

赤い蓋は（現実に）存在するか

私の目の前には私が知覚しているものがあります。それは何かと皆さんが尋ねるなら、私は何かしら報告をするでしょう。その報告は、私が今ある特定の場所でそれと意識して知覚できるすべてのものの中からいくつかを選び出したものとなります。選び出すためには、私には概念がなければなりません。私は赤い蓋などの概念を手にしています。だからこそ、私はそれと意識して赤い蓋を知覚できるのです。私はその何かを蓋として認識することなく、単に丸くて赤いものを知覚するだけに制限されてはいません。したがって、何を報告するかの選択は、私が手中にしていて自由に使える概念と関連があります。

けれども、これは私が自分の概念を用いて赤い蓋を構築したり、外の世界に投影したりしていることを意味しません。

ここで新しい実在論のスローガンを再度唱えることを許してください。——構築主義は誤りです。[39]

新しい実在論が主張するのは、私たちは現実をあるがままに認識できるのであり、存在するあらゆる対象や事実を包括する、まさに一つの世界、あるいは一つの現実というものはない、ということです。その際、実在論は特に構築主義に対抗します。なぜなら、実在論者は一般に、私たちは現実を発見するのであり、現実を認識する試みを通して現実を生み出すのではない、と信じているからです。それに対して、構築主義者は、私たちが現実を構築するのであり、それゆえ現実をそれ自体の姿で把握することは決してできない、と考えています。つまり、彼らは、私たちの〔現実を仲立ちする〕媒体が絶えず現実をいかようにか改竄していると信じているのです。

この点に関連して、**穏健な知覚構築主義**は、私たちのもつ概念は私たちの知覚を変えてしまう、という教えを垂れます。赤い蓋という概念のおかげで、私は今、赤い蓋を知覚しています。この概念がなければ、何か別のものを知覚していることでしょう。**過激な知覚構築主義**は、それだけにとどまりません。私たちがもっている概念は知覚を変えてしまうだけでなく、知覚された事柄そのものに関わってくる、と主張します。この理論に従うと、私が今赤い蓋を知覚している場所には、実際には蓋も赤くて丸いものも存在しないことになります。

過激な知覚構築主義は、さらに二つの姿で登場します。一方には、**学問的な過激な構築主義**があります。この立場では、実際には色や幾何学的な形は存在せず、物理学が外界の対象について教えてくれるものしか存在しない、と言われます。そして、赤さの代わりに、私たちに赤として現れる波長のスペクトルが存在するにすぎない、と主張されます。もっと厳密に言うなら、実際には波長のスペクトルであるものが、私たちにそなわっている生理学的な機能のおかげで、私たち人間には赤として体験されるのだ、と言うのです。しかしながら、よく調べてみると、現実それ自体は、私たちが受け取る色の印象に即していません。なぜなら、私たちが総じて赤として経験するその表面は、物理学的に見れば、さまざまな事象の混合体である可能性があるからです。そのさまざまな事象にしても、どのみち私たちの裸眼に現れるようには分散していません。

もう一方には、**超過激な構築主義**があります。こちらは徹底的に突っ走っていて、現実そのものは物理学、あるいは自然科学の集合体が記述するような姿はしていない、と主張します。なぜなら、そのような物理学や自然科学でさえ、人間の心、人間の脳、あるいは——時々ものの本に書かれているように——（学問という）特定の社会システムが構築したものにすぎないからです。[40]

構築主義のヴァリエーションすべてが抱える誤りの源は、それを一掃するより突きとめるほうが簡単です。それは選択と構築を取り違えていることです。もちろん、私がある時点において何かを知覚できるのは、他の何かを除外するからにほかなりません。私が知覚できるものは、私たち人間が言語的にコード化できる概念という形で表されています。私は自分が今見聞きしているものを（例えば、表の喧騒、口笛を吹いている通行人、ヘリコプター、路面電車、近づいてくる乗用車、夏の終わりを思わせる扇風機のうなりなどを）皆さんに文字で伝えることができます。私にそれができるのは、自分にそなわっている概念を意のままに使える上に、ドイツ語に熟達しているおかげで、そのような概念をどう伝えるべきかが分かっているからです。ゲーテなら、自分が知覚するものを私より上手に伝えることができるでしょう。私よりも繊細に自分が使える概念に言語を通じて触れているのですから。もっとも、ゲーテの場合、その前に乗用車とか路面電車という概念を獲得しなければならないでしょう。まあ、彼にとってはそれほど難しいことではないでしょうが。

かくして、私たちは（間違った）構築主義と（正しい）選択主義を区別することができます。**知覚選択主義**とは、知覚は意のままに使える獲得済みの概念とその他の登録済みの項目（高等霊長類にそなわる感覚生理学的能力がこれに数えられます）によってあるものを他のものから区別することでのみ可能となる、と想定するものです。

私たちは自分にそなわっている能力やその他の状況によって、他の人間や人間以外の生き物に隠されている現実の特定の様相《アスペクト》にアクセスすることができます。これは、私たちが概念や登録済みの項目を通して現実を偽造したり意図的に偽ったりする、という意味ではありません。反対に、私たちが現実をあるがままに把握していることを意味します――もっとも、部分的でしかありませんが。

思考は神経の興奮ではない

考えるという感覚にたどりつく道のりは、まだまだ長いものです。次に私たちは、神経の末端を刺激するものしか知覚できない、という偏見を横目に通り過ぎる必要があります。私たちの思考世界は、脳が処理を加えた神経の興奮だけで構成されているのではありません。

さらに、人類の成熟した一員である私たちが単純な物や断片的なものだけを把握するのはきわめて稀であるということを、はっきり理解する必要があります。私たちは決して、赤い蓋、縁、その他の形状や動きだけを取り込んでいるのではありません。そのようなことは顔認識ソフトでも同じくらいうまく処理できます。実際の知覚は、現在の感覚生理学で知られ、自然科学・心理学的実験によって研究することのできる、いたって単純化されたモデルとはほとんど似ていません。

簡単な例を挙げれば十分でしょう。私は今、路面電車を知覚しています。この個所を書いていた時には路面電車が近づいている音を耳にしただけだったので、私は窓のところに行き、路面電車を実際に目にすることで、自分が間違った文章を書いていないことを確認できました。路面電車というものには単一の幾何学的形状はありません。路面電車は、さまざまな街で異なった見た目をしています。それに、路面電車は交通機関です。交通機関は（道路交通法などの）規則に拘束される対象です。私は道路交通法という規則を、モニターの角《かど》や縁のようには知覚しませんし、新生児がにっこりした顔を知覚するように――つまり単純化されたモデルを通して――知覚することはありません。風船にまんまるお月様の顔を描いてごく幼い子供に見せると、誰かが微笑《ほほえ》んでいるとその子に思わせることができます。なぜなら、ごく幼い子供たちは、私たちよりも、単純化された心理実験でイメージされるような仕方で自分の周囲の環境を知覚しているからです。子供たちは最初、これまでの人類の進化の歴史のおかげでそなわっている簡単なモデル認識能力しかもっていません。新生児は路面電車をまだ路面電車としては知覚していません。

このあたりで新しい実在論の基本モデルを表す一つの洞察を自分のものとして理解する必要があります。その洞察によると、たった一つの現実――すべてを包括するという意味での、唯一の世界、唯一の現実、唯一の宇宙、唯一のリアリティ――が存在するのではなく、無限に多くのものが存在しています。ですから、一方では路面電車を知覚しつつ、もう一方では別のもの（例えば、角、縁、色）を知覚していることになるのです。路面電車を、私たちが視覚的に処理している〔その〕角や縁や色から導き出す必要はありませんし、路面電車をそれらに還元する必要もありません。それゆえ、例えばコウモリは私たちが路面電車を知覚している場所に路面電車とはまったく関係のない何かを知覚している、と言うこともできます。

このことは、私が路面電車を見ている場所には路面電車があるか、あるいは何か別のものがある、という意味ではまったくありません。すべての知覚が、たった一つの現実に帰属しなければならないわけではありません。だからこそ、さまざまな生き物や一つの種のさまざまな個体によって知覚される多くの現実を容認することができるのです。もし私が見知らぬ街を歩いているなら、私の知覚の仕方も地元の人たちとは違うでしょう。

私たちは、こういうことすべてを味覚の現実から知っています。さまざまなワインを区別するためには勉強しなければなりません（区別できるようになりたければ、の話ですが）。赤ワインと白ワインの区別が最初のステップですが、もちろんそれだけではまったく不十分です。一人前のソムリエになるには、何年もの経験と修業が必要です。感覚を磨いていけば、それまでは隠れていた何かを認識できるようになります。すると、それまでは単純にアクセスのルートがなかったものに対して注意を向けることができます。私たちはさまざまな感覚をもっており、それを養って、他の感覚やその養成と調整してもいます。そうすることで、どの感覚においても現実と直に接するアクセスルートを手に入れているのです。

こうした理解によって、私は「直接実在論」と呼ばれるものの代表的なヴァリエーションを主張していることになります。一般に直接実在論は、私たちの感覚は何ものにも遮《さえぎ》られることなく現実にアクセスできる、と考えるものです。言い換えるなら、このテーゼが意味するのは、私たちの感覚とは私たちが現実にアクセスするそのあり方のことである、ということです。感覚は、それ自体、私たちがアクセスするものではありません。私たちには声が聞こえますが、声が聞こえるということが聞こえるのではありません。現実にアクセスするルートが遮られることはありませんが、そのルートは常にある特定の形（感覚モダリティ）をしています。現実は、そのルートを介して私たちに表れるのです。

現在のアカデミックな認識論では直接実在論が主流になっていますが、専門家の世界の外では、むしろ評判は芳《かんば》しくなく、素朴だと考えられています。でも、直接実在論と素朴実在論はまったく別物です。素朴実在論とは、私たちは現実をいかなる媒介もなしにあるがままに受け入れている、と理解されています。素朴なのは、何らかの理論を練り上げたり、多くの人たちに構築主義を納得させたその論法と対決したりすることになるのを拒否しているからです。

素朴実在論者は、みずからの実在論を基礎づけるために、例えば石を蹴っ飛ばすと〔足が〕痛むのだから現に石が存在するに違いない、と言い出します。しかしながら、この基礎づけは不十分ですし、虚しい主張にすぎません。なぜなら、構築主義は私たちが石という印象をもつことには反論していませんから。構築主義が主張しているのは、私たちに痛みをもたらす石があると思っているとき、現実は私たちに現れているのとはまったく違う（あるいは違うかもしれない）、ということだけです。

実在論は、構築主義と同様、一つの理論です。この二つの理論は、特定のデータ――例えば石を蹴っ飛ばす時に感じる痛み――を共有していますが、データの説明の仕方が異なります。素朴実在論は根拠が不十分な理論です。その一方で、構築主義はみずからが理論的なステータスを獲得していることを自覚していますが、いくつかの誤りを犯しています。ですから、私たちには直接実在論のような、よりよい理論が必要なのです。

真理以外の何ものでもない

どのような形の実在論であれ、それは一つの理論です。ですが、私の考えでは、構築主義よりよい理論です。それには説得力のある論証があります。アメリカの哲学者ドナルド・デイヴィドソン（一九一七―二〇〇三年）が「好意的解釈の原則（principle of charity）」と呼ぶものの一種です。[41] 確かに、これはしばしば性急にハンス゠ゲオルク・ガダマー（一九〇〇―二〇〇二年）の解釈学〔Hermeneutik〕（ギリシア語の *hermeneia*「理解する」より）と結びつけられますが、それは必ずしも正しくありません。なぜなら、ガダマーにとって重要なのは文化歴史的産物（特にテキスト）であって、知覚理論や、他者が言葉で表現するその人の知覚状態に関する解釈論ではないからです。

私が考えている論証は、**真理性の論証**と呼ぶことができます。これは、私たちは自分が本当だとみなしていることを文で表現することができる、という観察を出発点としています。その表明によって事実が何であるかの確定を求める文を、**命題**と呼ぶことができます。命題は、ふつう真か偽です（無意味なものはとりあえず無視しましょう）。ともかく、それらは一般に真であることが問題になるものです。以下に、間違いなくほとんどの人が真とみなす命題をいくつか挙げましょう。

- 中国には人が住んでいる。
- インド人女性の中にはニューデリーに行ったことのある者がいる。
- 一〇本の健康な指があるなら、ふつうは爪も一〇枚ある。
- 銀河はたくさん存在する。
- 私がこの世に生きる以前に、すでに多くの人が生きていた。
- ネコは動物だ。
- ドナルド・トランプは現在（残念ながら）アメリカ合衆国大統領だ。

ほぼ無限に多くある命題を加えて、このリストを長くすることは難しくないでしょう。論理学から見れば、大した芸当ではありません。というのも、選言肢の一つが真であれば選言命題は真になるということを知っていればいいだけだからです。**選言命題**とは「あることが生じるか、あるいは別のことが生じる」という形式の命題です。あることが真であるとき、それが真理であることは〔他の〕あるものによって補強できますが、その新しい選言肢も真であるかどうかは問題ではありません。ある命題が真であるなら、その帰結として、その命題が属する選言命題は真であることが結論されます。「A」から「AまたはB」が結論されるのです。

論理学的に見ると、次のことが言えます。「中国には人が住んでいる」ということが真なら、「中国には人が住んでいるか、またはケルン大聖堂はレバーソーセージでできている」〔という選言命題〕は真になります。何かを真とみなし、いくつかの単純な論理的原則を承認するなら、私は一度に無限に多くのことを真とみなすことができるのです。なぜなら、最も簡単な形の命題、すなわち何かが事実であると主張する命題から、私が真とみなす無限にたくさんの命題が導き出されるからです。もちろん、中国に人が住んでいることを真とみなすことから、ケルン大聖堂がレバーソーセージでできていることを結論できるわけではありません。中国に人が住んでいるという命題は、そのこと〔ケルン大聖堂ソーセージ説〕を排除しないというだけです。

これはあまりセンセーショナルではないでしょう。しかしながら、私たち人間は現実を認識できるのかという哲学的に重要な問いを立てるなら、今述べたことは忘れるべきではありません。私たちが無限に多くのことを知っていることは技巧的なものがなくても分かりますから、そこから私たちは現実を認識できると結論すべきでしょう。実際、私たちは現実の認識にかなり長《た》けています。なぜなら、明らかに無限にたくさん知っているのですから。

命題が真であることの本質は、結局、命題とその命題が扱っている事柄との結びつきにあるにすぎません。（皆さんが今付き合ってくれているこれらの命題は「命題」を扱っていますが、それとは異なり）命題を扱っていない命題が扱っているもののことを、**客体《オブジェクト》次元の現実**と呼びましょう。先のリスト（八四頁参照）にある命題は、どれも客体次元の現実に該当します。もしそれらの命題が真なら、命題が述べているとおりの状況があるわけです。そうでなければ、それらの命題は偽です。

こうした考えは、アリストテレスによる西洋哲学史上初となる真理の定義の中で述べられています。いいですか、この定義は真理をひっくるめて問題としているのではなく、命題の真理を問題としています。**アリストテレスによる真理の定義**は次のようになっています。

> 事実であることを事実ではないと言うこと、あるいは事実ではないことを事実であると言うことは思い違い、ないしは嘘であり、事実であることを事実であると言い、事実ではないことを事実ではないと言うことは真理である。であるから、何かが事実である、あるいは事実ではないと主張する者は、真理を述べているか、あるいは思い違いをしているか、嘘をついているかのどれかである。[42]

今日の真理論では、このような立場は**ミニマリズム**と呼ばれています。ミニマリズムは、命題の真理といっても、その本質は、簡単に理解できる若干の原則を真理に適用して、その所在を定めているにすぎない、と考えます。特にこのことがあてはまるのが「引用符解除の原則〔Disquotationsprinzip〕」

(DQ)として知られているものです。哲学の徒は、何十年も昔から、この原則を次の決まり文句と結びつけて学んでいます。

「雪は白い」という命題が真であるのは、雪が白い時、またその時に限る。

もっと一般的に言うと、次のようになります。

(DQ)「p」が真であるのは、pである時、またその時に限る。

すなわち、「p」(いかなる命題が占める場所も、真であるかもしれず、偽であるかもしれません)という内容をもった命題は、現実がその命題の述べるとおりなら、真です。「中国には人が住んでいる」は、中国に人が住んでいれば、真です。そうでなければ、まさにこの命題は偽です。ところで、現在の中華人民共和国という領土に人が住んでいるという命題は、今は真ですが、いつかは偽となります。なぜなら、単純に人類はいつかは滅びるのですから。ある命題は、今日は真であっても、明日は偽かもしれないのです。

この真理の理論には、もちろん微妙な問題がたくさんありますが、ここではそれに触れる必要はありません。[43]命題の真理はセンセーションを巻き起こすような事柄ではないということだけを、しっかり心にとめておきましょう。媒体《メディア》や感覚が真理または現実へのアクセスを妨げていると考えるなら、この事実は簡単に見落とされます。ですが、真理ほど単純なものはないのです。時には、何が真理なのか（「誰が先のシリアでの毒ガス攻撃を命じたのか」）を見出すのが難しいこともあります。でも、それは真理が難しいのではありません。毒ガス攻撃を命じたのは、アサド政権か、さもなければ戦争に加担していたそれ以外の、あまりにも多い勢力のうちの誰かです。それが誰であろうと嘘をつくでしょうから、何が真理であるかを見出すのは探偵の仕事のようなものです。ですが、私たちが確信してよいのは、何はともあれ誰かは真理を知っている――そして、それは毒ガス攻撃を命じた張本人である――ということです。

構築主義は、ごく日常的な命題がどのような条件下で真であるかを認識できず、失敗に終わります。構築主義は、真理を、人間によって生み出された社会的制度・慣習による真理の承認と取り違えているのです。もう一度、あの命題を見てみましょう。

中国には人が住んでいる。

ここで懸念を表明しそうな最も高名な構築主義者の一人が、フランスの哲学者で歴史家、社会学者でもあるミシェル・フーコー（一九二六―八四年）です。一九六六年にフランス語で著された『言葉と物』は一時代を画した著作で、またたくまに世界中でベストセラーとなりました。その中で彼は、人間とは一七世紀から一九世紀にかけて人文科学の想定によって構築されたものである、と主張しています。この時期に「人間は初めてヨーロッパ的思考（savoir）という場に登場する」と言うのです。[44]

一見馬鹿馬鹿しいこの主張が何を意味しているのか、戸惑ってしまうでしょう。真っ先に、この「ヨーロッパ的思考」とは何かという疑問が湧きますが、これに対してフーコーは答えていません。このヨーロッパ的思考を地中海地域に起こった（たいていは古代ギリシアや古代ローマに偏って結びつけられる）あの高度な文明というコンテキストにおける思考と理解するとしても、人々は一七世紀よりずっと以前から人間についてよく考えていました。人間とは何かという問いは、ギリシアの哲学、神話、悲劇の主要なテーマです。フーコーは、歴史に関する自分の主張がそう簡単には受け入れられないことを明らかに自覚しており、すぐさま次のような言葉で対抗します。

> 奇妙なことに、人間とは――人間についての認識は浅はかな者の目にはソクラテス以来の最古の問いと映るが――おそらくは物の秩序の中のある種の裂け目以外の何ものでもなく、ともかくもつい先頃博識の中で認められた新たな素質で特徴づけられる一つの構造形だ。そこから新たなヒューマニズムの妄想のすべてと「人間学」なるものの軽率さが――それらが人間についての（半ば実証主義的で、半ば哲学的な）一般的省察として理解されるなら――生まれ出る。しかしながら、人間がまだ年若い虚構、齢二〇〇年も数えぬ形態《ゲシュタルト》、私たちの知のつましい折り目の一つにすぎないことを考えると、そして人間が私たちの知が新たな形を見出すや否や消え去ってしまうことを考えると、心強く、深い安寧を覚える。[45]

フーコーは、人間についての問いを「ソクラテス以来の最古の問い」、あるいは最古の問いの一つとみなすことがなぜ浅はかなのか書いていません。この一節で彼はいくつもの主張をしていますが、経験的証明や哲学的論証によって裏づけていないのです。こうした主張は当然のこととして受け入れないほうがいいでしょう。というのも、フーコーは自分の立場が過激な構築主義と誤解されることを予防していないのですから。それゆえ、彼は「人間」は決して現実に存在しないと思っている構築主義者だと多くの人に解釈されています。構築主義によれば、人間が存在するという代わりに、一連の言説《ディスクール》の実践、すなわち人間に携わって研究するさまざまなやり方が存在しており、それこそが人間を生み出しているのです。フーコーはまったくもって構築主義者です（ただ、過激ではありません）。しかし、この一節の狙いは別のことに定められています。

フーコーによると、「人間」は一七世紀に特別な意味を持ち始め、やがて人間性の名において正常性《ノーマリティ》という考えが展開することになります。彼の見解によると、この考えは倫理的な帰結を、すなわち私たちが行為を調整する次元における変化をもたらしました。というのも、人間という像が私たちの自己理解の中心に歩み出ることで、なかんずく私たちはみずからの行為を神の像に照らして調整すべきである、という考えが取り払われてしまったからです。このような新たな方向づけの理由についてフーコーはいかなる発見も主張しておらず、その代わりに分類体系のさまざまな構造変化について議論しています。私たちの社会システムにヒューマニズムが入り込んできたのには偶然的な経緯がある、と彼は述べます。フーコーの研究に従うなら、それは多かれ少なかれ偶然の出来事であり、何はともあれ人間性の理想を意図的に改めたものではありません。

とはいえ、フーコーは自分の歴史研究の哲学的結論を誇張しています。なぜなら、この研究は、人間は一七世紀になって初めてテーマになる、という強力な歴史的テーゼを裏づけてはいないからです。このテーゼを退けようと思うなら、人間について語っている一七世紀以前に成立した文献を読めばいいだけです。ギリシア悲劇でも、コーランでも、あるいは旧約聖書でもかまいません。旧約聖書は、のっけから人類の誕生を問題にしていますし、人間ではない物の秩序の中で人間が果たす役割を主題としています。さらに——プラトンとアリストテレスによって代表されるのが常の——古典ギリシア哲学は、明確に、それも自然科学的かつ哲学的に、人間とは何者であるか、あるいは何であるか、という問いに取り組んでいます。要するに、フーコーの強力な歴史的テーゼは話半分くらいに聞いておくべきなのです。

強調しておきますが、後年フーコーは自分でもそのことに気がつきました。そのため歴史的に古代まで遡り、特に非キリスト教的な自己探究から初期キリスト教へと移りゆく一連の状況を研究します。これは壮大な構想をもつ『性と真理〔*Sexualität und Wahrheit*〕』〔『性の歴史』〕の研究の中心に据えられています。ちなみに、このシリーズの最新巻は、彼の死後、つい最近になって刊行されました。[46] 加えて、彼は後期の講義の中で啓蒙と古代の民主主義下における啓蒙の成立というテーマに専念し、なぜ科学的言説においては今なお真理を述べることが問題となるのか、そしてそのことが社会的な解放のプロセスとまさにどう関連しているのかを説明しようとしています。

それとともに、『言葉と物』の中で述べられた歴史的テーゼはフーコー自身によって修正され、近代的な人間像の源は古代に認められるようになりました。とはいえ、彼の視線はアテナイとローマにのみ向いており、西洋の発展に及ぼした他の多様な影響（例えば、エジプト、中国、インド、日本、イスラエルと、のちのイスラム教などの影響）を描き出してはいません。
こうして「人間とは自然に生じた近代の虚構であり、いとも簡単に消滅することがありうる」という歴史的テーゼは、先に述べた理由によって根拠を失いました。しかし、フーコーは『言葉と物』の中で、これと並んで、もう一つの哲学的テーゼをひそかに用意しています。そのテーゼに少し迫ってみましょう。思うに、フーコーは、一七世紀から一九世紀にかけて人間は、ある特殊な仕方で人間について考察した、と主張したかったのでしょう。フーコー自身が「知の考古学」と名づけた一般的な方法に従えば、この特殊な考察の仕方は「言説の実践」とみなされます。それは社会や政治の面で効果的な分類を行うことです。人間は、その「言説の実践」を通して、監獄や精神病院、あるいは性的な活動という制度を生み出し、それらを正当化します。[47]
このテーゼの背後には、一つの正当な疑念があります。人間性あるいはヒューマニティーは、ただ単に特定の制度的秩序——国民国家であれ、左派あるいは右派政治であれ、大学であれ、医療制度や他の何であれ——を作るために、あるいはあとから正当化するために持ち出されてきたのではないか、というものです。「人間」を持ち出すことは、しばしば空虚であり、私たちの生の状況の改善とはまったく異なる目的のために使われることさえ決して珍しくありません。フーコーは、歴史的調査によって、まさにそのことを明らかにしました。まったくの偶然であるとはいえ、どのような仕方で人間についての近代的な定式が成立したのか、そしてその偶然の導入以来、どのような概念上の困難が起きているのかを描き出しているのです。
その点では、フーコーは歴史について研究することで重要な貢献をしました。つまり、私たちが自分たちを人間として理解していること、それも一定の仕方で理解していることは自明ではなく、むしろ人間の理想を具体的に満たすにはさまざまな可能性の幅がある、という洞察を導き出したのです。人間が何者であるかは、簡単に自然から読み取れるものではありません。だから、人間はフーコーによって主題化された分類システムの中のどこにも正しい居場所を見つけることができないのです。──人間は私たちの自己認識能力によってしか把握できない、というリンネの告白が物語っているように。

しかし、だからといって「人間」が一七世紀から一九世紀にかけての時代の虚構であるということにはなりません。せいぜい言えるのは、ある特定の人間像がこの時期に支配的だったということくらいです。

特定の人間像がその成立において偶然的な条件と結びついているという認識から、**人間学的構築主義**を導き出すべきではありません。そうすると、人間は自分で自分を生み出したのであり、私たちについての真理はこの自己構成と無縁には存在しないことになってしまいます。フーコーの研究成果をそのように解釈することがいかなる問題をはらむのかは、部分的に挑発的でやたらと目立つ彼の主張をそれがもたらす帰結に注目して考えてみれば、よく分かります。仮に、いかなる人間像にも左右されない、人間についての真理が存在しないとしたら、「中国には人が住んでいる」という命題はそのままでは真であることができません。なぜなら、人間とは何者であるかをあらゆる場合にあてはまる仕方で述べることはできないからです。この命題から中国に人が住んでいるとは結論できず、次のようなことを意味するだけでしょう。

歴史の中で成立し、結局のところ恣意的に引かれた中国領土とアジア近隣諸国の領土との境界、並びに、一七世紀以降、学問的に構築された人間像が条件として与えられるなら、ミシェル・フーコーのような人には、あたかも中国には人が住んでいるかのように見える。

「中国には人が住んでいる」という命題は、要するに偽であるか、あるいはせいぜい、私たちがふつう想定するのとはまったく異なる条件の下では真である、ということになるでしょう。これが人間学的構築主義に固執した場合の帰結です。——つまり、人間は単に存在しているのではなく、言説の実践によって生み出されている、という結論です。

一般的に言って、構築主義は私たちの言説を変えてしまいます。すでに確立されている言語的実践に手を加えずにはいられないのです。二つの例を考えてみましょう。これらは構築主義者の巧みな論法に潜む一般的な精神を明らかにするのに恰好のものです。世間に流布している考え方の一つに、**色彩構築主義**があります。この主張によると、色は実際には存在しません。むしろ色は生み出されるものとされるのですが、それは生き物が、それ自体は色のない環境を意識によって処理するために、ある特定の神経装置を持ち合わせているからです。

草原は緑である。

色彩構築主義によると、この命題が真なのは、草原が緑だからではなく、特定の物理的属性をもった電磁波が私たちの神経系にあたり、あたかも草原が緑であるかのように見える心的な像を構築するからです。この理論に従えば、現実には草原自体は緑ではなく、色がありません。

残念なことに、今日、よりにもよって倫理において構築主義的なテーゼを支持することがごく当たり前になっていますが、それは大変な害をもたらすものです。非常に多くの人が、

感覚能力のある生き物に理由もなく危害を加えるべきではない。

あるいは、

すべての人は性、人種、出自に関係なく法の下に平等であるべきだ。

という命題が真であるのは、実際は、それが共同体によってあらかじめ与えられた暗黙の価値を表現しているからにすぎない、と思っています。すると、中国的価値というものが、例えばヨーロッパ的価値との対比において存在することになります。したがって、万人に通用する普遍的な自然法も存在せず、特定の人間集団が承認する価値体系の構築物があるだけだということになります。ここには、いわゆる「西洋的価値」を他の文化に押しつけないという反帝国主義の思想が共鳴している、と言う人がいるかもしれません。しかし、普遍的な人権は「西洋の」発明などではまったくなく、生き物と

しての人間の特徴です。誰であろうと——ドイツの人であろうと、日本、ロシア、中国、あるいはコンゴの人であろうと——子供をいじめるべきだとは考えないでしょう。虐待されたいと思う人なんていません。このような考察から普遍的な人権は導き出されているのであって、ヨーロッパ的な視点などからではないのです。ところで、普遍的な人権なのですから、異文化に対する植民地支配も帝国主義も普遍的人権に反することになります。ですから、普遍的人権それ自体が帝国主義の道具でないことは、実際、簡単に分かりそうなものですがね。

〔この二つの例からも分かるように〕構築主義的論法にはすべて共通点があります。一般に真とみなされている命題を額面どおりには受け取らないのです。中国には人が住んでいるとか、すべての人間は法の下に平等である（べきだ）ということを承認する代わりに、この命題の真理性を他の仕方で構築してしまいます。構築主義の出す答えは、厄介な二者択一です。私たちは、自分が真とみなしているほとんど無限に多くのことを、これからは偽だとみなすか、さもなければ、少なくともこれまでとはまったく別の仕方で理解しなければならない。

ところで、ここまで来ると、デイヴィドソンの哲学と、〔歴史的に〕伝承されたテキストに対する私たちの理解を問題にするガダマーの解釈学を足して二で割ったものに、本当に似てきます。どういう意味か、説明しましょう。ちょっと考えてみてください。知り合いと話すとき、その人はその人の言葉で何を言おうとしているのでしょうか。なんだかんだ言っても、私たちはいつも知らない人たちと会話をしていますからね——その会話がものすごく短いこと（例えば「1番線はどこですか」——「すみません、急いでいるので」）もありますが。誰かがある命題で言おうとしていることを理解したければ、私が真とみなしていることのほとんどを、その人もやはり真とみなしている、と前提しなければなりません。そうでなければ、その人との会話は成立しませんね。そういうことです。

簡単な例を一つ挙げましょう。私が誰かに職業を尋ね、その人が私に、自分はとても活動的な企業コンサルタントだと伝える場面を想像してください。そのとき、その人が「企業コンサルタント」という言葉を大学で林業を学んでいることを伝えるために使っているとしたら、明らかに変です。さらに言うなら、自分は企業コンサルタントだと私に伝えた人物がいるとして、その人物が実は林業を学ぶ学生で、しかも中国には誰も住んでいないとか、自分の手には指が一七本あるとか、ブリトニー・スピアーズはアンゲラ・メルケルの妻であるとか、私たちは皆マトリックスの中で生きているとか、そのようなことを信じているとしたら、私はその人のことを理解できるでしょうか。私たちが現実がどうであるかについて基本的に似たような理解をもっていないとしたら、言葉によるコミュニケーションのための共通基盤がないことになります。

世界はお望みのままに

要するに、私たちは、信念において一つの共通基盤を共有しているという広く確認された（かつ正しい！）前提に則った上でしか、他者と会話を交わすことはできないのです。会話を交わすすべての相手と、私たちは無限に多くの前提を共有しています。そうでなければ、コミュニケーションは本当に成り立たないでしょう。ですから、重要な事柄に関してどんな意見の相違があったとしても、それは私たちのあいだに意見の共有システムがあることを前提しています。

仮に構築主義が真であったとしたら、構築主義の息のかかった意見はすべてまったく真でないか、さもなければ少なくともふつう私たちがあてはめているのとはまったく異なる意味をもつ、ということになってしまうでしょう。簡潔に言えば、構築主義者はドイツ語を話すのではなく、代替言語を発明しているのです。〔ジョージ・オーウェルの『１９８４』に倣って〕それを「構築主義者の新語法《ニュースピーク》」と名づけてもいいですね。

けれども、構築主義に内在する論理的問題は、まだ完全に描き出せたわけではありません。というのも、構築主義に基づいても、「中国には人が住んでいる」という命題が真であるとき、その命題が真になるのは、それを真だと思う人がいるからではない、ということになるからです。逆に、真だと思う人が誰もいない命題は真ではない、などと構築主義が言い出さなければいいのですが。だって、そんなことを言ったら、ある特定のことで皆が一斉に思い違いをすることなどありえない、ということになってしまいますから。〔そういう例を一つ挙げましょう。〕

すべての人が次の命題を真だと思っていると仮定しましょう。

非常に多くの、ただし有限個の太陽がある。

この命題と矛盾する命題は次のとおりです。

無限に多くの太陽がある。

　もしすべての人が第一の命題を真とみなすなら、構築主義的視点からは第二の命題は真ではありえないことになります。すると、すべての人が第一の命題を真とみなしている場合には、私たち人間が思い違いをすることなどありえないということになるはずです。（ほとんど）皆がそう信じていることを理由にして、言説を通じて真理を作り上げるなら、私たちは地球は円盤であるという真理を作り上げることで地球を円盤にすることができます。確かに、そうすれば世界は私たちの好きなようにできるでしょう。自分たちが気に入ったものを自分たちが真とみなす命題で記述する、その一点で合意すればいいだけなのですから。けれども、こんな疑わしい捉え方をしたところで、通常、現実についての命題は私たちがそれを真とみなすだけで真になることはない、ということに変わりありません。

　真理についての議論の結論は、結局のところ、構築主義というのは――うまく取り繕《つくろ》っていても――かなり辻褄の合わない理論である、ということです。構築主義者は、どんな命題の意味でも変えてしまいます。でも、そうすることで構築主義者は自分自身の主張する命題の意味をも変えてしまうので、もはや私たちは構築主義者と日常的にコミュニケーションをとることができません。通常、私たちは自分たちの命題が現実を変えてしまうとは考えていません。むしろ、命題はそれ自体は命題ではないものを多く含む現実と関連していると考えています。そして、それはまったく正しいのです。

フレーゲの「思想〔Gedanke〕」

これから皆さんにご紹介しようと思っている考察とともに、「考えるとはいったい何なのか」という問いに対する注目すべき回答の周辺をめぐってみましょう。紹介したいのは、数学者のゴットロープ・フレーゲ（一八四八―一九二五年）による回答です。彼は哲学において皆さんが想像する以上に大きな貢献を果たしています。フレーゲは、思考とは考えられたもの〔Gedanke（＝思想）〕を把握することだと理解しています。考えることは、考えられたものをもつことを意味します。一九一八年に発表され、たびたび議論の対象になっている論文「思想――論理探求」や他の文章で、フレーゲは何よりもまず思想とは何かを説明しています。[48] そうしてまた、彼は思考という概念を間接的に規定しています。

思想というのは、フレーゲによると、真か偽でありうるものです。思想は真でありえます。その点で命題と似ています。フレーゲによれば、人は思考するとき、思想と接触しています。それゆえ、思考することによって、私たちは真なるもの、あるいは偽なるものを把握できる状態になります。それは私たちと現実のインターフェースなのです。まさに先達アリストテレス（そして、その先達プラトン）のように、フレーゲは私たちが思想を把握すると述べています。つまり、彼は私たちが思想の世界（観念世界）と文字どおり接触していることを示すために、触覚のメタファーを用いているのです。

フレーゲの洞察によれば、私たちは、真とみなすかどうかとは関係なく、その思想について検討することもできます。私は「よそ者」についての人種差別主義者たちの意見――彼らの思想――を偽とみなしているものの、なぜ人間は人種差別主義者であるのかを考えることができます。思想を考えることは、その思想を真とみなすことではありません。

もっとも、私たちの評価とは無関係に真であり偽であるというのが、思想の特徴です。その特徴によって、フレーゲは、真理と、真とみなすことを厳しく区別します。私はこの区別を**客観性コントラスト**と名づけます。[49] これは、真理と、したがって事実と、そのことについての私たちの意見とを区別できるところなら、どこにでもあるものです。

私たちはまた、フレーゲによって »Sinn« のもともとの意味を思い起こすことができます。Sinn〔英語では sense〕とは、本来は「方向」という意味です。イタリアでは一方通行のことを »senso unico« と言いますが、それでピンと来る人もいるかもしれません。ロマンス語系の他の言語でも、ラテン語の *sensus* の意味はまだ直接分かります。ある Sinn は、ある方向を指し示します。その先で何らかの対象と出会うことができるのです。Sinn が目印をつけているあたり〔Gegend〕に、その Sinn が見込まれる対象〔Gegenstand〕が含まれていれば、私たちは真理と関わることになります。

このようなフレーゲの基本理念は、ヴィトゲンシュタインも『論理哲学論考』の中で主張しています。そこでは彼一流のそっけなさで、命題三・一四四として次のように記されています。

> 事柄の状況を描写することはできる、名づけることはできない。

（名は点に似る。命題は矢に似る。命題には Sinn がある。[50]）

考えをめぐらせることができる対象には出会うことができます。私たちがどのように対象に出会うか、そのあり方が感覚〔Sinn〕なのです。私たちは思想の中で現実のものを指し示しています。これは人間の心理的状態に依存してもいなければ、私たちにそなわった神経生物学的機能によるのでもありません。というより、私たちは――それ自身は接触に左右されない――現実のものと接触できる関係のうちにあるのです。なぜなら、私たちの感覚〔Sinn〕は感覚自身が生み出すのではない情報を把握しているのですから。

意味と情報、そしてフェイクニュースのナンセンス〔無意味〕

現代的な意味での情報という言葉は、情報科学という学問分野に、したがってデジタル時代に通じていますが、フレーゲ以降の哲学では、思想の意味〔Sinn（ただし、フレーゲの場合はふつう「意味」ではなく「意義」と訳される）〕として理解されるものに相当しています。[51] 情報科学は現代論理学と現代数学の成果の上に成り立っており、中でもフレーゲが論理学の基礎を築くために果たした仕事は特筆に値します。フレーゲと彼に続く哲学者、特にバートランド・ラッセル（一八七二―一九七〇年）やアルフレッド・ノース・ホワイトヘッド（一八六一―一九四七年）などがいなかったら、デジタル革命は決して起こらなかったでしょう。なぜなら、彼らは思考を現実に存在する情報を処理することと捉えることで論理学に革命をもたらしたからです。フレーゲ、ラッセル、そして彼らの理論に基づく形でヴィトゲンシュタインは事実について語ります。事実とは現実に存在する情報構造のことであり、思考はこの構造を把握し、命題はこの構造を表現するものである、と彼らは考えます。

　事実は、そのすべてを感覚が把握するものではありません。むしろ、感覚は現実のものと接触し、それゆえ事実に属しています。つまり事実は、言うなれば自分を自分自身と関連づけているのです。そのことは私たちが事実のまっただなかで事実と関わることができることから分かります。事実を受容し、それを思想の内容にできるというふうに捉えるなら、それが情報です。これは、私たちの思考という領域では、判読可能で認識可能な事実の構造という意味になります。だから、私たちは自分の思想を物質－エネルギー的な仕方でもコード化し、例えばこの本を著すことができるのです。本書は情報を含んでいますが、それは本書が私の思想の表現だからです。つまり、白地に黒の無意味な印刷ではなく、一つの意義〔Bedeutung〕を表現したものなのです。

　この洞察からは、ある重要な帰結を引き出すことができます。ルチアーノ・フロリディは、現在それを普遍的情報哲学という彼独自の哲学理論に仕上げています。この帰結のポイントは、結局のところ誤った情報というものは存在しえず、存在しうるのは情報の誤用だけである、ということにあります。[52] ところで、「もう一つの事実《オルタナティヴ・ファクト》」や「フェイクニュース」というものも、誤った情報と同じく存在しません。どちらの名称にしても、それ自体がすでにフェイクであり、人々を困惑させるだけです。存在するのは事実でも、それについて的外れな報道がなされたり適切に報道されなかったりするのです。例えば、今日きわめて一般的な、ジャーナリストがコメントして何かを断定的に評価するというあの形など、世の中を啓蒙するというより、むしろ不安に陥れています。フェイクニュースは想定されるもう一つの事実《オルタナティヴ・ファクト》についての報道ではありません。それは、事実を歪めるように価値づけた論評を行っているにすぎない、的外れな報道なのです。

報道と世論形成は区別される必要があります。そして、この二つは、世の中では、現状よりお互いに距離をとっていたほうがずっといいのです。なぜなら、伝統的なメディアは、広告枠の価格を引き上げるために、Klicks〔クリック〕やLikes〔いいね〕を獲得すべく、しのぎを削っているからです。結果として、私たちはもはや中身のない意見にすぎないデータの洪水から純粋な情報を簡単には抽出できなくなり、その結果、情報が粗野になるという脅威が迫ってきます。

フレーゲは、事実を真であるような思想として理解するように勧めました。[53] ですから、彼によると、現実とはまさに真なる思想が提示するとおりなのです。つまり、結局のところ、現実と現実についての思想とのあいだに基本的な相違はない、ということになります。思考と存在は、克服できない溝で分断されているのではありません。したがって、アンゲラ・メルケルが二〇一七年八月の時点でドイツ連邦の首相だったことは真である、という主張は、アンゲラ・メルケルは二〇一七年八月の時点でドイツ連邦の首相だったこと以外の内容をもちません。これを**真理の透明性**（ギリシア語の *alētheia*「真理」より）と名づけてもよいでしょう。何かが真であると述べることは、ある主張を強調するにすぎず、その主張を変えたりはしません。

古代ギリシア以来のあらゆる論理学の基本をなすこの想定の優れている点は、真なる思想は私たちに現実をあるがままに明かしてくれるということです。現実のものは、私たちが認識するもの以外の何ものでもありません。フレーゲは、この想定を取り上げ、新たな論理学を展開させることで、それを劇的に現代化させせました。それは、その形式的な構造、つまりその数学的な構造を明らかにし、そうすることで、ヨーロッパ世界で最初に完全に彫琢された論理学をもたらしたアリストテレスを超えていきます。

これを素朴だと、あるいは素朴実在論だとみなす人は、簡単にそれと見破れる誤りを犯しています。その人は、つまり真理と、真とみなすことを混同しているのです。私の考える思想が真であるか偽であるかは、私がその思想を真とみなすこととは、ふつう関係がありません。私があることを知っていると主張するなら、私は考えること以上のことをしています。私は自分の思想が真であることを要求しているのです。その場合、私は思い違いをしているかもしれません。思想というのは思い違いをしませんが、私は思い違いをします。思想は客観的に言って真か偽です。考える人だけが思い違いをしますが、真なるものを偽と、あるいは偽なるものを真とみなすことで間違えるのです。

私たちの第六感

ここで私たちは、もちろんフレーゲが思い描いたさらに先を行かなければなりません。というのも、考えること、つまり思想をもつことを、決して世間一般的な意味での私たちの感覚〔Sinn〕と対置してはならないからです。むしろ、私たちの感覚モダリティとは、私たちが思想を把握するさまざまな仕方のことなのです。雨が降っているのを見ることは、思考の一つのあり方です。雨が降っているのを見ることで、私は雨が降っているという思想を把握します。

知覚という言葉を使うとき、私たちは二通りの使い方をしています。二つの用法は対立しているので、ここではそれらを区別することが重要です。第一の用法では、知覚とは、知覚したとおりのことが起きていることを意味します。それによると、私が道路を横断するウルズラ〔第一三代EU欧州委員会委員長ウルズラ・フォン・デア・ライエンのこと〕を見ることができるのは、彼女が本当に道路を横断しているその時だけです。もう一つの用法では、私たちは偽りの知覚（例えば幻覚）をも知覚と表現するので、例えば誰かが聖母マリアの幻影を見た――この患者を診察した精神科医がその人の言うことを信じていなくても――と言います。つまり知覚は、ある特定の感覚モダリティの中で記号化された思想を把握するのです。思想が真であるなら、期待どおりのことが目の前で起きていることになります。思想が真でないなら、それは感覚錯誤〔錯覚〕です。

この両方のケースを取り違えてはいけません。話を簡単にするため、これらを「適切な知覚のケース」と「不適切な知覚のケース」と名づけましょう。この両方のケースを取り違えると、サールが著書『あるがままにものを見る』の中で「悪い論証〔bad argument〕」と呼んでいる状況に陥ります[54]。悪い論証は、構築主義の原動力になりますが、それはだいたい次のようなことを意味します。適切なケースは不適切なケースに似ている、だから私たちは両者を取り違えることがある、つまり、私たちは適切なケースと不適切なケースを正確に区別することができず、したがってそもそも適切な知覚のケースがあるということは証明できない、と。要するに、人生とは延々と続く一連の幻想かもしれない、と言っているのです。スペインの演劇作品のタイトルに『人生は夢のごとし』（ペドロ・カルデロン・デ・ラ・バルカによる戯曲）というものがありますが[55]、こうした見方は構築主義の化身たるアルトゥール・ショーペンハウアー（一七八八—一八六〇年）を特に魅了しました。

しかしながら、適切な知覚のケースか不適切な知覚のケースかが問われる個別の状況において、私たちがどんな場合でも思い違いをする可能性があるからといって、それで突如としてすべてが不適切なケースになってしまうわけではありません。まあ、ここで〔すべての知覚は不適切かもしれないと〕疑ってみることはできますが、そのような仕方でこの疑いを合理的に根拠づけることはできません。例えば、推理小説に登場する人物の誰もが殺人犯である可能性があるからといって、その人たちが皆で殺人を犯したということにはなりません。その可能性もないわけではありませんが、そういうのは一風変わった特殊なケースであり、通常それを支持する理由は少しもありません[56]。ですから、ふつう私たちは、殺人犯を探しても、一度に登場人物全員を疑ったりはしないものです。

習慣的に用いられている感覚モダリティにおいて、私たちの知覚は確かに客観的に言って誤りを犯すことがあります。だからといって、すべてが誤りなのではありません。そこには一つの共通する根本的特質、そう、客観性があるのです。すべての感覚モダリティに共通する根本的特質は、アリストテレスが要求していた共通感覚です。すでに述べたとおり、この共通感覚のもとでは人間の思考が問題になっています（六一頁以下参照）。

思考のおかげで、私たちの感覚モダリティはすべて客観的になります。考えることは、それ自体、客観的であり、歴史を通じて人間に特別はっきりと現れた感覚として他の感覚モダリティに並びました。人間は *zôon logon echon*、ロゴスをもつ生き物です。私たちがロゴスを自由に使えるのは、現実のものに対してエラーが起きやすい接触を絶えずもちながら、その現実のものについて言語というコードを用いて相互に了解し合うことができるからです。そうはいっても、豚もロゴスをもっています。豚も考えますし、誤りを犯すこともあります。ですから、伝統的な定義だけでは不十分です。人間はただロゴスをもつだけでなく、自分の生をロゴスをもっていることに即して調整する生き物である、と言わなければなりません。豚にとって、自分の生の意味に対する問いはおそらくありません。彼らは生きており、そして生きているあいだは彼らも考えます。でも、このつながりは彼らの生と社会にとっての基盤ではないのです。

こうして、私たちには理性という贈り物があるおかげで、本質的に自分たち人間の状況を自分たち自身でテーマにすることができます。私たちは考えることについて、じっくり考えることができるのです。思考が他の感覚から区別されるのは、思考が自分自身のほうを向き、思考という媒体の中で自分自身を媒体として認識することができるからです。考えることについて考える〔思考を思考する〕というのは、一種の自己把握あるいは自己媒介です。これはこれでエラーが起きることがあります。このことは、思考について、互いに相容れないさまざまな理論が存在していることから分かるでしょう。なぜなら、これらの理論の大半は互いにはっきり排除し合うため、全部まとめて真であることはありえませんから。したがって、いくつかの理論は思考について間違った意見をもっているに違いありません。

考えることについて考えることは、感覚というものの特徴を満たしています。思考は、みずからの対象と――すなわち思考と――エラーの起きやすい接触をしているからです。私たちには考覚〔Denksinn〕があります。これは伝統的に五感と並ぶとされた第六感のことですが、現代の感覚生理学のおかげで分かっている知覚系によって補完されるのです。

第２章

考えるという技術

地図と領土

ミシェル・ウエルベック（一九五六年生）の評判のよいゴンクール賞受賞作の小説『地図と領土』に、ジェド・マルタンという画家が登場します。この画家はミシュラン社の地図を用いて絵画作品を仕上げ、フランスという国のいわば間接的な肖像画を描くことで世界的な名声を博しています。マルタンは風景を描く代わりに、リアルな地形地図を作り上げるのです。作品の中で、一枚の地図は「世界にある対象を［…］絵画芸術の対象に変える」[57]と言われます。この観点において、地図は芸術に似ている、と。

ジェドは自分の人生を（少なくとも自分の職業人生を。ただし、まもなくそれは自分の人生の他の部分を呑み込むことになるのだが）芸術に――人間が生きていることが塵《ちり》ほども必要とされない世界を描き出すことに――捧げている。[58]

彼のキャリアは「地図は領土より興味深い」と銘打った挑発的な個展で頂点に達します。小説の中で、パトリック・ケシシアンという『ル・モンド』紙の批評家はジェド・マルタンの芸術を神の視点に喩え、あたかも人工衛星からの視点のごとく宇宙の彼方から地上を眺めているのだと評しています。[59]

この対比は、**いわゆる人工知性／人工知能（ＡＩ）と人間知性（ＨＩ）の関係についての基本命題**をよく表しています。すなわち、ＡＩとＨＩの関係は地図と領土の関係と同じだということです。ＡＩにおいて重要なのは、思考ではなく、思考のモデルです。その際、モデルがモデルであるためにはモデルの元になっているもの（ターゲット・システム）と似ていなければいけませんが、モデルは単なるコピーではありません。モデルは、私たちがそのモデルを通して理解し説明しようとしているもの〔モデルの元〕とは、まったく異なる属性をもつ可能性があります。

そもそも「知性／知能〔Intelligenz〕」というものを厳密にはどのように理解しているのか考えてみましょう。私たちになじみ深い人間知性の場合を考えると、フロリディが述べているように、**知性／知能**は考える能力に関して問題になることだとシンプルに想定できます。[60] もちろん、こう想定したからといって話がそれほど前に進んでいるわけではありません。なぜなら、すべては私たちが「考えること」をどのように理解しているかにかかっているからです。そして、それこそが本書のテーマなのです。

〔人工知性／人工知能と人間知性の関係が思考モデルと思考の関係に対応するという〕基本命題は、情報科学が論理学から生まれたという事実から導き出されます。**論理学**は――思考の本質が思想を把握することにあるかぎりにおいて――思考の諸法則を研究するものです。思想はお互いに関連し合っていますが、そうした思想と思想の関係は、思考モデルでは論理法則によって表されます。これをフレーゲは「真であることの法則」と名づけています。[61] 例えば、最近、私の幼い娘がそうした法則を見つけました。娘は、もし私がいなくなってしまったなら（どこかへ行ってしまったなら）、その上、母親までいなくなってしまったなら（どこかへ行ってしまったなら）、私たちのささやかな家族の中で残るのは自分だけになってしまう、と認識したのです。それから娘は不思議そうに、もし自分もどこかへ行ってしまったなら、それでも私たちの家族は存在するのか、と知りたがりました。つまり、娘は父と母と子供から成る家族という全体構成と、その個々のメンバーとのあいだの論理的関係を認識したのです。家族という総体は、パーツから成り立っています。すべてのパーツが消え失せれば、家族そのものも消え失せるでしょう。

　私たちの日常言語は論理的関係に溢れています。私が娘の父であるなら、私は誰かの父です。ということは、私は他の誰かの父でもありえます。私がさらに他の子供たちの父になる可能性は、論理的に排除できません。こうして、現実というものは明らかに論理的に構築されています。父は現実に子供の父であり、そして家族は現実にそのメンバーから成り立っています。ただ、現在では多様な家族像があり、例えば同性カップルから家族が成り立つ場合もあります。ですから、私たちは一つの論理的な進歩を成し遂げたわけです。私たちは今では、家族の構成とは生物学的な構造ではなく論理的な構造であることを知っているのですから。「父」や「母」は家庭の役割という文脈で表されるのであって、生物学的な種ではありません。子供の生物学的な父が必ずしも家族における父と同一である必要はありません。これに反論する人は、たちの悪い論理的な過ちを犯しています。父であるというのは、自然種と同じことではないのです。

　これは一つの発見であり、単なる習慣の変化ではありません。つまり、家族がさまざまな仕方で果たされうるいくつもの役割から成り立っているということは、人間の家族に関する一つの事実なのです。〔確かに〕私たちが役割分担を必要とするということは、それはそれで生き物としての人間に関するまったき生物学的な事実ですが、その生物学的な事実は役割をどう具体的に果たすかを定めているわけではありません。慣習の変化が起きたのは、単に現代人の多くが家族について一九五〇年代の人々とは異なる考え方をするようになったからではありません。それだけではなく、今日、私たちのほうが人間について——生物学的観点でも、また社会文化的観点でも——およそ多くのことを知っているからです。私たちは慣習を自分たちの都合のいいように変えただけではなく、そうした事実があるという圧力の前に、かつての慣習は十分に事実と合致していなかった、という洞察に到達しています。

私たちは誰もが絶えず論理的に構造化される思慮深さの中にいます。計画的に日常生活を送れるのは、現実が、それ自体、論理的にフォーマットされているからです。さあ、このことで私たちは**広い意味での情報**に近づきました。広義の情報は、本質的なところに関しては高名な情報科学者クロード・シャノン（一九一六—二〇〇一年）が提唱したもので、情報科学の大いなる発展に寄与しました。この概念に従えば、情報は「イエス」か「ノー」で答えられる問いがあるところなら、どこにでも存在します。その場合、情報は、いくつかの重要な点において、哲学で特にフレーゲとヴィトゲンシュタインが発展させた意味〔Sinn〕の概念に似ています（一〇〇頁以下参照）。余談ですが、ウエルベックの小説の最後のほうでヴィトゲンシュタインが引用されるのは、偶然ではないのです。[62]

情報科学のおかげで、誰もが「ビット」という単位を知っています。ビットは、思想をシンプルな問いと答えに分解することで情報を測定するものです。ビット〔bit〕はバイナリーディジット〔*binary digit*〕、つまり二進法の単位です。あるコードが二進法的、つまり二値的であるのは、スイッチの「オン」（1）と「オフ」（0）のように、そこに二つの状態をイメージすることができる時です。「電灯は点《つ》いているか」という問いの答えは、もっぱらこの問いが向けられている電灯のスイッチがオンかオフかということから分かります。電灯のスイッチの状態が問いに対する答えなのですから、この答えはビットで表現されます。

　こうなっているからこそ、情報をコード化するのに電気信号を利用することができるのです。コンピューターの半導体チップはシンプルな論理法則を実行することで機能しますが、そうすることで内部では入力処理とそれに続いて出力処理がなされます。コンピューターとは、既知の物理法則に従ってハードウェアにインストールされた純粋な論理のことです。私たちが知っているこの物理法則は数式（方程式）で表現され、それによって宇宙は論理的な構造に分割されます。こうして、宇宙は計算可能になり、理論的に理解することが可能になります。

　こういうことが成り立つのは、現実それ自体が情報を提供し、利用させてくれるからです。物理的現実（宇宙）は、私たちがそれを認識している範囲内では、とにかく認識可能です。もちろん、宇宙を部分的に認識しているからといって、私たちが宇宙の全体を認識していることにはなりません。私たちは自分たちが宇宙について何を知っているのか（そして何をまだ知らないのか）を正確には知らないのです。

　ここで重要なのは、電灯が点いているという事実と、電灯のスイッチが「オン」の状態にあるという事実の違いを曖昧にしないことです。この二つの事実のあいだには論理的に把握できる関係がありま す。しかしながら、電灯が点いていることは、スイッチがオンの状態にあることと同一ではありません（電線が切れていたりすると、この違いが直接認識できます）。物理学理論や情報科学の論理的構造は、現実それ自体の論理的構造と同一であるのではなく、ところどころで重なっているだけです。理論と現実が重なり合っているところでは、しばしば同型対応［イソモルフィー］が生じます。つまり、理論と現実が同じ構造的属性をもちながら、その属性が別々の形で実現されるのです。素粒子物理学の標準モデルは、素粒子の属性やそれらの相互作用の法則を記述したものです。ですが、そのモデル自体は素粒子で構成されているのではありません。理論は現実を直接的に写しとって並べたものではなく、みずからのさまざまな法則性に従っており、この法則性によって理論の諸要素は結びつけられています。素粒子は自分で自分を発見する［それ自身で明らかになる］ことはありません。成果をあげることが実証された諸々の方法の枠組みの中で、私たちが発見するのです。

物理学は、言うなれば電灯のスイッチの状態と電灯が点いていることとの関係を調べることです。そうすることで、物理学は法則性を発見し、それを物理学の定式化された言語を使って表現します。けれども、電灯のスイッチが「オン」の状態にあるからといって、いつも電灯が点いているわけではありません。物理的現実は、理論的に単純化された現実のモデルより常に複雑です。ですから、どのような自然科学の方法を用いても、宇宙について確実で間違いのない知識——もはや修正の必要がない知識——を獲得することは決してできません。

コンピューターは中国語ができるか

情報時代にあって、恣意的な伝聞情報を事実から区別することは多くの人にとって困難です。情報として私たちに売られているもののすべてが現実と対応しているわけではありません。インフォスフィア／情報圏は、事実という地盤とは構造的に別のものです。覚えておいてください。どちらも現実に存在します。皆さんは今まさにインフォスフィアの中で――私がどこかの時点で文書の形にしてEメールで出版社の女性編集者に送った――この個所を読むという活動をしていますが、このインフォスフィアはれっきとした現実であり、当然、物理的痕跡も残されています。Eメールは、銅とグラスファイバーの回路をうなりをあげて通り抜けるガイスト〔精神／霊〕ではありません。物質‐エネルギーとしてさまざまな形をとって実現し、したがって伝達もされうるコードです。

恣意的な伝聞情報と事実が混同されることについて、最も有名なAI批判者の一人が警告を発しています。その批判は、効果的ではあるものの、必ずしも十分とは言えません。つまり、〔哲学者のジョン・〕サールが、AIのパイオニアであるアラン・チューリング（一九一二―五四年）の論証に対抗して、「コンピューターは考えることができない」ということを証明しようとしたのです。これは、AIの哲学に対してなされた数々の貢献の中でも、最も議論の俎上に載ることが多いものの一つです。[63] サールが一九八〇年に行った思考実験をめぐる議論は、最新の議論ではありませんが、現在でも斬新さを失っていません。というのも、いくつかの点で彼が根本的な問題を認識していたからです。ここで、その議論を改めて説明しましょう。

ジョン・サールがある部屋に閉じ込められている、と仮定しましょう。この部屋には、向かい合う壁にそれぞれ開口部があります。部屋の中央には机があり、その上には英語で書かれたマニュアル本が一冊置かれています。このマニュアルには、そこに印字されている漢字の一つ一つをどのように並べて紙に貼りつければよいかが説明されています――保証してもいいですが、彼は（せいぜい、いくつかの漢字を知っている程度で）中国語ができません。机の上には紙と接着剤も置かれています。

さて、一方の開口部から何枚かの紙切れが入ってきます。どの紙切れにも漢字が一字書いてあります。ジョンは紙切れを集めます。やがてマニュアルの指示に従うのに十分なだけの紙切れがあることが分かると、彼は指示された順序でその紙切れを〔台紙に〕貼りつけ、それをもう一方の開口部から押し出します。すると、部屋の外で誰かが紙を拾い上げる音が聞こえます。そうです、彼を利用して二人の中国人がコミュニケーションをとっているのです。一人がジョンのいる部屋の一方の壁から漢字を差し入れ、それをジョンが――事情も知らず、自分が何をしているのかも分からないまま――文章に仕上げ、もう一方の壁の外にいる人がその文章を了解する、という仕組みです。

中国語の部屋（Chinese room argument）と呼ばれる、この有名な思考実験の第一のポイントは、ジョンが中国語を理解することも話すこともできないということです。マニュアルに従って漢字を貼り合わせるのは、中国語の文を理解していることではありません。サールによると、人工知性／ＡＩは中国語の部屋におけるジョンの役割と同じようなものなのです（もちろん、これについては批判があり、中には非常にまっとうな根拠を挙げているものもあります。あとで詳しく述べることにしましょう）。任意のハードウェアにソフトウェアとして搭載されているアルゴリズムは、みずからの作動によってどのような情報が処理されているのかを理解していない、だからＡＩもそれ自体が知性をもっているわけではない、というのです。つまり、情報を知的な仕方で処理しているコンピューターはない、なぜならコンピューターはそもそも何かを理解することができず、したがって考える能力をもっていないからです。サールは、これらのことすべてを、あっさり自分の論証の前提としてしまっています。ですから、私はこのあと、この前提に――間違いなくサールだったらしないようなやり方で――根拠を与えたいと思います。

部屋の中で座って漢字を貼りつけているジョンとコンピューターとの違いは、結局のところ、話すことができる生き物――ジョン・サールという名の人間――と形式的なシステムとの違いです。サールの議論に従うなら、コンピューターは、（生物学的に成り立っているのではない）ハードウェアとソフトウェアのあらゆる組み合わせが構造を管理し、法則に従ってその構造を変化させるかぎりにおいて、形式的なシステムです。ここでサールは決定的に重要な点に触れていますが、残念なことに十分な根拠を挙げて説明していません。そのため、サールは正しい見解を擁護しようとしているにもかかわらず、その思考実験で展開される論証は崩れてしまうのです。

サールが言わんとしているのは、あらかじめ指定された規則に従って統語論的に正しい（よくできた）記号の列を作ることは――その意味するところがまったく分からなくても――可能だということです。例えば、私たちも博物館でヒエログリフを模写することはできますが、そうするためにヒエログリフが読める必要はありません。サールにとっては、ＡＩは記号の列を構成し、再構成するための形式的なシステムです。私たちはこの記号の列を読むことができます。私のワードソフトは私の書くことをまったく読んでいません。ワードソフトは私のコンピューターにインストールされており、私は自分の書いた記号の列をコンピューターに保存して、USBメモリに移すことができますが、それでも私のコンピューターは今書いているテキストのテーマが「理解の限界について」であることを私のUSBメモリに伝えてはくれません。コンピューターとUSBメモリが私の言葉で話し合うことはないでしょう。

コンピューターは文字どおり知的であると考え、映画『ターミネーター』に登場するコンピューターのスカイネットのように、いつか世界の覇権を握るであろうと信じる人は、サールによれば、私たちの靴が何千年ものあいだ私たちに踏みつけられてきた仕返しのために世界の覇権を握るであろうことも信じるでしょう。生物でないただの計算機では、意識が介在することなく情報処理が進行しますが、これはまったく人間の理解の仕方とは異なる点です。記号の列は、人間の生活において情報を伝達したり事実の確認や変更を行ったりするために、知的な仕方で用いられます。インフォスフィアは私たちの生活様式の中に寄生するように埋め込まれていますが、サールによると、インフォスフィアは寄生生物とは違って、独自の生活を営んではいません。

ですが、残念ながら、こうした論証作業は肝心なところで手づまりに陥っており、そのせいで不完全なものになっています[64]。というのも、サールはAIを、外部から投入された情報を理解しないまま統語論的に処理するような中枢をそなえた、ある種のシステムのアナロジーとして理解すべきだ、ということを証明していないからです。〔中国語の部屋にいる〕ジョン・サールの中にデータを情報として処理するドワーフがいないのと同様に、ＡＩの中にもそのようなドワーフはいません。さらに、ＡＩが構造に対して何の理解ももたないというのなら、ＡＩが統語論的に組み立てられていると言えるのかどうかも、まったく明らかではありません。サールはコンピューターを記号を十分に理解できないシステムだと想定していますが、彼が本当に証明したかったのは、コンピューターはまったく記号を理解せず、したがって統語論にアクセスすることもできない、ということです。彼は真理に迫っていながら、自分の洞察をこの有名な思考実験を用いて十分に擁護できていません。そのために、後年の彼は、さらなる取り組みの戦略を立てることでこの点を補完することになります。

写真はクレタ島を覚えていない

サールは生物学的自然主義のほぼ正しい立場を代弁していると言えます。[65] 彼の考える**生物学的自然主義**は、人間のすべての心の状態（中国語を学び、話し、理解する能力はこれに含まれます）を神経伝達プロセス――つまり脳のさまざまな部分の役割――によってもたらされる事象と同一視します。この理論に従えば、心の状態とは、基本的に特定の有機的統一から成る脳の包括的な状態のことです。

このテーゼには問題がいくつかあります。それでも、理論的な――今までのところ過小評価されている――利点もあります。このテーゼは、中国語の部屋の思考実験においてジョンと中国語話者のあいだになぜ違いがあるのかを説明しているからです。中国語の部屋の外にいる二人の中国語話者の中に、さらに中国語を理解する小さな話者がいるわけではありません。中国語話者に脳の中央制御センターがあって、そこで言語的コードが意味も理解されないまま適用されているのではありません。むしろ、中国語話者は——現実がそれを証明しているように——中国語を話す能力をもつ、生物学的に適したシステム全体（生き物）なのです。

それに対して、中国語の部屋には、そうした重要な特質がありません。そのため、ジョンも、部屋、漢字、マニュアル、開口部などから成るシステム全体も、中国語を話すことはできません。そもそも誰かが何かを理解するには、少なくとも十分に健康的で習熟した生き物の中にある、十分に健康的で習熟した脳が必要です。そのことをサールは思い出させてくれます。中国語の部屋は、何かを学ぶことのできる生き物ではなく、誰かが中にいて意味を理解しないまま記号の列を作る牢屋なのです。

ですから、言語認識ソフトと、今この文を理解し、それを真や偽とみなす皆さんの能力とのあいだには、越えることのできない溝があります。サールは、この溝について説明するとき、あらゆる志向性は脳の性質であると想定しています。哲学では、**志向性**（ラテン語の *intendere*「方向づける、まっすぐにする、誘導する」より）というのは、心の状態が、あるもののほうに、それも、それ自身は必ずしも心の状態ではないもののほうに向かうことだと理解されています。ですから、この文脈では、志向〔Intention（＝意図）〕という概念は、私たちの考えをその対象に向けることと関係があります（必ずしも意志の表れと関係があるわけではありません）。ですから、例えば私はたいして苦労することなくバラク・オバマのことを考え、そのことをこの文で表現することができます。皆さんもまたバラク・オバマが誰かを知っているなら、先に書いた文やこの文を理解した時にバラク・オバマに〔心ないし意識を〕向けたことでしょう。皆さんは、彼を、私の文が取り上げている、まさにその対象として考えます。思想や文が現実の中に存在するものを扱うということ、それが志向性の特性だと言えます。

サールの根本的な着想は、思想と文がオバマを扱うことができるのは、私たちがそれらに人間の志向性を貸し与えるからにすぎない、というものです。これを**志向性貸与テーゼ**と言います[66]。皆さんが夏のヴァカンスを過ごす場所を探しているとき、検索サイトのホームページ上に、例えばクレタ島のホテルが出ているとしましょう。そうしたことが可能なのは、人間がすでにクレタ島のことを考え、その事実を人間以外の記憶媒体に——つまりヴァカンスの写真、旅行案内、古代ヨーロッパの抒情詩、そして最近ではサイバースペースに——預けていたからにほかなりません。ヴァカンスの写真はクレタ島について考えたりしません。前回のクレタ島でのヴァカンスを思い出したりもしません。ヴァカンスの写真は記憶をサポートしてはくれますが、それ自体は記憶ではないのです。

一匹のアリが砂の上を這いまわることは、なぜウィンストン・チャーチルと無関係なのか

志向性貸与テーゼについて、より明瞭に理解するために、より一般的な思考実験をやってみましょ

う。その実験によって、サールの生物学的自然主義を決定的な点で乗り越えることができるでしょう。それは、ある書物の一つの章で語られているものですが、この章は『マトリックス』三部作のおかげで、近年、人類の文化史の一部になりました。ヒラリー・パトナム（一九二六―二〇一六年）の『理性・真理・歴史』の中の「水槽の中の脳」という章のことです。[67]

この章でパトナムは、私たちの意識的生のすべては脳の刺激によって生み出されたシミュレーションであって、その脳は実は地球という惑星などではなく、どこかの水槽の中にあり、高度なテクノロジー〔を用いた装置〕に導線でつながれることによって幻想を作り出しているのではないか、という問いについて論じています。これについては、あとで触れましょう（三〇三頁以下参照）。

それはともかく、彼の論文は次のような考察で始まります。皆さんも、もしかしたらこれと似たようなことを考えたことがあるかもしれません。

> 一匹のアリが砂の上を這いまわり、砂上に線を残している。この線はカーブを描いたり交差したりしているうちに、まったくの偶然にウィンストン・チャーチルを思わせる諷刺画になった。[68] このアリはウィンストン・チャーチルの絵を描いたのだろうか。チャーチルを模する諷刺画を？

このアリがチャーチルの諷刺画を描いたという意見に、皆さんは賛同するでしょうか。どうか皆さん、ちょっと考えてみてください。皆さんがじっくり考えられるように、次の文までちょっとスペースを空けておきます。

では、また話に戻りましょう。まだ自信がもてないようでしたら、先の問いと結局のところ同じ構造をもつ次の問いを立ててみてください。「星座というものは存在するのか」、つまりは、夜空に例えば大きな熊〔おおぐま座〕を見ることはできるのか、という問いです。

これでもためらうようでしたら、牛のような形をした雲や、月の表面の模様のことを考えてみてください。

ここで共通しているのは、これらはどれも何かを意図的に模写した絵柄ではない、ということです。チャーチルの諷刺画が見えるのは、私たちがチャーチルを知っているからです。私たちは大きな熊を知っているので、おおぐま座が見えていると思うのです。続けようと思えば、まだまだ続けられます。アリはチャーチルを知りませんから彼の諷刺画は描けませんし、夜空もどのみち熊を知りません。夜空はまったく何も知らないのです。

アリが偶然チャーチルの諷刺画を描けたり、雲が牛の形になったりするという考えを、パトナムは**指示の魔術理論**と呼んでいます。つまり、私たちの解釈なしに雲が牛の形をとることができるなら、それは奇跡にも等しい、ということです。いったい、どんな気象学的事象なら、こんなことを説明できるというのでしょう。

このような魔術理論に対して、パトナムは私たちを一歩前進させてくれる重要な洞察を主張しています。この洞察は、意味論的外在主義というキーワードで知られています。**意味論**とは（言語の）意味についての理論です。私たちは、言明に含まれる多くの要素によって、それ自体は言明ではないものに注意を向けることができますが、**意味論的外在主義**は、それらの要素は言うなれば外から方向づけられている、という考えに依拠しています。言明の対象は、その言明が何を扱っているかを定めています。けれども、私たちがそれらの対象について述べる個々の事柄が対象を定めているわけではありません。例えば、私がバラク・オバマについて誤った意見を表明するなら――そう、惑わされている多くのアメリカ人のように、彼が本当はアメリカ人ではなく、アメリカ合衆国で生まれたのではないと信じるなら――私の言明は偽です。なぜなら、私の言明はオバマを扱っていますが、彼はアメリカ人で、生まれもアメリカ合衆国だからです。したがって、私たちは何かについて偽なる言明を適切に表明することができます。それは、言明の対象は私たちがその対象について語っていることのうちで消滅してしまうわけでもなければ、常に私たちが語っているとおりであるわけでもないからです。私たちの言明の対象は、その言明が何を意味するのか、あるいはそれらが真か偽かなどを、言うなれば外から規定しています（だから外在主義なのです）。

もっと一般的な形で、チャールズ・トラヴィスは、真理は二つのグループだけが参加している事業だ、と述べています。つまり、真理は two-party enterprise、二大政党制事業だと言うのです。[69]ある思想が真であるということは、ある思想が目の前に存在しているということ、そして現実がその思想の描くとおりであるということ、この二つから成り立ちます。思想は真であるかもしれず、偽であるかもしれません。なぜなら、思想だけではなく、現実も真理についての問いに対して発言権を有しているからです。

けれども、プレイヤーはこれだけです。構築主義が考えるような第三のプレイヤーは存在しません。——私たちの感覚器官や社会集団への帰属によって現実が構築されることはないのです。バラク・オバマにとっての真理は、トランプにとっても真理でしかありえません。ですから、もう一つの事実《オルタナティヴ・ファクト》などありません。確かに、トランプが存在するからこそ真理であることがあります（彼が合衆国第四五代大統領であることも、これに属します）。ですが、それらは彼がそう望むから真理であるわけではありません。

インターネットという神

というわけで、アリはチャーチルについて考えることはできません。アリが這いまわった結果、偶然チャーチルの諷刺画が現れたように見えるとき、私たちは〔アリが残した砂上の〕線に対して志向性を貸し与えています。私たちは現実に意味を付与しますが、それは私たちが付与しなければ現実がもたなかったであろう意味なのです。

これは**投影テーゼ**と呼ぶことができます。これはルートヴィヒ・フォイエルバッハ（一八〇四―七二年）が行った宗教批判で有名です。彼が一八四一年に一時代を画した著書『キリスト教の本質』で主張したのは、キリスト教は人間の特徴を天に投影し、その後、神は存在すると信じた、というテーゼです。フォイエルバッハによれば、キリスト教の神が人間の特徴を多くもっているのは、私たちが自分たちの姿に合わせて神を作り上げ、それを外界に投影したからです。この宗教批判は、紀元前六世紀、ソクラテス以前の哲学者であるクセノパネスによる批判に範を求めたものです。

エチオピア人は自分たちの神々は団子鼻で肌が黒いと言い、トラキア人は青い目でブロンドの髪をしていると言う。〔…〕だが、もし牛と馬とライオンに手があり、その手で絵を描いて、人間のように絵画作品を作ることができたなら、馬は馬の姿をした神を描き、牛は牛の姿をした神を描くだろう。そして、彼らは自分たちの姿を模した像を作ることだろう。[70]

人間という種の最大の特徴は、その際立った考覚〔考えるという感覚〕にあります。テレビドラマ・シリーズ「マット・ルブランの元気か〜い？　ハリウッド！〔*Episodes*〕」のある回（第五〇四話）で（架空の）イギリス人コメディアンのシーン・リンカーンが誤ってイノシシを撃ってしまう、というエピソードがあります。彼と妻のベヴァリーは、このイノシシを救おうとしますが、このシリーズに本人役で出ているマット・ルブランは異を唱えます。そして、イノシシにはマットの牧場にとどまる権利があるのかという問題をめぐって議論が白熱します。マットは、八〇〇万ドルを支払っているのはイノシシではなく自分だからといって、イノシシの権利を否定します。それに対して、シーンとベヴァリーは、イノシシには知性があるから、正当な権利として滞在を要求できると反論します。そうすると、マットはこう切り返すのです。「それなら、どうして俺はピストルをもっているんだ」と。

もちろん、私はここで動物の権利を否定するつもりは毛頭ありません。まったくその逆です！　人間の知性が多くの点でイノシシの知性よりまさっているからといって、イノシシをぞんざいに扱う権利があるということにはまったくなりません。私たち大人が、十分に発達した知性があるというだけの理由で、小さな子供を虐待する権利があることにもなりません。生き物に倫理的な敬意が払われるべきなのは、彼らに知性があるからではなく、彼らも苦しみを感じることができるからです。[71] ですから、私たちはイノシシに対しては倫理的義務を負っていますが、スマホに対しては負っていません。スマホは、今まで存在したすべてのイノシシや新生児を束にしたよりも、四則演算の問題に関して高い計算能力をもっています。それにもかかわらず、スマホは処分してもかまいません。しかし、新生児を処分することは許されないのです。

人間は考覚をもつ唯一の生き物ではありませんが、分かっているかぎりでは、特別に研ぎすまされた考覚をもつ生き物です。このことは、思想を絵画、交響曲、理論、道具、自然言語の文という形にコード化できるという私たちの変換能力と関係があります。

投影テーゼの重要なポイントは、私たちが人間の特徴を自分たちの使う技術に転用しているということです。人類は何千年も前から、自分たちに合わせて仕立てられた意味によって、「もともと」そのような意味をもたない宇宙を飾り立ててきました。現在では、テクノロジーの進歩を自分たちには制御できない圧倒的な力としてイメージするようにまでなっています。今や神が語られる代わりに、多くの人にとって知性をもつように見える機械が登場していますが、そう見えるのは、私たちが自分たちの論理をインストールしたからなのです。

思考によって思考の法則を見出し、それを科学的な形で表現することは、人間が成し遂げた偉業の一つです。この偉業は、テクノロジーによる——ということは文明による——恵みであり、災いでもあります。これは、高度な文明が誕生してから私たちには分かっていることです。けれども、とにかく論理が天から降ってきた、などとは思わないほうがいいでしょう。論理は神の啓示ではなく、人間の生活形式という枠組みの中でのみ見出すことのできる一つの構造なのです。

サールとパトナム〔の考察〕からは、思想や思考の事例のように思われるもののすべてが思想や思考の事例なのではない、という認識を得ることができます。私たちは自分たちの思考プロセスを規則的な仕方で自然環境や社会環境に投影しているのです。長いあいだ会わなかった友人のことを考えていたら、その瞬間、見知らぬ街でその友人と再会したという状況、もしくは、それと似たような状況は、誰でも知っているでしょう。でも、それは、その友人が偶然の再会を果たすためにその街に滞在していたことを意味しません。だって、その憐れな男が何年ものあいだ偶然私と出会おうとしていて、しかもその出会いが私がちょうど彼のことを考えた時に起こるなんて、奇妙な話です。同じように、何らかの上位の存在——神——が「運命」を操って二人が出会うように仕向け、さらにそのうちの一人にこれから起こる幸運な天の定めについて小さなヒントを与えるとしたら、それも奇妙な話でしょう。人生で偶然起きた幸運な出来事は、まさに降って湧いたような幸せな出来事なのです。そして、偶然起きた不幸な出来事、つまり事故は、同様に降って湧いたような出来事以外の何ものでもありません。

文化の中の居心地悪さ

人間の生にはほとんど無限に多くの要素が関わり合っているため、起こることのすべてが常に一貫して意図的なわけではありません。私たちの文明は、誰かが机上でプランを練ったような理路整然としたものではないのです。人間の社会経済的生存条件のいかなる向上も、完全に見通すことが決してできないような多くの事情に左右されます。

理由は簡単です。生き物としての私たちは、必ずしも志向的ではない環境と対峙しているからです。**私たちの生を取り巻く志向的でない環境**とは、誰もそうなるように前もって計画しなかったのにそうなっている事実のことです。人間の文化的活動はテクノロジーによって高度に整備された現代文明を生み出しましたが、この活動の本質は、非志向的な環境がもたらす偶然の圧力を減らし、危険で気まぐれな自然から距離を置く構造を作り上げることにあります。しかし、問題は、私たち自身が気まぐれな自然から成り立っているので、論理的に言うと自分たちの生物学的身体を克服することが次の目標のように見えてくる、という点にあります。

私たちは、貸与された志向性というニッチ〔適所〕を作り出すことで、自分たちの生にかかる環境の圧力を減らしています。私たちは、このようにして自分たちの文化に棲まうのです。フロリディは、これを「存在の意味論化（semantization of Being）」と呼んでいます。[72] 彼によれば、思考する生き物である私たちは、自分たちを取り巻く現実における意味の欠如に対して、インフォスフィア／情報圏を作り上げることで対応しています。言ってみれば、それは私たちの精神的な環境です。

このことは伝統的に文化とも呼ばれます。情報時代に対して、フロリディは次のように診断します。今日、私たちは意味のネットワークの拡充にあまりにも精を出したため、情報世界で過ごす時間のほうが、情報世界とは無縁の自然の中で過ごす時間よりも、すでに長くなってしまっています。私はこの個所をナポリ行きの飛行機の中で書いていますが、私の左隣では、二人の旅行者が前もってネットや古典的なガイドブックで集めた情報と地図を使ってイスキア島でのハイキングコースについて計画しています。彼女たちがイスキア島で体験するであろうことは、（最近起こった地震を除いて）すべて情報によって事前に加工された眼鏡を通して見ているでしょう。すると、彼女たちは、あらかじめコースを確定しておいた心の小道を歩いていくわけで、手つかずの自然と触れ合うという本来あるべき体験をしながらハイキングすることにはなりません。

自然との接触は（当然）避けられるべきものです。手つかずの自然は、私たちの友でも敵でもないからです。自然とは物質と自然法則が単純にそこに存在しているということであり、物質も法則も私たちがどのような意味をそこに期待するかとは無関係に成立しています。これに基づいてフロリディは、私たちが精神的な生活に求める意味〔Sinn〕とは、物の無意味さという根本的な不安からの逃避である、と理解しています。

したがって、精神的な生活は、根源的な *horror vacui semantici*〔意味の空虚さへの恐れ〕への対応が成功した結果である。すなわち、意味を欠いた〔非実存主義的な意味での「まだ意味をもっていない」〕混沌が迫り、私たちの自己を引き裂いて、自己を無と捉えるよそよそしい異他性の中で溺死させようとする。消滅に対するこの原始的な畏怖に駆り立てられて、自己はあらゆる意味論的に空虚な空間にみずからが見出しうる意味を与えて設《しつら》える。ただし、文脈的な制約の一群、アフォーダンス、文化の発展が許すかぎりでの成果をもって。[73]

近年、〔見たい情報だけを見せられる〕フィルターバブルや〔似た意見ばかりが返ってくる〕エコーチェンバーなどの厄介な現象が議論の対象となっていますが、これらは人間が分業という形で自然に抗うようになって以来、ずっと存在しています。けれども、自然は結局は解決不能な生き残りという課題を突きつけて私たちの前に立ちはだかります。このことに関して私たちがどのような進歩を遂げようとも、宇宙の仕組みがそうなっているのですから、すべての人の生はいずれ消滅します。この状況は私たちを不安にさせます。というのも、それは死すべきものとしての私たち自身を映し出す、宇宙《コスモス》の鏡だからです。私たちは、本質的に、常に間近にある死というプリズムを通して現実を経験しています。そのために、マルティン・ハイデガー（一八八九―一九七六年）は、人間を「死への存在」と呼ぶに至ったのです。[74]

日々、私たち現代人は、さまざまな記号と出会っています。記号は、私たちが意味を与えたから何かを意味しているにすぎないものです。街の風景の中にある交通標識、選挙用ポスターや広告の看板などがそうした記号ですが、ここ二〇～三〇年で、ネット空間における記号のジャングルも加わりました。私たちは、その記号のジャングルを主にスマホと一緒に連れまわし、すでにベッドにまで持ち込むようになっています。スマホのチラつく画面に映る現実は、貸し与えられた志向性を私たちに雨あられと浴びせます。雲の形とウェブサイトの違いは、もちろん、ウェブサイトには自分の志向性を預けている多くの人が関与している、ということです。ウェブサイトというのは、どれも一つのコミュニケーションの形であり、他者に向けられた思想を伝えています。それに対して、雲の形は思想を伝えていません。

人間の文化的活動の本質は、私たちが自分たちにはまったく制御できないさまざまな要因の手中にある、という印象を減らすことです。私たちは、自分が衰えていくという事実と、自分自身が要因となって直接・間接に関与している痛みや苦しみのすべてを絶えず抑圧しています。いかなる瞬間も制御不能で不運な出来事は起きており、その一部は私たちの文化的活動によって引き起こされているのです。

このことをリューベン・オストルンドは、パルム・ドール賞に輝いた映画『ザ・スクエア　思いやりの聖域』（二〇一七年）で非常に美しく描き出しています。ストックホルムの現代美術館でキュレーターをしている主人公は、次から次へと不運な出来事に見舞われ、そのたびに芸術を通して自分では制御できないものを手なずけようとします。この映画は、そういう試みの失敗を描くとともに、今日、真の倫理的問題がメディアの場で抑圧されていることから生じる倫理の深淵をも描き出しています。というのも、私たちは外国人、ホームレス、子供の貧困などについて絶えず話題にしながら、個人としては現実にそれらの問題解決に何の貢献もしていないのですから。

この惑星上の人間の生は、すべていつかは終わりを迎えます。全宇宙のエントロピーが厳密にどのように作用するかによって、場合によっては宇宙全体が凍死するということもあるでしょう。すなわち、情報をコード化できる構造がもはやまったく存在しない状態になる、ということです。[75] 何にせよ、どのような人間も、人類全体も、遅かれ早かれ死ななければならず、私たちの誰にだって、この先——遅くとも自分自身の死という形で——耐え難いほど不運な出来事が起きるだろう、という考えになじんでおいたほうがいいでしょう。

この状況は、文化的活動によって私たちの注意の周辺に追いやられています（例えば、皆さんがちょうど今読んでいる章は除きますが）。今日の私たちの文化では、死を公共の場から締め出すことが広く行われています。一方、死が姿を現すのは、たいていの場合、特に死亡事故を報じるニュースという形です。ニュースはテロ攻撃や飛行機の墜落を報じますが、飛行機の中にいる人たちがどのように知り合い、愛し合い、不幸な孤児を養子に迎え入れるなどして、ともに世の中をよくしてきたかについては報じません。

現在、報道機関が担っている重要な役割の一つは、文化的活動を象徴的・間接的に根拠づけるということにあります。絶えず世界のどこかで起こっている恐怖を目の当たりにしながら、人は現状そのままの日常的構造にしがみつく権利があると考えています。内戦がどこか別の場所で起きているとき、多くの人はほっとします。なぜなら、内戦は少なくともここで起きているのではないことが分かるからです。しかし、そのことは、他者の苦しみの原因を自分のこととして認識するのが難しくなる、という問題をともないます。私たちは皆、何らかの形で原因の連鎖の中にあり、その連鎖の反対側の端では誰かが苦しんでいます。スマホをもち、車を運転し、長持ちもしなければ公正な条件下で製造されたのでもない品物を買うだけで、十分連鎖に関わっているのです。それに、私たちは日頃、時にはまったく無意味にプラスチックを使っていますが、このことはすべての人々や生き物に害を与え、したがっていつまでも正当化できるものではなく、倫理的にも容認できません。

常に私たちについてまわるインフォスフィア／情報圏の情報ジャングルは、一つの象徴的秩序です。私たちがその秩序を作り上げるのは、自分たちはもしや不死かもしれないし、ともかく物質－エネルギーから成り立つ宇宙の偶然的な出来事に私たちが左右されることは実際より明らかに少ない、と自分に吹き込むためでもあります。私たちの生物学的本質を乗り越えて不死になる、というシリコンバレー発のヴィジョンは、死への存在〔という重荷〕から私たちを解き放つという分かりやすい役割を引き受けてくれる願望以外の何ものでもありません。

ありがたくないことに、この不死の幻想は苦しみを生み出します。というのも、現在の環境の危機と社会の危機に大きく関与しているテクノロジーの進歩を助長するからです。ピカピカに輝くシリコンバレーのイデオロギーに私たちが払う代償の大きさは、スマホ工場で働く賃金奴隷や、日々こうした不死の幻想の物質的基盤を生産するために生活を捧げている他のすべての集団の人々には、分かりすぎるくらい分かっています。

こう考えると、資本主義ピラミッドの頂点に立つ現代の消費者は、現代版ファラオのようです。すなわち、私たちは、奴隷によって作られた（誰の役にも立たない）ピラミッドの中で不滅の存在となる代わりに、（同じく役に立たない）インフォスフィア／情報圏の中で不滅の存在となるのです。したがって、私たちの精神的な生は、どうなるか分からない危うさを常にはらんでいます。人間は欲求を具体化させ、みずからを現実に合わせようとしますが、これは失敗するかもしれません。そういうことを私たちは、その日、その月、その年、人生の一頁をどのように乗りきるかの計画を立てることで、日々体験しています――刻々と変化し、私たちにはどうすることもできない状況に私たちを合わせる（ことを強いる）計画です。

ですから、ジークムント・フロイト（一八五六―一九三九年）は有名な『文化の中の居心地悪さ』で、人間には現実の中に居つくことに対する普遍的で本能的な嫌悪がある、という診断を下しました。[76] 私たちがこの不満から解放されることは決してありません。人間の文化的な自己描写の中で有害な自己モデルに目を光らせることは、時代精神のイデオロギー的歪みを批判する哲学の重要な課題です。有害な自己モデルの一つが、私たちは情報科学の進歩とデジタル化の永続的な拡充を通して地上に一種の不死性を打ち立てることができる、というイメージです。技術は私たちを不死にしてくれません。むしろ、ある人の人生を永らえさせる一方で、別の人の人生を縮めています。

感情的知性と、記号のデジタルジャングルに隠された価値

感覚があるおかげで、私たちは意識的な生のいかなる時でも（夢の中でも）現実と接触しています。感覚――実際に存在するものとの接触――は、幸いなことに、私たちを人生の中の障害や不快なものと向き合わせるだけではありません。人間は非常に社会的な生き物です。私たちの種の仲間が生まれて何年かのあいだは、他の精神的な生き物〔人間〕が保護しようと注いでくれる環境としての愛情を経験しなければ、生き延びることができないほどです。一八四三年に著された『将来の哲学の根本命題』で、ルートヴィヒ・フォイエルバッハはこのことをうまく指摘しています。

> そして、愛は、私たちの頭脳の外に一つの対象が現にあることの真なる存在論的証明である――そして、愛、つまり感覚一般以外に存在を証明するものはない。その存在が汝に喜びを、その非存在が汝に痛みをもたらすもの、それだけが存在する。客体と主体の違い、存在と非存在の違いは、まさに喜ばしい違いであり、つらい違いでもある。[77]

深層心理学は、これと同様の考察を基にして、一九世紀に成立します。ここで精神分析の成立史全体をドイツ観念論やロマン主義の精神から再構築する必要はありません。この伝統の方向性全体において重要なのは、次のような自己理解に関わる中心的思想です。すなわち、私たちは思考する生き物として、自分自身に対して一つの態度をとっている、ということです。考えるという活動とその内容（つまり思想）を、私たちは常にある一定の仕方で経験しています。したがって、感情によって染められてもいます。

現象的意識をともなわない志向的意識はありません。つまり、私たちが何かについて考える時には必ず何らかの感情を抱くということです。[78] 私たちの精神状態は全体として感情と思想から成り立っていますが、その際、私たちが体験している感情と気分は、それ自体が現実とつながりをもっているわけではありません。確かに、現象的意識――つまり、自分自身であることがそのつどのように感じられるかという、その感じ方――は、志向的意識をともなうことなしには決して現れません。でも、だからといって、それ自体は思想ではないものに向けられる思想のすべてが私たちの感情に操られているということにはなりません。

いかなる思想も、必ずこういうふうに感じられる、というものではありません。正確には、私たちの**現象的意識**――その時々の心的状態――は、私たちの有機的身体全体の背景ノイズなのです。これには無数の要素が関わっています。その中には、世間で言うところの、いわゆる第二の脳――腸管神経系――も含まれています。経験とは私たちの有機的身体にそなわった一種のエコーチェンバー現象が起きることだと言えるでしょう。その中では、さまざまな状態が内的に処理され、志向的にアクセスできるようになります。〔例えば〕私が頭が痛いと感じるなら、この痛みは私の身体の状態について何かを伝えているわけです。私は志向的意識のおかげでそれに対応し、痛み止めを飲んだりできます。周知のように、私たちは自分の感情から身体の中で起こっていることを正確に告げるのに必要な志向的情報を簡単に読み取ることはできません。感情は言語的にコード化された思想ではないからです。

とはいえ、現象的意識と志向的意識のあいだには相互作用があり、私たちはそれを先ほど述べた第二の脳の感情として知っています。このことをフレーゲははっきり認めており、思想の「色合いと陰影」ということを言っています。[79] 私たちの言葉には（「ああ！」とか「あいにく」などの挿入を含めて）間投詞があり、ある思想を前にしたとき、どう感じるかを表現しています。これらの感情語は、思想における真理を何も変えません。

自分の思考について考えているとき、私たちは自分の個性という構造から逃れているのでは決してありません。そうした時でさえ、私たちは自分をいかなる者として捉えたいか、自分がどのようによく見られたいのかという態度を表現しています。私たちの思考の対象である思想が頭に浮かんでくるのは、私たちがその思想が真理であるかどうかに興味をもっているからだけではありません。真なる思想も偽なる思想もあまりに多く（超限的〔transfinit〕、つまり無限の無限倍）存在するので、真理は私たちの思考プロセスを説明する唯一の要因ではありえません。人間としての生の形式と個人の人生が、意識的経験という背景のもと、私たちの頭に浮かんでくる思想を選び出すのです。

このプロセスは、感情的知性と呼ばれます。けれども、それは決して神経系による一種の自己観察機能として私たちの有機的身体の内部だけで生まれるのではなく、むしろ生態系的・社会的ニッチとの接触の中で生まれます。私たちの有機的状態は、文字どおり幼少期の教育を通して形成されます。私たちが育つ過程で、神経系はまわりの環境の経験に対する反応として作り上げられるのです。私たちのまわりの環境は、私たちの〔身体〕運動の経験を通して、私たちの内面状態へとフィードバックされます。

フロイトは、この関連で、私たちの中にある現実原則と快感原則のせめぎ合いを不可欠の条件として主張しています。特に現実原則に帰属するのが、私たちの知覚です。感覚のおかげで、私たちは自分自身が作り出したのではない現実のものと接触しています。この現実のものは、私たちの欲求に合わせて調整されていません。そのため、快感原則は安定した心の予算の中で現実のものを私たちの欲求に合わせようとしますが、それは現実と欲求が原理的な区別を保っている範囲内のことです。

経験を感情で色づけすることは、普遍的な人間知性から切り離すことができません。それを証明する哲学的論証があります。もう一度、簡単な思考実験を用いて、よくあるシチュエーションに身を置いてみましょう。私たちは友だちと旅行に行こうとしています。荷作りは済み、今は空港にいます。そして、荷物を預けるカウンターを探しています。

いろいろなヴァリエーションがあるでしょうが、皆さんもよくご存じのこの典型的な旅行シーンが成り立つのは、空港には私たちの注意を引かないものが無限にたくさんあるからです。例えば、旅行者は空港にある動く歩道の正確なスピードなんて気にとめません。その場所に物理学的に正確に測定することが決してできない暗黒物質があっても、そんなものは無視します。さらに、空港でクロワッサンや新聞が買えるのは商品が流通しているからなのに、その商品の流通が厳密にはどうなっているのか、詳しく調べたりもしません。

典型的な旅行シーンが生じる環境も、厳密に言えば、またもや無限に複雑です。厳密には、どこから空港が始まるのでしょうか。そして、その始まりの地点は――どこでもいいのですが――、私たちの生活環境にとっては非常に小さな、量子力学で研究されるスケールからすれば、どう見えるのでしょうか。空港を宇宙の残りの部分から厳密に仕切ろうとするだけで、この環境が実はいかに多面的で一回限りのものかが明らかになるはずです。

また、現実には典型的な旅行シーンなんてありません。どんな旅行も結局は異なる経過をたどります。私たちは一つのモデルを想定し、それに自分を合わせます。旅行がこうあってほしいと望むモデルとまったく同じように展開することは決してありません。お気に入りのモデルを作るために旅行会社に大金を支払ったとしても、です。だからこそ、旅行ではストレスがたまります。そうはいっても、こういう――ある意味では虚しい――モデルを想定しなければ、旅行なんてまったくできません。現実は無限というほど複雑ではないレベルで把握することができます。そのように前提しなかったら、空港も旅行者も存在しないことになります。

しかも、人間は時間に追われて生きるしかありません。なぜなら、私たちはいつかは死ぬのですから。旅行のあいだ最適かつ合理的に行動するために必要なすべての情報を考慮する時間は、私たちには決してないのです。ですから、いわゆる「感情的知性」は、人間の知性の中心的要素だと言えます。直観――つまり第二の脳の感情――は、知性を行使するいかなる場合においても決定的な重要性をもっており、それなしでは何かを認識することはできないでしょう。感情的知性がなかったら、つまり人生のさまざまなシーンにおけるその人なりの体験がなかったら、私たちは自分たちが常にさらされている無限の選択肢の中から考える対象を選び出すことはできないでしょう。

人間の知性は基本的に感情的です。私たちの経験は、徹頭徹尾、質的に色づけられています。感情という面ではそこそこ扱いやすい日常的現実の複雑性は、モデル認識の訓練なしには決して把握できません。

モデル認識の訓練は、母親の胎内にいる時期から、生後、言語を習得するまでの何年かは、かなりの部分が進化の過程で獲得され、人間の有機的身体の内部でともに作用する複数のシステムの枠内で行われます。そのため、私たちの身体はみずからを一つのシステム全体としてまわりの環境から区別することに慣れているのです。「私」と「私でないもの」の根本的な違いは、どの生き物でも、もともと生物学的に確立されています。私たちは、有機体として生存できるニッチを作ることで、自分たちを環境から区別しています。このようにして、進化の適応メカニズムを通した「私」と「私でないもの」の違いの基本構造が生まれました。より高次のあらゆる志向性の基礎は、オートポイエーシス、つまり生命体の自己組織化にあります。チリの高名な生物学者フランシスコ・バレーラ（一九四六―二〇〇一年）とウンベルト・マトゥラーナ（一九二八―二〇二一年）が、その古典的名著『知恵の樹』で説明したとおりです。[80] ところで、ハンス・ヨナス（一九〇三―九三年）は、これと似たような説を、一九六六年にドイツ語で著した『生命という原理』の中ですでに提唱しています。[81] 生き物が存在するのは、何百万年にもわたって進化することで、絶えず無限のものに関わり合うことを不要にするシステムを作り上げたからなのです。

私たちの適応は、常に現実のもののほんの限られた部分に向けられています。ですから、私たちの認識装置は巨大な複雑性に向けられていると考えると、誤解を招きます。複雑性が神経の先端に大量の情報を浴びせると、進化の過程で適合した脳内神経回路をもつ私たちは、その情報を俯瞰的に見られた物の世界へと組み立てていく、というわけではないのです。私たちはビッグデータの砲火を受けているのでもありません。インターネットの世界にいる時でさえ、現実のものと物理的に接触しています。感情的知性のおかげで、私たちはこの接触をある特定のあり方で体験します。そうすることで、私たちは選び出した現実のものの一部を志向的に、つまり論理的にフォーマットし、さらに処理を進めることができます。

私たち生き物は、生まれた時からさまざまな場面《シーン》で活動しています。このことは、私たちが決して個々の物だけを把握しているのではなく、常に連関を把握し、そこから個々の物事をより正確に調べる能力を発達させているということを意味します。「外には」複雑な現実があり、「中では」（脳の中や意識の部屋の中では）私たちがその現実に手を加えている、というイメージは、それはそれで一つの場面《シーン》ではありますが、必ずしも現実に即していない場面《シーン》です。

ＡＩの本質とその射程についての最近の議論の中には、感情的条件から解放された知性の形を構想しようという誤った願望もあります。もはや生物学的な素材から成り立っていない完全無欠のミスター・スポック〔「スタートレック」シリーズの登場人物で、感情を忌避する宇宙人〕です。でも、そのような知性はもはや知性ではないでしょうし、そんなものはまったく何も把握できないでしょう。ですから、どんなアルゴリズムにも実際は価値を受け入れる機能が組み込まれています。データの山をさっさとスキャンして、それから猛スピードで計算してモデルを認識するようなアルゴリズムはありません。むしろ、アルゴリズムはすでに思考モデルとしての構造をそなえていて、その構造を使って量的に人間の質的な経験を模造しようとするのです。

でも、私たちの質的な経験というのは、きわめてきめ細かく個人的なものであり、いかなる瞬間であろうと、決して完全に見通せないほど無限に多くの条件と結びついているので、直接的な仕方でその経験を模倣することはできません。せいぜいテクノロジーの進歩を通じて思考モデルを改良するくらいのものです。それなら私たちのために利用できます。この意味で、あるいは単に似たような意味でも、私たちが作ったものが生き物のように意識的に考えることができると信じるなら、ゲーテの「魔法使いの弟子」が犯した失敗を繰り返すことになります（二六二頁以下参照）。

ＡＩというシステムが人間にとって本当に危険なのは、システムの創造主たる人間の価値体系を暗黙裡に推奨しているくせに、推奨していることを明らかにしないからです。シリコンバレーは、倫理を――どのように私たちは生きるべきかというイメージを――追求しており、上で述べた意味で人工的な現実をプログラミングしています。その現実は、巨大なデータベースの中で認識できると称されるモデルによって価値中立的に計算されたものとして登場します。〔しかし〕誰にも疑問をもたれないモデルが発見されることは、最大のデータベースにおいてもありえません。

「機能主義」という名の宗教

人間の思考とは、大なり小なり偶然に霊長類の身体に搭載された非物質的なソフトウェアのようなものである、という的外れなイメージが現在広まっています。その理由をよりよく理解するには、実際に存在するあらゆる知性の感情的成分をさらに分解する必要があります。人工知能をめぐる議論や認知科学の大部分において、思考は規則に則ったプロセスであり、人間や他の有機体というハードウェアから引きはがして非生物的ハードウェアにインストールすることも原理的に可能だと理解されているのです。

このような基本的な考え方は、機能主義として知られています。**機能主義**は、一般に人間の知性を特定の問題を解決するためにデータ処理を行う制御システムのことだと想定しています。この制御システムは、**多重実現可能性**と呼ばれるものをもっており、そのためさまざまなハードウェアにインストールできるとされています。その証拠として、例えば発話は、物理的に考えると、人それぞれ非常に異なったふうに成立している、ということが付け加えられるでしょう。私の声は皆さんの声とは異なって聞こえますし、より詳しく言えば、私たちの脳もかなり異なっています。脳にある言語モジュールは、二人の人間ではまったく同じ数と配列のニューロンで成り立っているわけではありません。個々のニューロンは絶えず変化もしています。ですから、ハードウェアの構造そのものではなく、その機能こそが重要だとされるのです。

私たちからすると、一人の人間がなすことや、その人自身、あるいは他の人々が意識することには、すべて構造があります。この構造を、私たちは「考える」、「車を運転する」、「驚く」などという表現で、つまり行為を表す語彙を用いて言語的に記述します。行為を表す語彙は、「その行為が実現する」典型的な場面《シーン》、つまり行為のモデルが存在することを前提としています。行為のモデルが実現する時に存在している物理的・生物学的・社会的現実は、すべての個別のケースで、それぞれ非常に異なっています。

ソクラテス以前の哲学者であるヘラクレイトスの名言を現代ふうに言い換えるなら、同じバスには二度乗ることができません。路線系統609を走る一台のバスは、絶えずその物理的構造を変化させています。例えば、タイヤはすり減っていきますし、バスの車体に錆《さび》が出ることもあるでしょう、ガソリンが満タンなこともあれば、そうでないこともありますから。それに、609系統のバスを別系統のバスと取り替え、同じ機能を果たさせる、つまり609系統の区間を走らせることもできます。機能主義者は、バスがある機能的役割を果たしているから609系統のバスだと同定するのであって、何か特別な物理的構造をもっているからではありません。「609系統のバス」の役割は、さまざまな物によって——それが輸送手段としてふさわしいかぎりにおいて——果たすことができます。ですから、609系統のバスの役割は多重的に実現可能だと言えます。

もちろん、このようなきわめてまっとうな〔「多重実現可能性」の〕テーゼと、それほど重要ではない**基体からの独立性**テーゼは、可能なかぎり区別したほうがいいでしょう。「基体からの独立性」テーゼという言葉のもとで理解されるのは、「609系統のバス」のような機能は潜在的に、互いにまったく異なる物質的基盤——すなわち、さまざまな基体——をもつ物によって果たすことができる、という想定のことです。それゆえ、「609系統のバス」は、今のバスとはまったく異なるふうに作られた乗り物で代替することができます。そうはいっても、路線系統609を走るバスをチョコレートで作ることはできません。水、土、空気、火でも作れません。バスの機能は、その機能を果たすのにふさわしい特定の物質から成るものによってしか満たされません。どのような物質がそれにあたるかは、その時々のテクノロジーの水準によって異なりますが、それでも限界はあります。

「多重実現可能性」と「基体からの独立性」の違いは重要です。市場に出まわっているコンピューターなどの人工物が考えたりチェスを指したりすると言う人は、両者を混同しています。第一に、コンピューターはチェスができると思うとき、チェスを指すことは一つの役割に還元されており、もはや人間の行為としては理解されていません。けれども、チェスを指す人全員が完璧な勝負を追い求めているわけではなく、初心者レベルや趣味レベルで練習している人など、さまざまです。それに、チェスを指すという行為は、クラブやプレイ中の会話、その他多くのことの中に組み込まれています。そして第二に、基体からの独立性が主張されますが、それは、ふつうに使われているコンピューターは生命のない物質でできていて、ともかくもチェスプレイヤーのように細胞からできているのではないからです。チェスコンピューターは、生き物ではないからこそ、私たちのようにチェスをやりたいという関心をもつことはまったくありません。人間の場合、一人一人が細胞レベルで、ということは脳のレベルで非常に異なっているため、チェスを指すという能力は多重的に実現します。でも、似たようなことをしているからといって、常に同一の現象が実現しているわけではありません。

　機能主義が多くの人にとって説得力をもつのは、「身体」と「心〔Seele〕」の関係について、両者の古典的カテゴリーを修正し、私たちが今日もつテクノロジー的‐自然科学的な自己解釈に合わせて理解可能なイメージを作っているからです。機能主義とは今日流行している無神論者のための宗教の一部であり、そういう宗教はとりもなおさずイチジクの葉的唯物論です。ここで私が言っているのは、**自然主義**のことです。標準的な形式をもつ自然主義は、人間について、つまりは私たちが考えるということについて、完全に自然科学的に記述することが可能であり、したがって模造することも基本的に可能である、と主張します。

結局のところ、自然主義は、有機的身体の物質的状態を見通すことで私たちの心の状態と思考プロセスを説明し、理解を深めることから遠くかけ離れており、その点で中途半端な唯物論にすぎません。というのも、〔物質に注目するとはいっても〕私たちの有機的身体はその細部においてあまりにも複雑なので、ある部分が別の部分と結びついているだけであるような、いわゆる古典的な機械〔機械論〕として捉えることはできないからです。今日、人間には把握しきれないほど多くのデータがあり、それらが利用できるにもかかわらず、自然主義は世界の複雑さの全体を捉えることについて決して確信をもてません。反対に、まだまだ把握しきれないほど多くの未発見の関連があることが示唆されています。ですから、私たちは現実の認識をコンピューター任せにはできないのです。

結局のところ、自然主義は自然科学的に確認されたテーゼでもなければ、確認されうるテーゼでもありません。ここに、機能主義が今日これほどにも流布している理由があります。すなわち、機能主義なら、本物の証拠や哲学的論証を示さなくとも、自然主義や唯物論を間接的に信奉することを容認してくれるのです。機能主義は、長い目で見れば、それを用いて自然主義によりいっそう迫れるかもしれない作業仮説として登場します。

したがって、私の見るところ、機能主義は自分が唯物論のように一種の宗教であることを遠まわしに証言しています。少なくとも、経験的証拠をもっていつの日か証明することも、また反駁することもできないという点において、宗教なのです。唯物論も自然主義も機能主義も、どれも自然科学的に裏づけられる仮定ではなく、現実に対する形而上学的解釈です。確かに、それらを作業仮説として活用することはできますが、それがうまく機能するからといって、現実の本質をえぐる形而上学的洞察が得られるわけではありません。

このことを覆い隠すために、アメリカの哲学者ダニエル・デネット（一九四二―二〇二四年）や、彼に負けず劣らず筋金入りの（ドイツにも大勢いる）機能主義者たちは、宗教と形而上学を非学問的だとして批判しています。そうすれば、自分たち自身の形而上学的アジェンダと、学問的に中立であるとして売り出している価値体系から注意を逸らすことができますから。[82]

思考はタバコの自動販売機ではなく……

機能主義が機能するのは、自然についての詳細な描写と説明をとりあえずは省かせてくれる暗黙の想定が補足されているからにすぎません。この補足された想定は、ほぼ正しいのですが、しょせんは、ほぼ、にすぎません。ここで想定されているのは、知覚や思考が属する心のプロセスはモデル化することができる、ということです。これはあたかも、インプットされたものが内部で一つのプロセスを通して処理され、今度は外部にアウトプットされるかのようなこと、と理解すればいいかもしれません。この想定を分かりやすく説明するいちばん簡単なモデルは、タバコの自動販売機などです。お金を入れ、ボタンを押す。すると、自動販売機の内部で何かが起こる。タバコの自動販売機がちゃんと動いているなら、お望みのタバコが出てきます。ちゃんと動かなければ、私たちは文句を言います。なぜなら、私たちは自動販売機が明確に規定された目的——現金とタバコを交換するという目的——をもつ内部メカニズムを実行すると期待して当然だと考えているからです。

世の中にあるタバコの自動販売機は、個々に見ていくと、もちろんどれも他のタバコの自動販売機とは異なっています。物理的に他と同一のタバコの自動販売機は存在しません。いわゆるミクロのレベルまで拡大していくと、二台のタバコの自動販売機の外見は必ず異なって見え始めます。何にせよ、一台のタバコの自動販売機が他のタバコの自動販売機とまったく同時刻・同位置に存在できるなどということはありません。物理的に高い解像度で（つまり私たちが意識して見ることのできるスケールより、ずっと細かなスケールで）観察すると、二台のタバコの自動販売機のあいだに何らかの広範な共通点を見つけることは、ほぼ不可能です。それでも、二台のタバコの自動販売機は同種の個体です。物理的には異なるタバコの自動販売機が両方ともタバコの自動販売機であるのは、どちらも同じ機能を実現しているからです。

これは、すでに述べたとおり、多重実現可能性と呼ばれます。物理学者のマックス・テグマーク（一九六七年生）は、それを「基体からの独立性」と呼び[83]、この考え方を先鋭化させています。なぜなら、彼は生命そのものさえ基体独立的なものとみなすからです。物理的に異なる二つの物は、同じ機能を発揮し、それゆえ同じ種に属する物であることができる。この単純な考え方は、そこら中にころがっていて、実に一つの形而上学にまで、つまり総じて存在するものすべてについての理論にまでふくらませることができます。すると、二人の人間は、顕微鏡なしには認識できないような物理学的スケールで見ると、かなり異なっていますが、それでもどちらも人間だということになります。二人の人間の統一性――二人が人間であること――の本質は、二人が発揮する機能にあります。もちろん、何をもって人間の機能とするかについては、さまざまな議論があるでしょう。私たちは遺伝子コピーマシンなのでしょうか、合理的な生き物なのでしょうか、あるいは結局のところ、やはりこの世の肉体へと追放され、永遠に神に監視される魂なのでしょうか。

ここで、人間という動物とは何者であるか、という問いに答える必要はありません。タバコの自動販売機やスマホは、この観点からすると、理解するのがより簡単です。なぜなら、それらはアイデアのひらめきを得て作り出された物体だからです。物理的に異なる二台のスマホは、そのオペレーティングシステム（OS）によって同じタイプの物だと言えます。これは最近のタバコの自動販売機にもあてはまるでしょう。

しかし、ここで私たちは、自分たちとタバコの自動販売機のあいだにある非常に重要な違いに出くわします。私たち人間は、知性によって整序されているのであって、OSによってではないのです。種の進化は、いかなる計画にも従いませんし、〔知的意図が介在したとされる〕インテリジェント・デザインでもありません。生き物は他の生き物の作った人工物ではないのです。もちろん、私たちは昔から動物の家畜化などを通じて進化に介入してきました。けれども、知性に代わるOSをプログラミングしてきたわけではありません。このことは将来、生物学や医学が進歩すれば変わるかもしれませんが、それまでは私たち人間の知性にとって最良のアップデートは睡眠と正しい食事と二、三杯のコーヒーを組み合わせることでしょう。もちろん、私たちが食べているものは人の手が加わったものですし、それは私たちが定住して農耕を始めた昔から、あるいは、さらに言えば食材の調理に火が使われるようになってから、ずっとそうです。

それでも、タバコの自動販売機のように、インプット、制御システム、アウトプットを正確に予測・管理できる、知性に代わるOSを製作することは、文字どおり決してできません。どのようなチェスのプログラムであれ、アルファ碁のプログラムであれ、個々の人間がもつ有機的身体の複雑さと多面性には遠く及びません。さらに、人間の有機的身体は周囲の環境と結びついており、その結びつきは私たちの知性にとって本質的なものです。私たちの思考は、現実において、私たちが作り上げた二進法コードから成るいかなる思考モデルよりも原理的に常に複雑です。このことからだけでも、思考を模造することはできません。

……心はビール缶の山ではない

機能主義を批判する説得的な議論は、たくさんあります。とても納得いくのが**ひねくれた実現の問題**で、これはアメリカの哲学者ネド・ブロック（一九四二年生）の思考実験によって磨きがかけられました。[84] 人間の脳をつぶさに研究し、半導体をその脳と同じように配列すればコンピューターが意識をもつ状態になるかもしれないということは、一見すると十分にイメージできます。機能主義は、人間の意識をまったく別のハードウェアの中に模造することは原理的に可能であるとさえ予言します。けれども、一見してイメージできることのすべてが、だからといって現実的に可能なわけではありません。そういうわけで、ブロックは簡単な考察によって、人間の意識、心を模造することが本当に現実的に可能であるかのような印象を掘り崩します。そのために彼は、どこでもないところのどこかにある広大な土地（そうですね、アリゾナあたりにしましょう）をビール缶でいっぱいにすることを思い描きます。そして、缶から缶へと電線を引きます。こうして脳の機能的構造を模造するのです。すると、例えば私の脳の興奮のパターンをコピーし、同時に脳のスキャンデータに記録した（あまりにも当然ですが、こんなことは今はまだできません）インパルス〔神経衝撃〕を、ビール缶の山に走らせることができるわけです。このとき、機能主義は、ビール缶の山は私の考えていることを考えている、と想定しなければならないでしょう。[85]

あるいは、私たちの銀河団の中の銀河は、私の脳がこの文章をひねり出している最中に実現している興奮のパターンと同じパターンを機能的に実現するように配置されている、と想像してください。すると、宇宙の一部が自分自身のことを考えているとでもいうのでしょうか。

そして、もし私がオフィスのドアを知覚している場所に集まっている素粒子が偶然うまい具合に配置され、椅子に座っているという私の意識的印象の機能的構造物を模造するとしたら、どうなるでしょうか。オフィスドアが椅子に座っているという感覚をもつとでもいうのでしょうか。

このようなひねくれた実現の問題に直面しても変わらず機能主義にしがみついている人は、どんな筋の通った異議に対しても抵抗力があります。なぜなら、ここではどんな論証も先に進まないからです。これに対抗するには、ビール缶もドアも感覚と知性を欠いた、ただの物である、と宣言するしかありません。ここで反対供述があるとしても、感覚を欠いた物より感覚能力をもつ生き物のほうがより大きな保護を受けてしかるべきだと思うなら、機能主義に与《くみ》しないほうがいいでしょう。なぜなら、倫理的価値を正当と認めることは、機能主義では難しくなりますから。

ステップ・バイ・ステップで脳をペースメーカーに？

もちろん、ブロックの論証に対しては、多くの反応がありました。特に詳細にこの問題に立ち入ったのが、ニューヨーク大学でのブロックの同僚で、一九九六年に『意識する心（*The Conscious Mind*）』という本を出版して注目を浴びたデイヴィッド・チャーマーズ（一九六六年生）です。[86] この本で彼は多くの考察を行っています。その中には機能主義を弁護しているように思われる部分もありますが、彼自身は機能主義に与《くみ》してはいません。

議論を先に進めてくれるのは、チャーマーズの次のような考察です。すなわち、脳があるからこそ実行できる心的プロセスのいくつかは、脳への技術的介入によって、とっくの昔に操ることができるようになっている、というものです。このことを、いったん、一つのニューロンは非生体的なシリコン製神経中枢の一つと取り替えることができる、というふうに想像してみましょう。一つ取り替えたところで、私たちの意識には何の変化もないでしょう。でも、一つのニューロンが取り替えられるなら、二つのニューロンでできないということがあるでしょうか。こう考えていくと、ステップ・バイ・ステップで一人の人間の脳を別のハードウェアと取り替えて、最終的に正真正銘の多重実現可能性の事例ができあがる、と結論されても無理はありません。こういう事例をビール缶論証は否定しないようです。

とはいえ、このような論証は、細部に多くの無理を抱えています。特に次のような問題がありま す。確かに私たちは脳に医学的な介入をすることで意識のプロセスを操ることができます。そのことを証明するのにSFのシナリオは必要ありません――コーヒー、リタリン〔中枢神経興奮剤〕、あるいはワインがあれば十分です。けれども、ステップ・バイ・ステップで一つの脳を非生体的な構造と完全に取り替えたらどうなるかを経験的に示す証拠を、私たちは持ち合わせていないのです。チャーマーズの対抗的考察は、経験的に検証することが決してできない空中楼閣、純粋な思考実験です。そもそも、人間の健康な脳のニューロンを一つ、また一つという具合にシリコンチップと取り替えて、それでもその人に意識の内的な生があるかを見てみようなんて、まったく倫理に反することであり、それだけですでにありえません。

チャーマーズの対抗的な論証は、ブロックのビール缶の考察と同様、純粋な思考実験の上に成り立っています。どちらも経験的に検証することはできません。チャーマーズはこのような例を挙げることで機能主義の信憑性を高めようとしていますが、それはアプリオリ、つまり思考実験の範囲だけの話で、これ以上先には進みません。なぜなら、この次元では、機能主義者とその反対者が、言うなれば引き分けであることを私たちは知っていますから。ですから、チャーマーズの考察は、脳ペースメーカー実現の可能性を支持するものではなく、こういうことが本当に可能かどうかとは無関係な私たちの機能主義的解釈を披露しているにすぎないのです。

でも、たとえ思考のための人工補装具を人間の有機的身体の中に装着できたとしても、それをもって生物的知性が存在しないことの証拠とするには程遠いでしょう。切断された四肢は義肢で代替できるという状況をもって、それ自体が生きている生物学的四肢は存在しないと結論するようなものです。義肢が機能するのは、有機的身体がそれに反発しないからです。人間全体を義人間と取り替えることはできません。義足はそれを装着する人の生活において足の機能を引き受けますが、だからといって義足が足であることにはなりません。例えば、私が路上で自動車のトランクから転がり落ちたと思われる義足を見つけたとしても、すわ、凶悪事件と、すぐさま警察に通報したりはしません。反対に路上で足を見つけたなら、事情はまったく異なります。ここで、デイヴィッド・リンチの傑作『ブルーベルベット』(一九八六年)の冒頭、草むらで発見された、あの有名な耳のことを考えてくださ い。草むらで耳を見つけたら、それは誰かがとんでもない問題を抱えていることを意味します。それに対して、義耳を見つけたとしても、それは単に納入業者の荷から紛失したものだと思うだけでしょう。

この考察は、生あるものの機能は生なきもの(心臓ペースメーカー、コーヒー、食事、ナビなど)によって支えてもらえるし、(義肢、暗算から私たちを解放してくれる電卓などのように)代替してもらうことさえできる、というテーゼに対する一つの論証です。でも、だからといって、生あるものが一つの機能と同一であるということにはなりません。生あるものがもつ諸機能は、それらが部分あるいは要素として属している生物学的システムの生と生存に従属しているのです。

技術という理念、あるいは、どうやって家を建てるか

機能主義は、古代ギリシアの技術という理念の不幸な遺産ですが、この理念はプラトンとアリストテレスによって直々に導入されました。プラトンとアリストテレスは、物理的に異なる二つの物を同種の物にする機能を理念〔Idee〕（イデア〔*idea*〕、それ以前は多くの場合、エイドス〔*eidos*〕）と呼んでいます。今日私たちが機能と呼ぶものは、プラトン＝アリストテレスの言う理念から贅肉をそぎ落としたヴァージョンです。

アリストテレスは、機能の概念をテロス〔*telos*〕という概念に発展させるほど考察を具体化させました。彼は、この概念を四原因説によって裏打ちしたのです。家屋の建築を例にとって、このことを分かりやすく説明しましょう。興味深いことに、ウンベルト・マトゥラーナは、さりげなくこんなことを述べています。物理学とは、

> 家屋建築の延長であり、哲学は［…］子供の質問に答えるという仕事の延長である［…］。これは私が前提とするところだが、自宅の手入れをするには実験室や工場の管理をするのと同様の知性が必要であり、家事の問題を解決するには学問研究上の問題を解決するのと同程度の知性が必要である。このような事情から、私は次のことを考慮するよう促しておく。すなわち、説明されなければならないのは、私たちのすべての経験の源としての日常生活である。経験がいかに技巧

的で専門化されていようとも、そのことに変わりはない。[87]

というわけで、アリストテレス――学問としての物理学の始祖にして、歴史上、最高の哲学者の一人――とともに、家はいったいどうやって建てるのか、という子供の質問をしてみましょう。

家を建てる時には、多くの機能が共同して作用します。建築家が設計図を引き、その設計図は建築局に提出され、審査されます。見取り図は、この家が将来どういう形になるのかを示します。アリストテレスはここで、形相ないしは範型（エイドス〔*eidos*〕とパラデイグマ〔*paradeigma*〕）ということを述べます。[88] 範型とは、提示されたもののことです（*para*「そばで、横で」＋*deiknymi*「示された」）。

家を建てるには土地と資材が必要です。これをアリストテレスは、質料、ないしは、そこから何かが生まれるもの（hylê ないしは to ex hou ginetai）と呼びます。地面からは地下室用の穴が、発泡スチロール、鉄鋼、コンクリートからは外壁が、木材と端材からは床が生まれる、といった具合です。

見取り図と資材から家ができるためには、職人がその両方を結びつけなければなりません。これは因果性というものの一般的なイメージのレベルです。ここで想定されているのは、因果のプロセスは物理的に測定可能な現実の変化だということです。つまり、土地に手を加え、静力学の法則を満たしているはずの建築部材を組み合わせることです。アリストテレスは、ここで「変化の由来（hothen hê archê tês metabolês）」ということを述べています。これが有名な作用因です。今日、因果性はたいていこの原因に還元されます。とはいえ、ここで明らかになるように、その根拠は十分ではありません。

最後の原因のあり方は、有名なテロス〔*telos*〕、つまり目的で、「目的論〔Teleologie〕」の語源です。ここで考えられているのは、単に物事の機能のことです。家の機能の本質は、何よりも「住める」ということにあります。住めるという機能の下に、いくつもの目的が並びます。私たちの住む〔ドイツの〕緯度でしたら、それらの目的とは、ちゃんと機能する暖房、水道、窓、照明などでしょうか。以上の考察は、哲学の参考書などでは次の四つのラテン語のキーワードでまとめられています。

1　形相因（causa formalis）
2　質料因（causa materialis）
3　作用因（causa efficiens）
4　目的因（causa finalis）

ところで、これは古くさいものではありません。というのも、今日の自然科学、人文科学、社会科学において、因果性という概念は、もはやさまざまな自然法則と力が万物を動かすという〔古典力学的な〕捉え方に限定されていないからです。目的論的説明や、物理的でない対象間に発生する因果の関係は、すでに私たちが成し遂げた科学的説明のスタンダードレパートリーになっています。[89] 機械論的世界観、特に一八世紀に一世を風靡した世界観は、確かにまだ通用しており、イデオロギー的な害悪をまきちらしていますが、事柄としてはとっくに過去のものと化しています。端的に言うなら、現実は——巨大な歯車の装置か、先頭のブロックを押せば次々と倒れていくドミノのごとく——ある状態から次の状態へと押されて進む決定論的機械ではありません。

技術とは理念を実現するもののことであり、私たちは技術を用いて自然には存在しなかった物を生み出します。技術は木に生《な》ったりはしません。〔ここで〕技術をテクノロジーと区別する必要があります。**テクノロジー**というのは、技術を使って人工物を作り出すことに対する一つの態度のことです。技術は、私たちの生活環境を向上させるための道具を作り出すという出来事です。それに対して、テクノロジーは、ある特定の時代に使われている道具の総体以上のものと言えます。テクノロジー〔テクネー（技術）＋ロゴス〕は、むしろ私たちのロゴス、つまり技術について私たちが抱く考え方なのです。

デジタル化は、新しい製品ばかりか、それらの製品に対する新しい態度も生み出します。新しい物ばかりでなく、さまざまな製品がどのように関わり合う〔べき〕かということの理念も提供するのです。〔しかし〕多くのテクノロジーの進歩は、ある理念を同じレベルで実現するだけでなく、もう一歩先に進めることのうちに本質をもっています。これまでの構造に対して全面的に疑問を投げかけるシェアリングエコノミーの破壊的ポータルサイト、つまりAirbnb〔エアービーアンドビー〕、Uber〔ウーバー〕、その他、当世のオンライン旅行サイトなどは、理念を管理していると言えます。これらは、第二のレベルのテクノロジー、つまりテクノロジーを把握するテクノロジーなのです。こうしたテクノロジーは、私たちの生活を単に楽にするだけでなく、新たなライフスタイルも付け加えます。Airbnbで宿を借りる人は、お得な宿泊先だけを求めているのではありません。お得な宿だったら、洞窟のほうがもっとお得でしょう。単なる宿泊に加え、それに付随するサービスとして、本当の生活という理念をブッキングしているのです。

　デジタル時代の革命的ブレークスルーの本質は、まさにテクノロジーを管理する技術が生み出されたことにあります。それによって、私たちはこれまでの物の秩序を超える決定的な一歩を踏み出しました。今日、技術は、私たちが何をすべきか、何者になりたいかということのイメージを与えてくれます。この技術は、それ自身についてのテクノロジーを発展させるのです。フェイスブックは、「私たちが自分で自分を描写した」セルフポートレートをアレンジして配置したものです。私たちのセルフポートレートは、アルゴリズムによって徹底的に探索され、モデルに従って整理されます。お返しに、私たちにはおすすめが提示されます。「知り合いかも」や広告などです。このように、私たちの技術が生み出したものは、それ自体が生き物であるかのように見えるまでになっており、この調子なら、いつかすごい知性が登場するのでは、という憶測を招いています。しかし、実際には、日夜ソフトウェアエンジニアたちがアルゴリズムを管理する業務についているのです。アルゴリズムは、ユーザーの価値体系を「知的に」把握するだけでなく、むしろ裁量の余地を――ということは価値体系の基準を――前もって定めています。ふだん末端のユーザーにはそれが見えないだけです。

総動員

イタリアの哲学者マウリッツィオ・フェラーリス（一九五六年生）は、その著書『総動員』の中でデジタル革命を説明するにあたって、インターネットが最終的に軍事的機能を引き受けると述べています。彼の考えでは、デジタル化は軍事機器に端を発したものであり、何よりも軍事機器〔の活用〕によって進展します。フェラーリスによると、私たち末端のエンドユーザーにとって、デジタル化は非常に大きなドキュメント——社会的な相互作用（コミュニケーション、ショッピング、好み、口座、居住地、ニュース、その他多数）が記録されているドキュメント——の集積によって特徴づけられています。この仕組みは、その技術的構造によって、完全に監視可能なものです。

デジタルな現実は、どこまでいっても数学的であるという点で、古きよきアナログな現実と区別されます。デジタルな現実は情報だけで成り立っており、情報はアナログな場所（サーバー）に保存されはしますが、それ自体は物理的ではありません。デジタル現実とは、精神的な対象、すなわち思想や絵画、その他諸々が媒体の中でとどまるところを知らず広まることです。オンライン上にあるものは、何であれハッキングされる可能性があります。だからこそ、ハッカーコミュニティの進歩に対応して、絶えずソフトウェアアップデートが行われるのです。けれども、誰にも破れないファイアウォールなどありません。

インターネットは、機能主義には真実の核があることを証明しています。すなわち、真でありうる思想は、実際に多重実現が可能なものであるとともに、基体独立的なものでもあるのです。私は真理を書きとめることができますが、そうしたからといって、その真理が変わることはありません。真理は、写真やビデオに、私を落ち着かせてくれない無意識の記憶の中に、あるいは壁の落書きとして保存することもできます。インターネットは、思想（情報）を含みます。でも、だからといってインターネットが考えているわけではまったくありません。

フェラーリスは、その分析の中で、デジタル革命（何よりもコンピューターとインターネット）が結局は両大戦前と大戦中、および冷戦時代の軍拡競争で進展したことを思い起こさせてくれます。暗号技術、つまり暗号化理論は本質的に軍事目的に貢献するものであり、その枠内で飛躍的に技術的発展を遂げました。情報時代というこのご時世、私たちはそうした技術の進歩なしには生きていけないことでしょう。

フェラーリスによると、そういうわけでインターネットはサイバー戦争が絶え間なく勃発する場所になっています。サイバー戦争はインターネットに付随して起きているのではありません。インターネットそれ自体が戦場以外の何ものでもないのです。そして、この戦場は単なる仮想現実ではありません。現実は必ずしも情報だけで成り立っていませんが、インターネットという戦場は現実についての情報を含んでいるため、私たちの生きるアナログな現実と噛み合うのです。ホテルは、そのホテルがインターネットの外にも存在する時にだけ、ブッキングできます。

よく知られているように、インターネット上の社会的相互作用は、人々の生に恐ろしい結果をもたらすことがあります。インターネット上の討論で暴力がふるわれ、その結果、何人かの自殺者が出ることを考えれば十分でしょう。政治変革もインターネット上の新たな世論によって準備されたり、あるいは、そもそも世論によって初めて引き起こされます。インターネットは、オンラインゲーム『ワールド・オブ・ウォークラフト〔*World of Warcraft*〕』の世界のような、遠い世界ではありません。それ自体が、言うなればリアルな戦争ゲームなのです。なぜなら、私たちの一挙手一投足がまとまりとなって、インターネットの外でさまざまな結果を引き起こすからです（ドローンについては言うまでもありません）。私たちが送るどのＥメールも宇宙に痕跡を残していることを忘れてはなりません。インターネット上の技術的な情報伝達は、エネルギーを消耗します。インターネットが経済危機に関与していることを過小評価してはなりません。

フェラーリスによると、インターネットは、先ほどの書名が示すとおり、全人類に向けられた総動員令です。万人の万人に対する戦いです。それは国家さえ脅かし、それゆえ国家は新たな法体系とインターネット監視戦略で対応します。しかしながら、フェラーリスはここでデジタルな現実の果たす役割を過大評価しています。彼は、デジタルな現実はとっくの昔に主導権を握っており、私たちはすでに技術的特異点の時代に生きているのだ、と述べています。**シンギュラリティ／技術的特異点**という考えは、この言葉の提唱者で、グーグルなどでも仕事をしているレイモンド・カーツワイル（一九四八年生）によって広く知られました。その意味するところは、私たちはいずれＡＩが私たち抜きで勝手に進化していけるほど発達した地点に到達するだろう、ということです。[90] ここでフェラーリスがとっている立場は、私たちはとっくにその地点に到達している、なぜならインターネットはもはや誰にも何にもコントロールできないほど固有の社会的ダイナミズムをもっているのだから、というものです。

社会はビデオゲームではない

この〔社会は技術的特異点に達しているという〕考え方を支持する理由をフェラーリスは持ち出しますが、ありがたいことに、その理由は却下することができます。ここで持ち出された情報時代に関する理論の背後には、彼が提起する社会存在論が潜んでいます。哲学の一分野である**社会存在論**は、特にジョン・サールによって基礎づけられ、正当なものと認められました。社会存在論が取り組むのは、対象や事実の中に「社会的」とみなされるものがあるのはいったいなぜか、という問いです。月面にある一つのクレーターと一枚の銀行券と一つの文を区別するものは何でしょうか。通貨と文は集団力学〔グループ・ダイナミックス〕という文脈の中でのみ存在します。それに対して、月のクレーターは、ただそのようにあるのです。少なくとも、人間の集団力学は関与しません。でも、何が通貨を社会的なものにしているのでしょうか、そして、なぜ月のクレーターは社会的ではないのでしょうか。

フェラーリスの答えは、示唆に富んではいても、不十分なものです。[91] 彼の答えは、こうです。「もし何かを存在させるドキュメントがあるなら、まさにそのとき、その何かは社会的になる」。ここでのドキュメントとは、現実にある制度が残す痕跡のことです。痕跡は、確かに行為者の意図と関係がありますが、それをはるかに凌駕します。フェラーリスの理論を説明するのに用いられる例として、例えばドイツ連邦共和国基本法〔憲法〕があります。基本法が成立し、効力をもった頃には、連邦議会が同性婚の合法化や女性クオータ法の成立を後押しするほど「法の下の平等」の意味が拡充されるとは、誰にも想像がつきませんでした。一般に、ある法律の文言がそれを書いた人間の意図を超えた事実を作り出すというのは法体系でよくあることです。

皆さんご存じのとおり、いずれ厄介なことになるかもしれない契約に、そうと知ってか知らずか誠実にサインしてしまう、という問題があります。引っ越しの時にインターネットのデジタル回線契約を解約しようとすると、皆さんが〔以前〕サインしたドキュメントのせいで、それまで思いもよらなかった展開が待っているでしょう。少しばかり運がよければ、消費者保護の仕組みがいつのまにか改善されていて、皆さんをただで手放したくない契約の相手方が、やはりドキュメントに驚かされる、ということが起こるかもしれません。

フェラーリスの目から見ると、社会全体はドキュメントを中心にまわっています。このことを私たちは財布の中の紙切れの山や記録された数知れぬ売買取引を通して、日々経験しています。そうしたドキュメントは、言うなれば社会の接着剤です。ドキュメントは社会が社会を〔本来〕そうであるものにするのであって、そうした社会を実際に克服するのは新しいドキュメントによってでしかない、ということです。

この理論は、もともとのサールの解釈と比べると、いくつもの利点があります。なぜなら、サールは社会的なものを彼が「集団的志向性」と呼ぶものと結びつけていますが、それでは――「集団的〔kollektiv〕」は「社会的〔sozial〕」を意味する別の外来語なので――定義が循環してしまうからです。[92]

サールが考えるところ、貨幣がまだ存在しているのは、それを廃止しないという点で私たち全員が何となく一致し続けているからにすぎません。こういう具合ですから、すべての人が今こそ貨幣を廃止するべきだと合意することで、経済危機は原理的に終わらせられる、とさえサールは信じています。

　そうだといいのですけれどね。あいにくそうはなりません。なぜなら、貨幣は単なる社会的慣習ではないからです。貨幣は、それ自体はまだ社会的ではないような物の売買取引とその現実の存在をドキュメントとして記録し、証明しています。例えば、今私がもっている五〇ユーロ紙幣は、それと引き替えに私が買うことのできる商品の存在を、何であれ証明しています。確かに、今日では多くの商品がすでに社会的な売買取引のドキュメントでもありますが、それはここでは関係のないことです。私たちの市場経済は、純粋なサービス業ではありません。

　サールもフェラーリスも、実在論を支持することをみずからの責務とし、新しい実在論をめぐる世界規模の議論を巻き起こすのに貢献しました。それにもかかわらず、結局のところ、古くさい構築主義的イメージにしがみついたことで、二人とも失敗しています。[93] つまり、二人とも、社会的事実というものは、それを信じる者がいなくなれば、あるいは、あらゆるドキュメントが消し去られれば永遠に消えてなくなる、と考えているのです。

　このような解釈は、フェラーリス自身も数々の議論の中で明らかに容認している次のような帰結を招きます。すなわち、古代エジプト文明の存在を証明するすべてのドキュメントを消し去ってしまうと――フェラーリスの説に従えば――古代エジプト文明もまったく存在しなかったことになるのです。したがって、古代エジプト文明の存在は、それを証明するドキュメントにのみ依存していることになります。証拠がなければ、過去にも存在していなかった、ということです。これと同じ理屈で、サールは、古代ギリシア人が別の古代ギリシア人を性的に虐待したことはないという、とんでもない想定を容認します。なぜなら、性的虐待という考え方はまだ存在していなかったから、というのです。[94] けれども、これは、奴隷制は誰かがそれは非倫理的だと思いつかないうちは暴力の一形態ではなく、それゆえ社会的に容認されていたのだ、と言うようなものでしょう。

　社会存在論におけるこのような立場の問題は、社会的事実を認識するための基準とそれらの事実そのものとを取り違えている点にあります。これはまさに認識論（私たちが何かを認識する仕方）から存在論（当該の事柄が存在する仕方）を推論する「超越論的誤謬」であり、フェラーリスがこの議論以外のところで警告しているものです。[95] 社会的事実がドキュメントによって証明されるからといって、そのドキュメントに魔力が秘められていて、それがあれば社会的事実が生み出され、それが破棄されれば過去の事実が消え去るというわけではありません。

　社会はビデオゲームではないのです。結局、ビデオゲームであれば、現実に結果をもたらすことはありません。〔しかし〕ドキュメントや、文章で表現された思想は、仮想ではない現実のレベルにも影響を及ぼします。インターネットは、仮想空間という独自の領域ではなく、生き物としての私たちが生きているのと同じ現実の領域の一部なのです。

　仮想的な次元は、私たちが情報処理を行うやり方に深刻な影響を及ぼします。けれども、この〔インターネットという〕次元において、情報は別の情報を扱っているだけではありません。ドキュメントはドキュメントを証明するだけではありませんし、社会的事実は（すでに社会的な！）集団的志向性が関わる行為を反映しているだけではありません。

そもそも、社会的な相互性というものが存在しうるには、私たちの意識的な注意という閾値下にある構造がすでにできあがっていなければなりません。人々が社会的にまとまるのは、人々がどこかの時点で社会的に結合しようという計画を立てたからではありません。なぜなら、そのような計画は、〔もともと〕成り立っている社会的結合の枠内でしか立てることができないからです。むしろ、社会性は人間が無意識にもつ行為のモデルによって成立しています。このモデルには生物学上の前史がありますが、むろんそれについてはよく分かっていません。というのも、そうした〔社会が成立する前の人類の〕歴史は私たちの惑星のあまりにも遠い過去に達しており、〔その当時の〕人間の脳や臓器一般の正確な仕組みについて十分なデータを見つけることはとてもできないだろうからです。もし現在そうしたデータがあれば、この点に関してもっといろいろなことが分かったかもしれませんが[96]。

機能主義のアキレス腱

もう一度、機能主義に戻りましょう。いろいろと批判はありますが、それでも機能主義は何となく正しいことを言っているように思えます。特に機能主義は、人工知能がかなりのことについて少なくとも私たちと同程度に、そしていくつかのことに関しては私たちよりずっとうまくこなす理由を説明してくれます。電卓は大部分の人よりうまく速く計算します。それは、電卓が人間の思考と同じ〔計算という）機能を引き受けているものの、そのハードウェアと他の関心から隔絶された能力のおかげで、プログラムされた数学の法則を私たちよりずっと適切に適用できるからです。電卓は私たちより集中しています。なぜなら、一つのこと——計算——しかできないからです。

　みずからを技術的に使い勝手のいいものにしている機能主義の強みは、思考を生き物の特定の内部プロセス（脳内のニューロンの結合や信号伝達と信号調整など）と結びつけていないところにあります。機能主義によると、生き物の内部プロセスは、機能がどのように実現するかという点に関して本質的な役割をもちません。機能が実現するかぎり、思考という有意味な作用が存在しているように見えるのです。

　ところが、機能主義はその純粋な形において無数の弱点をもちます。**機能主義の主要な問題**は、人間の思考とは実際には何かを述べていないことです。機能主義は思考そのものは扱わず、思考モデルを扱うだけです。「考える」とはいったいどういうことか、という問いに対する最初の答えは先にヒラリー・ローソンから拝借しました（四六頁以下参照）。彼は反省性〔再帰性〕、つまり思考が自分自身を指示することについての理論を立てています。この理論は明確にドイツ観念論（殊にヘーゲル）の伝統と二〇世紀の哲学におけるその系譜に連なっています。[97] ローソンは「思考」を私たちが同一ではないものを同一のものとみなす状況だと理解します。

　言い換えるなら、思考とは現実のモデルを作ることです。例えば、私は今イスキア島のホテルで窓の外のカモメがうるさく鳴いているのを聞いています。カモメを扱う思想は、何だかんだ言っても異なる二羽のカモメを、それがカモメであるという観点において同一視しています。もちろん、ローソンもまた、このことを古代からの哲学の伝統と結びつけています。というのも、はるか昔から哲学は、思考を異なるものにおいて類似したものを認識する働きとして理解してきたのですから。〔しかし〕私たちが歴史的に概念装置を変化させてきたことと、私たちの概念も時折完全に間違えることがあることを考慮に入れている点で、彼は哲学の伝統を超えています。それに対して、ギリシア哲学のほうは、伝統的に私たちの概念装置はすべて適切で調和がとれ、永遠であると想定しているのです。

もう一つの問題は、機能主義がラディカルな二元論に門戸を開いていることです。これについては、フランスの情報科学者で人工知能の専門家であるジャン＝ガブリエル・ガナシア（一九五五年生）がその著書『シンギュラリティという神話』〔邦題『虚妄のAI神話』〕で的確に指摘しているとおりです。[98] 機能主義によると、ハードウェアとソフトウェアのあいだに存在する溝は、結局のところ、あまりにも根源的なので、閉じられた物質的宇宙というイメージの中でどのようにこの二つの居場所を見出したらいいのか、もはや分からないことになります。ガナシアは、認知科学者に人気の機能主義は唯物論とは相容れない、という正しい結論を導いています。

結論は、精神はまったく独立し、物質とは切り離されて存在できるだろう、というものである。端的に言う。とことん考えるなら、技術的特異点の擁護者がみずからのために主張する、現代学問でおなじみの一元論〔唯物論のこと――M・G〕は、同様に急進的で辻褄の合わない二元論を是認し、その上にみずからの主張を構築する、という結論に達することになる。[99]

背後にある論理をより正確に理解するために、ここでこの論証をもっと集中的に考察して、さらなる概念をいくつか導入してみましょう。一般に、あるものがあるものと――つまり、それ自身と――同一であるのはどのような時かを確定させる規則の指示を、**同一性条件**と言います。例えば（生物学的母の）卵子が（生物学的父の）精子と融合するという意味で、人間が両親によって生み出されることは、（何はともあれ現在においてはまだ）人間の同一性条件です。私たちはそれをたいていは性交によって成し遂げますが、それは生物学的に見れば生殖にとって二次的なことです。――とにかく機能主義者はこのように言いますし、もちろん人工授精という方法もありますから、それは部分的には正しいでしょう。非常に単純化されたミニ理論ですが、これだって双子となると、もう厄介なことになります。つまり、もっとよく眺めると、一つの種の生き物にとっての同一性条件は、いつもおよそ簡単に挙げられるものではない、ということが分かるのです。結局、現実は、その現実の機能的特徴を描き出したものより、ふつうはもっと複雑だということです。

それはともかく、機能主義は、生き物としての思考する者というハードウェアについては――そのソフトウェアとは別に――十分に明白な同一性条件を手中に収めていると理論的に想定しています。思考というソフトウェアの同一性条件は、アルゴリズムという形で与えられます。**アルゴリズム**とは、一般に、問題の解決という制御された結果にたどりつくために、一つのプロセスがきちんと定義された特定のステップを踏んで進行するように定められた規則のことです。

アルゴリズムは、その論理学的性質によって定義されます。論理学は、真であることの法則に関わります。つまり、論理学は、どのような条件下なら複数の思想が互いに結びつき、互いに置き換えられるかを記述するのです。アナがソフィアを愛しているという思想は、論理的に見ると、ソフィアがアナに愛されているという思想と同一です。さらに、このことからアナが愛する誰かがいることも分かります（ここではソフィアです）。こんな具合に、さまざまに展開していけるでしょう。論理的法則は、アルゴリズムにとっての制御条件を記述したものです。論理学は数学にとっての基盤の一つですが、ということは、とりもなおさずデジタル時代の基盤の一つだと言えるでしょう。しかしながら、ここでたいてい見過ごされるのは、論理学にはさらにそれ自身の基盤があり、しかもそれはもはやその背後を探ることが成功しえないような基盤だということです。それこそが、思考です。思考は論理学にとっての基盤であり、それゆえ思考についてよく考える哲学は論理学より根本的なのです。

デジタル化とは、一九世紀後期から二〇世紀にかけての論理学の洞察が、新たに発展してきたテクノロジーの基礎の上に実現したもののことです。アナログ信号と異なり、デジタル信号は二種類「0と1」の形式の信号伝達に基づいています。技術的な細かい話になるのでここでは深入りしませんが、一つだけ考慮すべき点があります。それは離散的なものと連続的なものを分けることで明らかにできるでしょう。

離散的な区別とは、あるものを明確に区切られた領域へと選り分けることです。ボンにいる人が同時にベルリンにいることはできません。ボンとベルリンは、場所の表示として離散的な区別を表現することができるのです。これと一線を画すものとして**連続的な区別**がありますが、それは内包的な区別としても知られています。こうして二冊の本の赤いカバーは、内包的に異なる赤を示していると言えます。私たちの赤の体験は連続的です。赤にはさまざまな度合いや明度があります。一つの音がやかましかったり静かだったりするのと同じです。でも、だからといって二つの明確な分類（やかましい音と静かな音）があるわけではありません。

ところで、連続的なもの（つまりアナログ）と離散的なもの（つまりデジタル）のあいだに生まれる関係というものがあります。これは一種の翻訳として解釈することができるでしょう。アナログな情報は特定の条件下で離散的な情報に転換できますし、逆も可能です。古い写真をデジタル化したり文書をスキャンしたりできるのは、知覚という形で私たちが自覚的に認識している連続的な情報を離散的な単位に分解することができるからです。ソフトウェアという形でパッケージ化された翻訳のルールは、アルゴリズムの背後で情報を転換させるステップを隠しもっていますが、最終的には論理学に基づいています。だからといって、決してアナログの連続的な現実が論理的だというわけではありません。論理学は私たちに翻訳マニュアルを与えてくれるのです。あるいは、どのような条件下なら意味のある翻訳ができるかを定めていると言ってもいいでしょう。したがって、論理学は、論理的あるいは非論理的な現実について何事かを――つまり、そうした現実は部分的にデジタル化できるということを――ただ間接的に述べています。けれども、論理学は現実がひっくるめて何なのかについては何の説明も与えてくれません。

機能主義のアキレス腱は、一方で、それがハードウェアとソフトウェアという二元論をとっている点にあります。これはたいてい暗示されているだけですが、ラディカルな二元論です。他方で、論理学と思考の現実を取り違えていること、そして思考が論理的規範に対応してはいても、強制的にその規範に従わせられているのではないことを見逃していることも、機能主義のアキレス腱だと言えます。思考の現実は、（数理）論理学に基づく思考モデルとは異なる形を、したがって情報科学の思考モデルとも異なる形をもっているのです。

第3章

社会のデジタル化

論理的でしょ？

論理学とは、思想と思想の関係を規定する理論です。古代ギリシア語のロゴス〔*logos*〕という言葉には、関係、基準、言明、言語、思考、語り、言葉、理性を包括する広い意味があります。プラトンとアリストテレスによって学問として確立されて以来、論理学は、新しいものを思想の純粋な結びつきだけで認識しようとするとき、どのようにさまざまな思想を関連づければよいのか、という問いを問題にしてきました。ですから、論理学は伝統的に三つのテーマ——概念、判断、推論——に取り組むことになります。

概念とは、ある思想から取り出して、他の思想のためにさらに利用することのできるものを言います。次のように表現できる簡単な思想を例にとって、これを(A)としましょう。

(A)アンゲラ・メルケルはベルリンに住んでいる。

私たちは、この思想から少なくとも二つの概念を取り出すことができます。一つはアンゲラ・メルケル〔*Angela Merkel*〕という概念で、もう一つはベルリンに住んでいるという概念です。もちろん、ベルリンや……に住んでいるという概念を引き出すこともできますし、アンゲラとメルケルという概念だって同様です。でも、ここで私が言いたいのは、アンゲラ・メルケルとベルリンに住んでいるという〔二つの〕手札のおかげで私たちは新たな思想に至ることができる、ということです。アンゲラ・メルケルがベルリンに住んでいるなら、現在ベルリンには一人しか住んでいないという追加情報がないかぎり、他の人たちが住んでいてもおかしくないことが分かります。アンゲラ・メルケルがベルリンに住んでいるのなら、アンゲラ・メルケルは他のこともしているはずだということも分かります。ベルリンに住んでいるだけでなく、たまにはパリに行くこともあるでしょう。朝食だって食べるでしょうし、〔内務大臣〕ホルスト・ゼーホーファーに電話することもあるでしょう。アンゲラ・メルケルはたくさんのことができますし、たくさんの人がベルリンに住むことができます。

このような簡単な真理を把握できるのは、

(A)アンゲラ・メルケルはベルリンに住んでいる。

という思想から別の思想が導き出されるからです。別の思想を導き出す最も一般的な規則は、論理法則です。この文脈での論理法則とは、例えば、いわゆる**存在汎化**です。これは、オスカーが（あるいはウラ、イェンス、セム、マリアなど誰でもいいのですが）パンを買うなら、パンを買う誰かが存在することがそこから帰結する、というものです。もっと一般的に述べてみましょう。何か具体的なもの（これをaと呼びます）がある性質〔Eigenschaft〕（E）をもつなら、何かあるもの（x）は性質（E）をもつということがそこから帰結する、となります。「aはEである」から「何かあるものxはEである」ことが推論できるのです。リンゴが赤なら、何か赤いものが存在します。これはわざわざ言い立てるほどのものではありませんが、諸々の論理法則を明確化して、それらの連関を究明することには価値があります。なぜなら、このプロジェクトは私たちに、それなしでは石器時代に生きているのに等しいほどの技術を与えてくれるからです。

論理法則は、概念と概念のあいだと同様、思想と思想のあいだの関係を規定しますが、この関係は、思想(A)のように、所与の思想に基づいて形作ることができます。論理学は、人間の思考という手許の素材から論理法則を浮き彫りにするという作業に取り組むのです。ただし、その際、論理学は人間がどのように考えているかは問題にしません。そうではなく、人間が合理的にふるまおうとするなら、どのように考えるべきかを問うのです。つまり、誤った推論を避け、一般に受容可能な規則に従って、真なる思想からさらに真なる思想を導き出そうとします。

論理学が答えるのは、真なる思想から真なる思想を確実な仕方で導き出そうとするなら、人間はどのように考えるべきか、という問いですが、心理学は、それとは異なり、人間は実際にどのように考えているかを考察します。ですから、論理学と心理学は原理的に異なる学問です。いみじくも、フレーゲと並んでそのことを指摘したのが、ほかならぬエトムント・フッサール(一八五九—一九三八年)です。フッサールは、フレーゲと同様、哲学者であるとともに数学者であり、ともに現代の数理論理学の礎《いしずえ》を築きました。

同様のことが倫理学と行動経済学についても言えます。すなわち、倫理学は私たちがどのように行動するべきかを、行動経済学は私たちがどのように行動しているかを研究しています。心理学が論理学を否定しないように（逆も然りです）、行動経済学も倫理学を否定しません（逆も然りです）。
論理学の領域は人間の思考を超えて広がることがありえます。ビッグデータの時代、私たちはまさにこのことを経験しています。数学的に表現し、ソフトウェアとしてプログラムを組むことができる単純な論理的操作によって、人工知能は別の情報を推論的に導き出すのです。人工知能とは、人間の思考から切り離された一つの純粋な論理学だと言えるでしょう。

ここで、たった一つの論理学しか存在しないのか、それとも複数の論理学が存在するのか――つまり、推論規則の体系は一つしか存在しないのか、それとも複数存在するのか――という問題に対して明確な立場をとる必要はありません。重要なのは、ただ、どの体系もすべてソフトウェアという形でプログラムを組むことができる論理的性質をもっているということです。

ですから、人工知能が誤りを犯すことはありえません。確かに、壊れたりウイルスに侵されたりすることはあります。それに、いつか完璧なソフトウェアが存在しうるなどということはありえませんから、人工知能は絶えずアップデートし続ける必要があります。でも、私のパソコンは、クラッシュすることはあっても、誤りを犯すことはありません。私のパソコンの操作は、純粋な論理学なのです。コンピューターの心理学などというものはありません。

デジタル時代は、人間の思考を論理学が支配する時代です。私たちの思考は、目標としてイメージされるような論理学に対応しています。でも、これは私たちが実際に論理的に考えているという意味ではありません。――すなわち、アルゴリズムとして捉えられるような漸次的なステップを踏みながら、思想から概念を取り出し、論理学の規則に従って新たな思想と結びつけているのではないのです。生き物である私たちは時間の圧力を受けながら活動しており、結果を得るのに長い時間をかけて計算するくらいなら、論理的誤りがあっても短時間で済ませるほうを好みます。それに、私たちはさまざまな性格をもった感情的な生き物であり、目的を実現するために慎重に考慮するとはいえ、常に論理をその拠り所にするとは限りません。ですから、人間のコミュニケーションは、学問〔に従事している時〕以外の大半の条件下では、論理的な規律に服していないのです。

日常生活では思想の断片がやり取りされますが、その際、無意味なことがずいぶん多く語られます。〔しかし〕私たちが互いにやり取りする無意味なことの大半は、雑談から取締役会まで、さまざまな社会的状況が大なり小なり摩擦なくスムーズに機能するように整えるという役割を担っています。日々繰り出される無意味なやり取りにひそかに気を揉む人は多いですが、やむをえません。いかに多くの誤った推論と誤った意見があることか、そんなものと向き合えと言われても、それは論理学を発見した存在者たる人間にとっては無理な注文だからです。

〔私たちが日常会話で用いている〕素朴心理学は、社会的に構築されたナンセンスで混沌としています。それによって、絶えず生じる雑多な精神的カオスによって自分たちの文明が崩壊しないようにしているのです。[100]どのみち人間は常に論理的に最適化された合理性に関心があるわけではなく、実にさまざまな影響を受けて行動しています。私たちはミスター・スポックではありませんから、そのことには何も文句はつけません。まさに〔自由に〕引っ張り出せる多様なモジュールをもっているからこそ、私たちは過ちを犯す主体でありながら、客観性も持ち合わせているのです。

人工知能は、人間の思考のコピーではありません。むしろ思考モデルです。〔人間という〕有限な生き物は、死すべき有機的身体を使いこなせなければ、そもそも考えることすらできません。私たちの関心のありようは、徹底してみずからの身体とともに決まります。〔それに対して〕人工知能とは、時間の圧力や有限な生き物としての私たちの欲求とはまったく無縁の、私たちの思考にとっての論理地図なのです。

とはいえ、論理学の限界は人工知性の限界でもあります。いかなるものも、いかなる人も、論理学より知性的ではありません。論理学は、思考可能なものの範囲を明確に定めます。なぜなら、私たちの思想が安定的なつながりをもつべきならどのように考えるべきか、を前もって定めるのが論理学だからです。論理学を超える知的操作なんて見つかりません。ですから、論理学は越えることのできない思考の限界を示しているのです。

集合とのピンポンゲーム

論理学の古典的理想は、無矛盾性と一貫性です。一つの思想体系（一つの理論）は、その中に明らかな矛盾がなく、そこから逸脱する可能性もない時には、**無矛盾性**があると言えます。一つの思想体系（一つの理論）は、構成部分が有意味な仕方で連関している時には、**一貫性**があると言えます。どちらの理想も、現代論理学の発達によって制約を、つまり修正をこうむりました。この経緯において私たちの議論にとって重要性をもつのは、それが一九世紀以降の論理学で知られている洞察、つまり総じて無矛盾的で一貫的であるような、すべての思想から成る全体的な体系は存在しえないということを表しているからです。どのような思想体系であれ、安定性を生み出すには、なにがしかの思想を排除しなければなりません。このことはすでに長らく知られていましたが、有名な不完全性定理をあらゆる形式的（数学的）思想体系に対して証明した数学者クルト・フリードリヒ・ゲーデル（一九〇六―七八年）の功績によって人口に膾炙するようになりました。

彼の論証の背景には、使徒パウロがテトスに宛てた手紙によって聖書にも登場する、論理学による太古の洞察があります。ルターは、明らかに反ユダヤ主義の特徴が表れている――と私には思える――この個所をドイツ語に翻訳しています。

> 実は、不従順な者、無益な話をする者、人を惑わす者が多いのです。特に割礼を受けている人たちの中に、そういう者がいます。その者たちを沈黙させねばなりません。彼らは恥ずべき利益を得るために、教えてはならないことを教え、数々の家庭を覆《くつがえ》しています。彼らのうちの一人、預言者自身が次のように言いました。「クレタ人は、いつもうそつき、悪い獣、怠惰な大食漢だ。」この言葉は当たっています。だから、彼らを厳しく戒《いまし》めて、信仰を健全に保たせ、ユダヤ人の作り話や、真理に背を向けている者の掟に心を奪われないようにさせなさい。[101]

手を入れられて「嘘つきのパラドックス」として知られるようになった中ほどの有名な一文を、ここでは次のように表します。

(B)クレタ人：すべてのクレタ人はいつも嘘つきだ。

パウロよりも昔からあったこのパラドックスは、クレタ人の哲学者エピメニデスの有名な言葉とされています。エピメニデスはパウロより何百年か前に生きた人物で、ソクラテス以前の哲学者に数えられます。パラドックスが浮かび上がってくるのは、一人のクレタ人が――エピメニデスが述べたように――「すべてのクレタ人はいつも嘘つきだ」と言った時です。

今日一般的ではあるけれど自明ではない解釈によると、嘘をつくとは、偽なる言明を真と称することで誰かを欺《あざむ》くという意図をもって誤った命題を述べることです。ですから、一人のクレタ人が、すべてのクレタ人はいつも嘘つきだ、という命題を述べるなら、そこからその命題〔自体〕が偽であることが帰結します。もしすべてのクレタ人がいつも嘘つきだというのが真なら、まさにそう主張した当の本人も嘘つきだということです。すると、すべてのクレタ人はいつも嘘つきだという命題も偽でなければなりません。そうでなければ、その人は嘘つきではないということになってしまいます。もし一人のクレタ人が、驚いたことに、すべてのクレタ人はいつも嘘つきだという命題によって、とにかく真理を述べているとしたら、この命題は真だということになるでしょう。ただし、それでも、そのクレタ人は真理ではなく虚偽を述べたことになります。というのも、そうでないと彼はクレタ人であるにもかかわらず先の言明があてはまらないことになりますから。したがって、一人のクレタ人の口から出た

(B)すべてのクレタ人はいつも嘘つきだ。

という言明は、それが真なら自動的に偽になり、逆に偽なら自動的に真になる、というパラドックスが生じるのです。もちろん、そのクレタ人は、今回に限って真理を述べることで、すべてのクレタ人はいつも嘘つきだ、という命題をもって嘘をつくこともできます。しかし、そうすると、彼が主張する真理は同時に虚偽でもあることになります。そのクレタ人と話している相手は、わけが分からなくなって、さぞかし困惑することでしょう。

厳密には、クレタ人命題は、次の文などに表された嘘つきのパラドックスには遠く及びません。

(C)この命題は偽である。

なぜなら、(C)はみずからが偽なら真であり、みずからが真なら偽であることになりますから。ですから、形式的な真理論では、このようなタイプの命題を作るのを禁止することが重要なのです。ともあれ、歴史的に言えば、この問題は、〔聖書の中の〕パウロの個所と、決して真実は述べないとされる集団に属する人をどのように信頼すればよいのかということの困難さに由来しています。

現代論理学では、思想体系は最初からパラドックスを排除して構築しなければならない、という前提から出発します。今日、とりわけこのような洞察に立つのが、バートランド・ラッセルです。彼は

〔フレーゲの示した体系に則して〕みずからパラドックスを展開してみせ、フレーゲと現代数学を大いなる危機に陥れました。この経緯をちょっと覗いてみるのは大事なことです。なぜなら、その結果は、情報時代にあって信号伝達という数学的プロセスの上に成り立つ高度にデジタルな現実に重大な影響を及ぼしているからです。デジタル文明を論理的パラドックスから完全に守ることは決してできません。

ラッセルは今日素朴集合論と呼ばれているものの中に問題があることを指摘しています。この問題は、素朴集合論はあらゆる集合の集合が存在することを排除しない、というものです。**集合**とは、そこにあって、単純にひとまとめにされた対象の集積のことです。私の机の上にある対象の集合は、目の前にあるありふれたものの集積、つまり眼鏡、カップ、ディスプレイ、手紙、本、付箋、鉛筆です。これらを集合を表す括弧でくくり、{眼鏡、カップ、ディスプレイ、手紙、本、付箋、鉛筆}とすると、集合ができあがります。この集合の中に集合自体は含まれません。私の机の上にある物の集合まで私の机の上にあるのではありません。

それに対して、別の集合を考えてみましょう。生まれたばかりの人は、まだ多くの集合から成る集合全体について、あれこれ考えたことがありません。その人は、スウェーデン人がスウェーデン人についてもっている意見の集合についても、私たちの宇宙にある銀河系の集合についても、その他多くの集合についても考えたことがありません。でも、生まれたばかりの人が、自分がまだ何の考えももっていないものすべての集合についてまだあれこれ考えたことがないことも、かなり確かです。したがって、生まれたばかりの人がまだ何の考えももっていないものから成る集合の集合は、その集合自身に属します。

つまり、見たところ、一方には自分自身を含まない集合から成る集合があり、もう一方には自分自身を含む集合から成る集合があるように見えるのです。

ここで、自分自身を含まない集合から成る集合は自分自身を含むか否か、という疑問が生じてもやむをえない——何はともあれ、ラッセルはそう考えました。皆さんがまだ答えをご存じないとしたら、ちょっと嫌な感じですね。でも、ちゃんと理解できるのですよ。

まず、自分自身を含まない集合から成る集合は自分自身を含む、と仮定しましょう。すると、この集合は自分自身を含まないことになります。なぜなら、この集合が含んでいるのは自分自身を含まない集合だけのはずだからです。この集合が自分自身を含むなら、この集合が自分自身を含むことはありません。

そこで、この矛盾を避けるために、自分自身を含まない集合から成る集合は、やはり自分自身を含まない、と仮定しましょう。しかし、そうすると、この集合は自分自身を含まないのですから、それ自身、自分自身を含まない集合の一つとみなされます。したがって、この集合はこの集合で、同時に自分自身を含むことになるのです。

不愉快な結果です——自分自身を含まない集合から成る集合は、自分自身を含まない時に自分自身を含み、自分自身を含む時に自分自身を含まない、なんて。まるで救いのないピンポンゲームです。

いずれすべてがクラッシュする

この救いのないピンポンゲームは、浮世離れしたガラス玉演戯でも、数学の上級コースの練習問題でもありません。皆さんもプログラムのクラッシュという形でご存じのことです。まだ原稿を保存していないのにパソコン画面にレインボーカーソル〔ビジーカーソル〕が見えたら、私は非常に腹が立つでしょう。どんなプログラムでも、いつかはクラッシュします。これは無限ループ〔プログラムが同じ処理を繰り返し、終了できない状態になること〕に陥らないプログラムを書くことはできないということと関係しています。つまり、ラッセルのパラドックスに連なる問題の別ヴァージョンなのです。理論情報科学では、このヴァージョンは計算可能性理論の枠組みにおける**停止性問題**というキーワードのもとで研究されています。[102]

この問題は技術的にも理論的にも無数に細分化できますが、面白いのは、どのプログラムについても、それがどこかの時点であらかじめ想定されていた停止状態に至るかどうかを、別のプログラムを使って最終的に決定することはできない、という点です〔停止性問題の決定不能性定理〕。**プログラム**（古代ギリシア語の *pro*「前もって」＋ *graphein*「書く」より）とは、字義どおり訳せば、〔手本とするために〕前もって書いたものです〔そこから転じて「規則／指示」の意味で使われる〕。

ここで、歴史上最も有名な情報科学者アラン・チューリングに、もう一度登場してもらいましょう。情報科学者でないかたがたも、映画『イミテーション・ゲーム／エニグマと天才数学者の秘密』（二〇一四年〔モルテン・ティルドゥム監督〕）でチューリングのことをご存じかもしれません。もっとも、この映画はかなりの駄作ですが。それはともかく、この人にちなんでチューリングマシンと呼ばれたものは、今日チューリングのおかげでコンピューターとして知られています。もともと「コンピューター」という言葉は、「計算をする誰か」、特に人間を意味しています。チューリング以降、この呼び方は計算する人間と一定の性質を共有している機械に対して用いられるようになります。

チューリングマシンは、次のようにイメージするといいでしょう。線で等間隔に区切られた明瞭なマス目をもつ限りなく長い長いロール紙があると想定してください。それに加えて、ロール紙に沿って動く（昔の〔電子〕タイプライターにあったような）読み取り・書き込み用のヘッドが必要です。さらにここで、それぞれのマス目には1または0が書かれているか、あるいは何も書かれていないと想定しましょう。さて、これで一連のプログラムを開発できます。例えば、あるマス目に0と書き、その右のマス目には1、その隣は空欄、という具合です。ヘッドについては、1を読み取るたびに右に移動し、0を読み取った時は0を1に書き換えて、さらにまた右に移動する、というルールを設定できます。ヘッドは空欄のマス目に来ると、そこで止まります。したがって、私たちが1から始めた場合、このプログラムは三つ目のマス目で止まることになります。業界用語で言えば、プログラムは終了する、のです。

今度は、マス目が来るたびに、次の右のマス目にヘッドが移動するような別のプログラムを選びましょう。この（非常に退屈な）プログラムには終わりがありません。このプログラムは終了しないのです。ひたすら、たんたんと進行し続けるだけです。もちろん、このプログラムは実際には実現できません。なぜなら、どんなロール紙だっていつかは底を突き、どんなヘッドだっていつかは壊れますから。おまけに、宇宙全体を見まわしても、こんなプロセスをいつまでも実行し続けられるほどのエネルギーはありません。第一、そんなことをしたら、エントロピーの減少、つまり宇宙構造の崩壊につながりかねませんが、まあ思考実験ですから、そこは目をつぶりましょう。

というわけで、プログラムには終了するものと終了しないものがあることが分かりました。すると、どんなプログラムに対しても、それが終了するか否かを探りあてるようなプログラムを書くことはできるのか、という問題が出てきます。そういうスーパープログラムを、GOTTと名づけましょう。つまり、GOTTは、あらゆるプログラムに対して、それが終了するか終了しないかを探りあてることのできるプログラムだということです。問題は、GOTTが自分で自分のプログラムを相手にする時に生じます。GOTTは、いつか、自分が終了するのか、それとも終了しないのかを決めなければなりません。意味論的な単位として1と0と空欄しか与えられていないとしたら、1はプログラムが終了するというメッセージ、0はプログラムが終了しないというメッセージ、と解してもいいでしょう。空欄はメッセージを含みません。GOTTは、私たちの想定に従って、いかなるプログラムに対しても、それが終了するか否かを探りあてます。ということは、GOTT自身のプログラムに対しても、です。GOTTは、自分自身が終了するのか否かという問いに結論を出さなければなりません。GOTTに何かのプログラムをインストールすると、GOTTはそのプログラムが終了するなら1と書いて右に動き、終了しないなら0と書いて同様に右に動きます。もしGOTTが終了しないなら、すなわち〔さまざまな〕プログラムについて、それが終了するか否かという問題を次から次へと繰り返し調べていくなら、GOTT自身が自分は終了しないというメッセージ〔判定結果〕を出すことはできません。どこかの時点でそのようなメッセージを出そうにも、ＧＯＴＴは他のすべてのプログラムを調べるという作業を終えていません。でも、それ〔他のすべてのプログラムを調べ終えること〕はＧＯＴＴにはできない相談です。だって、さっき、ＧＯＴＴは終了しないと述べたではありませんか！　したがって、ＧＯＴＴは自分は終了しないというメッセージを出すことができません。自分は決して終了しないという結論に達することができないのです。なぜなら、その結論はＧＯＴＴが終了しなければ出せないからです。けれども、ＧＯＴＴが終了するなら、それは、どのようなプログラムであれ、すべていつかはクラッシュする、ということです。

まとめましょう。ＧＯＴＴのようなプログラムが存在しうるには、そのプログラムの前に引き出されるいかなるプログラムについても――ということは、ＧＯＴＴ〔ドイツ語で「神」〕御みずからについても――それが終了するか否かについて、はっきりしたメッセージを出さなければなりません。けれども、ＧＯＴＴ自身が自分は終了しないというメッセージを出すには、ＧＯＴＴは終了しなければならないのです。

念のために言いますが、停止性問題というのは、理論的にはこのような単純化ヴァージョンより、もっと入り組んでいます。でも、この問題の概略に言及することには大きな利点があります。それは、現代数学や理論情報科学の論理的パラドックスより、ずっと一般的な哲学的方向性を示してくれるのです。というのも、哲学的に極限まで考えたり、私たち自身、思想について思考する者としてどのように機能しているのかと自問したりするなら、結局は必ずパラドックスに直面する、ということが論証できるからです。思考によって思考についてじっくり考えるなら、パラドックスを完全に避けることは決してできない、という洞察にいずれたどりつくでしょう。このような洞察は、例えばオーストラリアの哲学者・論理学者グレアム・プリースト（一九四八年生）やハイデルベルク大学の哲学者アントン・フリードリヒ・コッホ（一九五二年生）などが示しています。[103]

ところで、数学的パラドックスを一般化できると考えていたのは、とりわけクルト・ゲーデルや集合論の創始者ゲオルク・カントール（一八四五－一九一八年）ですが、二人は論理学上の困難に陥ったため神に救いを求め、自分たちは論理学の限界を見つけたと考えました。限界の先には論理的に近寄ることのできない神の神秘が広がっている、と考えたのです。ゲーデルに至っては、独自に神の証明まで行っています。[104]

私たちとしては、すべてのプログラムを実行できるコンピューターを作ることはできない、という成果を携えていきましょう。どのような新しいオペレーティングシステムも、予想外の障害に見舞われるのを避けることはできません。しかし、これは単に理論情報科学の落とし穴に落ちた結果であるというだけでなく、私たちには情報を有意味な仕方で処理することはできても、処理できない情報を与えないことをあらかじめ担保するようなプログラムは書けないのです。絶対に確かなオペレーティングシステムなどありません。どれもいつかはクラッシュします。

そもそもコンピューターにできることはあるのか

でも、いったいどうしてそうなっているのでしょうか。絶対に安定的で合理的な秩序が構築できない原因は何でしょう。つまり、すべての問題をデジタルな仕方でいくつもの小さなステップに分解し、今度はそれらのステップを進歩したテクノロジーを用いてハードウェアで再現することもできる——そのようなオペレーティングシステムが構築できない要因は何でしょう。

一つには、簡単な物理的要因が挙げられます。宇宙は論理的に可能なあらゆる計算を行うのに十分な物質ないしはエネルギーを原理的に含んでいないのです。宇宙で生じるすべてのことを、一台のコンピューターの計算によってシミュレーションすることはできません。なぜなら、そうしようとすると、さらにもう一台、すべての計算の計算をシミュレーションするコンピューターが、というよりむしろプログラムが存在しなければならないことになるからです。すると、私たちの目の前には、可能なかぎりあらゆるプログラムが進行するコンピューターのモニターがあり、そこでは可能なかぎりあらゆる宇宙のプロセスが映し出されている（だったら、すごいですよ！　無限に広いインターネット空間でネットサーフィンができ、直接、宇宙のあらゆるところにヴァーチャル移動し、それを眺めることができるということですから）、というだけではないでしょう。問題は、そうなると、私たちのモニターには、他のすべてのプログラムが進行する私たちのモニターも現れざるをえない、ということです。でも、私たちのモニターに現れる私たちのモニターを見ようとすると、当然ながら、その前に、私たちのモニターに現れる私たちのモニターに現れる私たちのモニターを見なければならなくなります。

ということは、宇宙で生じるすべてのことを本当にシミュレーションしようとするなら、とりあえず無限に大きいモニターと無限の容量をもったメモリーが必要になるでしょう。ところが、それでも十分ではありません。というのも、この無限に大きなモニターは、それ自身、モニター上に現れなければならないからです。いくつもの無限が同時に経過する、超限的〔transfinit〕な大きなモニターと言ったほうがいいかもしれません。しかし、この話がそれ自身終わらないことを、もう私たちは知っています。それは確かに、カントールが発展させた超限集合論の一つの帰結なのです。もっとよく知っているのは、一台のコンピューターで全宇宙のシミュレーションをするとどう見えるのかという問題には原理的に答えられない、ということです。そんなことは、基本的に私たちの理解能力も、どんなコンピューターの理解能力も超えています[105]。

ところが、実際の状況は、この問題より簡単でもあり、難しくもあります。というわけで、日常的なものの地盤〔Boden〕に戻りましょう。この日常的なものの地盤は、哲学者で論理学者、数学者でもあるエトムント・フッサールの影響力ある著作が世に出て以来、生活世界と呼ばれています。晩年の著作『ヨーロッパ諸学の危機と超越論的現象学』（一九三六年）で、フッサールは近代的な学問理解の盲点を露呈させました——それは今も取り除かれていません。その盲点に対して彼が与えた名が、生活世界です。**生活世界**とは、私たちを取り巻く物、人、文化環境について私たちが日常的にもっている理解のことです。私たちは、ただちに交通事故で命を落とさずに済む程度の、そしていずれは自分で食べていけるようになる程度の——場合によっては、もう二、三のことができる程度の——最低限の教育を受けるや否や、生活世界の中で活動を始めます。

生活世界には、私たちの自然言語も属しています。自然言語とは、例えばドイツ語、ないしはバイエルン方言、ザクセン方言、シュヴァーベン方言、アラビア語、フィンランド語、あるいは何語であれ皆さんがドイツで母語として話している言葉のことです。ところで、ドイツ語を公用語として定義することは、皆さんが考えるほど簡単なことではまったくありません。ルターもドイツ語を話していました。でも、今日、役所の住民登録課でルターのドイツ語を使ってサインするとか、皆さんの子供が低地ドイツ語しか話さないとしたら、公用語の「ドイツ語」に明確な輪郭を与えるのはそんなに簡単ではないことに、皆さんはすぐ気づくでしょう。どの外来語と数式がドイツ語に属するのでしょうか。»User«〔ユーザー〕はドイツ語でしょうか。»Enzephalogramm«〔脳造影図〕や»progressive Zerebration«〔大脳作用の漸進的進化〕は？

自然言語は形式的体系ではありません。ほとんどの表現の意味、いえ、おそらくすべての表現の意味は厳密に定義されていないでしょう。これを言語哲学では**不鮮明性**（ないしは**曖昧性**）と呼びます。そして、自然言語は徹底的に曖昧であり、曖昧であるがゆえに一般に機能するのですが、この洞察はルートヴィヒ・ヴィトゲンシュタインの『哲学探究』に負っています。このように呼ばれる著作は、彼の死後、一九五三年になってようやく出版されたもので、情報科学の発展という点では独自の路線を歩んでいました。というのも、ヴィトゲンシュタインはケンブリッジ時代からの知人であるチューリングにまったく同意していなかったからです。

生活世界は曖昧性に満ちています。こちらもそうでなければ機能しないでしょう。まったく平凡なシチュエーションで、例えばペトラがヴァリトに、もうすぐハイコが来るよ、と言ったりします。でも、「すぐ」とは具体的にいつなのでしょう。五分後？　二分後？　七分三三秒後？　それとも二時間後でしょうか。ダラスの観光ガイドが「ここでケネディが撃たれました」と言っても、それ以上正確に迫りようがありません。誰もケネディが撃たれた場所を正確に丸で囲んだりできません。正確な場所は存在せず、むしろガイドがだいたいのあたりを指さしながら、やむをえず述べた「ここで」などという曖昧な報告が存在するだけです。

言葉を厳密に定義することですべての概念をむりやり明確なものにしようとしたところで、この問題から逃れることはできません。理由は簡単です。レストランでウィンナ・シュニッツェル（ウィーン風シュニッツェルではありません）を注文したとしましょう。驚いたことに、給仕は冷凍のシュニッツェルをもってきます。私たちはがっかりして、というより怒って、冷凍ものなんか欲しくない、と突き返します。「最初からそうおっしゃってくだされればよかったのに」と言って給仕は下がっていきます。しばらくして給仕が新しいウィンナ・シュニッツェルを運んできますが、今度はすっかり焼け焦げていて火傷《やけど》しそうに熱々です。私たちはまた突き返します。用心のため、今度は冷凍ものや焼け焦げたウィンナ・シュニッツェルではなく、レアとかミディアムとか指示できる程度のふつうの焼き加減のものを注文します。すると、給仕は私の右手の親指くらいの小さな代物をもって戻ってきます。もちろん、そんなものは欲しくありません。でも、給仕にちゃんとしたものをもってこさせるには、「ウィンナ・シュニッツェル」をどう定義すればいいのでしょうか。

ウィンナ・シュニッツェルのすべての特徴を押さえ、「ウィンナ・シュニッツェル」を完全に定義できる人はいません。ウィキペディアは「ウィンナ・シュニッツェル」を「仔牛薄切り肉に衣をつけて揚げたもの」[106]と定義していますが、（毎度のことながら）あまり役に立ちません。だって、この基準だと、冷凍ものでも、焼け焦げたものでも、ナノ単位にまで縮んだシロモノでも、もはやウィンナ・シュニッツェルとは認め難い無数の他のヴァリエーションのものでも、ウィンナ・シュニッツェルだということになってしまいますよ。

まさにここで、いわゆる強いＡＩ〔人工知性〕に対する重要な二人の批判者、哲学者のジョン・サールとヒューバート・ドレイファスの登場です。二人はどちらもカリフォルニア大学バークレー校で――ということはシリコンバレー周辺で――教鞭を執っていました。**強いＡＩ**とは、人間知性と区別できないＡＩは開発可能だという想定のことだと理解しましょう。もちろん、今のところ、そのようなＡＩは存在しません。チャットボット〔ＡＩを活用した自動会話プログラム〕や他のプログラムはありますが、皆さんもご存じのとおり、どれもおおよそ人間知性に似ている程度のものです。言語レベルでも、どんな文章を入力しても適切に翻訳されるほど信頼できる翻訳プログラムは相変わらず存在しません。

どのＡＩもデータベースの制約がある中で結果を出します。もちろん、このデジタル情報時代にあって、ＡＩがアクセスできるデータベースは急激に増大しています。ですから、検索エンジンの性能もどんどん上がり、私たちが何を探しているのかを常により的確に予想できるようになっています。だからといって、検索エンジンが私たちと同じ意味で知性的だとは考えないでしょう。暗算のような人間精神のモジュールが、とっくの昔に古きよき電卓のような人工知性にアウトソーシングされたとはいえ、電卓もホテル予約サイトのアルゴリズムも他のすべてのモジュールを形成する能力はもっていません。ですから、現実に存在するタイプのＡＩは、しばしば汎用型AIから区別されることになります。汎用型ＡＩとは、適切なタイミングで一つの知的活動を他のどんな知的活動にも置き換えることのできるＡＩです。そのような汎用型ＡＩは、今のところ実現していませんし、サールとドレイファスが正しいなら、今後も実現しません。

　サールとドレイファスは、人間の言語の曖昧さに基づいて、強いＡＩの能力に反対する論証を行っています。その際、二人は実際、まさに天才的な洞察に結びつけています。ところで、この洞察は、すでに偉大な哲学者にして数学者であるヴィルヘルム・ライプニッツ（一六四六―一七一六年）の小さな論文の中に、特に際立った形で見出せるものです。[107] ライプニッツは計算機（コンピューター）のパイオニアの一人でもありました。

「ウィンナ・シュニッツェル」が完全に定義されておらず、結局、完全に定義することもできないことは、すでに見ました。ライプニッツは、このことをゲーデルやチューリングの形式的な証明よりも――私の考えるところ――はるかに強力な論証によって限界まで推し進めたのです。その論証によれば、私たちはただの一つの概念も完全に分析し尽くすことなどできません。仮に私たちが「ウィンナ・シュニッツェル」の定義に関して大きな進歩を遂げ、その概念をもっとよく理解できるようになったとしても、まだウィンナ・シュニッツェルを分析するのに使うすべての概念を分析しなければならないでしょう。そうすると、「シュニッツェル」や「衣をつけて」は、どう定義しますか。それに「ウィンナ」って、いったいどうやって定義するんですか。絶対、ウィーンにあるすべての物をリストアップして、ではありませんよね。オーストリア自由党に尋ねてもいいですが、「ウィーン」の定義などという基本的な概念に関する質問では、進歩的な答えはあまり期待できません。さらに、「そして」はどうなりますか。定義の要素同士を結びつけるのに、この小さな単語を使わないわけにはいきませんが。

たとえウィンナ・シュニッツェルの定義に必要な言葉の全定義を揃え（幸運を祈ります！）、「ウィンナ・シュニッツェル」を完全に定義するという奇跡を成し遂げたとしても、結局は次のような問題が残るでしょう。つまり、それ以上分解できない単純な意味成分、いわゆる**意味論的原子**が存在するかもしれない、という問題です。意味論的原子が存在しないとしたら、定義によって誤解の余地のない結論に達することはできず、定義の無限循環に絡めとられてしまうでしょう。でも、意味論的原子があるとしても、分解可能な概念に対応する言葉を定義することを通して、その原子を把握することはできません。

ところで、だからこそ最初にこの問題に詳しく取り組んだプラトンとアリストテレスは、単純な概念――意味論的原子――は考覚で捉えることができる、と想定しました。二人は、この考覚を精神／知性（古代ギリシア語で *nous*）と規定します。このことはドイツ語の »Vernunft«〔理性〕の中に、まだその響きを残しています。Vernunft も何かを ver-nehmen、つまり受け取るのです。»Vernunft« は vernehmen〔何かを知る／聞く〕から派生した言葉で、古高ドイツ語・中高ドイツ語の興味深い歴史をもっており、何はともあれ取り去る（抽象）、受け取るという観念を含んでいます。Vernunft は、私たちが意味論的原子と接触するために証明しなければならない一つの考覚です。

ドレイファスとサールは、哲学の先人プラトン、アリストテレス、ライプニッツほど大胆ではありません。それでも彼らは、私たちには生物学的な装備一式と社会文化的に獲得された能力という背景（バックグラウンド）があるからこそ、言葉として発せられた表現を理解できるのだと、いみじくも指摘しています。この背景のおかげで、私たちは個々の成分を分析しなくてもメッセージを理解できるのです。

人間の知性は、時間の圧力のもと、アナログな仕方で働きます。私たちは自分のしたいことやするべきことのイメージを描くために生活世界をデジタル信号に分解しているのではなく、むしろデータ処理というデジタル技術を用いずに生活世界を把握しています。なぜなら、周囲の環境をデジタル信号に分解し、それからその信号をつなぎ合わせて一つの安定した環境のイメージにまとめるなんて、原理的に決してうまくいかないでしょうから。そんなことはどこかであきらめ、アナログな仕方で私たちの現実と直に接触しなければなりません。

人間は言葉による表現を常に一つの文脈で理解しますが、そこで何が問題になっているのかを把握するために自分でその文脈を言語的に分析することはできませんし、そうする必要もありません。AIはみずから言語的な表現を文脈で理解することができません。常に人間によって下処理されたデータから推定しているにすぎないのです。生存への関心がまったくなく、そもそも人間の生活形式にいっさい関心をもたないデータ処理という仕組みに、どうやって私たちと同じように周囲の環境を知覚しろというのでしょうか。

この問題は、私たちの生物学的進化のパラメーターをデジタルな仕方でコピーして、アルゴリズムに落とし込み、それをプログラムとして非生体的ハードウェアにインストールしたところで、解くことはできません。何らかのやり方で原理的にはできるはずだと言う人がいたとしても、実際問題としては無理です。人間の一個の有機的身体は、たった一つの時点においても、デジタルな仕方でシミュレーションするには複雑すぎるのです。

その原因の一つは、私たちの神経系が途方もなく入り組んでいるというだけでなく、人間の脳が現在分かっているかぎりでは宇宙で最も複雑な物体だと言われていることにあります。加えて、脳内の信号伝達は化学的プロセスであり、内包量〔示強性量〕(つまり、例えば圧力)と関係があります。シナプスはオン・オフスイッチではありません。そして、私たちの脳は、チューリングマシンとは違い、読み取り - 書き込みヘッドと明確に定められた区画があって、オンかオフかの選択肢を提供するように機能しているのでもありません。

たとえ人間の脳が完全に解明されたとしても、神経系は無数に枝分かれしているので、人間の認識についての生物学的基盤が完全に把握されることはないでしょう。神経系は身体中に張りめぐらされていて、腸の周辺では高度に分離独立しています。ですから、〔ドイツでは〕愛は胃を駆け抜ける〔パートナーがおいしいものを作ってくれると愛が深まる、というような意味〕とか、何か決める時はお腹の気持ち〔直観、第六感〕が役に立つと言うのです。生き物としての私たちは、本当に頭だけで考えているのではありません。そのことは生物学的に証明されています。

ハイデガーのつぶやき

ドレイファスもサールも、エトムント・フッサールの哲学と、フッサールの弟子で、同様に有名かつ何かと物議を醸すマルティン・ハイデガーの哲学を引き継いでいます。フッサールは、先に言及した『ヨーロッパ諸学の危機と超越論的現象学』の中で人間像を学問にすることに対する見事な反証を行い、生活世界という概念を導入しました。ハイデガーはＡＩ研究の曙《あけぼの》に気づいている点で、フィールドをさらに広げています。この問題について彼は数々の著作で応答していますが、中心テーマは「考える」とはいったいどういうことか、というものです。

今日広く流布していて、情報時代と関わっている説明の源をたどれば、いわゆるサイバネティクス（ギリシア語の *kybernêtês*「舵取り人」より）に行き着きます。サイバネティクスは、いくつもの学際的な研究領域として、一九四六年から五三年にかけてアメリカで開かれたメイシー財団の後援による一連の会議の中で成立しました。重要な役割を果たしたのは、神経生理学者ウォーレン・マカロック（一八九八―一九六九年）です。他にも、「サイバネティクス」という表現を決定的な仕方で作り出した数学者ノーバート・ウィーナー（一八九四―一九六四年）や、数学者・論理学者であり情報科学の始祖としてチューリングと並び称されているジョン・フォン・ノイマン（一九〇三―五七年）など、多くの高名な研究者が参加しました。

サイバネティクスは〔さまざまな分野に〕細分化しています。先述のチリの生物学者ウンベルト・マトゥラーナと心理学者ポール・ワツラウィック（一九二一―二〇〇七年）――彼もカリフォルニアのパロアルトで活動していました――によって決定的な発展を遂げた構築主義の土台にもなりました。サイバネティクスの基本的な考え方は、私たちは多くのプロセスをコントロールプロセスとして記述でき、そのコントロールプロセス用のフィードバック制御システムを設計することができる、というものです。これは人間の思考という領域においてもあてはまります。

ハイデガーの論法についての自分の記憶が正しいか確かめようと、私は先ほど彼の講演録や論文を読み直していました。そうするためには、まず書斎で目的の本を見つけるために階下に降りるというプランを立てなければなりませんでした。そのきっかけとなったのは、ちょうど今このハイデガーに関する章を書いているということでした。プランを実行に移すには、いくつかの中間ステップを入れる必要がありますが、書斎に行くのは慣れているので、そのステップは分かっています。こうしてプロセスの全体は、多くのサブプランをともなう総合プランを援用することで、私によってコントロール〔舵取り〕されました。そのとき、私はこのプロセスの舵取り人として、私をはるかに凌ぐコントロールメカニズム――書籍出版業、サイバネティクスを弱体化させようというハイデガーのプラン、書棚の製造、私の有機的身体内部にある制御システムの機能、その他、コントロールされた独自のプロセスをもたらすシステムなど――のフィードバック制御システムの一部でもあります。

サイバネティクスは、思考もコントロールプロセスとして解釈できることを示唆しています。つまり、形式的な方法と技術を用いて研究し、他のフィードバック制御システムに転用するものだということです。AI研究では、通信工学の軍事的改良と関連して技術的なブレークスルーが起きて以来、人間の思考に関するますます多くの領域がフィードバック制御システムという形でシミュレーションされるようになりましたが、まさにこれはAI研究のスタート地点にたどりついたということでしょうか。

それに対して、ハイデガーは彼一流の表現で、一歩下がって「熟慮せよ」と要求しています。これはクリスマス好きの彼が好んで口にする台詞です。『我が闘争』を弟にプレゼントした際に添えた一九三一年一二月一八日付の手紙で、そのことが分かります。

私は、君がこのヒトラーの本に——最初の自伝的な章は弱いのだが——真剣に取り組むことを望んでいる。この人物が非凡で確かな政治的本能を有していること、そして私たちがまだ霧の中で朦朧としていた頃、すでにそれを有していたことは、多少なりとも分別のある者なら、もはや否定できない。国家社会主義運動には将来まったく異なる力が与えられるだろう。もはやちっぽけな政党政治の問題ではない——ヨーロッパと西洋文化の救済か没落か、という問題なのだ［この台詞、二〇一七／一八年にも聞いたことがあるような——M・G］。今でもまだこれが分からない人間は、混沌の中で身をすり減らしても自業自得だ。これらのことを熟慮することは、クリスマスの平穏を乱しはしない。いや、それはドイツ人の本質と使命に回帰する道なのだ。すなわち、この素晴らしい祝祭の主役がその起源をもつところに通じる道なのだ［クリスマスにその誕生を祝ってもらっているのは私の知るかぎりではイエスですが、イエスはドイツ人なのでしょうか——M・G］。[108]

数年後、ハイデガーは「昨日［一九三三年五月三日のこと——M・G］入党した」と書いています。[109]

しかも、「信じるところがあって」と付け加えているのです。哲学は彼にとって一種の「熟慮」と

「平静」であり、これを追体験しようと思ったら、ハイデガーが――なんと、皮肉ではないようですが――「静寂という鐘の音」と表現する気分になる必要があります。[110] ハイデガーとは、よほど注意して付き合わなければなりません。なぜなら、彼の思考にはナチズムが浸透していて、どの要素を継承するべきか、どの要素を継承するととんでもない結果になりかねないかは、厳密な文献学的・歴史的研究なしに確定することができませんから。にもかかわらず、近代についての彼の描写は――誤った仕方で近代からの抜け道を選んでしまったとしても――多くの点で正しいものです。

彼は一歩下がれと言っていましたが、それは、あるデリケートな違い、つまり考えることとモデルを作ることとの違いに注意を向けるということです。思考をフィードバック制御システム、ないしは他のシステムのサブシステムとして記述するなら、それはすなわち思考がフィードバック制御システムであること、ないしは他のシステムのサブシステムであることを意味するのでしょうか。

ハイデガーは、人間の思考をフィードバック制御システムと同一視することに反対する多くの根拠を挙げています。その根拠の一部をドレイファスは取り上げていますが、その際、ハイデガーが挙げた論拠のうち最も興味深いものの多くは握り潰されてしまうのです。そうした論拠は、ハイデガーのいかがわしい政治的方向性にもかかわらず、今なお議論に耐えうるものであり、アクチュアリティにおいて何ら劣るところはないのですが。

一九五二年三月、バイエルン放送の番組でハイデガーがみずから読み上げた講演「考えるとはどういうことか」〔邦題「思惟とは何の謂いか」〕を見ると、彼のアプローチがおおよそ分かります。[111] 彼の基本的な考え方は次のように先鋭化させて捉えることができるのです。私が一連の思想をじっくり検討し、それらのあいだに一つの関係があることを承認する場合、それがうまくいくのは私が信頼を置くことのできる何かがあるかぎりにおいてです。――それは例えば、論理規則、さまざまな意見を吟味する認められた方法、私の知覚と記憶、両親や教師が私に教えたことだったりします。このとき、私が信頼を置くものがすべて私にとってなじみのあるものであるとは限りません。例えば、私たち人間は、皆が皆、生まれながらの言語学者というわけではないのに、文法の規則と言語の歴史に信頼を置いています。私の住む連邦州（ノルトライン゠ヴェストファーレン州）の交通の仕組みはきわめて複雑な神秘の学問のようなもので、私にはほとんど理解できません。それでも私は誰かが道路交通の仕組みにとって有意義なことを考えてくれていると信頼しないわけにはいきません。こんなふうに私は毎日さまざまなことを当然のことと前提しています。けれども、この無数の前提から成るシステム全体が正当であるかどうかなど、どうして私に分かるでしょう。

ここで、すべての前提を数え上げ、一つ一つ、あるいは、いくつかのセットに整理して検討しようとしても、それでは十分ではありません。なぜなら、この大それた試みを実行しようと思ったら新たに何らかの方法に依拠しなければなりませんが、この方法をまたもや別の方法で検討することはできないからです。独自の世界像・人間像を手に入れようとするどんな試みも、遅かれ早かれ壁に突きあたります。

ここで重要なのは、私たちが自分たちの態度についての像を絶えず非人間的な環境の中で作り出していることに注意を向けることです。その際、まわりの世界は私たちがアクセスできるものである、つまり一定の尺度において認識可能であり、記述可能である、と想定されていることでしょう。地球が、この惑星がたどってきた有史以前の歴史ともども、私にありもしない記憶を吹き込むような超越的存在によって初めて創造されたものではないことを、私は前提しています。さらに、振り向かなくても自分の真後ろにソファがあること、そして改めて振り向けばそのソファを見ることができることも信じています。すべてをひっくるめて私は現実は一つの動産〔家財〕をもっていると想定していますが、それが実際にそうなっていることについて私自身は本質的にまったくと言っていいほど何も関与していません。

このようなさまざまな想定から成るシステムがなければ、私たちの誰一人として分別のある思想を考えることはできないでしょう。ハイデガーは、この想定のシステム全体を、私たちの「存在了解」と呼びます。これは、私たちは周囲の状況についての像を作り、その像を行動の指示として理解している、ということです。

例えば、私たちは空港で多くのルールに従っています。それはチェックインするといった状況を経験から知っているからです。私たちにはチェックインの心得があります。ハイデガーによれば、人間は異なる時代において部分的には極端とも言えるほど異なる仕方で互いに理解しています。一四世紀には当たり前と思われていたことの多くを、私たちは大変な苦労をしなければ追体験できません。同時期であっても、例えば異なる仕組みの文化圏や風変わりな生活様式のように相互理解が不十分にしか行われていない場合には、これと同じことがあてはまります。もちろん、生活や人生において何が重要か、物や状況をどのように評価するか、といったことについて人々が互いにまったく異なる理解をもっていることを洞察するのに、空間的あるいは歴史的に遠くへ旅立つ必要はありません。ご近所の呼び鈴を鳴らせば、それで十分です。

この考察のハイデガー版には、有名な「転回〔Kehre〕」というタイトルがついています[112]。これは、近代に生きる私たちが存在了解に関して重大な転換にさらされている、という意味です。今日、この重大な転換はグローバリゼーションとも呼ばれています。近代《モデルネ》とは、事実、革命のプロセス、つまり転回のプロセスです。こうした転回の背後に、ハイデガーはある統一的なモデルを見ています。このモデルは、存在するものはすべて（あらゆる存在者）結局は対象である、という考え方に従うものです。ハイデガーの洞察によれば、モデルネの背後には現実に認識可能なモデルがあるのであって、それゆえモデルネとは、それについて真なる（歴史的、経済的、哲学的）言明をあてることのできる対象だということになります。ここでハイデガーが考えているのは、モデルネがそれ自身を規範とすることで、私たちがあらゆるものに対して――ということは、共時的・通時的にかけ離れた生活世界に対しても――モデルネの概念的規則に従うことを義務づけうるということが導き出される、ということです。彼の考えによると、こうなるのは、存在するものはすべて根本的にそれに対して真なる言明をあてることのできるものである、という原理にモデルネが従っているからです。

存在をこのように了解することを、ハイデガーは「前に‐立てること〔Vor-Stellung（＝表‐象）〕」と呼びます。現実は、現実のことすべてが起きる舞台として理解されています。舞台に登場することは、普遍的な（つまり論理的、数学的、自然的な）法則に従って互いに連関し合って一つになります。この連関は、私たち人間とは無関係に成立するものであり、ハイデガーの言うように「用象〔Bestand（＝在庫）〕」です[113]。ですから、現実に対する私たちの態度を在庫調べとして理解できることは明らかでしょう。したがって、私たちは十分に設備が整っていて、確固たる法則に従った現実のまったただなかにあるのです。

ハイデガーは、この世界像を手短に「技術」と名づけています。彼によると、技術とは工業製品の混交体や、私たちが目的を達成するために用いる一連の道具などではありません。航空機は速くニューヨークに移動するための単なる交通手段ではありません。そもそも、どうしてそのような手段が必要なのでしょう。別にニューヨークまで飛ばなくてもいいではありませんか。したがって、問題は、なぜ私たちは技術を、目的を達成するために用いる手段と考えているのか、ということです。目的を達成するには、そもそも自分の目的を知っていることが前提となるのに。

厳密に言うなら、技術を目的‐手段という関係の中から選んだ単なる一つの手段だと信じるのは、おめでたいことでさえあるでしょう。私たちの多くはほとんどスマホにへばりついているのですから、電話機が単に誰かに電話するための手段ではないことは、すでに明らかなはずです。むしろ、スマホは会話やそれ以外の変わりゆく現実の出来事に対する私たちの態度を根本的に変えています。したがって、技術はしばしば本質的に私たちが設定した目的に関与するのです。技術が目的に従うのではありません。

ある道具を使うことで可能になることは、〔実際に〕人が何をするかを決めてしまいます。特定の目的を達成するために新たな技術を開発しなければならない、などと計画することはありません。反対に、新たな技術が手に入ったことで、ある目的が突如として有意味なものになるということは往々にしてあります。インターネットのおかげで、テレビのフォーマットはいつでもメディアテーク

〔Mediathek〕やネットフリックス〔Netflix〕という形で呼び出せますが、それだけではなく、インターネットはフォーマットそのものを変えているのです。映画は過去の遺物になる恐れがあります。なぜなら、九〇分という一般的な映画のフォーマットは、もはや十分に観客を惹きつけていないからです。何しろ、ネットで観たほうが映画館の椅子より快適ですし、アイスクリームだって安いし、同じシリーズものを何時間だって観られるのですよ。でも、映画もそう捨てたもんじゃありません。サブスクリプションのストリーミングサービスを利用している人は（スクリーンが大きいなどの理由で）頻繁に映画館に通ってもいる、という調査結果があるからです。

映画自体がその最盛期には革命的なものであり、演劇やオペラなどの脅威となっていました。結局のところ、映画館で映画を観るという文化は、ポップコーンも、行列に並ぶことも、経済的に見て映画というフォーマットに合った上映時間も含んでいて、それは——作品にもよりますが——娯楽や自己研鑽という目的を達成するための単なる手段ではありません。むしろ、テクノロジーは生活／人生の形式と結びついているために、映画館にとどまることもあります。うまくいっている生活／人生とはどういうものかをイメージしながら、私たちはテクノロジーを用いています。

しかし、このうまくいっている生活／人生のイメージは、手持ちのテクノロジーに依存せずに思い描くものではありません。ですから、テクノロジーは、単に目的‐手段という関係で私たちの計画に従うものでもありません。むしろ、私たちはすでに、ふつう自分たちで作り上げたのではないような特定の行動選択をともなうグローバルな文化が広がっているのを目の当たりにしています。

これらのことから、ハイデガーは、「熟慮すべきこと」と呼ばれるものが前もって与えられていなければ、私たちはそもそも考えることができない、ということを導き出します。熟慮すべきことは私たちを考えさせます。結局、私たちは常に受動的であって、自分たちが熟慮すべき状況になければ、考えることもありません（覚えていますか。熟慮ファースト、デジタルセカンドです！）。私たちは単純に何かあるものについて考えるのではなく——ハイデガーの表現を用いるなら——贈り物あるいは語りかけを受け取っているのです。これは、考えるとは私たちには決して完全にはコントロールできない何か感覚的なものである、という考え方と一致します。なぜ完全にはコントロールできないのかといえば、それ自体がまず考えるきっかけとなるものが、私たちに与えられなければならないからです。

奇跡も多すぎると不安になる

この関連でハイデガーは、かの有名な集 - 立〔Ge-Stell（本来「骨組み、台座」などの意味）〕に関するテーゼを展開します。彼はこのテーゼから多くの推論を引き出しますが、ここではその話に立ち入らないほうがいいでしょう。でも、彼が述べていることは、その核心部分においては完全に正しいのです。**集 - 立**とは、現実は総じて予測がつくため、私たちの目的に応じて自在に利用できるということ、したがって存在するすべてのものは人間の利益のために自由にアクセスできるようにするべきであるということを表す観念です。一見、これは私たち現代人には納得がいくように思えます。現実は、ほとんど無限の彼方まで広がり、決して完全に見通すことのできない奥行きをもつ巨大な宇宙として私たちに現れているからです。

現代物理学のおかげで、私たちは、いかなる意味においても、宇宙のドラマの中心で主役を演じているのではないことが分かっています。宇宙の視点から見れば、私たちなど取るに足らない存在です。私たちの故郷の銀河系である天の川の大きさを多少なりとも思い浮かべるなら、でも、自分たちが天文学的スケールでは見えないほどちっぽけな存在であることがすぐに分かるでしょう。

そうはいうものの、この判断の土台となっている物理学的知識は、いずれにせよ宇宙がおおむね十分に認識可能であることを前提にしています。どの程度認識できるかというと、一般に受け入れられているいろいろな構造（自然法則、あるいは、いわゆる宇宙の灯台、つまり距離を調査する際に用いられる絶対光度を捉えられる天体など）を用いて、宇宙のおおよその年齢もしくは途方もない距離を計測することができる範囲内では、ということです。占星術と天文学が区別されるのは、何よりも検証可能な正確さの基準が開発されたことによります。私たちは、この基準によって、その枠内で宇宙の真理を解明できることを知ったのです。

そして、本当に真理に関わることなら、実験によって検証可能であり、テクノロジーに応用できるはずです。この点で、先にご登場願ったヒラリー・パトナム（二二五頁参照）は「奇跡」論法〔»*no-miracle*«-Argument（直訳すれば「無奇跡論法」だが、「奇跡論法」という呼び名が一般的）〕について語りました。〔パトナムによれば〕物理学をテクノロジーに応用できるということ、そしてその結果、今度は物理学に新たな可能性をもたらすことができるということ、こうしたことは単なる奇跡にすぎないはずがありません。[114] 宇宙の謎を細部にわたって物理学的に解読することからは程遠いとしても、そのように十分に解明できていないこと自体は分かっています。そう言えるのは、まさにそのことが分かるくらい、宇宙について多くのことを発見してきたからです。今日利用できる物理学の研究方法では、まだ知ることのできないことが山のようにあります。でも、そのことを私たちは現代物理学のおかげで知っているのです。

とはいえ、私たちは認識の地平をそのつど可能なかぎり広げています。このことが意味するのは、宇宙が今後も多少なりとも認識可能な仕方で明らかになっていくことを私たちは前提している、ということです。宇宙についてのさらなる発見を不可能にするような罠が宇宙に仕掛けられているとは、私たちは考えていません。たとえそのような罠があったとしても、私たちがそれを物理学的に見つけ出すことはできないでしょう――これこそが、そのような罠のトリックなのです。

私はこれを**認識可能性の原則**と名づけます。[115] この原則によると、宇宙は少なくとも私たちが自然科学によって正しく把握できる程度には認識可能です。ただし、自然科学から見て確実に知っていることと、まだ知らないことの境界は明瞭ではありません。というのも、現在、修正不可能と見られている多くのことは、いつかは修正をこうむるかもしれないからです。それに、宇宙背景放射や暗黒物質のうちには、まだ驚きの発見が私たちを待ち受けているでしょう。もしかしたら、実際には実験で取り扱うことができないほど小さいスケールかもしれませんが。[116]

ハイデガーは、この認識可能性の原則に独自の名前をつけています。「隠れなさ〔Unverborgenheit〕」といって、現実のものが私たちに開示されるというほどの意味です。けれども、同時に私たちは、現実のものは、まだ知らないことと知ることができないことを背景にしてしか姿を現さないということも知っています。私たちが知らないことのいくつかは永久に知らないままでしょう。なぜなら、それを知らないということさえ、まったく知らないからです。この構造は、忘れるということの構造と似ています。何かを――例えば七四九日前の午後、私がコーヒーにミルクを入れたかどうかを――完全に忘れてしまったなら、忘れていたということを思い出すことさえありません。忘却の彼方ということの本質は、忘却が生じたのかどうか、具体的にいつ生じたのかを知らないということにあります。

したがって、私たちの知は、絶えず未知のほうへと境界がずれていくダイナミックな構造をしています。でも、私たちが近代という時代に残したどの歩みも、現実が発見したり研究したりできる対象から成り立っていることを前提しています。しかし、どうしてこの前提が正しいと分かるのでしょうか。別のものがありうるとしたらどんなものか現在の私たちには皆目見当がつかない、そんな前提が問題になっているのです。

まさにこのことが――ハイデガーによると――私たちを不安にします。ダイナミックにずれていく知の境界があることは知っています。けれども、知〔っている〕とは何か、どうすればそのダイナミックな展開を追体験できるのかについて私たちが描くイメージも、それはそれでずれていくことがありうるでしょう。現在の私たちには、それがどのように見えるのか、見当がつかないのです。ですから、私たちはここで満たされることのない虚しさにさらされることになります。

ハイデガーによると、私たちはこの虚しさを目の当たりにせずに済むように現代文明を発展させてきましたが、それはいかなる秘密も公共空間から追放したことを基礎としています。できるかぎり多くの成果を公共のものとし、絶えず新たな公共性を生み出し、そうすることでいっそうの透明性を作り上げるのです。

ハイデガーは、そこに逃避行動を見出しています。〔また〕虚しさをともなう行動の代わりとしては、根本においてよそよそしいものに対して一つの顔を与え、今度はそれを敵なり、測定可能なリスクなりという形にして制御できるようにしよう、という性急な試みがなされました。ところが、ここでハイデガーは、他人のために掘った穴に自分で落ちてしまいます。現代の逃避行動の責任を――彼の中では現代の世界像の背後に潜んでいた――「ユダヤ人」になすりつけたのです。[117] こうしてハイデガーは倫理的に非難されるべき思考上の過ちを犯しますが、この過ちは彼がナチスに入党する動機ともなったのですから、余計に深刻なものだと言えるでしょう。とはいえ、彼が技術について述べていることは、たとえ彼が現代の技術の背後にユダヤ人による世界的な陰謀のようなものが潜んでいると推測していたとしても、その多くが正しいものです。彼の陰謀論には与《くみ》してはなりません。

「完全なる用立て可能性」の時代に

あの時代において、ほとんど予言的とも言える考察の中でハイデガーは、遠さの感覚はラジオとテレビによって消滅するだろうと指摘しています。今日、私たちは絶えずはるか遠くの紛争地域の映像を見たり、時間的にも空間的にも遠い次の休暇のイメージをオンラインで思い描いたりします。時間的・空間的な距離の克服は、私たちが現実を認識する能力をもっていることを証明しています。うまくいく旅行プランは、どれもちょっとした奇跡論法（二一五頁参照）です。なぜなら、私たちの乗った飛行機は飛びますし、ＧＰＳもちゃんと機能しますから。これらはすべて現代の物理学がなければ考えもつかないことです。

デジタル革命は近代《モデルネ》の媒介構造を、もう一度徹底的に先鋭化しました。経済的手段の獲得に使っていた時間をもっと自分の意のままにするために、今では私たちは町の中心街に赴くというアナログなやり方を省略して、オンラインで品物を注文します。私も一般論としては何の文句もありません。ここで大切なのは、このことが人間としての私たちの全体状況にどのような影響を及ぼすかを理解することです。

ハイデガーは、一九四九年、世界の戦後秩序は「完全なる用立て可能性[118]〔vollständige Bestellbarkeit〕」という原理の上に成り立つだろう、と予言しました。彼によると、超大国（当時はアメリカ合衆国とソヴィエト連邦）は距離削減の軍備競争のただなかにありました――もっと速いミサイルを、もっと迅速な物資と情報の提供を、というわけです。このことを何よりも象徴するように、一九八九年までさまざまな形で続いた東西冷戦は、当時の西側諸国のスピードのほうが東側ブロックのスピードよりまさっていたことで決着がつきました。

この軍備競争は、とっくの昔にサイバースペースに移っています。〔しかし〕このことは、軍事的な現実において、新たに生み出されたインターネットという監視秩序を別のコミュニケーション手段や言葉の障壁によってかいくぐることをその本質とする、もう一つの軍備競争がこれからも同時に進行していくことを排除しません。ワールド・ワイド・ウェブ〔WWW〕の中国語領域は、その言語の複雑さとコミュニケーション活動の膨大さゆえに、外から内部を推し量ることが容易ではありません。中国語コミュニティで次から次へと生み出されるオンラインの言説に太刀打ちできる協力者や翻訳者はそんなに大勢いないので、西洋人が中国を完全に監視下に置いているなどと安心できるはずもありません。

私たちは、数々の装置とデータ処理のプロセスによってまさに包囲されています。朝から晩まで、自分たちの行動に裁量の余地を与えてくれるシステムと一体化しているのです。それは明らかにデジタル化が始まってからのことではありません。建築物や都市の構造などは、その配置に基づいて一定のルートをたどることしか許しません。公園、橋、カーブ、交通規制は、複数の選択肢を提供することで私たちの行動をコントロールしています。

その際、コントロールシステムは、私たちを強制的に操ってはいませんし、私たちの自由をまとめて制限しているのでもありません。コントロールシステムがなかったら、私たちは認識可能な行動の選択肢の中から選び取ることができず、不自由というより、むしろ荷が重すぎることになるでしょう。このことに気づくのは、現代の仕組みから逃れてアマゾンかどこかの辺鄙なところに隠遁した時です。そうすると、なぜ人類が何千年にもわたって純粋な生存競争と予測不能な環境から逃れさせてくれる座標系〔Koordinatensystem〕を発達させたのかが、ただちに分かります。

デジタル化によって、私たちの生活世界はそれ自体すでに、その中で自分たちを方向づけるような座標系という構造をそなえているように見えます。一九二七年出版の主著『存在と時間』でハイデガーは、どんな数学用語も極力避けるために「指示連関〔Verweisungs-zusammenhang〕」という言葉を使っています。[119] 例えば、仕事が終わったあとスーパーに買い物に行くと考えてください。帰宅途中、ちょっと必要なものを買うのです。スーパーに着き、自動ドアが開くや否や、もう指示の森が広がって〔私たちに一定の行動をとるように促して〕います。どれも何らかの原則に従って並べられていますが、定期的に特定のスーパーに行くか、同じ系列の店でなじんでいれば、どういう原則なのか、だいたい分かってくるでしょう。私たちの視線はその店舗特有の店づくりによって導かれており、系列店のデータ処理回路に私たち自身が組み込まれます。私たちは自分の関心に基づいて、このサーキットの中に私たちの自由の刻印を残しているのです。なぜなら、結局、何かを買うには理由がありますし、品物の選択には身につけてきた習慣が反映しますから。

このようにして、スーパーで行われる販売取引の総体はデータベースを生み出し、そのデータは選別されてスーパーの商品陳列と毎日の納品に利用されます。こうした構造の網の目はどんどん細かくされますが、それによってプロセスは最適化され、したがってより経済的になるのです。今日、私たちの日常は、多くの点でデジタル化された環境との付き合いにほかなりません。だからといって、生活世界がデジタル化されるというわけではありません。単に新しい装置が生活世界に入り込んできているだけのことです。この装置は、生活世界が次第に消滅し、最適なプロセスに置き換えられているぞ、と私たちに吹き込みます——それはそれで現実逃避の一つのプロセスなのですが。

この点についてハイデガーは、これらの状況全体が、不当にも私たち現代人にはそれ以外に選択肢がないかのように思われる、ある考え方の上に成り立っている、と指摘しています。その考え方とは、要するに、私たちは現実を一緒くたに、それゆえ自然も含めて一つの装置としてイメージしている、というものです。現在では、宇宙——すなわち自然科学の対象領域——を、コンピューターのモデルに従って、情報の基本単位を相互に結びつける膨大な計算として理解する見方さえ広まっています。宇宙はもはや、物質が自然法則に従って押し合いへし合いしている一種の容器として現れることはありません。そんな大雑把な唯物論的な自然理解は、とっくの昔に物理学によって支持されなくなっています。

でも、どうして、すべてをひっくるめた自然が自然科学的認識の観点から私たちの思い描く姿をしているということが分かるのでしょうか。獲得した知識の構造を不当にも現実にまとめて転用しているということはないのでしょうか。

私たちが現実を自然科学的に認識できるのは、物質‐エネルギー的に——つまり測定機器を用いることで——やり取りできる情報を現実が自由に使わせてくれるかぎりにおいてです。このことは間違いありません。現実が宇宙の中の実験という形でみずから宇宙と情報を交換し、それによって私たちが宇宙についての何かを探り出すというのが、物理学という営みの一部なのです。

そこで自然科学は音響測深機と似たような働きをします。問いを自然のところに持ち込み、適切な実験装置を通じて、自然に対して問いに答えるように強要します。言うなれば特定の構造をもった捕獲網を張るのです。（例えば加速器のような）網にかかるものは、物理的現実が実験装置に残した痕跡と一緒に、その装置の性質から理論的に導き出されるような性質をもっているに違いありません。このことを、イマヌエル・カントは『純粋理性批判』で次のように述べています。

　ガリレイが斜面に彼自身が選んだ重さをもった球を転がしたとき、あるいはトリチェリが自分が知っている水柱の重さに等しいとあらかじめ考えていた重さを空気に支えさせたとき、あるいはなおいっそう後の時代においてはシュタールが、金属と石灰から何かを取り去りかつ再び付与することによって、金属を石灰に、石灰を再び金属に変えたときに、自然科学者すべてに光明が立ち現われた。彼らが理解したところによると、理性は、理性自身が自らの構想に従って産出するものだけを洞察するのであり、理性は不変の法則に従う自らの判断の諸原理をもって先導し、自然を自らの問いに答えるように強制しなければならないが、ただ自然からのみいわば習歩紐によって歩まされてはならないのである。というのは、そうでなければ、あらかじめ構想された計画に従ってなされていない偶然的な諸考察は、やはり理性が求め必要としている必然的法則において決して連関しないからである。理性は、一方の手には、それらに従ってのみ一致する諸現象が諸法則に妥当しうる自らの諸原理をもって、他方の手には、理性がそれらの原理に従って考え出した実験をもって自然に関わらねばならない。それは、なるほど自然から教えられるためであるが、しかし、教師が欲することのすべてを前もって告げられる生徒の資質においてではなく、証人に対して自らが提出するもろもろの質問に答えるように強制する、任命された裁判官の資質においてである。そして、このようにして、物理学でさえ、その考え方のそれほど有利な革命をもっぱら、次のような着想に負わねばならない。すなわち、理性自身が自然のうちに置き入れるものに従って、理性が自然から習得しなければならないもの、しかも理性が自己自身ではそれについて何も知らないであろうものを自然のうちに求める（自然になすりつけるのではない）という着想に負わねばならない。このようにして、自然科学はようやく学問の確実な道にもたらされたのである。なぜなら、自然科学は、それほど多くの世紀にわたって単なる暗中模索以外の何ものでもなかったからである。[120]〔『純粋理性批判』上、有福孝岳訳、『カント全集』第四巻、岩波書店、二〇〇一年、三一―三二頁〕

自然は、私たちがきちんと方法論に基づいて立てた問いにしか答えません。自然がどのような性質をもつかを私たちが詳しく知ることができる言葉を、自然みずから語ることはありません。自然科学とは、自然からそのような秘密を引き出そうとする活動です。この活動は特定の形式をもっていて、その形式のおかげで若干のことが確認され記録される一方で、それ以外のことは自動的にフェードアウトしていきます。

私たちは、お世辞にもすべてのことを確認して記録したとは言えません。宇宙の事実構造を確定するための現在の方法が宇宙全体をそのすべてのスケールで適切に把握するのに適切かどうかを知ることは、原理的に不可能です。私たちは自分たちには知りえないものを事実上部分的に知っていますが、それでも網の目をかいくぐったものは何も分かりません。

現代の自然科学の捕獲網のことをハイデガーは「自然の数学的企投[121]」と呼んでいますが、それは何よりもこの企投を見事に定式化した先のカントの引用文に関連づけられています。インターネットは、数学的企投の原理に完全に対応した現実であり、先進的な自然科学とテクノロジーの科学という知識のフォーマットを技術的に応用したものです。ですから、インターネットは、その複雑さにもかかわらず、完全に解明することができるでしょう。

デジタルな現実は、それがどのように構築されているかを私たちが知ることができるという点で、原理的に自然から区別されます。なぜなら、デジタルな現実は数学と論理学のパラメーターの範囲内で作動しており、それを阻《はば》めるものは何もないからです。データベースがハッカーや情報機関の攻撃から守られているのは、ほんの一時です。論理学的観点から見ると、突破できないファイアウォールもなければ、破れない暗号もありません。

この点はファイアウォールを、例えば私たちに認識可能な最も遠い宇宙の境界から区別します。単純にこの時空間の中で、私たちはビッグバンが許容するより遠くの時空間を覗き見ることはできません。私たちを取り囲んでいる宇宙の端にはすべての方向で情報の行き止まりがあり、そこを突破していくことはできないのです。現代の宇宙論のおかげで、観察可能な宇宙のレベルでも自然を完全に認識することはできないことが分かっています。これまで把握できるようになっている最小と最大のスケールにおいて限界が立ちはだかっており、今のところその向こうには行けません。その先にはもはや何もないという最終的な限界地点が存在するのかどうかを、私たちは決して自然科学的に確定することができないのです。

それに対してインターネットは、自然とは異なり、論理学的・数学的な人工物として原理的に例外なく透明性が確保されています。これをハイデガーは、完全なる用立て可能性と呼んでいます。サイバースペースの構造はネット〔網〕として、次第にアナログな現実、何はともあれ人の手で作られたのではない現実を覆っていっており、そのためにこの惑星上にはオフラインの現実と関わるための自由空間がますます少なくなっています。私たちは自分たちで作ったものから成る空間にひきこもり、そうすることで死すべき運命から逃れて、いわゆる精神の休暇を過ごそうとするのです。でも、遅かれ早かれ、ヴァーチャルではない死が私たちに追いつきます。

「サークル」に捕まった?

デジタル革命には完全な透明性という妄想がつきまといますが、このことは近年(お粗末に)映画化されたデイヴ・エガーズの小説『ザ・サークル』できわめて効果的に描かれています。私たちがさまざまな役柄〔Person〕として現れる社会的な現実は、アルゴリズムとデータ処理システムによってほとんど完全に占められているように見えます。この観点からすると、デジタル革命は社会的現実の構造転換として、つまり構造の変革を決定づける力としてみなすことができます。

『ザ・サークル』は、近未来のカリフォルニア――他にありますかね――を舞台にしています。物語の中心になるのは、小説のタイトルと同名の企業です。この企業は、あらゆる社会的ネットワークとデジタルなプロセスを一つのプログラムに結びつけており、個々人は皆そこに参加しています。それゆえ、私たちが一般にデジタルで行うすべてのことは、たった一つのコントロールセンターによって監視されているのです。

しかも、それでは足りないとばかりに、「サークル」というこの会社は、特別に考案された小型カメラを開発しますが、それらはセンサーとして全世界で取りつけられるようになります。このカメラはあまりにも普及してしまったため、もはやどんな国家機関もそれをすべて取り除くことはできません。公共空間（と結局はプライヴェート空間）で進行するすべてのことに目を向けるカメラによって、社会的現実は踏みにじられてしまいます。その際、「サークル」社は、シリコンバレーの有名なデジタル巨人たちのように、民主主義によって正当化された解放という偽りの約束を大々的に打ち出します。つまり、至る所でカメラがまわっていて、それが全面監視装置になっているので、国家のいかなる暴力もたちまち明らかになる、というのです。こうして、抑圧された側はもう不正を黙って見ていられなくなり、必然的に（ということになっています）抵抗が発生します。

物語の核となっているのは、メイとマーサーの関係です。メイは両親が適切な医療保険サービスを受けられるように、この企業で一心不乱に働いてキャリアを積みます――典型的なアメリカの問題ですね。この企業は、結局カリフォルニアの物質面、医療面、経済面における生活条件、つまりアナログな生活条件が、それに対するデジタルな現実によって補完されることで生まれたのです。

デジタル巨大企業は、現実の歴史におけるアメリカ社会の不平等に根ざしています。それはそうと、この不平等は現在、大きな影響力をもつドラマシリーズや映画の製作のほとんどすべてに反映されています（「ゲーム・オブ・スローンズ〔*Game of Thrones*〕」から「ブレイキング・バッド〔*Breaking*

Bad)」を経て『ハンガー・ゲーム』〔ゲイリー・ロス監督、二〇一二年〕まで、そしてブラジルの素晴らしいドラマシリーズ「３％」やイギリスの傑作ドラマ「ブラック・ミラー〔Black Mirror〕」）。デジタル化の底辺には、アナログな不平等が渦巻いています。ハイデガーのたくまざる珍文を引用すると、「この底辺〔Unter〕では隔て〔Schied〕が支配する」〔Unter + Schied = Unterschied（＝相違／区別）〕となります。[122]

メイは、この不平等に抵抗するために、平等を生み出すというプロパガンダを販売戦略の要とする会社に身を捧げます。けれども、この平等は見かけにすぎません。メイは、アナログな自分の人間関係が完全に崩壊したことで、そのことに気づきます。もともと両親との関係をよくしたくてこの会社に入ったのに、その関係に罅《ひび》が入ったばかりか、幼な友だちであるマーサーの人生も破滅させてしまいます。サークル社のカメラと監視システムから逃れようとしたマーサーは、かえって執拗に追いかけられ、逃亡者狩りによって命を落としてしまったのです。

つまり、危機に瀕しているのは、アナログな構造と、結局は生物学的な仕組みとも結びついている、近しい関係性なのです。何らかの形でのインターネットユーザーである私たちは、オンライン上の友情が何となく非現実的なものとして現れていることに気づいているでしょう。アメリカ〔人〕とより深く付き合ったことのあるヨーロッパ人なら、自分の経験から、強い絆を表す友情や友好という社会システムがアメリカでは異なっている印象がすることも知っているかもしれません。疎遠な関係と緊密な関係が北アメリカでは〔ヨーロッパとは〕異なる方向を向いている原因は、社会経済システムがはるか広範囲に地理的に拡散していて、アメリカの人口密集地がまったく異なる構造をもち、異なる機能を果たしていることです。つまり、アメリカの人口密集地が大きな地理的隔たりによって他の人口密集地から断絶しているからなのです。

大西洋をまたぐことで生じた友情のギャップは、「マット・ルブランの元気か〜い？　ハリウッド！〔*Episodes*〕」というテレビドラマ・シリーズで面白おかしく描かれています。このシリーズでは、イギリス人の作家夫婦がハリウッドで成功しようと、イギリスでヒットした自分たちのテレビドラマをリメイクしようとします。でも、二人は友情と誠実さをヨーロッパ的にイメージしたことで、カリフォルニアで失敗してしまうのです。

けれども、ソーシャルネットワークは何か本物ではない、というもっともらしい印象の背後には、哲学的に見ていったい何が潜んでいるのでしょうか。

ここで、私たち人間が役柄〔Person〕であることを明確にすることが重要です。私は**役柄**を、他人に対してありたい姿としてみずから作り上げたイメージのことと理解しています。このイメージは、決して私的なものではなく、本質的に他者とコミュニケーションをとることで生まれます。私たちは、いかなる社会的状況においても、他者に対して常に何らかのあり方で自分を提示しているのです。

「役柄〔Person〕」という言葉は古代の演劇用語に由来しており、もともと役者がそれを通して台詞を発する仮面〔ペルソナ〕を意味しています。ペル‐ソナ〔*Per-sona*〕（古代ギリシア語では*pros-ôpon*）は、言葉どおりに訳すと、Durch-Klang〔貫く‐響き〕あるいはAn-Blick〔向かう‐視線〕という意味です。古代の劇場では、役者の声が表情の変わらない仮面を通して鳴り響いていました。だから、現代の舞台とは異なって、特別に訓練された身ぶり手ぶりは重要ではなく、反対に舞台で発せられる台詞にのみ重きが置かれていたのです。この前史において重要なのは、社会的現実が自分を表現する一種の舞台としてイメージされていた点でしょう。

さて、複雑に交差する感情の重荷を軽くするために決まり文句を口にするという状況は、誰でも覚えがあるでしょう。日常的なショッピングで繰り返される儀式的な所作、もってまわったていねいな言いまわし、子連れカップルに道を譲る時にお約束のように浮かべる微笑《ほほえ》み、あるいは反対に、ある種の車のドライバーが追い越し車線を確保しようとして放つ毎度おなじみの攻撃的なパッシングライトのことを考えてください。

親子関係、友人関係などの近しい関係において、あるいは緊密なチームでの仕事において誰かと本当に知り合えたとき、仮面の効果は早晩、粉々に崩れます。お決まりの台詞、ユーモア、身ぶりは、社会的な利益を得るための日常戦術として繰り返し用いられるため、いつかは退屈で見え透いたものになります。近しい関係にある人々は、このような仕方で騙《だま》すことができません。本物の関係を維持するには、互いに相手の仮面を引き剝がすか、自分から外さなければなりません。

このことをうまく描いたのが、リューベン・オストルンドの映画『フレンチアルプスで起きたこと』(二〇一四年)です。そこでは、高級ホテルで二人の子供とスキー休暇を楽しんでいる夫婦が、それまで知らなかった相手の一面を知ることになります。人工雪崩が押し寄せてきた時に夫が家族を見捨てて逃げたことで、夫婦の仮面は剝がれ落ち、関係そのものが危うくなるのです。映画はハッピーエンドで終わりますが、あまり説得力はありません。でも、そのことはまたの機会にお話ししましょう。

つまり、近しい関係は脱‐役柄的なものなのです。〔仮面をつけた〕役柄として行動する代わりに、個人的な現実が登場します。もちろん、私たちはそれも日常の慣行と儀礼的所作によって受けとめます。目覚まし時計、コーヒーブレイク、労働時間、その他諸々によって日常にリズムをもたらすことは、近しい関係ゆえのさまざまな経験という重荷から私たちを解放してくれます。

ソーシャルネットワークは、純粋に役柄設定マシンです。**役柄設定マシン**はシステムであり、それを通じて自己演出が仕立て上げられ、商品化が行われます。でも、それは必ずしも私たちがツイッター〔X〕やインスタグラムのアカウントを使って自分でお金儲けをするということではなく、むしろ他人が私たちの自己イメージを売って経済的利益を得ているということです。オンライン上で拡散している写真の一枚一枚が、私たちの役柄性〔Personalität〕について何事かを語っています。自分に関する写真やその他の情報を自由に使えるようにすればするほど、〔他人が〕私たちの役柄〔Person〕とやり取りすることはたやすくなります。

このやり取りは、私たちを以前のままの私たちにはしておきません。クリックするたびに、「いいね」ボタンを押すたびに、私たちの生活からデータが剝がされ、デジタル化された情報として私たちの手の届く範囲をはるかに越えて拡散していきます。滞在場所、収入、興味、基本的な政治的傾向に関する情報は、ただちに経済的に活用されるでしょう。なぜなら、私たちがどこにいるか、次にどこへ向かおうとしているのかを知りたがる人が必ずいるからです。

ヴィンデンへの寄り道——社会的原発としての社会

以上のことを踏まえると、役柄〔Personalität〕と個人〔Individualität〕を区別できます。**役柄であること**〔**役柄性**〕とは、状況に応じてさまざまな役割を演じることです。そうすることで、私たちは社会の競争の中で戦略的地位を勝ち取り、あるいは維持します。身体的に傷つくことなく日常を乗りきっていく能力なども、これに属します。傷つかずに日常を乗りきることなど一見何でもなさそうですが、当たり前のことではありません。それは、シリア内戦のような特筆すべき事態ばかりではなく、発展した産業社会で進展している、資本主義的な緊張を含む社会システムの中で、日々やむことなく水面下で行使されている暴力のことを考えれば分かります。私たちの日常的な現実も、絶えず暴力の爆発に脅かされているのです。あちこちで起こる押し込み強盗やスリ、そして特にベルリンやミュンヘンの地下鉄でよく見られるような殺人的混雑を考えてごらんなさい。

それに対して、**個人であること**〔**個人性**〕は、私たちの誰もが余人をもって代え難いその人自身である、という純然たる事情から生じています。無数の新たなドイツ語を作り出してきたハイデガーは、これを「各自性〔Jemeinigkeit〕」と名づけました。[123] 私が個人であること〔Individualität〕の所以は、私に何が起きたとしても、私は私であり、私は常にその現場にいる、ということです。私は私であり、あなたはあなたなのです。この固有の性質は分割できません。分割できないということを、ラテン語では *indivi-duum*（古代ギリシア語 *atomon*）と言います。

個人としての私たちは前社会的な原子です。これは社会が非社会的な個人で成り立っているということではありません。むしろ、社会的なものと個人的なものは二つの異なる〈意味の場〉でありながら、ところどころ重なり合っています。でも、これらは同一ではなく、決して完全に重なり合うことはありません。ですから、二つの意味の場のあいだには緊張が生じることになり、極端な場合には、その緊張がシステマティックな暴力として解き放たれることになるのです。

私たちは、いかなる時に経験することも、私たち自身のパースペクティヴで経験しています。このパースペクティヴの本質は、まさに自分に関わっているものが当然ながら特別重要であるように見える、ということにあります。このことに関連して、アメリカの哲学者タイラー・バージ（一九四六年生）は、生物のパースペクティヴを通して作り上げられる自己中心性指標について述べています。[124] 生物の**自己中心性指標**とは、その生物にとって周囲の環境〔環世界〕がどのように現れているかを示すあり方のことです。生物と環境のあいだで行われる情報交換という純粋に感覚的なレベルにおいてさえ、一つの中心が形成され、それによって重要なものと重要でないもの――例えば食物と食物ではないもの――が区別されることになります。

このようにどのような生物も、すでに意識の閾値下において、それを中心にして生物の環境〔環世界〕が秩序立てられる一つのパースペクティヴをもっています。このパースペクティヴは、人間を含むあらゆる生き物にとって、意識されないレベルで成立しています。なぜなら、私たちが意識下にある出来事を操作しようとするとき、〔その〕背後で進行しているはずの出来事のどれにも意識的にアクセスすることはできないからです。例えば、この段落を最後まで読もうとするとき、皆さんの頭蓋冠の下では電磁的事象が生化学的プロセスを介して次々と処理されていることでしょう。しかし、同様に皆さんの指の爪が伸びたり、消化が行われたり、といったことが起きているのです。これらの出来事はすべて、生き物の自己中心的パースペクティヴに送り込まれます。

私たちが生き物としてそのつどなすことには、何であれ快と不快が立ち現れます。それは基礎的な刺激システムのことであり、それがなかったら私たち人間はいかなる動機づけももつことができません。私たちはどのような状況でも病や死や暴力に脅かされており、それを快のシステムで補っています。そのおかげで、生は私たちにとって嘆きの谷としてだけでなく、意義深いものとして現れるのです。つまり、私たちはフランスの哲学者ジャン゠フランソワ・リオタール（一九二四―九八年）が言うところの「リビドー経済」をそなえてきたのです。[125] リビドー経済は、私たちの意識をはるかに超えています。どの行為と感覚が快に満ちたものと評価されるのか、どれが許されたものや禁止されたものとみなされるのかは、私たちが生き物であることから生じる、先が見通せない状況と常に関係しています。

「リビドー」という言葉は、フロイトに由来し、私たちの心的エネルギーを表します。ただし、フロイトの場合、リビドーは性交や自慰行為という世間一般で考えられているような性的なことだけを意味しているのではありません。むしろ、その背後には『判断力批判』で「快と不快の感情」を探究したカントの考え方があります。[126] ここでカントは、その比類なく的確な言いまわしで、「快」を「対象や行為が生の主観的条件と合致することの表象」だと定めています。[127] 何かが私たちの自己中心性指標にぴったりはまると、快がもたらされます。その指標に適合しないと、不快がもたらされます。その点で、同じ対象（メットイーゲル〔ハリネズミをかたどった生肉料理〕）であっても、ある人（筋金入りの肉食主義者）には快を、別の人（徹底した菜食主義者）には不快をもたらすことがありうるのです。

さらに表象という概念の要素が加わります。何が快または不快をもたらすかは、どのように対象を表象するかに左右されます。表象とは、対象をこれこれしかじかの何かとして主観的に捉えたものです。では、皆さん、一緒にベルリン・テーゲル空港〔二〇二〇年閉鎖〕のことを考えてみましょう。すると、私たちは対象を空港として表象しています。でも、〔テーゲル空港という〕対象を別のものとして表象することもあるでしょう。例えば、何らかの理由でベルリン・テーゲル空港でショッピングがしたいという時には、対象はショッピングセンターとして表象されます。同一の対象が異なって表象されることがあるのです。このとき私たちがテーゲル空港と呼ばれる同じものを表象したとしても、私は皆さんとは異なる仕方で表象しています。

私たちの個人性は、代替不可能なパースペクティヴによって作り上げられています。私が今まさにもっているパースペクティヴは私にしかもてません。なぜなら、そのパースペクティヴには、私がまさにそのパースペクティヴをもつに至ったあらゆる事情が付随しているからです。厳密に言って、何を表象するかは個人個人によってかなり異なります。このことは、実のところ、とっくに明らかなのです。だって、誰もが自分の人生のいかなる瞬間にもいわば居合わせており、そうすることで原理的に他の人のものではないその人だけの印象と経験を積んでいるのですから。確かに、私たちは経験を、ということは表象を部分的に分かち合うことができます。でも、結局のところ、表象は個人のパースペクティヴに属するという意味において、正確に言えば、どこまでも主観的なのです。

社会的な役柄であることと非社会的な個人であることの差異を完全に埋めることは、原理的にできません。そのことによって、異なるさまざまな領域で社会的に作用する緊張が生まれます。この緊張の本質は、社会システムがその構造上、私たちは個人であるという側面を把握できない、という点にあります。なぜなら、個人であるということは、社会的なことではないからです。たとえ私たちの個人的パースペクティヴが、主観としての私たちが役柄でもあることによって絶えず情報を与えられ〔ることで形作られ〕、変容させられるとしても、そのことに変わりはありません。

〔認識の主体である〕**主観**とは、ここでは精神をもった個々の生き物のことです。主観には身体的な部分がありますが、原理的に有意味な仕方で時空間的あるいは物質‐エネルギー的に分類できない部分もあります。[128] 私たちが役柄であることは、私たちが主観的であることの一部をなしています。というのも、主観としての私たちには役柄であることが含まれているからです。けれども、主観としての私たちは個人でもあります。

私たちの社会化された側面は、社会的ではない構成要素と衝突します。緊張は二つの方向から生じ、さまざまなレベルで表面化します。これについてカントは、次のような有名な言葉を残しています。

> 自然のあらゆる素質の発展を実現するために自然が用いる手段は、社会における自然素質の敵対関係〔Antagonism〕であり、しかもそれはこの関係が最終的に社会の合法則的秩序の原因となる限りでのことである。私がここで理解する敵対関係というのは、人間の非社交的社交性のこ

と、すなわち人間が社会のなかに入ってゆこうとする性癖であるが、同時にこれは社会を絶えず分断する恐れのある一般的抵抗と結びついている性癖のことでもある。明らかに人間の本性にはそうした素質がある。一方で人間には社会を作ろうとする傾向性がある。なぜなら、そうした状態のなかにいると、自分がよりいっそう人間としてあること、つまり自分の自然素質が発展してゆくのを感じるからである。しかしまた他方で、自分は一人でいたい（孤立したい）という人間の性癖も大きい。なぜなら人間は、すべてをまったく思いどおりにしたい非社交的性質を同時に自分のなかに発見し、そのために、他人に対する抵抗の傾向が自分にあると自覚しているのと同様に、他人の自分に対する抵抗がどこにもあると予想するからである。[129]〔「世界市民的見地における普遍史の理念」福田喜一郎訳、『カント全集』第一四巻、岩波書店、二〇〇〇年、八頁〕

社会的現実は、対立関係によって形作られています。すなわち、役柄であることと個人であることの衝突から生じる緊張から成っています。社会は、そのかぎりにおいて社会的な原子力発電所のように機能しているのです。

このことは、ドイツのネットフリックスで人気のシリーズ「ダーク〔*Dark*〕」の中で、分かりやすく描かれています。この作品では、原子力発電所が謎の出来事の中心的な舞台となっています。物語が進むにつれて、登場人物が役柄として果たす社会的役割（教師、警察官、生徒、原発の所長、ホテルのオーナー）と、この人たちの個人性とのあいだの緊張が拡大していきます。登場人物たちは皆、個人であるがゆえに（浮気、自殺、虚偽の告発、収賄によって）みずからの役柄と対立するようになるからです。

原発を中心に社会が成り立っているヴィンデンという町は、社会そのものの対立構造にとって恰好の実験場だと言えるでしょう。好むと好まざるとにかかわらず、私たちは皆ヴィンデンに住んでいる――あるいはラース・フォン・トリアーの映画『ドッグヴィル』での思考実験を取り上げるなら、ドッグヴィルに住んでいるのです。社会的な対立関係は、常に私たちがいるところで決着するとは限りません。緊張の場は移動し、気象現象のように地球をめぐります。

意識一つ、テイクアウトね

デジタル革命の潮流の中で、私たちは現在、一般大衆にも影響している意識の変化を経験しています。人工知性〔AI〕などの技術の進歩と結びついたデジタル化の挑戦と危険性については――ただし、希望についても――繰り返し目にしているでしょう。日常的な経験から、私たちは社会が加速しているような印象をもっています。これは、進歩した意識拡張のシステム、つまり私たちが使っているコンピューターの計算能力が飛躍的に向上したことと間違いなく関係があります。

この文脈において、**拡張した心**（extended mind）**のテーゼ**は、特にもっともらしく見えます。このテーゼは、私たちの心理的・心的な現実は、もはや身体に限定されておらず、長らく私たちの思考装置の中に入り込んでいる、と述べます。古きよき手帳とその革新的な子孫であるスマートフォンは、単に記憶を助けるだけでなく、私たちの身体で生じる記憶保存という機能を肩代わりしています。すると、自分のスマホに何かメモしたことは覚えていても、メモした情報ははっきり覚えていない、ということになるのです。あるいは、ネットショッピングの買い物かごや欲しい物リストに何かを入れても、しばらくすると入れたことを忘れてしまうのです。

記録のシステムは、本質的に私たち自身が何者であるかを定めることに関わっています。なぜなら、私たちはどのみち、主観としての自分に属するすべてのことを記憶してはいないからです。そもそも、なぜいまだ原則的にみずからの心をみずからの身体と結びつけなければならないのか、と「拡張した心」のテーゼの擁護者は問うでしょう。[130] 私の電卓が私の代わりに計算し、そうすることで私がある結果にたどりつくなら、それは思考が生物学的ハードウェアないしウェットウェアと結びついていないことを証明しているのではないでしょうか。

そう考えると、私たちの人工精神がいずれは精神的現実をコントロールするかもしれない、という想定に行き着くのも、そう遠いことではありません。この想定は、ニック・ボストロムの提唱するスーパーインテリジェンス仮説と部分的に結びついています。[131] 彼はひときわ傑出した形で、つまり人工知能が一つの、あるいはすべての思考活動で知性において人間をはるかに上まわり、そのため、そのような超知性の内的思考メカニズムを理解することも制御することもできなくなったとき、スーパーインテリジェンスに到達したことになる、というのです。

ボストロムとその周囲の人たちが仮説として展開した、スーパーインテリジェンスが可能かどうかという議論は、どれも技術的進歩のスピードに基づいて見定められる確率をめぐって行われてきました。その結果、数学的な考察をすることになりますが、この点にはこれ以上関わるべきではないでしょう。というのも、それによって哲学的に興味深い問題――そもそも私たちを凌駕するような人工知能、それどころか私たちにとって危険とみなせるほど私たちによく似た人工知能が存在しうるのか、という問題――に触れることさえなくなってしまうからです。

コンピューターのプログラムは、適切に設定された問題を私たちより効率的に解きますが、これはチェスのプログラムに限ったことではありません。オンライン取引にもあてはまることであり、例えば人気のレストランで最短の予約を見つけ出すのも、そうした仕事を頼まれるいかなる人間よりもコンピューターのほうがはるかに速いのです。私が本書を執筆するのに使っているプログラムは、執筆上の問題を手書きの場合よりずっとうまく解決してくれます。そのおかげで、私の原稿はより簡単に書籍の形に移し替えられるのです。しかも、市販のパソコンのほうが、手やタイプライターを使うより、はるかに早く書けるでしょう。たぶんゆっくり書いたほうがよい文章が書けることもあると思いますが、そのことは脇に置いておきます。なぜなら、ここで問題になっているのは、デジタル化を「知能/知性爆発」と同一視する一般的な考え方だけだからです。

もちろん、この考え方は、知性を定められた時間の枠組みに対して相対的に計測できる問題解決能力として定義することを前提しています。その意味では、チェスのプログラムは、人間のいかなるプレイヤーより知性があると言えるでしょう。何より、チェスのプログラムは、ほとんど無制限のデータベースと私たちの能力をはるかに凌ぐ計算能力を用いることで、私たちとは異なる問題解決の方法を駆使できるのですから。

「拡張した心」というテーゼがスーパーインテリジェンス仮説と組み合わさると、デジタル化は突如として、とんでもなく危険を孕んだものに思えてきます。というのも、おそらく私たちは、アルゴリズムによって問題を解決する領域の進歩とともに、今でさえもはや実際に見通すことができず、その解決の仕方に驚かされることの多いシステムに自分たちの知性を譲り渡しているのかもしれないからです。

ここでは誰が問題を抱えているのか

とはいえ、ここでは適切なリスク評価を行うために哲学的な慎重さが求められます。まずは問題という概念をもっと詳しく見てみましょう。**問題**とは、行為者が特定の目標、つまり解決に至るために解こうとする課題のことです。例えば、道路の反対側に移るというのは、一つの問題です。この問題を解決するには、いくつかやり方があります。〔信号のない〕横断歩道を渡る、左右に車が来ないのを確認してその場で横断する、歩行者用の信号が青になるのを待つ、運を天に任せてさっさと飛び出す、などです。どの問題にも、さまざまな問題解決の戦略がありますが、それらの戦略は、その効率性によって整理することができます。

ところが、ここで問題についての問題が始まります。何をもって効率的とするかは、どんな利害関心をもっているかによって左右されます。少しでも早く道路の反対側に移りたいなら、たとえ車が迫ってきていても、その場で道路を横断するのがより効率的です。ただし、車に轢かれないという前提つきで。それに対して、他人と自分の安全を考慮するなら、問題解決に時間がかかっても信号か横断歩道のあるところに行ったほうがいいでしょう。したがって、最も早く解決に至るやり方が必ずしも賢いのではなく、スピードが重要な場合にのみ評価されるのです。

では、チェスなりスカッシュなりのゲームを考えてみましょう。ゲームをするとき、ふつうはまったく歯が立たない相手とは対戦しようとしません。だって、それでは面白くありませんからね。同じ理由から、どうしようもなく下手な相手とも対戦しようとしません。ゲームの目標は、必ずしも最速で問題を解決すること、つまり「チェックメイト」や「11：0、11：0、11：0」に至ることではないのです。確かに、チェスのようなゲームにははっきりと問題を解決する〔＝決着をつける〕ことが必要ですが、どんな手を使ってでも、その決着に一刻も早くたどりつく必要はありません。一刻も早く決着をつけたいのなら、対戦相手を買収するのがよりよい手段ということになります。その場合、相手は可能なかぎり下手な守り方をするでしょうから、対戦開始から四手で詰むでしょう。

効率性の絶対的な基準はありません。これは、数学的に厳密に把握可能なルールに従うゲームにおいてのみならず、問題が生じるいかなる状況においても言えることです。確かに、人間の生の本質は、問題を解決したり、自分の問題解決能力を最適化したりすることにあります。けれども、最適化すると言っても、絶対的な効率性という思考に従属するわけではありません。何しろ、絶対的効率性を有意味に考えることなどできないのですから。

このことは、実存主義の古典的考察に基づいて分かりやすく説明できます。**実存主義**の想定によれば、人間の生に外部から定められた絶対的な意味〔Sinn〕はなく、自分がその中に存在している文脈に即して私たちが生に意味を与えているにすぎません。

ジャン＝ポール・サルトルの挙げた例が、そのことをとりわけ適切に明らかにします。[132] その例をいくらか分かりやすくするために、ラインホルト・メスナー〔世界で初めて八〇〇〇メートル峰をすべて登頂した登山家〕がアルプスを散歩していて、彼なら簡単に登れる岩壁に遭遇した、と想像してください。おそらく彼は、この壁を攻略してやろうという野心にとらわれるでしょう。〔しかし〕もしかしたら、この壁は簡単すぎて、彼は野心どころか苦もなく登ってしまうかもしれません。では、今度は、年老いたマザー・テレサがその岩壁の前に立っている、と想像してください。マザー・テレサには、この壁はむしろ障害物として現れるでしょう。そして、彼女は別の道を行くことを選ぶでしょう。

この岩壁自体は、サルトルの言うように、その即自存在〔何かがそれ自体において存在していること〕において、私たちの野心をかき立てる意味〔Sinn〕ももたなければ、私たちを別の道に転じさせる意味ももちません。岩壁は、ただそこに存在しているだけで、地殻変動か何かで今のような状態になったにすぎません。メスナーも、マザー・テレサも、その人自身が効率的なのではありません。重要なのは、どのくらい厳密に目標に到達し、問題を解決したいのか、です。ですから、見方によっては、ＩＱテストなど受けないほうが、あるいはテストの際にインチキでもするほうが、正解欄にチェックを入れるために空間的な想像力を駆使して時間に追われながら何らかの幾何学図形を回転させるより、よほど賢く知的だと言えるでしょう。

どんな人工知能のシステムも、その内的な処理メカニズムがどのような仕方で進行しようと、内側はラインホルト・メスナーやマザー・テレサというより、岩壁のようなものです。私たちは、人工知能による〔問題〕解決の空間を効率性の基準に対応させて確定させます。だからこそ、私たちには人工知能が知的に思えるのです。でも、このシステムは自分の利害関心というものをもちませんし、それゆえ効率性の基準が明確に定義されていなければ、みずからいくつかの関心を比較考量することもありません。コンピュータープログラムは、その効率性の基準が厳密に定められた条件の下で決まっている正解を、私たちより速く出します。だからといって、コンピュータープログラムが考えているわけではありません。もし考えるということが、生き物が特定のことで頭を悩ませ、その枠組みの中で効率性の基準が生まれることと本質的に結びついているとしたら、確かにコンピューターは私たちの生において重要で部分的には危険な役割を果たしうるとはいえ、そのことでみずから考えていると言えるわけではないのです。

このあたりで、学習できる人工知能なんてとっくにあるではないか、と反論する人もいるでしょう。その際、**学習**という言葉は、古い問題を解決するために新たな問題を系統立てて導入することと理解されています。何かを学習すると、そのことでいつも新たな問題が生じます。今日のコンピュータープログラムは古きよき電卓より私たちのあり方によく似ており、それゆえ電卓よりずっと優れてもいる、と反論者は続けるでしょう。

技術の進歩に議論の余地はありません。でも、だからといって私たちの知性が一般的な問題解決システムにすぎないものではなく、問題を立てる能力であるという点は何ら変わりません。この問題は、抽象的な問題解決の空間にあるのではなく、私たちの生存に関する具体的な枠組みの中にあります。コンピュータープログラムは生きていませんから、どうやって生存するのか、という問いは存在しないのです。

現在までのところ、生きていると言えるのは、進化によって生まれたものだけです。クローン細胞は作れますし、いつかは有機物からできていない細胞を合成することができるかもしれません。けれども、仮にそうなっても、私たちは常に、進化論的に定められたデフォルトにみずからを合致させています。生物学的に成立していない生命、あるいは生物学的に成立した生命のデフォルトに合っていない生命は、今のところ存在しません。そして、地球という惑星によって知られている条件の完全な外部で成立した生命の形態があるのかどうか、私たちには分かりません。でも、これだけは確実です――今日存在している有機物以外のものでできた人工的なシステムには、生存への利害関心がありません。なぜなら、こうしたシステムはどれも生きていないからです。

第4章

なぜ生き物だけが考えるのか

ヌースコープ

考えるということは、一つの感覚〔Sinn〕です。私たちの考覚は、さまざまな可能なものと現実に付随する無限性に、つまり〈意味〔Sinn〕の場〉に私たちを接触させます。私たちの考覚の特別な点は、私たちが宇宙の深い構造ばかりでなく、精神の深淵、つまり芸術の歴史、クロスワードパズルなど多くのことについても、感動的なほど高い解析度で測定するところにあります。そんなことがうまくいくのは、考覚の対象が総じて論理的に構成されているからです。

どの感覚にも、その感覚が直接受け取る特有の感覚質――クオリア――があります。例えば、私たちは音を聞き、色を見、あたたかさを感じ、思想／思考されたものを考えたりします。私たちは、考覚のパースペクティヴから、他の感覚の構造のみならず、原理的に言って無限に多くある意味の場の構造を把握しています。意味の場は、他の感覚で把握できるあらゆるものを超えています。考覚にとってのクオリアとは、思考体験を形成する元となるような、さまざまな概念です。

そうすると、数学と数学化された自然科学の範囲が理解できるようになります。アルバート・アインシュタイン（一八七九―一九五五年）が発見した相対性理論は、歴史上最も大きな科学的ブレークスルーの一つであり、空間・時間について私たちがもっていたいろいろな概念を根本から一新したことで生まれました。この概念の変革については、ＳＦ映画、あるいはもっと身近なところでは人工衛星を活用した〔カーナビなどの〕技術との付き合いを通じて私たち皆の知るところとなっています。

アインシュタインは、思考実験の結果、地球という惑星上では私たちが使う観測機器のために、宇宙が物理学的に捉えられるのとは異なった仕方で現れる、という認識に至りました。相対性理論によれば、運動と速度は相対的な現象です。ということは、物理学的に見ると、単に運動と静止だけがあるのではなく、参照系〔Bezugssystem〕に対して相対的な運動だけがある、ということです。例えば、私には自分が安定した椅子に座っているように見えます。表も静かです。けれども、別の参照系を設定する別のパースペクティヴからすると、私は地球という惑星ともども時速一〇万キロ以上の猛烈なスピードで太陽のまわりを飛びまわっています。しかも、私たちの太陽系は、もっと速いスピードで銀河系の中心を軸にして回転しているのです。とはいえ、ここに座っているあいだ、私は交通規則を破ってはいません。交通規則に類するものは、地球という参照系に対して相対的に妥当するのです。というのも、私たちは地球そのものの運動を認識するにあたって、自分の運動に時速一〇万キロが加算されていると絶えず意識しているわけではありませんから。

今日、物理学の洞察は、ほとんど想像を絶する温度、質量、距離などから成る、極度に数学的な条件下でしか記述できないようなスケールで始まります。私たちの太陽系を離れた人間はまだ一人もいませんが、私たちは宇宙の奥深くを眺め、宇宙の法則を探究することができます。その際、私たちは、例えば既知の物質（いわゆるバリオン粒子）が観測可能な宇宙のたった四％しか構成していないことを知り、限界に突きあたりますが、この限界のほうも数学的に表すことができます。宇宙を理論物理学と実験に裏づけられた形で、総じて私たちにとっての最小と最大〔のスケール〕において把握するために、私たちは考覚を使っているのです。

「私たちの数学的宇宙」は、その名づけ親であるマサチューセッツ工科大学の物理学者マックス・テグマークが言うように、古典的な感覚モダリティではまったくアクセスできません。[133] 近代物理学の進歩は、常に数学の進歩によってお膳立てされ、ないしはその進歩にともなってきました。これはアイザック・ニュートン（一六四三―一七二七年）とライプニッツが時を同じくして発見した微分積分学に限ったことではありません。特に、一九世紀に発展し、アインシュタインによる思考様式の革命にとって重要な役割を果たした非ユークリッド幾何学についても言えることです。

結局、プラトンは正しかったのです。プラトンは、いわゆるピュタゴラス学派（数学者ピュタゴラス（前五七〇―前五一〇年）の弟子たち）の考え方を解明したのですから。この考え方によれば、私たちは思考によって数学的構造を見出し、その構造を単に役立つ補助手段としてではなく、それ自体はまったく数学的ではない宇宙の探究に援用します。それに対して、プラトンの弟子であるアリストテレスは、これに反対するテーゼを掲げて、私たちの数学的思考は自然環境を整理し、テクノロジーを用いて支配できるようにするための五感の補助手段にすぎない、と反論しました。

人間の考覚は、先に予告したように（三三頁参照）、ヌースコープ〔人間の思考を覗き見る鏡〕とみなすことができます。*nous* は古代ギリシア語で「思考すること」、*skopeō* は「観測すること」あるいは「探知すること」を意味します。ということで、**ヌースコープテーゼ／思考鏡テーゼ**を立てることにしましょう。すなわち、思考は一つの感覚であり、それを用いることで私たちは無限を探究し、数学的に記述することができる、というテーゼです。

魂とカードボックス

プラトンは人間の肉体を魂の牢獄ないしは墓場と考えました。これをソーマ‐セーマテーゼと呼んでもいいでしょう（*sôma*「肉体」と *sêma*「墓」）[134]。彼は特に対話篇『パイドン』で魂の不滅を論証しましたが、後年キリスト教の教父たちがこの論証を取り上げ、その結果、プラトン哲学とキリスト教は融合することになります[135]。ところで、今日現存する正典のテキストで聖書は、肉体の復活は説いているものの、魂の不滅をはっきりと謳ってはいません。完全に肉体を失った魂がとどまっている天国と地獄についての記述は、聖書のどこを探しても見つかりません。例えば『マタイによる福音書』第一〇章第二八節によると、地獄にも肉体はあるのです。「体は殺しても、魂を殺すことのできない者どもを恐れるな。むしろ、魂も体も地獄で滅ぼすことのできる方《かた》を恐れなさい」[136]。完全に肉体から離れた不滅の魂というイメージは、おそらくエジプトに由来するのでしょう。さらにそこからプラトンの考察へと受け入れられ、古代末期のプラトン哲学において決定的な仕方で一つの理論に仕上げられたのでしょう。

これ以上皆さんを魂の不死に関する問題におひきとめしたくありません。なぜなら、不死性の擁護者も反対者も本来の哲学の舞台を見逃しているからです。そして、それは考えることが一つの感覚として認められておらず、私たちの感覚的生と対置されているからです――それも、みずからを不死だとみなす人々のみならず、肉体の死はすべての生とすべての思考の終わりだと信じ、そこから私たちの思考もまた肉体的なものであると結論づけようとする唯物論者たちの双方によって、思考はそういう扱いを受けているのです。

　というわけで、哲学的な議論に戻りましょう。そこで、根本的な問いを投げかけたいと思います。はたして生物学的な基盤をもたないものが考えることはできるのでしょうか。コンピューター、不死の魂（予想に反してそんなものがあればの話ですが）、そして神は、そもそも考えることができるのでしょうか。

　考えることが本質的に生物学的なものなら、それは不可能です。コンピューターも、不死の魂も、神も、結局は聞くことも味わうこともできません。というのも、彼らはそれに適した器官をそなえてもいなければ、動物たちの世界に定着してもいないからです。このことから、本書のもう一つの主テーゼである生物学的外在主義が導かれます。**生物学的外在主義**は、私たちが自分の思考上の出来事を記述し把握するのに用いる表現は、生物的な部分をもつものと本質的に関わる、というテーゼです（三六頁参照）。この表現を、**思考語**と呼びましょう。思考語に属するのは、「思考」の他に、知性、明敏さ、賢さ、思い、思い悩み、推測などです。言語の種類によって思考語は異なります。しかも、発話者によっても思考語は異なります。ある言語ないしは発話者の思考語は、一緒になって語彙を作るのです。この語彙を**知性に関する語彙**と呼んでもいいでしょう。

　知性に関する語彙は、（いくつもの時代を超えて）通時的にも、（どの時代にもさまざまな言語と発話者がありますから）共時的にも変化します。ですから、私たちの知性に関する語彙からさっさと離れて、すべての思考語から成る完全なカタログを作り、あたかも完璧な辞典のように一つ一つの思考語に明確な意味を与える、なんてことはできません。私たちは思考の中でのみ自分の思考を捉えることができるのです。思考は一つの感覚ですから、思考とは何かと問うことで誤ってしまうことがあるのです。まさにこうした理由で、思考は感覚ではないと（私が正しいなら不当にも）信じる人たちもいます。私が正しいとすれば、思考は感覚であることに異論を述べる人は思い違いをしているわけです。

ところで、生物学的外在主義によれば、私たちの思考語は、原理的に生物学的なもの、つまり生きているものにしか関係しません。生き物だけが考えるのです。

このテーゼの主たる論拠は、意味論的なものです。意味論は表現の意味を研究します。表現の意味は好き勝手に決められません。意味論は単なる恣意的なものではないのです。表現が意味することに恣意性の問題が関わってくるのは、例外的な場合だけでしょう。なぜなら、私たちが用いる表現の意味は、言語の使用によって定まるからです。言語の使用のほうも、個々の発話者には見通せないほど無数にある表現の具体的な用い方が積み重なることで生じます。ある表現がある言語に加えられるか否かは、発話者だけの問題ではなく、たくさんの文脈の中から発生してくることであり、そうした文脈は原理的に見通すことができないものです。

例えば「言語」という言葉を考えてください。「言語」とは、いったいどういう意味でしょう。「言語」の意味を挙げてみてください。いくつかの答えが閃《ひらめ》くことでしょう。すぐに統語論、文法、意味といった概念にたどりつくかもしれません。一つの言語は特定の解読規則のもとにある一つのコードのように見えてきます。

とはいえ、これはもちろん非常に一般的な話です。このようなきわめて一般的な意味では、ほとんど何もかもが言語になります――コミュニケーション手段としての私たちの言語を思い起こさせるミツバチのダンスやコンピューター言語だけでなく、惑星の配列さえも。惑星の配列は、自然法則に従ったコードとみなすことができます。他方で、この配列を解釈することで天の意図を読み解くこともできるでしょう。

でも、惑星の軌道には、本書の文章がもつのと同じ趣旨の意味があるのでしょうか。また、ミツバチのダンスには、ミツバチのダンスの研究に没頭した動物学者カール・フォン・フリッシュ（一八八六―一九八二年）の論文の文章がもつのと同じ趣旨の意味が本当にあるのでしょうか。動物学者のあいだでは、ミツバチの言語があるかどうかについての定説はありません。言語はないとする実験結果やデータも数多くあります。仮にミツバチのダンスによって蜜のありかの情報が伝達されるという意味があるとしても、その情報に人間の言語のような文法ないし論理構造があるということにはなりません。

ここで私は、他の生き物が私たちには理解できない言語をもっていることに疑念を差し挟もうというのではありません。目下の論証にとって前提となる条件が必要なだけです。その条件とは、誰一人として恣意的にもたらすことができないような言語の意味を求めずして、言語とは何かが簡単に分かるはずがない、ということです。「言語」が厳密に何を意味するのか、そして「言語」の意味を尋ねたとき、何が最初に――二番目でもいいのですが――念頭に浮かぶのかは、恣意的な問題ではないのです。

ですから、意味論は単に定義を扱っているのではありません。このことは、しばしば言語哲学的な論証に対する反論として持ち出されます。意味論的論証は取るに足らない言葉遊びではありません。コンピューターは考えるのかと問うとき、「考える」とは何を指すのかを知っている必要があります。私たちの知性の語彙としての「思考」が本質的に生き物の活動を指すのなら、コンピューターが考えることはありえません。思考に類似したことを行うという意味で、日常表現として「コンピューターが考える」と言うことはできても、です。

言葉の表現が表すものは、「よし、今から別のことを表すことにしよう」と決めたところで簡単には変わりません。なぜなら、言葉のラベルは変えられるとしても、その表現の意味までは変えられませんから。**言葉のラベル**は、「言葉の表現」とは異なり、〔会話や表記などの〕言語的文脈で用いられる一連の音声や文字列として理解するといいかもしれません。もちろん、こうした音声や文字列には意味を表現する以外の働きもあります。私には »Wort« 〔語〕という言葉が美しいと思えます。だって、丸みを帯びた「o」が鋭角的な「W」のあとに見事に連なるのですから。『ゲーテ全集』などの文字列が、ハードディスクのストレージをどのくらい占めているかを考えてみてもいいでしょう。すると、文字列が、それが担っている意味とは別ものだと分かります。私はヒンディー語などの表記に用いられるデーヴァナーガリー文字が美しいと思います。でも、このことはヒンディー語の言葉の意味とはまったくと言っていいほど関係がありません。関係があるのは、言葉のラベルのほうなのです。

思考語は好き勝手に使うことはできません。ですから、人工知能のようなものがそもそも存在しうるのかということは、単にテクノロジーの問題ではなく、言語哲学にとって挑発的な問題です。もちろん、私の使っているチェスのプログラムを「知的」と言うことはできます。このプログラムは、私や私よりずっと強い多くの相手を打ち負かします。そうしてプログラムはチェスの問題を解決するのです。けれども、チェスの醍醐味が、多くの解決策の中から最速の手を見つけ出すだけではなく、意識的に熟慮することによって試合で戦略的優位に立つことにあるとしたら、チェスのプログラムは知的にチェスを指しているとは決して言えません。

　すると、チェスのプログラムは、惑星の軌道がろくに何も表現していないのと同じくらい、ろくにチェスをやっていないのかもしれません。惑星軌道は、物理学の言葉で私たちに語りかけはしません。軌道は何も語らないのです。同じようなことが、チェスのプログラムにもあてはまります。プログラムはまったくチェスをやりません。私たちはプログラムを相手にチェスを指すことはできますが、実は一人で遊んでいるだけです（これは誰かがダッチワイフを使っている状況と似ています。この場合、性交が行われていると言ったら正しくありませんよね）。

　言語哲学において**外在主義**は一般に、ある表現があるものを表すとき、言語能力のある発話者は〔必ずしも〕その表現を媒介にして関わっているものの正確な状態を知っている必要はない、という想定を意味します（一二七頁参照）。おそらく読者の皆さんは、原子が〔互いに〕結びついて分子になって存在しうることをご存じでしょう。だからといって、私たちが原子核物理学者や化学者であるわけではありません。まだ宇宙の〔構成要素の〕最小レベルは分かっていませんし、最小レベルが存在するかどうかさえ分からないのですから、原子についても今もってすべてが分かっているわけではありません。原子は、さらに小さい部分、つまり素粒子から成り立っています。素粒子も何かから成り立っているのでしょうが、私たちがこうしたやり方でいつか最小点にめぐり会えるかどうかは定かではありません。

フリードリヒ・シラーがゲーテにもっとワインが欲しいと言ったとき、シラーもゲーテもワインの化学的成分については、今日のワイン業界や自然科学がもっている知識のほんのかけらほどしか知りませんでした。それでもシラーとゲーテは、「ワイン」という表現の意味を十分に活かせるほどのドイツ語が話せました。

ここまでいろいろと考えてきましたが、面白いのは、私たちはある表現の言語的意味を、その表現を使いこなせるほど十分に自分のものにしているのに、そこから現実の本質を適切に推察することはない、ということです。私たちは、話をするという文脈では、そうした表現を用いることで現実を探っています。その際、もしある言語が使用された非常に長い歴史的過去の一部を前提できないとすれば、その言語を理解することなど不可能だったでしょう。アルゼンチンの偉大な作家ホルヘ・ルイス・ボルヘス（一八九九―一九八六年）が傑作『エル・アレフ』の作中の語り手に言わせているように、「すべての言語はシンボルから成るアルファベットであり、そのシンボルを使うには話をしている人々に共通の過去があることが前提となる」[137]のです。

既知のどの言語共同体でも、そこで共有されている過去において知性の語彙は常に生物学的な部分をもつ現実を指すとされてきました。つい最近まで、「思考」や「認知」などの概念で指示されていることを遂行するのは生き物だけであるということが、かなり明確だったのです。外在主義によると、こうしたことが起きるのは、これらの表現が本質的に生き物によって遂行されることと関連しているからです。生物ではないコンピューターに「思考」や「知性」、それどころか「意識」を付与するなら、それは言語の乱用です。もちろん「知性」という言葉のラベルをＡＩに使うことはできますが、この表現の意味を正しく使ったことにはまったくなりません。

このような言語哲学的な論証に従うなら、進化論によって記述される〔進化の〕過程という枠組みにおいて何百万年もかかって生まれたのではない機械を知性的とみなすのは、つまりナンセンスなのです。ということで、コンピューターは考えることができるか、という古きよき問いの答えは、ふつうはノーで決着します。

でも、コンピューターは私たちの思考に対してどのような役割を果たしているのかという問いが、それで不要になったわけではありません。コンピューターは、生活の中で私たちにとって負担になっているさまざまなことを引き受けてくれますから。往々にして、生きた人間を使うよりコンピューターを使うほうが安上がりでもあることは言うまでもありません――でも、これは経済、エコロジー、社会政策のテーマですね。さらに、もし『ターミネーター』のようなシナリオを考慮しなくていいなら、デジタル化とテクノロジーの進歩に対する私たちのリスク評価は変化してくるでしょう。コンピューターには利害関心というものがありませんし、何より私たちを服従させたり滅亡させたりするような生命体ではありません。

むしろ本当の危険は、私たちの技術の産物が思考しないことにではなく、硬直した枠組みに条件づけられたまま価値のパラメーターが変換してしまうことにあります。このことは〔イギリスのテレビドラマ・シリーズ〕「ブラック・ミラー〔*Black Mirror*〕」シーズン4の第五話で露骨に描写されます。「メタルヘッド〔*Metalhead*〕」というピッタリのタイトルがついているこの回では、犬の姿をした完璧な殺人マシンが作られ、マシンに逆らう者は皆殺しにされてしまう、というディストピア的未来が描かれています。おそらく、このマシンが作られたことには、強盗から身を守るという意味合いもあったのでしょう。非常に敏感なセンサーをそなえたこのマシンは、考えることもなく、知的でもありませんが、同情の念などいっさいもつことなく完璧に任務を遂行します。技術は私たちのようではありませんから新たなリスクをもたらしますが、もし私たちが技術に擬人化したイメージを抱くなら、このリスクに目をつむってしまうでしょう。

擬人観とは一般に、人間的な構造を人間ではないものの領域に誤って投影することです。動物界を、私たちが身近に感じる生き物（家畜やシマウマなど）と、私たちにとって重要でなかったり、それどころかおぞましく思われたりする生き物（蛇、水虫、昆虫など）に分けることも、その一つです。私たちは、他の生き物たちを持ち前の擬人観によって傷つけ、さらにはめぐりめぐって自分たちを傷つける一方で、機械を人間のようなものとみなすや否や、すぐさまみずからの生活条件に〔機械をもって〕介入します。やがてコンピューターやアンドロイドが考え、私たちと同じように感じるようになる、と思うのは誤りです。こうしたものは、本当は知的ではありません。チェスのプログラムの中身は、埃だらけのカードボックスのように、開けてびっくり玉手箱ですよ。

先に述べたように、だからといって、こうしたことのリスクが減るわけではありません。でも、状況をちょっと覗いてみると、迷信から解き放たれ、私たちが作った機械の本当の危険が分かるようになります。なぜなら、その危険性は、私たちが作り出した人工物の知性のうちにあるのではなく、その愚かさのうちにあるのですから。この観点から、私はイタリアの哲学者マウリツィオ・フェラーリスに賛意を表明したいと思います。彼は最近『愚かさは深刻なことである』というタイトルの本を著し、デジタル化の時代を問題として取り上げたのです。[138]

「さあ、来い、古箒！」

もちろん、生物学的外在主義のテーゼを示したところで、筋金入りの機能主義者たちがあっさり同意することはないでしょう。そこで、このテーゼをもっと説得力のあるものにするために、まずはコンピューターが考えることができ、チェスのプログラムが知的であると思うことがどのくらいナンセンスなことか、もっとはっきりさせたいと思います。いったいナンセンス／無意味〔Unsinn〕とはどういうことで、意味〔Sinn〕とはどういうことなのでしょうか。

私たちはしばしば言葉を使って現実のものについて話します。ここでは、**現実のもの**とは、私たちがそれについて思い違いをするかもしれないもののことです。なぜ思い違いをするかというと、現実のものは、たいていの場合、どのように私たちがそれについて考えたらよいのかをそうたやすく伝えてくれないからです。事実は、みずからが何であるかを絶えず私たちに知らせてくれるわけではありません。現実のものは、往々にして無口です。

言語によって現実のものについて語るかぎり、私たちの言語表現のいくつかは何か現実のものを表していると想定せざるをえません。対象や事実を言語的に記号化して把握しようとするとき、私たちは言語を通してそれらと接触しなければならないのです。これを言語哲学では**指示**、ふつうのドイツ語では言葉による関係づけと言います。

言葉による関係づけは、誰かが現実のものと直接関わる表現を適切な文脈で用いていることを前提としています。それによって、言語的な意味〔Sinn〕が生じます。何かを指示する表現がそれにふさわしい文脈で使用されうる時にのみ、言語的に記号化された思想は意味をもつのです。言語使用にとって適切な文脈となるものについて、ルートヴィヒ・ヴィトゲンシュタインは、一時代を画したその『哲学探究』で「生活形式」としてまとめています。言語は「人間の自然史」に属しており[139]、何が意味をもち、何がもたないかは「考えと人生の流れ」から生じる[140]、と彼は述べています。

でも、それは必ずしも表現の意味を好きなように定められるということではありません。そもそも人工知能／知性が存在するかどうかは、今後はこう論じると決意することで決まるものではありません。デジタル化にともなうデータ保存と処理という特定の出来事を、隠喩的に生き物による物事の遂行に似せて記述したところで、ターミネーターを作り出すことはとうていできません。今日私たちの身近にあるＡＩシステムは、せいぜい一種のゴーレムです。つまり、情報は処理するけれども、その際、意識の痕跡をかけらもとどめない、愚かで鈍《にぶ》い一個の物だということです。何百万年にもわたる進化を経て自然に生まれたのではない種は、精神的な内面生活を送るのには適していません。そのために必要な生物学的な前提が欠けているのです。

先に述べたように、このことはデジタル化のリスクもチャンスも減らしませんが、それらを適度なレベルに落ち着かせます。私たちは、AIシステムのプログラムを組み、データを情報に加工し、その情報によって何かを始めることができるようになります。そうすることで、進歩する技術のゆえに、私たちは実際に人類の存続を危うくしてしまいます。でも、その原因は、AIが知的生命体だからではありません。〔なるほど〕『2001年宇宙の旅』、『ターミネーター』、『トランセンデンス』〔ウォーリー・フィスター監督、二〇一四年〕、『her／世界でひとつの彼女』〔スパイク・ジョーンズ監督、二〇一三年〕、『エクス・マキナ』〔アレックス・ガーランド監督、二〇一四年〕のような映画で描かれるAIは、認知能力が自分たちよりはるかに劣る人類をいつか滅ぼしてやろうと決め込んでいます。そこではAIが、倫理的な原則にまったく従わない一種の人間的スーパーインテリジェンスとして想定されているのです。AIは、異なる考えをもつ者をすべて服従させ、抹殺する、きわめて危険で馬鹿げた独裁者としてモデル化されがちです。でも、その結果、本当のリスクが見過ごされてしまいます。

この本当のリスクについては、アメリカの人工知能研究者エリエゼル・シュロモ・ユドカウスキー（一九七九年生）が、ニューヨーク大学で開かれたAIの倫理に関する会議でその核心を見事に突きました。[141] 彼の挙げた（とてもアメリカらしい）例は、ウォルト・ディズニーの古典的名作『ファンタジア』（一九四〇年〔ベン・シャープスティーン監督〕）に登場する「魔法使いの弟子」のエピソードです。よく知られているように、このエピソードはゲーテのバラード〔物語詩〕「魔法使いの弟子」を映画化したものです。この詩では、魔法使いの弟子が「私」として語ります（ウォルト・ディズニーのほうでは、ミッキーマウスみずからがその役を演じています）。この魔法使いの弟子は、箒《ほうき》に命を吹き込み、自分の代わりに川から水を汲ませて水槽をいっぱいにさせようとします。

さあ、来い、古箒！
ぼろのはしきれを着ろ！
おまえはずっと前から〔老先生の〕召使い――
今度は私の望みをかなえるんだ！
二本の足で立って、
上は頭になれ！
さあ、急いで行くんだ
水瓶をもって[142]！

問題は、魔法使いの弟子が箒にインストールしたプログラムが不十分なものだったことです。このプログラムに組み込まれている効用関数は、水槽を満たすために箒に水を汲んでこさせながら、水槽がいっぱいになったら水汲みをやめることは定めていない、という紛らわしいものだったのです。

箒は魔法使いの弟子によってプログラムされているので、細部にわたり最後までそのプログラムに従います。箒は魔法アルゴリズムを実行することにかけては完璧ですから、誰が何と言っても水を水槽に入れるのをやめません。水が溢れようが、おかまいなしです。この箒は巻き添え被害というものを知りません。だって、巻き添え被害は、重要なこととしてプログラムされていなかったのですから。

大変な事態になるのを阻止するために、魔法使いの弟子は箒を壊そうと決心します。彼は斧で箒を叩き割り、この大騒ぎを終わらせようとします。〔しかし〕あいにく箒はあまりにも完璧にプログラムされていたので、今度は二つに分かれた箒の両方が仕事をやり続け、事態はさらに悪化します。

大変だ！　大変だ！
二片の箒は
大急ぎで立ち上がり
召使いとして
完全に独り立ち、
助けてくれ、ああ！　神さま！

そして、箒は走る！　ますますびしょびしょ、
広間も階段も水浸し。
なんとも恐ろしい洪水だ[143]！

ユドカウスキーによると、この話をデジタル化の問題に適用する際のポイントは、人間の生活形式

と一致したＡＩの価値観をどのようにプログラムすればいいのかを私たちが知らない、という点にあります。**価値の整合性**（value alignment）は、プログラムや行為者が追求する上位目標の体系と理解することができるでしょう。複雑な社会システムに組み込まれた個人としての私たちは、社会的な相互作用を行っているすべての人間が事実上同じ価値の整合性を共有している、という想定から出発できません。厳密に言えば、実際そんなことはないと知っているのです。

人間の社会システムの場合、小規模なグループの外部ではすぐにある種の複雑性に到達しますが、そこからはもう価値観の一致が保証されることはありません。それもそのはず、私たちは自分の価値観を確信をもって述べられないのですから。結局のところ、精神をもった自由な生き物である私たちは、自分が本当は何をしたいのか、決して完全には分かりません。ある状況下で、私たちに示される行動の余地はいったいどのくらいあるのでしょうか。そのことにともなう要因はあまりにも多いので、誰も自分のことなんてまったく知りません。だからこそ、一人一人の生の意味〔Sinn〕への問いが、日々新たに持ち上がってくるのです。

私たちは言うなれば、自分の内面に単純に目をやって、自分が実際にどのような価値に合わせて行動しているのかを申し開きできるほど、十分に自分のことを知ることはできません。ですから、ましてや複雑な社会システムの価値観が一致しているという想定から出発するなんてできるわけがないのです。では、ＡＩの効用関数をどのようにプログラムすれば、ＡＩが必ずしもただちにそれと気づかなくても、私たちに害が及ばないようになるのでしょうか。

ここで私は、**コンピューター**を、その状態の変化がプログラムによって制御される、私たちが作った一つのシステムと理解しています。コンピューターは人工物です。ＡＩについて語るとき、私たちは人工物〔Artefakte〕について語っています。まさに英語の人工知能（*artificial intelligence*）という言葉が示すとおりです。人工物が「知的」だとみなされるのは、人工物がどのようにデータを分類・処理するべきかについて、私たちがあれこれ考えるからです。データの処理とは、とどのつまり翻訳作業、つまりデータをコード化し、デコード〔復元〕することなのです。

ＡＩは一つのプログラムです。ＡＩの進歩は、私たちがさまざまなプログラムを統合し、誰も見通せないほど大量のデータを入力することで生じてきました。こうしたデータのコード化とデコードは、今日のコンピューターの〔高度な〕処理能力によって、人間の手によるよりずっと速く進みます。その理由は、私たちがコンピューターではないということにありそうです。

人間は人工物ではありません。生物学的に（感覚モダリティによって）データを捉えた上で、それを自分の有機的身体のうちで保存し、処理を進める生き物です。そうした生き物としての私たちは、まったくの自然なプロセスを経て誕生しました。そのプロセスは生命科学によって研究されますが、その際、進化論は新たな種が生まれる仕組みを今ある生命の形態に基づいて捉えています。私たちが生き物であるかぎり、つまり動物であるかぎり、私たちは人工物ではないのです。

コンピューターには生物学的な感覚モダリティがありませんから、コンピューターはナンセンスマシン〔感覚（Sinn）のない機械〕です。コンピューターは生命を営んでいません。もちろん、メタファーとして、コンピューターは生きているかのようだ、と言うことはできるでしょう。けれども、コンピューターが生きていると信じるなんて、迷信と同じです。コンピューターが生み出しているのは、ナンセンス〔無意味なこと／無感覚なこと〕だけです。私たちは、言語的な指示関係に基づいて現実のものと接触しているデータを絶えずコンピューターに与えてやることで、そのナンセンスのひずみを取り除き、何とか使える代物にしているのです。

照らし出された脳

二〇一六年に出版された『量子物理学から意識へ――宇宙、精神、物質』で、獣医で心理学者のブリギッテ・ゲルニッツと物理学者のトーマス・ゲルニッツは似たような結論にたどりついています。[144] ゲルニッツたちは量子論の解釈から出発していますが、この解釈はすでに〔物理学者の〕カール・フリードリヒ・フォン・ヴァイツゼッカー（一九一二―二〇〇七年）によって提唱されていたものでした。ごく簡単にまとめると、二人の著者は意識を、生きた脳の中で広がる量子情報の内的な光景として考えています。[145] そこでは、意識は「タンパク質が特定の立体構造に折り畳まれる」ように、本質的に「生命的な営みのプロセスに取り入れられ[146]」ます。

周知のとおり、同様に情報に反応する人工物がある。自動運転を行う車は、さまざまな情報に反応する、つまり情報を解読し、それに意味を割り当てる。例えば、歩行者や赤信号の前では停車する、という具合だ。このように理性があるようにも思える行動をとるにもかかわらず、この車は意識をもたない。だが、その背後には常に車の設計者の意識が潜んでおり、どの情報にどの意味を与えるかをこの人工物に割り当てているのである。[147]

このテーゼに同意するとしても、二人のゲルニッツが、どの程度意識を厳密にイメージしており、知的で非生物的な人工物に意識がないと自信をもって言えるのか、という問題が出てきます。彼らの論証における哲学的な弱点は、意識が進化によって成立した生きたシステムにしか存在しないという事実を単純に仮定してしまっていることです。その際、量子物理学的考察の範囲内ですが、意識は最終的に情報を受信するものと想定されています。つまり、意識は自然科学的に記述できるものだというのです。でも、〔情報を〕受信するものは他にもあります。例えば、彼らも認めているように、テレビも受信するものです。すると、私たちの意識はテレビとは別ものなのだろうか、という問題が生じます。別ものでないのなら、スマホのような知的で非生物的な人工物に意識がないと断じる理由は、もうありません。まったく反対です！

この問題に対処するために、二人のゲルニッツは**ユニウェア**という概念を持ち込みます。生き物はソフトウェアとハードウェアが一つになったもの、という意味です。そして、「情報の発信者兼受信者」[148]である神経細胞は脳内の電磁的事象と共同して働く、と想定されます。そのようにして、脳波計などで測定できる頭蓋冠の下の電磁的事象と神経細胞が相互に結びつく生化学的プロセスとのあいだで相互作用が生まれますが、この相互作用は人間の精神には一つのソフトウェアと一つのハードウェアがあるというイメージを弱めるとされます。というのも、人間の精神はむしろ完全に生物学的‐物理学的現象であり、それは神経生物学と量子論を一緒に用いなければ適切に理解できないからです。こうして、二人のゲルニッツは「意識とは、情報を認知し、経験し、それによって情報に意味を与えることを可能にする情報構造のことである」[149]とまとめています。

私としては、宇宙における意識の場所についての自然科学的な憶測に、これ以上深入りしたくはありません。哲学的観点から言えば、こうした量子論を使って意識をさばくというやり口は、面白くはあっても疑わしいからです。

第一の問題は、意識は自分自身を経験する情報構造である、というテーゼにあります。このテーゼは、それが説明しようとしているものをすでに前提しています。つまり、本当の問題は、ここでは経験なのです。私たちが意識的に経験することは、もしかしたら常に神経細胞と量子情報から成るユニウェアをともなっているのかもしれません。厳密に言えば、こういうことは経験的にはまったく解明されていません。というのも、例えば病院に搬送された患者が、たとえ意思表示できない状態でも意識があるということを測って示せるほど正確な意識のサインは、これまで知られていないからです。でも、それでは議論が始まりませんから、そのようなサインはある、といったん仮定しましょう。

それでも意識の問題は、「意識」という表現を、その定義において「経験」と置き換えたところで、解決したことにはなりません。なぜなら、そこで新たな問題が生じるからです。なぜ網の目状に相互につながる神経細胞のような「高度な複雑系」[150]には意識があるのに、太陽系、銀河系、あるいはホメロスの『オデュッセイア』のような他の高度な複雑系には意識がないのでしょうか。二人のゲルニッツがこの質問に答えられないかぎり、彼らが行ったユニウェアへの還元は、好感のもてるものではあっても、ヘーゲルが次のテーゼで表した「無味乾燥な断言」にとどまるでしょう。「しかし、無味乾燥な断言は、他の断言と同じ程度に妥当する」[151]。

ゲルニッツたちの立場は、量子論によって意識の研究の価値を高めようとする他のすべての試みと同じように、自然主義のさらなる変種であり、そのために失敗しています。思い出してほしいのですが、自然主義とは一般に、存在するものはすべて自然科学的に説明でき、理解できる、とする想定のことです。この観点では、意識は特に多くの困難をもたらします。つまり、意識が宇宙において実際に証明できる何らかの構造に組み込まれているとされるなら（神経細胞や陽子のように）、意識をもつものはその構造に制約されているのか、という問いがただちに生じてきます。意識は哺乳動物だけにあるのでしょうか。特定の神経系をもった生き物だけにあるのでしょうか。実は植物にもあったりして？　もしミツバチやゾウなどに意識があるとしたら、バクテリアや私たちの腸管はどうなのでしょう。私たちの腸には意識があるのでしょうか。私たちは脳の意識しか経験できませんから、腸の意識には気づきませんが、腸の意識のほうは、はたして脳にも意識はあるのだろうか、と思案しているところかもしれませんよ。さて？

意識をこのようなテーマとして扱った途端、スーパーインテリジェンスに門戸を開放してしまったことになります。もしかしたら電卓には意識があるのかもしれません。とっくの昔から、人間に対するＡＩ技術の陰謀があったのかもしれません。特異点には、もう到達していたのかもしれません。というより、私たちはスマート技術にインターネットで結合しすぎているので、スマート技術に操られている、と言ったほうがいいのかもしれません。だとすると、アメリカの大統領選挙で（もしそれが正しいなら）ハッキングしたのは、どこかのロシア人ではなく、自律的なＡＩシステムだったことになります。そのＡＩシステムがどう機能しているのかは、私たちのほうからは見通せません。ですが、自分たちのためにもっと多くのハードウェアを人間に作らせようとして、人間の歴史をコントロールすることを意識的に決めた、というわけです。

もちろん、このような憶測はナンセンスです。でも、哲学的陰謀論は好きなだけでっち上げられますし、本当のところどうなのか、およそ知らないあいだは、そんな陰謀論が正しいと信じることができてしまうでしょう。現実は確固としています。でも、私たちの概念が的確に機能を果たさないかぎり、私たちの知の主張〔知っていると主張すること〕はさまざまに変わります。これは特に、意識が担ぎ出されることに関して言えることです。というのも、意識は物質的なものではなく、そのために測定することができないからです。

意識ファースト——トノーニ、フッサールと出会う（そして追い越す）

イタリアの神経科学者で高名な睡眠研究者でもあり、ウィスコンシン大学マディソン校の睡眠・意識センターを率いるジュリオ・トノーニは、この問題を認識していました。そのために彼は〔ゲルニッツたちとは〕まったく別の道を選びましたが、それはちょっとした話題になりました。二〇一八年一月、チリ議会上院と当時のチリ大統領ミシェル・バチェレの招待を受けた私は、チリで毎年開かれている未来学の会議で、トノーニと数日間にわたって意識やＡＩについて議論を交わすという楽しい機会を得ました。[152]

トノーニは、意識と物質的現実の関係についての問題を徹底的に検討しています。そして、意識を脳あるいは他の複雑系によって説明することは決してうまくいかないということを認めています。[153]トノーニによると、宇宙の中で自然科学的に証明できるどのシステムに意識があるのか、という問いは、私たち自身の意識を出発点とすることなしには原理的に答えることができません。

こうした考えに基づいて、彼はクリストフ・コッホ（一九五六年生）と共同で執筆した論文で、コンピューターや――アルファ碁のような――ディープラーニング・システムは、まったく意識をもたない入力‐出力装置であり、知的なふるまいを装ってはいるが、知性はないことを示しています。[154]もしトノーニとコッホが正しいなら、チューリング・テストは否定されます。なぜなら、本当は知的でも意識があるわけでもないものが、外から見ると知的で意識的な生命と区別できないようなふるまいをすることもありうるからです。

このテーゼに対する経験的な考察に加えて、トノーニは自分の考えを改めるきっかけとなった哲学的な論証を展開しています。この論証は、内在的存在という概念に端を発するものです。**内在的存在**の本質は、あるものが自分が存在していることを自分で知る、ということにあります。実際、私たちは皆、自分が存在していることを自分自身で知っているでしょう。そうすることで、もちろん彼は有名な**デカルトのコギト**――われ思う、ゆえにわれあり――に向かおうとしているのです。

でも、そこからトノーニは、ルネ・デカルト（一五九六―一六五〇年）のように、私はどうやってか身体に迷いこんだ、ただの思考する者である、と結論することはありません。むしろそこでちょっと立ち止まり、私は意識である、という想定を行います。この戦略を、彼はフッサールから受け継ぎました。フッサールも、私たちはまず自分の意識を適切に記述するべきであり、自然のほうに向き合って、意識がどのように自然のうちに適合しているのかを問うのはそのあとだ、と述べていました。フッサールとトノーニによると、デカルトは自分が内在的に存在していることはしっかり認識していたにもかかわらず、自分の内在的存在を正しく捉えていません。フッサールの意識の哲学は非常に複雑ですが、トノーニの〔議論の〕長所は、疑いの余地なしとみなされるたった五つの公理で間に合うと考えられていることです。**トノーニの公理**とは、内在的存在、構成、情報、統合、排除のことです。

内在的存在は、もうご紹介しました。

構成の本質は、私たちの意識的経験には構造がある、という点にあります。私は自分の手とディスプレイを見ながら、チリのサンティアゴの道路の喧騒を聞いていました。その一方で、私はホテルの自分の部屋で、トノーニも同じホテルのどこかにいるのを意識しつつ、この文章を書いていました。どんな意識の状態も、何らかの構造をともなうのです。

情報とは、一つ一つの意識的経験が他のどの意識的経験とも異なる、という状況のことです。意識的経験は、高度に個人的なものとして、私や他の誰かが今後するであろういかなる経験とも異なります。トノーニがこの公理のために挙げた例は、フィルムのコマとのアナロジーです。どのコマもそのコマが含んでいるもの〔だけ〕を含み、他のどのコマとも異なります。

統合とは、どの意識的経験も単純にその経験の部分に還元できない構造をもつ、ということです。皆さんがSTRASSENBAHN〔路面電車〕という言葉に対してもつ意識は、STRASSEN〔道路〕という言葉に対する意識とBAHN〔鉄道〕という言葉に対する意識から成り立っているのではありません。仮にそうだとしても、だからといってSTR, A, SSEN, BAH, Nという断片から成る意識をもっているわけではないでしょう。

トノーニが**排除**を見て取っているのは、意識が完全に明確な仕方で限定的であることです。意識は、そのつど、そうあるがままに存在します。それ以上でも、それ以下でもありません。

これらの公理は、さらなるいくつかの哲学的問題を投げかけます。例えば、情報と排除の違いは何でしょうか。それについてトノーニは、情報は特殊〔*spezifisch*〕で、排除は限定的〔*definit*〕である、と言います。もし意識が特殊なら、そのことによって意識は限定的でもありそうです――トノーニが特殊だが限定的ではない情報がありうると考えていないなら、ですが。〔その場合〕こうしたことをトノーニは解明しなければならなかったでしょう。でも、本当の問題はこの公理系にあるのではありません。

彼のアプローチがもたらす困難は、トノーニが現実の残りのすべては――つまり内在的に存在していないものは――意識の視点からしか推測できないと考えている点にあります。彼は、唯一の保証された存在は意識の存在であり、現実の残りは――それゆえまた意識を物理的に実現することも――理論的に推論するしかない、と信じています。そのため、実は意識の外にはそもそも現実は存在しないという可能性が容認されるのです。確かに彼はそれを誤りだと考えていますが、意識の外に現実が存在しない可能性は、いわゆる最善の説明を導く推論によってしか却下できません。

最善の説明を導く推論とは、手許のデータに基づいて、どの原因あるいは原因の連鎖が最も確からしいかを決定することです。このようなきわめて日常的に行われている推論の簡単な例は、家に帰ろうとするとき、あたりの道が濡れていて空がどんよりしていれば、雨が降ったと推論する、ということです。最善の説明を導く推論は取り消すことができます（defeasible）。つまり、最善の説明を導く推論は、他の原因の連鎖を考慮することを原理的に厭わない時にしか用いることができません。ある事態の説明に持ち出されるものは、その枠組みのもとでは常に一つの仮定であり、それ以上の一義的に確定された事態ではありません。このように、最善の説明を導く推論は、確かなことは分からないという条件下で用いられます。

意識の存在だけが保証されており、意識的ではない（物理的な）存在はそこから推測するしかないのなら、すでに原理的に意識しか存在しないと認めていると言っていいでしょう。確かにトノーニは、それはまずありえないと考えていますから、独我論者ではありません。**独我論**とは、そのつどの自分の意識だけがあり、それ以外のものは意識の内容として理解される、と想定するものです。先にも言いましたが、トノーニはそんなことはまったく考えていません。でも、それは彼が独我論は整合的でないとみなしているからではなく、単に事実上誤りだと考えているからです。

彼のアプローチの特筆すべき、革命的とも言えるトリックは、そのおかげでトノーニが人間の脳内にある意識のサインを経験的手法を用いて発見する一助になりうる具体的な研究プログラムを的確に表現できる、という点にあります。なぜなら、この研究プログラムの枠組みでは、何かが意識のサインでありうるのは、先に挙げた五つの公理に反しない場合に限られるからです。ですから、トノーニは公理の他に公準を立てました。それは「意識的経験を説明するために、物理的諸システム（ある状態における諸要素）がもっているはずの諸性質」[155]です。

この研究プログラムのために、トノーニは幾人もの著名な神経科学者と協力しました。そこには、シアトルのアレン脳科学研究所を率いるクリストフ・コッホも含まれます。[156]コッホの数学的モデルは**統合情報理論**（Integrated Information Theory＝IIT）として知られていますが、その有効性が経験的に確証される範囲において、トノーニは次のような結論を導き出すことができます。つまり、これまで存在してきたいかなるコンピューターも――今日知られているハードウェアとソフトウェアがいかに改良されようとも――、人間の思考上の出来事あるいは感覚系を模倣するために作られた非生物的システムにすぎず、意識に到達することは決してありえない、というものです。

その理由は、彼の（実際に部分的には経験的に確証された）モデルによると、私たちの作った人工物の内部で行われている情報処理が適切な仕方で統合されていないことにあります。したがって、この精密なモデルを人工ネットワークに適用すれば、そのネットワークがまさにゼロ意識しかもたない（もちえない）ことの証拠となるでしょう。とはいえ、ここでは多くのことが、トノーニの行った論証のディテール次第です。しかも、その論証は、結局コンピューターが意識をもたないことを証明していません。反対に、インプットをアウトプットへと変換する、いわゆるフィードフォワード・ネットワークが彼の公準を満たさないことを示しているだけです。そこで彼は門戸を開いて、言語認識などに使われる、いわゆるフィードバック型・再帰型のネットワークには意識があるかもしれない、という選択肢を招き入れてしまいます。結局のところ、これまで発表された彼の論文では、特定のコンピューターには意識がともなわないことが示されただけで、基体からの独立性に対抗する説得力のある論拠は挙げられていません。もっとも、彼が現在、この成果をすべてのコンピューターに拡張する論文を発表する用意をしていることを私は知っています。残念ながらその論文はまだ世に出ていませんから、詳細について議論できるのは、もう少しあとのことになるでしょう。

とはいえ、哲学的に見ると、トノーニのアプローチは多くの面で革新的です。というのも、彼は特に新しい実在論の根本原理の一つを出発点とし、それを完全に自分のやり方で用いているからです。この根本原理は、私たちの思考ないし意識は山脈などと比べて現実性という点でいささかも劣るものではない、というものです。厳密に言うと、彼はこのケースでは、意識は山脈より現実的だとさえ考えています。山脈は、物理的で自立的な非意識的存在に対して適用される彼の定めた条件を満たさないからです。山脈において実現されている情報は、意識されるほど十分に統合されていません。このことは、統合情報理論（ＩＩＴ）の詳細な数学的説明から実際に導かれます。でも、それは別の話です。ここで考慮されるべきは、主観性――すなわち経験し、考える主観としての私たちの観点――という還元できない現実を認めることです。残念ながらトノーニは、機能主義に対抗する決定的な助け舟を出してくれませんが、この点に関しては彼の主張を追うのも一つの手です。

内、外、それとも、どこでもないところ?

トノーニは、その神経科学研究に支えられて、意識という哲学的概念を導入していますが、その概念は思考の感覚/意味を追求する私たちを助けて先に進ませてくれます。というのも、現在の科学的世界像のメインストリームでは、これまで相応の注意が払われてこなかったものに、彼が注意を喚起しているからです。[157] そこで問題になっているのは、私たち一人一人のそのつどの主観的経験がもつ構造と現実です。哲学では、これを現象的意識と言います。[158] トノーニは、この点について新たな貢献をしているのです。

彼の革新性を理解するために、志向性という一般的な概念に、もう一度戻りたいと思います(一二三頁参照)。志向性は、生き物の中で現れます。そのため、志向性は意識をもった生きたシステム(自己)を、一つの内容を介して、ある対象(ないしは複数の対象)に結びつける、現実に存在する構造だと言えるのです。したがって、簡単に言うなら、志向性は自己と内容と対象から成ります。

皆さん、今パリにいて、ちょうどエッフェル塔の前に立っていると想像してください。エッフェル塔は、今、皆さんの志向性の対象です。皆さんは、この対象に向かっている自己です。皆さんがエッフェル塔を表象し、想像力を使って思い描く一方で、エッフェル塔は皆さんに対して特定の仕方で現れてきます。例えば、この塔は形や色や大きさの比率をもっており、皆さんは視覚的なパースペクティヴから表象しています。そして、これらすべては内容に属しています。内容とは、皆さんが対象を——この場合はエッフェル塔です——表象するやり方のことです。皆さんの内容と私の内容は異なります。二人の人間が、あるいは同じ人間であっても時間が異なれば、同じ内容をもつことは決してありません。けれども、それぞれの志向性にとっての同じ対象は苦労せずに目指すことができます。

思想の中でエッフェル塔を目指し、エッフェル塔を表象しているあいだ、皆さんには意識がともなっています。皆さんは、まさにいろいろなことを経験しています。例えば、床と接触しつつ、本を手にして座っている（あるいは立ち読み中なら立っている）感じを経験していますし、内的な出来事に注意を向けるなら、体内から聞こえてくる若干の騒音に気づくでしょう（ご心配なく。これは心理療法でやる注意テストでも、仏教の瞑想でもありませんから！）。

では、皆さん、最近見た強烈な悪夢を思い出すか、記憶に残っている不安を一つ思い起こしてみてください（本当に心理療法でやる注意テストではありませんから……）。強烈な悪夢を見ているあいだ、皆さんは部分的に極端な感情を経験しています。皆さんの志向性が発揮されるたびに、何らかの感情がともなってくるのです（一四〇頁参照）。もちろん、いつも同じ内容をもった同じ感情ではありませんし、同じ対象と結びついているわけでもありません。好きな人を嫌いになることもあれば、その逆もあります。私たちの感情は、自分の注意が行き届く圏内にある対象の存在にもっぱら支配されることはありません。神経科学的な意識研究のポイントは、どの対象について考えるかという問題とは関係なく、私たちは主観的な経験をもっているという点にあります。夢の中で強烈な不安を覚えるという主観的経験は、現実世界で危険な状況を目の当たりにした時の主観的経験と同じくらい、胸を締めつけるものでありうるでしょう。

今日では、たとえ目覚めていなくて夢の中で意識があるような場合でも、私たちの経験する内容

〔形、色、匂い、視点など〕が存在しうることが分かっています。その場合、人の脳を特定の状態に置き換えることで、夢の内容を〔その人の〕主観の中に呼び起こすことができます――これは今日でもすでに部分的に可能ですが、将来はたぶん完全にできるようになるでしょう。

けれども、経験上知られているこの事実からトノーニが、思考と脳のあいだに何らかの同一性を導き出したり、脳が思考を引き起こすとか、それに類することを推論したりすることはまったくありません。彼が指摘しているのは、夢を見ている状態と目覚めている状態で、現象的に――つまり主体〔主観〕の経験にとって――完全に同一でありうるような主観的経験がある、ということだけです。この考え方は新しいものではなく、この頃は映画やテレビでさまざまなヴァリエーションが見受けられるようになっています。それはデカルトによって卓越した仕方で導入され、古代にその起源をもっているのです。[159] 皆さんは、中国の思想家である荘子〔前三七〇―前二八七年〕の提起した有名な問題――はたして自分は蝶になった夢を見ている人間なのか、人間になった夢を見ている蝶なのか[160]〔胡蝶の夢〕――を一度は聞いたことがあるでしょう。

トノーニは、主観的経験は目覚めた状態と夢の状態で現象的に同一でありうる、言い換えれば、この問題は経験的に研究することができると考えていますが、それは正しいことです。なぜなら、まさに彼と彼の同僚である多くの神経科学者たちはこの研究を行っていて、若干の成果も出ているのですから。これについては覆《くつがえ》そうとしないほうがいいでしょう。

幸いなことにトノーニは、この成果から、現実が意識からどのように独立しているかを認識することはできないとは結論していません。なんだかんだ言って、彼は本当の実在論者です。ですから、逆に意識を現実の中に引き入れます。そうして、意識は外部空間と対立する内部空間ではなくなります。意識の場所を有意味な仕方で特定することはできません。確かに神経の意識上の担い手は存在していますし、それは意識の始まるところで――そして意識の始まるところでのみ――見出すことができます。ですが、それは神経の担い手が存するところに意識があるという意味ではありません。意識はそれ自体が現実ですが、その構造的な特性のために、いかなる物質や複雑な配置も担うことができないのです。

コンピューターや製造可能なロボットに対して、主観的経験という意味での何らかの種類の意識を帰属させるための検証可能な根拠はありません。ところで、そのことはロボット工学の第一人者ナディア〔Nadia〕・マニュナ・タールマン（一九四六年生）も指摘しています。彼女が作ったソーシャルロボットであるナディーン〔Nadine〕は、映画『ウエストワールド』〔マイケル・クライトン監督、一九七三年〕の新しいHBOテレビシリーズ版に登場するロボットのモデルになりました[161]。近いうちに、あるいはいつか知性の巨大爆発が起こり、デジタルな仕方でネットワーク化された機械によって、この惑星が乗っ取られるだろうと信じることが、このレベルでもまったくのSFであることは明らかです。

湿っぽくて絡み合った一個の現実

コンピューターは思考し、知覚することができるのか、という問題（答えはノー！です）に関する経験的で進展しつつある研究を訪ねるのはこのくらいにして、私たちの考覚、ヌースコープの哲学的探究に戻りましょう。ヌースコープを理解するためのモデルとして、新しい実在論は一役買っています。一般に、**新しい実在論**は、(1)対象と事実はあるがままに把握できる、(2)対象と事実が存在する意味の場は無数にある、と主張します。すべてを包括する一つの現実があるのではありません。世界そのものは決して存在しません。このことについては、別のところで詳しく論証しました。[162] 考えるという感覚／思考の意味という問題に対しては、次の例を挙げて、新しい実在論が私たちの考察に及ぼす効果を解説するだけで十分でしょう。

皆さん、今ナポリにいて、ヴェスヴィオ山を自分の視点から見ていると想像してください。同じとき、いちばんの親友はソレントにいて、同様にヴェスヴィオ山を眺めています。両者はヴェスヴィオ山という同じ対象を見ているわけです。**古い実在論**は、この場合、現実はヴェスヴィオ山を含むけれども、両者の視点は含まない、と想定しました。このことを、私は拙著『なぜ世界は存在しないのか』で「観察者のいない世界」と名づけました。[163] 古い実在論は、その批判者に目撃者の役割について疑問を投げかけます。だって、これでは目撃者のいない世界の隣に「目撃者の世界」[164]があるかのようですから。この状況を言い表す古典的な表現は、主観と客観の分裂です。**主観と客観の分裂**とは、一方に主観から独立した現実があり（客観あるいは客観的なもの）、もう一方にはその現実のほうを向く主観がある、というものです。

現代の科学的な世界像は、主観と客観の分裂をまったく克服していません。というのも、たいていは、私たちの頭蓋冠の外にある現実と脳内の内的出来事とのあいだには根本的な違いがある、という点から出発するためです。主観と客観の代わりに、例えば脳と宇宙が登場するのです。

すると、ただちに脳だって宇宙の一部ではないかと思うでしょう。でも、まさにこのことが、今日多くの人から神秘とみなされている意識の謎を投げかけるのです。脳は、それ自体が（湿っぽくて絡み合った）一個の現実なのに、主観性を、つまり現実への視点を生み出すなんて、どういうことなのでしょうか。イギリスの生物学者トマス・ヘンリー・ハクスリー（一八二五―九五年）は、かつてこう述べました。

> 意識のある状態のような注目すべきことが、どうしたら神経組織の興奮の結果として生じるのかは、アラジンがランプをこすると〔魔神の〕ジンが現れるのと同じくらい説明がつかないことだ。[165]

主観と客観の分裂は、人間の知に関する深い考察に根ざしています。けれども、まさにそこが難しい問題なのです。なぜなら、主観と客観の分裂はデカルトの後継者と目されていた人々のあいだで大きな役割を果たしていましたが、それはほとんど無批判に引き継がれ、その結果、科学的認識にゆがみを生じさせたからです。私はそのゆがみを、初歩的な思考訓練でまっすぐに正したいと思います。

科学的な認識を獲得しようと思うなら、まず当たり前に見えることに疑念を呈する必要があります。その際、目的は、私たちが信じているすべてのことを徹底的に疑うことではなく、さまざまな現象間の関係をよりよく理解すること、あるいは理論的に説明することです。**現象**とは、まったく媒介されず、フィルターにかけられることもなく私たちに現れるものだと勘違いされていますが、結局は感覚的に媒介される一つの知覚です。

一八世紀と一九世紀には「現象学」という言葉は、もともと錯覚ないしは幻覚の理論を指していました。こうした理論が求められた理由は、私たちが自然に発生した印象を受け取る際に、何が起きているのか簡単には読み取れないことにあります。何といっても私たちは間違いを犯しがちですが、それは私たちが現象をあまりにも安易に信じてしまうことにかかっています。だって、現実を完全に捉えそこねるなんてことはありえませんから。ですから、いくつかの現象が私たちを事実と結びつけているということは、是が非でも確信できることです。でも、残念ながら、どの現象がそうなのか、いともたやすく分かるということはありません。ですから、現象学が必要とされたのです。

現象学では、存在〔Sein〕ではなく、見かけ〔Schein（＝仮象）〕が根本的なテーマになります。ある事柄を科学的な仕方で扱うとき、私たちはそれを単なる現象だろうと想定するところから出発するしかありません。そうして新たな連関を推測し、それをモデルで表します。こうしたモデルは見かけを取り払い、私たちが存在に——すなわち事実に——近づくことを保証しなければなりません。

ここで言う**モデル**とは、現実の状況を単純化して描いたものです。モデルは、直接には目立たない本質的な連関を強調します。例えば、素粒子物理学の標準モデルは、どんな素粒子が存在し、それらが一般にどのように互いに統合されているのかを教えてくれます。けれども、このとき素粒子物理学は、決して素粒子が関わる具体的な状況で起きていることをすべて記述しているのではありません。対象の本質的な性質にだけ着目することで、広範囲に有効な結論を引き出し、素粒子に関わる現実を単純化しているのです。

　こうして、素粒子の性質が決定的な役割を果たす現実の状況の説明を進展させることができます。モデルが使えるのは、素粒子がそのモデルの捉えている性質を実際にそなえているからです。モデルは対象の性質をそのままコピーしたものではありませんから、もちろん自然科学には一定の裁量の余地があります。素粒子の性質を数学の言語に翻訳するには、理想化する必要があるのです。物理学の授業でおなじみですが、大砲の弾と羽根は実際には同じ速さで同時には落下しません。同時に落下するのは真空の中だけ、つまり特殊な条件の下だけです。ニュートン力学のようなモデルは、起きていることをすべて記述し、説明するわけではありません。古典力学は、一定の予想と説明を許容する、まさに一つのモデルなのです。

　モデルに説得力があり、その予想が当たるためには、なおさらモデルは現実のコピーであってはなりません。モデルは「自然の鏡[166]」ではないのです。もしモデルがコピーだったら、何の効用もないでしょう。だって、現実を直接観察すればいいのですから。

　例えば、どこかの科学博物館に、オランダ沿岸を模したプラスチック製の〔地形〕モデルがあると考えてください。これは、気候変動の影響を研究するための装置です。そのため、このモデルにゆっくり水を流し入れて、どの地域が水没するか、もし水没する場合、例えば気候変動の進行中にどのくらいのオランダ人難民がドイツに来るのか、などを予想します。このようなプラスチック製のモデルは、ハーグの〔ミニチュアパーク〕マドローダムにあるミニチュアのオランダが第二のオランダでないのと同様に、一〇〇パーセントのミニチュアコピーではありません。モデルは現実のものの基本的特徴を捉えているとされるものですから、単純化などによって歪曲することは、ある程度、許されているのです。

ここまではけっこうです。ここからやっと認識論の楽しみが始まります。皆さんは、目下の文章を読むあいだに、私の手ほどきによって、自分で頭の中に一つのモデルを組み立てたことになります。このモデルは、さまざまなモデルにとって本質的な基本的特徴を捉えています。これを単純なモデル－モデルと呼びましょう。

単純なモデル－モデルは、二つの部分から成ります。モデルと、このモデルによって単純化された現実のものです。さあ、ここですべてを決定づける問いがしゃしゃり出てきます。私たちはモデルが捉えているとされる現実のものを、どのモデルにも依存せずに捉える、と言うことができるでしょうか。仮にモデルが捉えているとされる現実のものを、どのモデルにも依存せずに捉えることが無理だとしたら、そもそも何らかの現実に本質的な基本的特徴というものがあり、それらは認識可能だということをどうして知りうるのか、という問題が生じます。つまり、私たちはモデルについて、とんでもない思い違いをしているのかもしれません。独立したチェック機能など、もはやまったく存在しないのかもしれません。なぜなら、どんなチェック機能も、結局その本質はせいぜい別のモデルを作ることのうちにしかないでしょうから。すると、先ほどと同じ問題が新しい視点のもとで投げかけられていることになるのです。このようにして入り込んでしまう状況を、ルートヴィヒ・ヴィトゲンシュタインは『哲学探究』の中で的確に描いています。

我々の想像の中にしか存在しない表を考えよう、例えば表の形をした辞書を。Xという言葉をYという言葉で翻訳することを、我々は辞書を使って正当化できる。だがその表が想像の中でしか調べられない場合、それでも我々はそれを使うことを正当化と呼ぶべきなのか？――「なるほど、でもその場合はまさに主観的正当化なのだ。」――そうじゃない、独立した審査に訴えるからこそ、正当化は正当化と呼べるのだ。――「そう言うが、ある記憶に関して、別の記憶に訴えることもできるじゃないか。（例えば）列車の出発時刻を正確に覚えているかどうか確かでない場合、私は記憶の中の時刻表のあるページの像を思い浮かべてチェックする。これと同じことじゃないか？」――それは違う。なぜなら、君の今のケースでは、正しい記憶が実際に呼び起こされなければならないからだ。想像の中の時刻表の像の正しさそのものが調べられないのなら、どうやって最初の記憶の正しさをそれによって立証できるのだろうか？（それができると思うのは、今朝の新聞に書いてあることが本当かどうか確認するために、同じ新聞を何部も買うようなものだ。）

想像上の実験の結果の想像が、どんな実験の結果でもないのと同様に、想像の中で表を調べることは、どんな表を調べたことにもならない。[167]〔『哲学探究』鬼界彰夫訳、講談社、二〇二〇年、二〇〇―二〇一頁〕

モデルによって扱われる現実のものがあるということと、それがどのような性質をもっているかということをモデルという枠組みの中でしか知ることができないとしたら、私たちは、現実のものが存在することを確証できないでしょうし、それがもつ性質を認識することもできないでしょう。結局、私たちにできるのは、いつだって（せいぜいのところ！）事実を言いあてることだけだ、ということになるでしょう。まさにこれをやろうとしているのが、近年アメリカ大統領の周辺で飛び交っている、事実に対する大衆迎合的な誹謗中傷です。なぜなら、もし事実が推測して言いあてるものでしかないのなら、気候変動や科学的認識を通じた社会の進歩を退けて、迷信という馬のほうに賭けることもありうるからです。

もちろん、状況はもっと深刻です。もし現実のものについてモデル‐モデルのうちでしか知ることができないとしたら、このことはモデル‐モデル〔そのもの〕についてもあてはまるでしょう。すると、私たちはモデル‐モデル‐モデルをもつことになるでしょうし、こうしてさらに続くでしょう。この悪質な無限後退を防ごうとするなら、ゲームのルール上、どこかで当て推量をする、という手しか残されていません。でも、それは科学的客観性を台なしにすることです。これを、**モデルのいやらしい無限後退**と呼びましょう。

当然ですが、どの無限後退も悪質だというわけではありません。でも、モデルのいやらしい無限後退は、とにかく悪質です（だから、いやらしいと言うのです！）。認識論で無限後退が悪質であるのは、次のような仕方で無限後退が引き起こされる時です。それは、どうすれば認識できるかを認識する以前に、どうすれば認識できるかを認識するために導入したルールを延々と反復して適用せざるをえないような状況のことです。

モデルのいやらしい無限後退は、科学的世界観の根底に横たわる主観と客観の現代的な分裂の一つの帰結です。この世界観は、確かにすべてを根本から問いただそうとするものではありません——そんなことをしたら、結局は科学的なモデルを作る余地がなくなってしまうでしょう。でも、そのようなモデルを作り上げようとする試みのせいで、まさに避けるべきもの、すなわち根本的な懐疑が出現してきます。この懐疑は、一見したところ、実際にそうであるほど根本的ではないように見えます。というのは、どのモデル〔形成〕の段階でも、ちょっと立ち止まり、反省のための休憩を入れて、自分が採用している視点から現実の風景を考察することはできるように思えるからです。でも、これは単なる現象にすぎません。そのようなやり方では、決して何かを現実的に観察する立場に至ることはありません。

ですから、私たちは科学的進歩の名においても、単純なモデル - モデルと、その根底に横たわる主観と客観の分裂を克服する必要があります。

第５章

現実と
シミュレーション

これまでの章で、私は思考が主観と客観を結びつける現実的なインターフェースであり、客観的に存在するものであることを皆さんに納得してもらおうと試みてきました。人間は特別に発達した考覚——ヌースコープ——をもっており、それを駆使することで私たちは思想／考えられたものの現実を見てまわることができます。思考は、それ自体が現実的なものなのです。

さて、この章では、私たちが媒介的な立ち位置にあるということの実在論的なイメージをさらに描き出していきます。そして、この関連で、当然のことに、現実ないしは現実のものとはどういう意味なのか、そして私たちはどの程度しっかり現実とつながっているのか、という問いに答えなければなりません。つまりは、いよいよ正念場です。現実とは何か、そして私たちの思考は現実とどのように接触しているのか、という問いに答えるのです。

私たちの想像力の翼も、（ビデオゲームなどの）仮想現実を体験させてくれる現代のシミュレーション技術も、現実から現実的に逃避するのに十分ではありません。私たちの想像力によって広がる数々の意味の場は——それらを私たちは芸術作品、ビデオゲーム、小説、白昼夢、イデオロギーとして客観化させるのですが——それら自体が現実のものです。これが新しい実在論の捉え方です。

新しい実在論は、今日見られる現実の疎遠化に対抗します。このことは、二〇一四年に『ツァイト』紙に七回シリーズで掲載された新しい実在論に関する特集で〔ドイツの批評家〕イリス・ラディッシュが掲載した寄稿文の中でまったく的確に捉えられています。[168] そこでラディッシュは、現実はSFになったと考えており、マウリツィオ・フェラーリスと私に一種のポストモダン的ノスタルジーのレッテルを貼って、次のように述べています。

マルクス・ガブリエルやマウリツィオ・フェラーリスのような哲学者は、スクリーンセーバーを突き破れる「新しい実在論」を求めているが、そのスクリーンセーバーの背後では、本当の人生が、無数の構造物とポストモダン的な上書きから成る氷の層の下で保存されているかのように冬眠しているのだ。

とはいえ、現実がSFになった、という主張はいただけません。現実は決してSFにはなっていません――それに、まったく消滅もしていません。確かに、SFは存在しますし、一昨日はSF上の物語だったものを現実化するような技術の進歩は存在します。でも、だからといって、決して現実がSFになったのではありません――もう一度読めば、間違った想定であることが暴露されるような主張です。

ポストモダンの社会学者ブルーノ・ラトゥール（一九四七―二〇二二年）の著書のタイトル（『私たちはモダンであったことはない』[169]）を逆手にとり、新しい実在論は、私たちはついぞポストモダンであったことはない、と述べます。いまだかつてポストモダンが存在したことはありません。私たちは、至る所に落とし穴があるモダン〔近代〕に膝まではまり込んでいるのです。

現実のものとは、フィクションにフィクションを重ねても抹消できないもののことです。自分の人生をビデオゲームやSNSで費やしている者は、そのとき現実から逃げているのではなく、現実のど真ん中でふるまっています。テクノロジーと、フィクションという意味の場は、物質代謝や腹痛や連邦首相府に少しも劣ることなく、現実的なのです。ラディッシュが要求すると同時に皮肉っぽく取り下げている、SFと現実のコントラストは根拠のない現実の捉え方に基づいていますが、それこそが、私が「古い実在論」と名づけ、誤りとして退けたものです。

古い実在論、ないしは形而上学的実在論は、現実を本質的に人間から——つまり、例えば私たちの感覚、思考や言語から——独立したものとしてイメージしています。でも、その独立が何に存するとされるのかを詳細に示してくれたことは一度もありません。古い実在論とそれに対するポストモダン的過剰反応（と称されるもの）は、フィクションです。それは、結局は整合性のない主観と客観の二分法の枠内で試みられたものの、失敗に終わった知的整理の企てでした。

新しい実在論は現実から疎遠になることに対して真っ向から異を唱えますが、そうした疎遠化を決定的に特徴づけるのは、私たちが皆、思考というフィルターバブルに、あるいは、思考のエコーチェンバー〔反響室〕のうちに囚われているという印象が広まっていることです。でも、これは結局、おそらくは現実のうちに身を置かずに済ませるための怠け者の言い訳にすぎないでしょう。そして、その言い訳とは、公共性の構造をさらに転換させる多面的な推進力が働いているから、というものなのです。[170]

ここでの構造転換は、Repräsentation（と私が呼ぶもの）の二重の意味における危機において姿を現します。

第一に、思考と現実の関係に関わる、認識論的な意義をもつ苛立ちが蔓延しています。私たちは現実そのものを、それがあるままに——おおよそにでも——イメージできるでしょうか。何もかもが複雑すぎて、モデルやシミュレーションを使ったところで、ほんのわずかでも把握したり計算したり予測したりすることはできないのではないでしょうか〔ここでの Repräsentation は「表象、表現」の意味〕。

第二に、これと同じ枠組みにおいて、私たちが選んだ代表が、つまり民主的に認められた私たち国民の代表がもはやまったく何ものも代表していないか、あるいは、その代表が品のない神話によってみずからでっち上げた仮想国民に向かって語らざるをえない状況に追いやられている、という印象が生じています〔ここでの Repräsentation は「代表」の意味〕。現実のものを表象することの危機と、代表制民主主義の危機は関連があります。というのも、現実のものの表象の危機は、客観的に成立している事実に対して疑問を投げかけ、そのため民主主義にとっては、いわゆる「ポスト真実《トゥルース》の時代」を生き延びることが困難になってしまうからです。

今日私たちが民主主義の危機として体験していることは、実際にデジタル革命と密接に関係しています。けれども、デジタル革命はおのずと民主主義の弱体化をもたらす、と信じるのは間違いです。民主主義をおのずと廃止に導くものなど存在しません。デジタル化とその結果であるサービス産業におけるワークフローの自動化を通して、あるいは工場の稼働を最適化するＩｏＴ〔Internet of Things（＝物のインターネット）〕を通して、私たちは完璧なアルゴリズムという素晴らしい新世界を開く寸前まで来ている、と考えるのは危険な誤解です。私たちによる重要な決定をコンピュータープログラムに委ねることはできませんし、そうすべきでもありません――ところで、コンピュータープログラムのコードは必ず人間によって書かれたものですから、その人間は、暗示的であれ明示的であれ、自分自身の価値基準をプログラムに転換しているのです（二六二頁以下参照）。

周知のように、民主主義は一人前の市民と、それに対応した一人前の代表者を前提にしています。国民の代表者たちは、新たに出現したデジタル公共性のせいで、ニューステロップの流れるガラス張り装置の中に入れられ、加速するスキャンダルのただなかにいます。こうしたことは、現アメリカ〔トランプ〕政権周辺のスキャンダル産業の馬鹿げた実験ラボに入って研究することができるでしょう。それは残念ながら影響力をもちすぎてしまったリアリティ・ショーにそっくりですが、この出来事はすべて完全に現実的です。SFはまったく関わっていません。関わっているのは、ただ、進歩したコミュニケーション・テクノロジーと、時代の挑戦を目の当たりにして、今、政治にはどんな意味があるのかと問う市民の動揺だけです。

デジタル化の挑戦に本当に立ち向かうためには、現実との関係の稀薄化をどのように克服するかについて明確なイメージをもたなければなりません。哲学的に考えるなら、それに付随するのは、現実との関係が稀薄になっていると思われる時に用いられている暗示的あるいは明示的な論証モデルを公にすることとです。私たちの考覚が事実から逸れている時に意図せずに生じる誤謬を指摘することで、何よりもまず新たな思考の筋道が生まれるのです。哲学は、病んだ考覚に対して診断を下すこともあります。このことをヴィトゲンシュタインは「哲学は問題を治療する、まるで病のように」[171]と言いましたが、まさに言いえて妙です。もっとも、この言葉は意味深長です。というのも、問題の哲学的治療それ自体が一つの病であるとも考えられるのですから。理性の、つまりは私たちの考覚の自己診察／自己探究は、見つけ出して克服すべき間違いに対して免疫のように自動的に抵抗するのではありません。でも、だからといって自分を疑う必要はありません。だって、間違いは処理されるべき治療課題の一部なのですから。

空想はスマホと出会う

今日蔓延している現実との関係の稀薄化は、そもそもあるものを知覚している時に何が起きているのか、ということの捉え方が歪んでいることに基づいています。この歪んだ捉え方は、私たちの知覚をシミュレーションとみなします。つまり、せいぜいのところ、多少なりとも偶然に現実と結びついている空想だというのです。それゆえ、この捉え方によると、知覚は決して現実のものについてのそれ自身現実的な把握ではなく、一つの幻想なのです。

私たちの感覚モダリティは〔伝達〕媒体です。**媒体**とは、情報をあるコードから別のコードに書き換えるインターフェースのことです。皆さんはちょうど文章を読んでいるところですね。では、次の記号を、意味のことは問題にせずに、とにかくじっくり見てください。σκιᾶς ὄναρ ἄνθρωπος または、道可道非常道、名可名、非常名。

ここに印字されたギリシア文字ないしは漢字を読めるなら、この文を読み上げて、どういう響きがするか、ちょっと注意を払ってみましょう。読めなければ、これらの文をグラフィックアートの見本として眺めてください。いずれの場合にしても、皆さんが見て、聞いて、理解しているものは、それぞれ異なるコードで作成されています。見る、聞く、理解する（理解は思考の一つの様相です）という感覚モダリティは、相互に翻訳することができます。例えば、この文章のように、一つの同じものを見ることもできれば、聞くことも理解することもできます。さまざまなコードが同じ情報を異なる媒体で表しているのです。だからといって、私たちはコードが表していることを直接把握できるわけではありません。反対に、このことは、私たちが与えられた媒体において、その媒体が私たちに表しているものを把握していることを意味しているのです。

どのような媒体も、すべてを一度に把握することはできません。どの媒体も、およそ〔情報として〕処理できるものすべての中からどれかを選び出しています。その意味で、媒体は偏っています。それでも、媒体コードは何かを歪曲しているのではありません。私たちは、ある媒体から別の媒体に翻訳する過程で情報を歪めてしまうことがあります。それに、自分の考えを表現するいかなる媒体においても、私たちは偽りを述べてしまうことがあります。けれども、私たちと現実のあいだに「端的に分離する境界線[172]」を引くことは、媒体の本質ではありません。現実のものは、すべて常にすでに一つの媒体の中に現れているからです。バリオン物質は、バリオン物質に基づくこの紙、つまり、その上にこの文が印刷されている紙と同様に、一つの媒体です。アドルノは、この洞察を次のような媒体論的な定式にもたらしました（**アドルノの仲介宣言**）。

ごくわずかではあるが、主体と客体という両極のように、仲介は具象化される。仲介は、この状況においてのみ有効だ。仲介は、仲介されたものを通して仲介される。[173]

媒体は、私たちと現実のあいだに存在するフィルターではありません。現実のものが私たちに対して特定の仕方で現れるようにさせるインターフェースです（八二頁、「直接実在論」参照）。本書のさまざまな版には文字が印刷されていますが、そうした文字は現実のものです。文字は、さまざまな感覚モダリティに作用します。文字がどのように処理されるかは、媒体次第です。私たちの感覚モダリティは、自然科学的に記述できる媒体と関連します。真空（例えば月の上など）では音は聞こえませんし、暗闇では何も見えず、読めませんから。光も情報をコード化できますから、媒体の一つです。そうでなかったら、真っ暗な部屋で電気を点《つ》けても何も見えないことになるでしょう。

ある媒体において対象が現れるそのあり方が、対象の意味〔Sinn〕です（四二頁、および四五頁以下参照）。私たちの感覚モダリティは感覚の形式であり、私たちを意味の場、つまり特定の観点からのみ把握できる数々の対象の配置に接触させます。無意味な対象、すなわち、いかなる媒体にも現れることなく、ただ単にそこにあるという対象は存在しません。人間から独立している宇宙の領域でさえ、媒体によって構造化されています。なぜなら、この領域の中にある数々の対象は、特定の仕方でネットワーク化されているからです。ですから、私たちのさまざまな感覚は、現実のものの構成要素であり、それ自身、別の現実のものと接触している現実のものなのです。私たちにとっては、考覚のおかげで、こうした状況の側もアクセス可能なものとなります。

人間から完全に独立して存在する意味もあります。現実のものは、人間によって精神的に照らされており、それゆえ私たちがこの地球という惑星に出現する以前は、いわば完全に意味を欠いていた、ということは決してありません。仮にそうだとしたら、現実のものについて、それが人間が存在する以前にどうだったのかは、どうにも知りえないことになるでしょう。なぜなら、その場合、現実のものはまったく意味を失っていて永遠に媒介不可能だったことになりますから。

意味を欠いた対象というものは存在しません。**意味を欠いた対象**なるものがあるとしたら、それは、いかなる媒体にも現れず、いかなる意味においても情報の担い手とならない対象でしょう。もちろん、媒体のうちに浮かび上がってこない、原理的に私たちには把握できない対象はたくさんあります。例えば、ブラックホールの中の対象〔物体〕は、すべてそうです。どんな情報もブラックホールからは脱出できませんから。たとえこの問題がどうにか解決されたとしても、さらに私たちが把握するにはあまりに遠く離れている（そうですね、今日の知見によると〔宇宙の果ては〕約一四〇億光年以上先です）対象もあります。でも、だからといって、それらの対象が媒体の外に存在しているわけではありません。

一つの、あるいはいくつもの媒体の中にある複数の対象同士の関係を、すでに述べたように（四二頁参照）、私は意味の場と呼びます。なんでしたら、ここまでの話の流れに合わせて、私たちの思考を場の意味と捉えることもできますよ。つまり、私たちは意味の場の中にいるのであって、〔だからこそ〕意味の場を認識できる、ということです。意味の場の存在と取り組む哲学理論（つまり私の理論）は、したがって意味の場の存在論なのです。この理論によると、孤立して登場する剝き出しの対象というものは存在せず、存在するのは常に特定の媒体の中に現れる対象だけです。この対象は媒体の中に現れますから、コード化も復元もできます。こうした出来事は、現実に存在していますし、ほぼ完全に人間から独立しています。それらは私たちの関与なしに生じます。私たちが存在する以前から生じていましたし、私たちにとって認知の原因となる範囲を超えたところで、まさに生じているのであり、人間がもはや存在しなくなっても、やはり生じるでしょう。

媒体とは、現実から距離をとるものではなく、現実のもののうちで現実的に介入するもののことです。このことは、インフォスフィア／情報圏という媒体《メディア》の状況にもあてはまります。どのクリックも、この惑星のエネルギー事情への介入です。ワールド・ワイド・ウェブを可能にしているサーバーがどれほどのエネルギーを消費しているか、ネットサーフィンを続けるために皆さんがどれほど頻繁にスマホを充電しているか考えてみてください。ポータルサイトにあるニュース速報のバナーの更新には、ことごとくお金と時間とエネルギーがかかっています。皆さんが読み、精神的に関心を寄せているニュースは、どれも皆さんが実際に身を置いている状況を変えています。皆さんは決して非現実的な覗き穴を通して外から宇宙を眺めているのではなく、現実のものの中に存在しているのです。そこから逃れることはできません。

現代の根本的な誤謬の一つは、私たちの媒体状況に対して現実離れした捉え方が、つまり誤った捉え方がなされていることです。ニュースは単に精神的な出来事ではなく、現実のものへの介入であることが見過ごされています。媒体は、人間が何をどう考えるかということに影響するので、人間がなすことにも影響を及ぼすのです。このことは、正しい情報が広まろうが、いわゆるフェイクニュースが広まろうが、一般的には関係ありません。その際、私たちの媒体状況がこの惑星に極端な影響を与えていることが、とりわけ注意を引くわけではありません。大なり小なりグローバルなネットワークを維持するには時間とお金がかかります。だからこそ、ただ私たちが特定の情報に関心をもつだけで富が増える人もいるのです。というのも、こうした情報の供給は物質 - エネルギー的な基盤の上に成り立っているからです。

今日、人々は偽りの理想世界に逃げ込んでいます。この偽りの理想世界は、私たちがいっときも退屈しないようにモニターの前に座っているとき、自分がインフォーグとして、つまり情報サイボーグとして、動物性から解放されて現実世界からはるかに離れたところにいる、という思いを抱かせます。でも、事実は反対です。私たちは現実のものをデジタル化することで、それを変容させてしまうのです。なぜなら、そうすることで、いささかも非現実的ではない新たな媒体を生み出しているからです。

私たちの生は、決して夢ではありません。精神をもった生き物たる私たちは、きわめて現実的に生を遂行しています。このことをついに納得した時にのみ、よりよい人間の未来への希望が生まれるのです。厳しい言い方をするなら、今日、神経科学の背後に隠れるのが好きなポストモダンの媒体論は、まるで目を閉じさえすれば自分が誰からも見えなくなると信じる幼い子供のように考えています。けれども、私たちが目を逸らしても現実のものはまったくと言っていいほど何も変わりません。これこそ、現実の決定的な指標です。目と耳を閉じ、思考を麻痺させた時に私たちが獲得する変化は、結局は自分たちが愚かになるということだけでしょう。そうすると、愚か者のあいだでは、凡庸な者が王様になってしまうのです。

避けられない「マトリックス」

ウォシャウスキー姉妹〔The Wachowskis〕による『マトリックス』三部作の第一部は、一九九九年に公開されました。この作品は、程なく〔現代〕文化の記念碑に刻み込まれることになりました。というのも、現実なんて大したものではないかもしれない、というポストモダンの根本的な疑いを的確に表現しているからです。映画の中核部分は、次のように構成されています。簡単に要約してみましょう。

まず映画の主人公たちは、リアルにプログラムされたビデオゲームによく似た、見せかけの現実（シミュレーション）の中で登場します。この見せかけの現実が「マトリックス」と呼ばれるものです。

シミュレーションとは一般に、一つの別の現実に似せた、見せかけの現実のことです（ラテン語の動詞 *simulare*「そっくりにする」に由来する *simulatio* より）。シミュレーションは現実的ですが、ふつうはそれ自体はシミュレーションではない一つの現実のものを、特定の観点から模倣したものとして成立しています。それ自体はシミュレーションではなく、生き物の意図によって生み出されたものでもないものを、**基盤現実**の一部と名づけましょう。基盤現実とは、「原初的な実在の過ぎ去りし夢」[174]ではなく、ごく簡単に形成されるカテゴリーのことです。シミュレートされた人工物でもなく、生き物によって意図的に作り出された別のあり方の人工物でもないものは、たくさんあります。月、火星、太陽系、人間の脳腫瘍、レプトン粒子、素数、まだまだあるでしょう。基盤現実の要素の候補については論争があり、自然科学でも哲学でも問題になります。けれども、基盤現実というカテゴリーは空っぽだと主張するのは、ポストモダンの誤謬です。[175]

『マトリックス』の思考実験でさえ、基盤現実が実在することに疑問を呈してはいません。正反対です。映画の中のマトリックスは、荒廃した基盤現実から区別されたシミュレーションなのですから。この映画における基盤現実の本質は、機械が人間をエネルギー源として利用していることにあります。人間の身体を長く生かしておくために、機械は人間の脳に刺激を与え、人間にはまったく現実のように見える夢現実を作り出すのです――つまり、かなり完璧なシミュレーションです。このような脳への刺激による完璧なシミュレーションというアイデアは、SFでは昔からありました。やはり一九九九年に公開されたデイヴィッド・クローネンバーグの傑作『イグジステンズ』のことも考えてみてください。目下のところ、こうした映画ジャンルの代表格は、イギリスのテレビシリーズ「ブラック・ミラー」と、条件つきながらこれに比肩する「エレクトリック・ドリームズ〔*Electric Dreams*〕」でしょう。

『マトリックス』の主人公は、マトリックスの中でハッカーの役割を演じる（キアヌ・リーブス演じる）ネオという男です。何人かの人間たちは、まったく不可解な理由から、基盤現実において機械から自衛することに成功しています。彼らは（ローレンス・フィッシュバーン演じる）モーフィアスに率いられ、ネオの意識内映画〔夢現実〕に入り込んで、彼をシミュレーションから解放し、基盤現実において機械に対する戦争に挑むようそそのかします。

『マトリックス』三部作は、生に対するポストモダン的感情を体現した神話をさらに発展させました。この感情は、特に一九九〇年代に蔓延したものです。残念ながら、その神話は、まだ実際には克服されておらず、一九六〇年代から九〇年代にかけてフランスの社会学と哲学に端を発し、まだあまり時を経ていない二一世紀において神経科学と情報科学に伝えられました。ここで言う**神話**とは、私たち人間が歴史的・社会経済的な状況をそのつど総合的に思い描くのに用いる物語の構造のことです。神話は本質的に間違いですが、現実の中でもっともらしい拠り所をもつことによって、そのことを隠します。

あらかじめ次のことを明確にしておきましょう。今日顕在化しているトランスヒューマンな人間像は、私たちの生全体と社会は一種のシミュレーションかもしれない、という考え方の上に成り立っています。これを克服するには、私たちの人間存在を完全にテクノロジーの進歩というモデルに合わせるしかないとされますが、これは危険な幻想です。私たちはこの幻想を見破らなければなりません。というのも、そうしなければ私たちは人間の生の条件に対する破壊的状況にますます深く巻き込まれてしまうからです。そして、その破壊は、以前から警鐘が鳴らされていたように、とりわけ生態系の危機という形で露呈しています。

けれども、生態系の危機は、どう考えても、今日、無批判に広まった神話によって悪化している唯一の問題ではありません。なぜなら、それは物質的な資源を搾取し、分配するグローバルなシステムと密接に絡み合っているからです。そうした搾取と分配は、もっとよく見ると、倫理的に受け入れられるものではありません。それは、極端な形をとる貧困と経済的不正義をもたらすだけではありません――その恐怖は、私たちのようにヨーロッパの恵まれた地域に暮らす人間にはほとんど想像もつかないほどですが、例えばブラジルを訪れたことのある人や世界各地に広がるスラムを目にした人には明らかでしょう。グローバルな搾取と不公正な分配は、人間性に対する犯罪と価値体系の弱体化をも招きます。それは、実態を目の当たりにしたなら、とても受け入れることができないほどです。

今日、ＡＩシステムやそれと結びついたテクノロジーのブレークスルーは、人間を超えたスーパーインテリジェンスのさまざまな形態を生み出し、遠い将来というより、むしろ近い将来、先に述べたような人類の課題を解決してくれるだろう、という考え方があります。かつて「ソーシャルネットワークは、おのずとアラブ世界の政治的解放をもたらすだろう」というユートピア〔的な発想〕がありましたが、これはアラブの春の結末や国際テロリズムによって打ち砕かれました。しかし、右の考え方は、これよりずっと浅はかで致命的なものです。

私たちは、みずからの良心がそれと知りつつ耐えることのできない不都合なありさまを目の当たりにしたとき、それを宥《なだ》めるための見せかけの構造に順応してしまいます。哲学的思考の重要な仕事の一つは、現実と対峙して、この見せかけの構造の仮面を剝ぐことです。それは啓蒙という哲学的ミッションの一部であり、ユルゲン・ハーバーマス（一九二九年生）の言う「近代という未完のプロジェクト」の一部なのです。

まだそれほど時を経ていないこの二一世紀には、いわゆるポストモダンの残滓が少なくとも三つあることが分かっています。その三つとは、

1　私たちは、未来の進歩した文明によってプログラムされたコンピューターシミュレーションの中で生きているのかもしれない、という考え方（**シミュレーション仮説**）。
2　私たちの精神的な生は、私たちの身体が種の生存競争で優位に立つために作り出したシミュレーションである、という考え方。
3　社会は社会的に構築されたものである、という考え方。その意味は、社会とは本当は現実のものではなく、ゲームのルールを変えることで原理的にいつでも変容させられる一種の仮面劇にすぎない、ということである（**社会構築主義**）。

追悼――ジャン・ボードリヤール

よりにもよって、ポストモダンの代表的擁護者の一人とみなされている社会学者・哲学者が社会構築主義という神話を攻撃したとは、ほとんど皮肉です。その人物、フランス人の思想家ジャン・ボードリヤールは『マトリックス』の中で中心的な役割を演じています。というのも、『マトリックス』の中のマトリックスでネオは、自分をつけ狙う強力なスパイの目を欺《あざむ》くためにハッキング攻撃の手段として使っているディスクを隠すのですが、その隠し場所はボードリヤールが一九八一年に発表した『シミュラークルとシミュレーション』という本だからです。[176] 映画のあるシーンで、それが画像としてはっきり示されています。

もちろん、これは本の内側をくり抜いて作った空っぽのケースにすぎませんが、〔実際〕本の内容とかなり合っています。ボードリヤールはこの本で、三つの大きな社会的変革があり、現代の状況において頂点に達した、と主張しています。

1　前近代〔プレモダン〕において、人間社会は相当程度明白に現実とは異なるシンボルによってコントロールされていました。粘土で作られた神の像は、神を象《かたど》ったシンボルではありますが、それ自身は神ではありません。旧約聖書が偶像礼拝の禁止を説いている所以です。一神教革命は、言うなればプレモダンの核心を突いています。

2　近代〔モダン〕は、ボードリヤールにとって何よりも産業革命と結びついています。産業革命において初めて製品が流れ作業で生産されるようになります。大量生産品は、発明者が特許をもつオリジナルなアイデアのコピーですが、どれもオリジナルと区別することはできません。例えば、メルセデス・ベンツのSクラスや最新のiPhoneなどのモデルはこの枠組みの中にあって、一連のシリーズとして大量に生産されることになります。ボードリヤールに言わせると、近代社会は、大衆向け商品を製造するためのコピーという出来事の上に成り立っています。例えばＩＫＥＡなどは、近代的な着想の典型ですね。その家具のアイデアはシリーズとしては存在していても、オリジナルというものは決して存在していません。モダン芸術の典型としては、アンディー・ウォーホルを思い起こしてもいいでしょう。例えば有名な《ブリロ・ボックス》という作品で、大量性・大衆性というモダンな商品の特徴を裏づけたからです。

3

ボードリヤールによると、ポストモダンでは、商品の生産がいかなる現実のコピーとも乖離しているため、プレモダンやモダンと比較して全面的に空疎になっています。デジタル市場は、この診断の正しさを物語っているでしょう。暗号資産、社会経済的利益が「いいね」やリツイートの数という形で測られるソーシャルネットワーク、ビデオゲーム、「セカンドライフ」などの仮想現実は、現段階のシミュレーションを示す同時代的な実例である、ということです。ボードリヤールによると、ポストモダンのシンボル体系は、もはや外の現実と関わりがありません。それ自身で充足しており、そのことによって社会的な秩序を作り出している、というわけです。

これを、**ボードリヤールのシミュレーションテーゼ**と名づけましょう。このテーゼは、グローバリゼーションが自分で自分を生み出す空疎な記号システムによって促進される出来事であることを表しています。フェイスブックやインスタグラムなどのプラットフォームは、この考え方を分かりやすく示しています。プラットフォームは、人々がその上で内容を共有するように申し出ているだけであり、それを土台にして、みずからは内容を提供することなく付加価値を生み出しているのです。人々が投稿する写真やメッセージは、媒体によらない現実に影響を与えます。それも、ただソーシャルネットワークというシンボル体系との関係で現れるだけで。けれども、デジタルな商品の生産は、もはや媒体によらない現実に直接介入するのではなく、顧客の媒介を通してのみ介入するように見えます。顧客のほうは——そうとも気づかず——いわばソーシャルネットワークの被雇用者〔被用者〕となるのです。ハイデガーは、このシンボルを用いた生の形式に対して、ぴったりの表現をあてはめました。いわく、私たちは「用立作用〔Bestellen〕の被用者[177]〔Angestellten〕」なのです。

ボードリヤールは、まさにドナルド・トランプこそ、一九八六年の著書『アメリカ』で綴られたアメリカ旅行の経験を基に唱えたみずからの理論を完全に立証する人物だと捉えたかもしれません。[178]トランプはアメリカの媒体《メディア》システムの帰結の一つですが、彼はツイッター政治とスキャンダル政治によって、そのシステムを窮地に追い込んでいるように思われます。こうして、一見すると政治はポストモダン的な――テレビの人気シリーズ「となりのサインフェルド〔*Seinfeld*〕から私のお気に入りの文句を取り上げるなら―― »show about nothing«〔「中身のないショー」〕になってしまったかのようです。ボードリヤール自身、ロナルド・レーガンと並んで、一九六九年から七四年までの在任中に現在のアメリカ政府のスタイルが成立するきっかけとなったリチャード・ニクソンを、ポストモダン的シミュレーションの大統領として引き合いに出しています。今日のシミュレーション事業に対して、ボードリヤールは次のような有名な文章で分かりやすくも辛辣な診断を下しています。

今、抽象作用とはもはや地図、複製、鏡あるいは概念による抽象作用ではない。シミュレーションとは、領土、照合すべき存在、ある実体のシミュレーションですらない。シミュレーションとは起源〔origine〕も現実性〔réalité〕もない実在〔réel〕のモデルで形づくられたもの、つまりハイパーリアル〔hyperréel〕だ。領土が地図に先行するのでも、従うのでもない。今後、地図こそ領土に先行する――シミュラークルの先行――地図そのものが領土を生み出す[179]……〔『シミュラークルとシミュレーション』竹原あき子訳、法政大学出版局（叢書・ウニベルシタス）、一九八四年、

一一二頁〕

ポストモダン的にイメージされた世界に没頭する前に、とにかくもう一度立ち止まったほうがいいでしょう。私たちの生きるグローバルな秩序をそのメディアマーケティングを出発点として記述すると、それにもかかわらず、決して媒体的でない現実の進行がやむことはない、ということがすぐに見落とされてしまいます。トランプは、鉄鋼業界に対する選挙公約もした上で大統領になったのです。

アメリカの現実は、バービー人形並みにきれいにフォーマットされてハリウッド映画に出てくるようなものではありません。ボードリヤールの診断は、それ自体が、まもなく汚れた現実——石炭、鉄鋼、自動車業界、フラッキング〔水圧破砕法〕、海上掘削基地、排気ガススキャンダルなど——は美しく輝く新しいデジタル世界に取って代わるだろう、というアメリカ神話への供物として捧げられました。ということで、ボードリヤールは、言うなればアメリカ的ラミネートベニアに騙《だま》されたわけです。それは、とりもなおさず、永久に輝く白い歯の笑顔を見せるために多くのアメリカ人が前歯に張りつけている薄い板なのですけどね。

ホラーとハンガー（ゲーム）

生と社会全体がデジタル化する時代がすぐ目の前まで来ているという幻想と社会的な現実とのあい

だには、巨大な裂け目がぱっくりと開いています。そのことは最近ホラー映画の新たなジャンルで明白になりました。このジャンルによって、アメリカの象徴的秩序はポスト・オバマ時代のアメリカのトラウマに反応しているのです。特に私の頭に浮かぶのは、ダーレン・アロノフスキーの『マザー！』（二〇一七年）、ジョージ・クルーニーの『サバービコン 仮面を被った街』（二〇一七年、脚本：コーエン兄弟）、ジョーダン・ピールの『ゲット・アウト』（二〇一七年）、ギレルモ・デル・トロの『シェイプ・オブ・ウォーター』（二〇一七年）、マーティン・マクドナーの『スリー・ビルボード』（二〇一七年）、そしてアレックス・ガーランドの『アナイアレイション —全滅領域—』（二〇一八年）です。

『ゲット・アウト』では、先鋭化された形の人種差別主義が描かれています。黒人の芸術家クリス・ワシントンは白人の恋人ローズ・アーミテージに夢中ですが、彼女は彼を自分の両親に紹介するために人里離れたところにある実家に連れていきます。クリスははじめから、人種差別に遭うのではないか、と危惧していました。けれども、ローズは両親にとって人種差別主義なんて問題にならないと言って彼を説得します。父なんて、もしオバマ氏が三回目の大統領選に出ていたら、きっと一票を投じていたはずだから、人種差別主義者であるはずがない、と言うのです。物語のプロットは、ローズの実家を舞台にしたホラーへと展開します。そこでアメリカの黒人系住民は完全に新たな形の奴隷となることが明かされます。というのは、ローズの家族は何年も前から彼女のその時々の黒人の恋人を皆、催眠術で眠らせて、彼らの身体に年老いた金持ちの白人の脳を移植して利用していたからです。白人たちは脳の移植を通じて黒人の身体に棲みつくのです。特におぞましいのは、神経系のすべてが取り替えられたわけではないので、黒人宿主の意識の一部が残されたままになっていることです。そうして、宿主の意識は背後で生き続け、別の意識が自分の肉体を操っているのを、なされるがままに見ているしかありません。この耐え難い悪夢のシナリオは、コメディー的要素と復讐劇の映画的表現によって緩和されています。最後に主人公はかろうじて脱出し、残忍な家族を正当防衛で殺害することに成功するのです。

同様に現実離れした物語の構造は、アメリカの作家スーザン・コリンズのシリーズ小説『ハンガー・ゲーム』〔ドイツ語題『パネムの貢ぎ物（*Die Tribute von Panem*）』〕を映画化したヒット作にも見出されます。この作品には隠れた原作がありますが、それは日本の高見広春による『バトル・ロワイアル』で、こちらも二〇〇〇年に映画化されています[180]〔深作欣二監督〕。『ハンガー・ゲーム』のディストピアでは、現在のアメリカにあたる地域にパネムという独裁国家があり、キャピトルという名の首都と一二の地区から成り立っています。これらの地区は首都の横暴に服しています。そして、この首都は、それぞれの地区の少年少女に、公園に設置された追跡カメラの前で生き残りをかけて闘わせ、殺し合いをさせるゲームを開催します。ですから、この国の名前は、ローマの詩人ユウェナリスが当時のローマ人の生きざまに憤慨し、『諷刺詩集』第一〇篇で用いた警句「パンとサーカス（panem et circenses）」をほのめかしているのでしょう[181]。

あいにく『ハンガー・ゲーム』のシナリオを描き出すのに、未来のディストピアを持ち出す必要はありません。『バトル・ロワイアル』や『ハンガー・ゲーム』によって文学的・映画的表現を通じて先鋭的に表現された構造の強烈な例は、サッカーのUEFA欧州選手権2016の閉会式などにも見ることができます。デヴィッド・ゲッタが登場する時の美的演出、攻撃的な勢い、全員が一つであるという、おまじないの言葉（例えば »We're in this together [...]. Our hearts beat together«［「ここでみんなは一つになる［…］。みんなの鼓動が同じリズムで脈打つんだ」］という歌詞のように）。これらは、あたかも『ハンガー・ゲーム』からコピーしてきたかのように、細部に至るまで効果を発揮しています。セレモニーが開催されたフランスの首都は、経済、政治、文化すべてを牛耳る中心であるとともに、貧困地域を抱えてもいます。そこは、象徴的に遂行される国家間の戦い（したがって血が流れない囲いの中の戦争）のフィナーレを飾る完璧な場所なのです。

　この枠内では、精神分析と社会学に由来する一つの概念、つまり象徴的秩序という概念を用いることができます。この概念は、それを作り出したジャック・ラカン（一九〇一―八一年）によって、異なってはいても、似たような使われ方をしています。**象徴的秩序**とは、私たちが社会の機能の仕方から全体として抱くイメージを公共的に演出したもののことです。つまり、象徴的秩序は社会システムが自己を表現するための媒体だと言えます。この自己表現は必ずしも真実を語りません。むしろ、社会の対立、つまり役柄性と個人性の緊張関係を示す症状なのです（二三二頁以下参照）。

　象徴的秩序にあたるのは、首相の年頭メッセージ、スペクタクルなスポーツショー、ケルンのカーニバル、連邦選挙前のテレビ討論、アメリカ大統領の就任式、オリンピック、クリスマス市、その他、諸々の儀式です。象徴的秩序のスローガンは「私たちはこの中で一つ」［*We are in this together*］です。

　象徴的秩序は社会経済的現実と絡み合っています。結局は誰かがパンとサーカスの代金を支払わなければならないのですから。国家の統一を演出するイベントにかかる資金は、納税者が負担します。つまり、現実の経済で生産された資源が投入されるのです。となると、象徴的秩序は不意に現れるのではなく、作り出されるわけです。

現代における象徴的秩序の機能の仕方を診断した最良のものの一つは、フランスの哲学者ギー・ドゥボール（一九三一―九四年）が一時代を画す著書『スペクタクルの社会』（一九六七年）で下したものです。[182]ドゥボールによると、象徴的秩序はスペクタクル、つまり大がかりな見世物という形をとります。その役割は、参加者たちに、その人たちが日々再生産している社会秩序を維持する条件は自分たち自身の利益に反するように働いているにもかかわらず、本当はすべてうまくいっているのだと納得させることです。考えてもみてください。トランプ政権による税制、インフラ、健康保険制度への介入は、彼の支持基盤である人々にとってこそ、有益にならない、それどころか有害となるでしょう。ですが、その介入は絶えずナンセンスな煙幕弾と一緒に投入されるため、人々は自分自身の利益に反して彼に一票を投じていることに、まったく気づかないのです。

それ以上にトランプを利しているのが、ありとあらゆる報道媒体《メディア》を通じて彼のナンセンスが世界中に広まることです。新しく投稿されるたびに彼のコメントやツイートが絶えず引き起こす大騒ぎは、彼の統治システムに役立っています。ホワイトハウスには訪問客用のアイスクリームがどのくらいあるとか、トランプはハンバーガーが好きだとか、そんなどうでもいいことが報じられることで、彼はいわば象徴的に再選されているのです。なぜなら、彼はまさにそういうふうに注目されることを望んでいるからです。ジャーナリストのマイケル・ウォルフによる、いわゆる暴露本『炎と怒り』（二〇一八年〕の類い、つまり政権について書かれたベストセラー本ほどトランプを利するものはありません。ドゥボールと彼を土台とするボードリヤールは、今日のデジタル化のうちに、人間が結局はシミュラークルの委任統治に服する最後の段階を見ているのかもしれません。言い換えるなら、商品生産者と消費者が完全に操られている現実からうまく目を逸らさせるような、まったくの目くらましに遭っているのでしょう。

あいにくドゥボールとボードリヤールの診断は、かなり誇張されています。厳密に言えば、スペクタクルという仕組みは、現代の資本主義的労働世界に関する策謀ではありません。古代ローマの例を見れば分かるように、古くは高度な文明が成立した頃から存在しているのです。スペクタクルの起源は労働の分業ですが、分業は、社会の中のグループがある程度大きくなり、商品交換がある程度発達した時には、もはや避けることはできません。

商品の製造における歯車〔の動き〕をどれも見通すことができなくなるや否や、私たち人間は互いに物語を語り始め、その物語は私たちの意識の中で現実の出来事になっていきます。そのかぎりでは、イスラエルの歴史家ユヴァル・ノア・ハラリ（一九七六年生）が著書『サピエンス全史』で述べたテーゼは正しいのです。それによれば、人間は臨界規模を上まわったグループの結びつきを可能にするために、物語という形で自分たちの生を描写せざるをえません。[183]

みずからの生成条件がもはや見通せなくなったいかなる社会システムが織りなす構造も、昔から神話とされてきました。そのことは何も変わりありません。今日ほど多くの物語が語られたことはありません。なぜなら、私たちは媒体《メディア》に由来する象徴的秩序がほとんど無限に複製される事態を経験しているのですから。一九世紀以降、象徴的秩序をフィクションにしてしまうという風潮が見られますが、これはかつては存在しませんでした。一九世紀の文学とオペラは写真と映画という新しい媒体《メディア》の登場を用意し、そのことによってデジタル象徴的秩序という舞台の幕が開きました。そして、今日この象徴的秩序は、特にヒットしたテレビシリーズとソーシャルメディアによって支配されています。

美しき、新しき世界――シムズにようこそ

二〇〇〇年に初めて登場したコンピューターゲームのシリーズ「ザ・シムズ〔*The Sims*〕」は、これまでで最も売れたコンピューターゲームの一つとみなされています。タイトルのシムズとは、プレイヤーがコントロールできるシミュレーション上の登場人物です。プレイヤーは、シムたちのために町や社会的な仕組みを作ってやります。このゲームシリーズは経済シミュレーションゲームのジャンルに属しますが、それはプレイヤーが都市設計者や国家設計者として経済発展のパラメーターを操ることができるからです。

皆さんは、自分が進んだ文明によって開発されたほぼ完璧なザ・シムズの中の登場人物ではないと、どうして分かるのでしょうか。**完璧なシミュレーション**とは、シムとしての自分にとってもはや現実と区別できない、シミュレーションと定義されるでしょう。ゲームの中のシムたちに意識をもたせることができたら、知覚する対象がかなりピクセル状になっていることがシムたちの注意を引くか

もしれません。自分たちの現実世界を構築しているアルゴリズムを発見し、それによって自分たちがプログラムされたと結論することもありうるでしょう。シムたちのシミュレーションは、今のところまだ完璧ではありません。シムたちは、世界がシミュレーションされたものであることに必ずしも気づかないでしょう。何しろ彼らは他の世界を知らないのですから。けれども、原理的にはそのことを探りあてる可能性はあるかもしれません——探りあてる能力をシムたちから奪うプログラムを組まなければ、の話ですが。

私たちの生と全宇宙は神あるいは神々によって創られ、したがってプログラムされたのだという宗教的イメージは何千年も古くからあり、のちに哲学的イメージとなりました。一神教による天地創造の報告は、私たち人間は人工知性である、と加えるでしょう。神は、あらかじめ泥から作っておいた肉体にそのソフトウェアをアップロードした(吹き込んだ)とされるのです。

ところで、ニュートンやライプニッツさえ、現実をそのようにイメージしています。彼らによると、神はみずから創造した物のうちで、自然法則と力を通じて長らく影響力を及ぼします。だから、物理学は神が自然法則を書くために用いたプログラムを発見するのだ、というわけです。

このような思弁的考察に基づいて、スウェーデンの哲学者ニック・ボストロムは、よく議論の的となるシミュレーション論証を提示しました。これは二〇〇三年の「あなたはコンピューターシミュレーションの中で生きているのか」という論文で発表されています。[184] これ以外にも、ボストロムは『スーパーインテリジェンス』という著作で世界的に有名です。そこで彼は、(ほぼ)すべての領域で人間を上まわる知性をもつ人工知性の危険性を論じています。[185]

ボストロムの論文は、結局のところ、いくつかの簡単な想定を用いて確率論的な論証を展開する試みです。その際、最初の論拠にはいくつかの誤りが含まれていましたが、ボストロムはその間も訂正を試みていました[186]。それはともかく、ボストロムの論証が維持できるものでないことは、数学的なまわり道や大変な苦労をしなくても見抜くことができるでしょう。しかし、この論証はあまりにも注目を集めてしまい、ジョージ・スムート（一九四五年生）のようなノーベル物理学賞受賞者までが、私たちがコンピューターシミュレーションの中で生きていることは十分にありうる、などと述べる始末ですから、この機会にボストロムの考えの致命的な弱点を暴いておいたほうがいいでしょう[187]。

まず、シミュレーション論証とシミュレーション仮説を区別する必要があります。ボストロムの**シミュレーション論証**は、私たちがシミュレーションの中にいると信じることは合理的であるという意味において、私たちがシミュレーションの中で生きている確率が高いことを証明しようというものです。ですから、ボストロムは次のような問いを立てます。

仮に私たちの文明がいつの日かポストヒューマンの段階まで到達し、多くの祖先シミュレーションを実行するとしたら、あなたがそのようなシミュレーションの中で生きていないということが、どうしてあるだろうか[188]。

これと**シミュレーション仮説**は区別しなければなりません。シミュレーション仮説の本質は、私たちの生きている現実は本当はシミュレーションである、と単に思い描く点にあります。シミュレーション仮説が誤りであることを示せたら、それによってシミュレーション論証は否定されるのです。

ボストロムの場合、シミュレーション仮説を定式化する時に多くの間違いが入り込みました。論文の最初の数頁で、彼は何らか追跡できる形の論証を示すこともなく、多くの支離滅裂な哲学的前提を提示していて、それらをすべてリストアップする甲斐もないほどです。もしこうした前提の一つでも自然科学的・哲学的に明瞭な仕方で擁護することができたら、ボストロムははるかによい仕事ができたでしょうが、そうではなく彼は無批判に一つの世界像・人間像を前提し、そこからほとんど宗教的な結論を引き出すのです。彼は自分の論証は「ある種の伝統宗教的コンセプトとの自然主義的な類似性を暗示しており、それを面白く感じたり、深く考えるきっかけと捉えたりする人もいるかもしれない[189]」とはっきり述べています。

本来の論証は、結局のところ、次の三つの想定のうち一つだけが真でありうることを証明するものであるはずです（が、彼は選択肢がこれしかない理由を読者に伝えていません）。

(1)おそらく人類は「ポストヒューマン」の段階に到達する以前に滅びるだろう。
(2)どのポストヒューマン文明であれ、自分たちの発展の先行世代（ないしはそのヴァリエーション）を有意な数でシミュレーションすることは、まずありえない。
(3)私たちがコンピューターシミュレーションの中で生きていることは、ほとんど間違いない。[190]

ボストロムの論証の主要概念は不明瞭すぎて、論理的にすっきりした形で用いることができません。「ポストヒューマン」の段階とは、正確には何でしょうか。彼はこの段階を純然たるＳＦ的手法を用いて一つのシナリオとして描いていますが、それはシリコンを基盤とするコンピューターは意識を獲得しており、人類は滅亡している、というものです。その際、彼は意識は——彼の言葉を借りるなら——「基体独立的」であると単に想定するだけで、いかなる論証も与えていません。基体から独立しているというのは、生き物がそなえる神経系のみならず、あらゆるものが意識をもちうることを意味しています。[191]

さて、この想定は、どんなにがんばっても純然たる思弁ですが、厳密に言えば誤りです（一四五頁以下参照）。ありえないことですが、たとえ何らかの意味で意識が基体から独立しているとしても、だからといって意識を獲得した未来のコンピューターが人間のようにチクタク動き、例えば自分の祖先やシミュレーションに興味をもたなければならない、ということにはまったくなりません。何らかの確率分布を求めて、それによってボストロムの想定を測定するためには、この問題すべてをあらかじめ解明しておく必要があるでしょう。

もちろん、前提となっている定式を変更することで、少しばかりボストロムに歩み寄ることもできます。その場合、次の想定を立てることができるでしょう。

(1)きわめて現実に沿ったシミュレーションがプログラムされた、意識をもつコンピューターがいずれ現れるか、現れないかのどちらかである。

そういうことが実現したとしましょう。すると、次のことが言えます。

(2)そのコンピューターは、非常に多くの完璧なシミュレーションを行うか、行わないかのどちらかである。

そのコンピューターが非常に多くの（何百万通りもの）そうしたシミュレーションを行うと想定しましょう。すると、次のことが言えます。

(3)私たちは、自分たちがそのようなシミュレーションの中で生きていることを知っているか、知らないかのどちらかである。

でも、前提されるべきは、当事者である私たちにとってシミュレートされていない現実から区別できない完璧なシミュレーションが存在する、ということです。ここでボストロムは、私たちは自分たちがシミュレーションの中にいないことを知ることができない、ということを論証する必要がありました。でも、それを示すような論証は影も形もありません。

せいぜい彼にできたのは、次のことを述べることだけでしょう。「私たちの生きる現実が私たちに現れる仕方を、現象、つまりE〔Erscheinungen〕と呼びましょう。そして、現実の環境をW〔Wirklichkeit〕と、シミュレーションの中の環境を見かけ、つまりS〔Schein〕と呼びましょう。さらに、どちらの環境にいる人も、Eについて間違いうる想定を行うことによってのみ、WとSを区別することができる、と想定しましょう。さて、見かけだけという場合は、ほとんど無限に多く存在します。ということは、ほぼ無限に多くのシミュレーションも存在する、ということです。すると、E＝

Wとなる確率は低くなります。したがって、私たちはコンピューターがシミュレートした環境の中にいると信じたほうが、現実が現れていると信じるより合理的である、ということになるでしょう」。

あなたは目覚めているのか、それとも夢と独り言の中に囚われているのか

前項の最後で私が簡単に述べたことは、認識論では懐疑的論証として知られています。**懐疑的論証**は、私たちは特定のことを原理的に知ることができない、ということを証明するものです。最も有名な懐疑的論証は夢論証と呼ばれ、古今東西、多くの文化で見出せます。ヨーロッパでは、ルネ・デカルトによって有名になりました。彼は一六四一年の『省察』で、この論証を説得力のある仕方で論破しています。[192] というのも、デカルトは、夢の中でも常に論理学と数学の法則が有効であることから、私たちは夢を見ている時でさえ、現実について多くのことを知ることができる、と示しているからです。それに、どのみち私たちが夢を見ている時でも、夢でない現実は存在します。人は眠っている時しか夢を見られませんし、眠っていたところで、実際、夢でない世界は存在するのです。ですから、彼はあらゆるものに対する徹底した懐疑を定式化しますが、その懐疑は一貫したものではありません。なぜなら、人は疑っているあいだは、自分が疑っていることを疑うことはできませんから。すべてのことを疑うわけにはいかないのです。それゆえ、夢問題から普遍的な懐疑を導き出せるとする理由はありません。

夢仮説は、私たちがいかなる時でも、自分が目覚めているか、それとも夢を見ているかを確実に言うことはできない、ということを意味します。自分が見た昨夜の夢とみなしているものが現実でないと、どうして分かるのでしょうか。現実には眠っているあいだに昨日のことを思い出しているのに、昨日夢を見たという夢を今まさに見ているのかもしれませんよ！

この土台の上に、私たちは自分が目覚めているか夢を見ているかを知ることができないということを証明する多様な**夢論証**が展開されました。この論証は、目覚めている時の現象と夢を見ている時の現象は区別できない、ということを常に前提としています。そのため、現象をもっと厳密に検証したところで、夢を見ているのか目覚めているのかをはっきりさせることはできません。例えば、今私が自分をつねっても、それはすべて夢の中の出来事にすぎないかもしれません。

ここで、夢はそんなにリアルではないと異議を唱える人には、シミュレーション仮説か、人をリアルな夢を見ている状態にする完璧なドラッグの仮説を提供したらいいでしょう。何はともあれ、意識的な生のすべてが一種のシミュレーションであること、そしてそのシミュレーションは私たちが目覚めていて現実の中で自分を方向づけるのとはまったく異なるあり方で成立していることは、論理的に可能です。

厳密に言うと、私たちは実際、それと似たような状況にあるのです。なぜなら、私たちは現象がどのように成立しているかをすべて知っているわけではないからです。それをすべて知ろうとするなら、物理的な宇宙である私たちの脳だけでなく、脳がどのように私たちの有機的身体に埋め込まれているかや、環境が有機的身体のうちで生じる出来事に対してどのような役割を果たすかといったことについても、完全に把握していなければならないでしょう。でも、私たちはこうしたことを把握しているとは、お世辞にも言えません。今日、厳密に言って、目覚めている状態でどのように現象が出現するのかが分かっている人は誰もいません。

ただし、私たちは肝心なことを知っています。それは、目覚めている状態にある私たちは総じてシミュレートされたものではない現実のものと結びついている、ということです。何かがシミュレートされているなら、それは人工物です。つまり、一つの生き物によって意図的に作り出されたものです。シミュレーションは、わけもなく発生はしません。意図され、計画されているのです。宇宙が自然発生的に無から生じたコンピューターゲームであるはずがありません。あるいは、私のジョギングパンツがさっきまで置いてあった私のオフィスの隅に突然コンピューターゲーム機が発生することもありえません。同様に、私たちの人生が目覚めることのない長い夢かもしれないと信じるのは、意味のないことです。夢を見ている時でも、その人は原理的には目覚めていると言えるでしょう。私たちの人生が総じて夢であり、夢以外の何ものでもないとしたら、目覚めている状態というのはありえないことになります。でも、そうすると、目覚めていることと夢を見ていることの対比は成り立たなくなってしまうでしょう。すべてが夢の中の出来事なら、そもそも夢の中の出来事など存在しません。私の考えでは、まさにこれはすでにデカルトのうちに見出せる論証です。

私たちが時々夢を見るからといって、そのことから目覚めていることと夢を見ていることは原理的に区別できないと推論することはできませんが、そのことを示すもっと簡単な論証があります。ヴィトゲンシュタインは、『確実性について』というタイトルをつけられた一九五〇年から五一年頃の省察の中で、この論証を凝縮した形で表現しています。

「おそらく私は夢を見ているのだろう」という論証が無意味なのは、もし夢を見ているのなら、その言葉も夢の産物であり、それらの文言が意味をもつというそのことも夢の産物であるからだ。[193]

皆さんが今、自分の人生はすべて夢なのではないだろうかと疑問に思うなら、皆さんがうつらうつらしながら考えた文の意味も同様に夢の中のものだということになるでしょう。そうすると、結果として、夢と現実を対置することはできないことになります。夢の中の言葉に夢の中のものではない言葉の意味と区別できない意味があるなら、夢の中には一つの現実が、少なくとも言語的な現実が存在しています。そうなると、夢と現実が完全に対置されることはありません。

もっとも、ヴィトゲンシュタインはもっと先に進もうとします。言葉は誰かがその意味を私たちに植えつけて初めて意味をもちうる、と彼は考えるのです。この考えの根拠を間接的に提供しているのが、彼の有名な私的言語論です。この論証をどのように厳密に再構築すべきかについては、哲学者のあいだで議論が行われています。ですから、ここでは私自身の捉え方を展開することにして、この目的にとって重要ではないヴィトゲンシュタイン研究のディテールには立ち入らないことにしましょう。

この点からすると、**私的言語論**が意味することは、正しくない言葉の使用ができて初めて、どのような言葉であれ正しく使うことができる、ということです。つまり、言葉の使用を訂正してくれる別の発話者と接触できなければ、間違って使用される言葉というものは一つもないことになるのです。ある言葉を間違って使用することがありうるためには、そもそも自分が間違っていたことに気づくことがありえなければならないでしょう。ということは、言葉を正しく使ったという自分の考えと、言葉を正しく使ったかどうかということに関する事実とのあいだに相違が存在しなければなりません。もし私たちの長い人生がまるごと夢の中の出来事にすぎないとしたら、あるいは実はマトリックスの中で成長していたとしたら、この相違はどこから生じるというのでしょうか。そうすると、ヴィトゲンシュタインが言うように、言葉の使用に関して「正しさの基準はない」[194]ということになってしまいます。

ここで「常に自分には正しく思われることが正しいのだ」という意見もあるだろう。だが、それはここでは「正しい」についての話はできないという意味にすぎない。[195]

もちろん、ヴィトゲンシュタインはこれをもって、一度でも私に訂正してくれた他の人たちが存在している時にのみ正しい言葉の使用は存在する、と証明したわけではありません。何しろ、このようなことは哲学的な考察によっては証明できませんから。問題はむしろ、なぜ他の人間は存在せず、夢を見ている自分の心の中の独り言で自分を訂正しているなどと信じてしまうのか、ということです。というのも、注意深く定式化するなら、これはかなり常軌を逸した想定だと言えるからです。このような想定は、私たちの概念の分析を通して否定できるものではなく、他の人々は存在するという事実を指摘することでしか否定できません。このことに異論を唱える人は、認識論上の問題とはまったく異なる問題を抱えていることでしょう。

ヴィトゲンシュタインは、プラトンのすべてに難点を見出しており、まったく好感をもっていません。最初に夢論証を定式化したのはプラトンで、彼の対話篇『テアイテトス』に見出すことができます。[196] 同じ対話篇でプラトンは、「魂の独り言」として定義された思考について検討しています。この考え方は〔後世の哲学者に〕深刻な影響を及ぼしました。ヴィトゲンシュタインは教父アウグスティヌス（三五四―四三〇年）をあからさまに攻撃しますが、攻撃する理由は自覚しています――アウグスティヌスはプラトンによる魂の理解をカトリック神学の神学的基盤に埋め込んだのです。プラトンは、私たち人間には生まれつきイデアがそなわっている、ということから出発します。この捉え方に従うと、思考はごく幼い時期からすでに構造化されているので、自分の思想や外界の物を指示するには、大人から母語を学べばいいだけだ、ということになります。だから、中世の造形芸術では幼児が小さな大人として描かれているのです。

それに対してヴィトゲンシュタインは、どのように考えるべきかは言語とともに初めて学ばれる、と考えています。仮に思考が魂の独り言にすぎないとすれば、どうしたら思考の上での間違いが生じうるのか、という問いが立てられるでしょう。私の考えることのすべてが、私がただそう考えるからという理由だけで真になるのではありません。私の考えを訂正できる審級が存在していなければなりません。ヴィトゲンシュタインは、私の考えを訂正できる審級とは、本来、私が育った社会的集団の他の人たちである、と想定しています。例えば、家族の構成員のようなものです。したがって、どのように私たちがものを考えるかは、私たちがどの社会的集団に属しているかに依存します。なぜなら、どの言葉が正しく使用されており、どの言葉がそうでないかの判断は、その社会的集団が下すからです。

これは、教育が私たちに一定の考えの筋道を強制したり、私たちが社会的帰属によって不自由になったりすることを意味するのではありません。私たちは言葉の正しい使用に関する多くの前提をどこかの時点で学んで身につけてきた、ということを意味するだけです。人は、どこかの時点で誰かを信用しなければなりません。さもなければ、まったく言葉を話せず、自分の考えを整理することは決してできないでしょう。

この簡単な考察によって、ヴィトゲンシュタインは人間の思考についてのまったく誤った伝統的イメージをひっくり返しました。私たちは、隠された心の内部空間から現実を推測する必要はありません。現実のものとして現実のど真ん中にいるのです。

現実をまるごとひっくるめてシミュレートすることはできません。そんなことができたら、現実は誰かが生み出した人工物だということになってしまいます。すると、その中で見かけ上の現実が生み出された現実が存在することになるでしょう。同様の理由から、人生は長い夢ではありえません。「マトリックス」は、機械が主人公たちの現実の身体を電気的に刺激する現実〔の世界〕なしには成立しませんが、これは偶然ではありません。現実が存在することなしに、みずから無から生まれる純粋な幻想マシンというものは原理的に考えられないのです。

あなたはオランダを知っていますか

シミュレーション論証は、夢論証のポストモダン的ビデオゲームヴァージョンです。夢論証のように、シミュレーション論証は主観と客観の分裂を無批判に前提して、そこから懐疑的な結論を引き出そうとします。けれども、現実はこの分裂の彼岸にしか見出せないことを、私はすでに前章で示しました。

もう一つ哲学の練習問題を解いて、眠気を覚ましましょう！　そのために、オランダのミニチュアモデルに、もう一度、登場してもらいます。このモデルがオランダを単純化したものであることを理解するには、モデルに依存しない経験をしていることが必要です。オランダのモデルがオランダとは異なることを認識する〔erkennen〕以前に、オランダをよく知って〔kennen〕いなければなりません。同様に、ある標準モデルの洗練化や拡張を研究する物理学者は、モデルの枠内で何かを認識する以前に、自分の装置と研究仲間を知っていなければなりません。そういうわけで、いかなるモデルも、私たちがそのモデルとは異なるものに関わりをもち、それをよく知っていることを前提としています。どれほど多くのモデルを積み上げようが、このことは何も変わりません。それゆえ、モデルに依拠しないで現実を捉えることは決してできない、という見方は当たりません。反対に、モデルを通して、そのモデルと接点をもつ現実の本質的な特徴を捉えることができるという事態は、私たちがそのつど、存在するいかなるモデルからも独立した物事を経験していることを証明しています。どのモデルも、そのモデルの単なる性質にすぎないものではないものが存在していることを前提としています。このことは、どのモデル‐モデルにもあてはまります。つまり、私たちが現実から遮蔽されているということは原理的にありえないのです。

　こうしたことを、古きよきギリシア人プラトンとアリストテレスは、すでに洞察していました（一八〇頁以下参照）。彼らが提供する一種の反省によれば、私たちはある状況のイメージを思い描くとき、自分の思考のうちでさまざまな要素を配置して秩序立てます。あいにく、チリのサンティアゴにあるホテルの私の部屋の状況は、あまり整理されていません。それでも、私は目の前のそこに腕時計があり、右手の向こうには中身を引っかきまわしたスーツケースと水筒があることを認識しています。このように表明することで、私はさまざまな物を区別し、それらを指示しています。それらがどのように配置されているのかを、「右手の向こう」のような要素と要素の関係を示す言葉を用いて言語的に表現しているのです。

　アリストテレスは、こうした出来事を、今日でもよく使われる総合〔*Synthese*〕という言葉で呼んでいます。ドイツ語では、一緒に置くこと（*syn*「一緒に」および *thesis*「置くこと、措定すること」）という意味です。現実についてこのような仕方でよく考えてみるなら、アリストテレスに従って「諸々の思想の総合を、その中で思想が一つにまとまるほど[197]」遂行することになります。このことを、彼はディアノイア〔*dia-noia*〕とも呼んでいます。字義どおりには「考えをめぐらせる」という意味です。ある状況を考え尽くすとき、私たちは多くの要素を結びつけていきます。うまく結びつけられると状況が認識できますが、結びつけられないと認識に失敗します。

ところが、アリストテレスとプラトンによると、「考え尽くす」ことは思考の唯一の形ではありません。つまり、「考え尽くす」ことについて——本書で言えば（例えば、ちょうどこのコメントを行っているダッシュでくくった挿入部分のような）いくらかのひと休みを除いて——考え尽くすなら、途方もないことが発見されます。すべてをモデルの枠内でのみ認識することはありえない、ということが判明するのです。そうでなかったら、私たちはそもそもモデルを作ることができないでしょう。バートランド・ラッセルが言うところの「見知りによる知識」がまったくなかったら、私たちは決して何も認識できないでしょう。[198]

私たちは、意識と精神をもった生き物として、現実をあるがままに認識することができます。そんなことがうまくいくのは、むろん二つの観点で私たちが意識的だからです。一つは、私たちが、それなくしては〔意識の〕内容をもちえないであろう主観的経験を手中にしている、ということです。現実は、特定のあり方で私たちに対して現象しています。第二に、けれども、目覚めている状態における主観的経験は知覚という形で対象に直接向かうものであり、この対象をおのずと歪めることはありません。私たちが知覚するもの——対象——は、私たちがそれを知覚するあり方——内容——と必ずしも一致していないのです。

現実のものは、私たちが生物としてそなえているものに基づいて、常に特定の仕方で私たちに対して現象しています。そして、その現象の仕方は、種によって、個人によって、さらにはその瞬間瞬間で異なるものです。しかし、このことは私たちが知覚の対象を神経の作用によって生み出しているという意味ではありません。かえってそれが意味するのは、脳がみずから現実そのものを捉えることなく、電気信号を基礎にした現実のモデルだけを作り出し続けることはありえない、ということです。このような仕方では、現実について知っている〔見知っている〕ことも、自分の意識における事実についてさらによく知っていることも、決して説明できないでしょう。私たちは現実のモデルを開発します。そうすることで科学的進歩を通して現象を見通し、知識に置き換えようとしますが、私たちがもつこの能力をうまく説明するには、私たちが現実と直接接触しているという前提が必要となります。この直接的な接触が、私たちの考覚です。

ですから、トノーニが、意識が自分を知っていることについての神経科学的研究から出発したのはまったく正しいのです。現実はどのような性質をもっているのかと自問するとき、私たちはこの問いとともに、その問いを立てている現実の中にいるのです。これがデカルトの言う「われ思う、ゆえにわれあり」の勘所です。ところで、ここでデカルトは、思う〔考える〕（ラテン語の *cogitare*）を感覚的な遂行とも理解しています。デカルトにとって、感じること（sentire）と表象すること（imaginari）は、欲すること（velle）と同様に、思考の出来事なのです[199]。彼は思考を、決して intelligere に、つまり純粋に合理的な計算プロセスの遂行に還元しません。

それゆえ、ボン大学の哲学者イェンス・ロメッチュ（一九七三年生）が示したように、デカルトは実際には合理主義に対する最初の批判者（であり、その最も辛辣な批判者の一人）であると同時に、当時すでに登場しつつあった人工知能研究に対する批判者でもあります。ですから、主観と客観の分裂をどのように克服するか、すでにデカルトに学ぶことだってできたのです。ところが、その代わりにデカルトは、よりによって本人が反証したあらゆることの表看板になってしまいました。[200]

物質と無知

モデルは、それ自体が現実の一部です。皆さんは、もうすでに三〇〇頁以上、私とともに思考の中でさまざまなモデル‐モデルを組み立て、哲学的思考実験によってそれらをテストしてきました。これらのモデルは、この研究の対象領域の中にあります。対象領域は現実的です。これからさらに詳しくお話ししますが、現実とは、さまざまな対象と事実が存在している事態のことです。事実に対しては、私たちは間違えることがあります。なぜなら、事実は、事実に対して私たちがもっている特定の意見に解消されないからです。この重要な事柄をもっと正確に理解するためには、少し前置きを置かなければなりません。

現実を扱う理論はたくさんあります。現実について最初に熟考したのは、またもやプラトンとアリストテレスです。プラトンは、のちに「現実」と呼ばれることになったものをデュナミス〔*dynamis*〕と名づけていますが、これは「動力学、力動性〔Dynamik〕」という表現の語源でもあります。[201]プラトンによる現実の捉え方は、実際、ダイナミックです。それに対して、彼の弟子アリストテレスは、特に自然学〔*Physik*〕と形而上学〔*Metaphysik*〕についての著書で、デュナミスとエネルゲイア〔*energeia*〕を区別します。エネルゲイアは「エネルギー〔Energie〕」という表現に表れています。

これは単なる歴史的な事実についての注釈ではありません。自然科学的世界観の誕生を告げる号砲なのです。

プラトンもアリストテレスも、その著作の中で自然主義に対して論駁しています。彼らの場合、自然主義とは現実のすべてを自然学の枠組みの中で認識できるものに還元する立場のことだと言えます。それゆえ、彼らはそれぞれ、要求の高い自然学を初めて試みただけでなく、同時に形而上学をも持ち出すことになりました。「形而上学」は、この文脈では、原理的に自然学では研究できない対象の研究を表しています。その意味で、優れた哲学理論は、どれも形而上学的です。なぜなら、一般に知ることのできるものがすべて自然学〔物理学〕的だったなら、そもそも哲学は（さらに他のいかなる学問も）存在しなかったでしょうから。

プラトンとアリストテレスがなぜ現実という概念を導入したかということのポイントは、いささかも古びていません。プラトンは、現実という名のもとで、あるものが別のものを基礎づける能力をもっている状況を理解しています。この点は、今日しばしば誤解されています。プラトンにとって、現実は物質的対象の因果的な連関ではありません。まったく逆です！「物質〔Materie〕」という言葉もプラトンに由来します。Materie はラテン語の造語（mater-ia）です。この言葉には「母」にあたるラテン語（mater）が含まれています。というのも、プラトンは、自然哲学の著作『ティマイオス』の中で、本来の現実は彼が女性的原理と解する非現実性に基づく、と述べているからです――古代ギリシア人は、女性と外国人に対して、ほとんどまったく好意的ではありませんでした。[202] アリストテレスも、物質（彼はこれを森の下生えを意味するヒュレー〔*hyle*〕という言葉で呼んでいます）を単に現実の根底に存在しているにすぎないものとみなしています。女性的原理は、古代ギリシアの哲学の創始者たちに言わせると、真なる現実に従属するものなのです。したがって、歴史的に見ると、物質を考え尽くす考察はジェンダー論的な負荷を最初から背負っています。でも、この話はまた別の機会に譲りましょう。

何はともあれ、プラトンにとっても、アリストテレスにとっても、現実は物質的なものではありません。むしろ彼らの考えによれば、あるものが別のものを構造的に条件づけるとき、そのものは現実的であることになります。現実とは、力の形式です。古代ギリシアの哲学者は総じて統治モデルで考えており、その哲学の主要概念の一つは支配権ないしは統治権です。これはアルケー〔*archē*〕と呼ばれますが、同時に始まりや根源という意味ももちます。物事の始まりやその根源は、彼らによると、あるものが何であるかを規定するもののことです。このような捉え方は、Ur-Sache〔Ursache は「原因」。Ur は「原初的／根源的」、Sache は「事柄」を意味する〕という表現に、その名残りをとどめています。

さて、この古代ギリシアの遺産をなおも引きずっている現代に戻りましょう。ここで、ビッグバン〔ドイツ語では Urknall で、Ur「原初的／根源的」＋Knall「破裂音」〕という観念について考えてみてください。ビッグバンは存在するすべての物事の起源、つまり宇宙の起源として、とかく考えられがちです。すると、すぐさま、ビッグバン以前はどうだったのか、どのようにビッグバンは引き起こされたのか、という問いが生じるでしょう。つまり、あらゆる原因の原因が問われるのです。あらゆる原因の原因を、単純に**原‐原因**と呼んでもいいでしょう。

はっきりしているのは、私たちはこれまでのところ〈原‐原因〉を発見していないということです。厳密に言うと、今日の物理学的な宇宙論は、宇宙の〈原‐原因〉はそこからの情報が私たちのもとに届かないので原理的に発見できない、と教えています。でも、ここではもっと話を先に進めたほうがいいでしょう。たとえ今日支持されている形のビッグバン理論が正しいとしても（私としては、そこに疑問をさしはさむつもりはありません）、そこからただちに〈原‐原因〉が存在する、あるいは存在しうるという結論が導き出されるわけではないのです。まったく反対に、この理論にとって有利なデータに基づいて、一般に〈原‐原因〉は存在するという前提から出発することは、もはやできません。私たちが宇宙について知っているありとあらゆることに鑑みれば、ビッグバンはあることの帰結か結果かもしれませんし、その原因もそれ自身、別の何らかのものの結果かもしれないのです。ビッグバン理論は〈原‐原因〉の理論ではありません。

それに、どのみち唯一の〈原‐原因〉から出発することは正当化されません。一緒になってビッグバンを引き起こした多くの要因が存在したかもしれませんし、それらの要因のほうも多くの原因に基づいていたのかもしれません。

同様の考察は、すでに古代において、〈原‐原因〉を物質的な宇宙には求めない方向に導きました。これは、みずからの哲学のすべてをもってデモクリトスの唯物論に対抗したプラトンとアリストテレスの考えの要です。デモクリトスは、**原子論**の創始者とみなされています。原子論とは、存在するすべてのものは最小の粒子で構成されており、粒子と粒子のあいだには純然たる空虚があるのみである、とする学説です。この学説によってデモクリトスは、たった一つの物質の塊だけが存在するのではないことを説明しています。

現代の素粒子物理学の標準モデルは、素粒子が存在することを知っている点でデモクリトスに追随しているものの、最小の素粒子が存在するかどうかは知りません。最大の物理的総体――宇宙――にあてはまる私たちの目下の無知は、私たちにとっての最小のものに対しても反復されます。現代物理学では認識の限界とされるプランク長（約10^{-35}m）があるとされますが、このスケールを使って対象をより正確に研究しようとするなら、今日の技術レベルでは地球よりはるかに大きな素粒子加速器が必要となるでしょう。

物理学は、エネルギー消費をともなった仕方で素粒子を研究しています。一つの実験は、宇宙への物理的介入によって成り立っているのです。つまり、最小のものを研究するための実験で必要とされるエネルギー消費量は、現在の知識・技術レベルでまかなえるものではありません。そのため例えば、宇宙モデルを使って研究が続けられています。というのも、ビッグバンの直後にどこかで放出されたエネルギーはプランクスケールに影響を与えていたからです。こうして、私たちにとって最大のものは、私たちにとって最小のものを解明するための情報を提供してくれるのです。

端的に述べるなら、私たちは今日、物理的に最大のものが存在するのかも、物理的に最小のものが存在するのかも知りません。今のところ、二つの方向に向かって無知が広がっています。

でも、たとえ物理学的な回答があったとしても、それは私たちにとって観測可能な宇宙に限定されたものでしょう。物理学的観測によって、いつかすべての物質的なものが汲み尽くされるのかどうか。その答えは、原理的に物理学の枠組みの中では知ることができません。しかも、私はいわゆる暗黒物質や暗黒エネルギーの問題には、まだまったく触れていないのですよ。

物理学は一つの経験科学です。経験科学が原理的に完結しえないということは、経験科学の本質に属しています。〈原‐原因〉についての形而上学的問題に最終的な説明を与えてくれる物理学の終点というものは存在しません。

そう、私たちはさらに前進しなければならないのです。感動的なまでに進歩した自然科学の枠内で、いつか何かを見出すことはあるかもしれません。しかし、それでも、そもそも現実とは何かという問いへの答えを見出すことは決してないでしょう。自然科学は、確かに現実のものを研究しますが、現実そのものが何かということは研究しません。そんなものを探し求めることさえないでしょう。自然科学は常にきちんと定義された個別の問題にだけ回答を与えます。こうして苦労してパズルのピースを獲得し、そのピースからパズルの特定の場所に見出されうるものを多かれ少なかれ確実に導き出すことができるのです。

こうしたことに基づいて、アメリカの哲学者デイヴィッド・ケロッグ・ルイス（一九四一―二〇〇一年）は、デイヴィッド・ヒューム（一七一一―七六年）の理論にちなんで、**ヒューム的付随性**を定式化しました。これが述べているのは、「世界に関して意味のあるものはすべて、つまるところローカルで個別的な事実が織りなす巨大なモザイクだということになる。単純に小さなものが一つ、また別のものが一つ、といった具合である[203]」ということです。哲学者の中には、このような考え方を元にして次のように推測する人たちもいます（特にヒューム自身がそうです）。つまり、現実には自然法則は存在せず、単に個々の出来事が存在するだけであって、そうした出来事を自然科学のモデルにまとめれば、多少なりとももっともな根拠のある予想を的中させることができる、ということです。これは独自の自然法則の理論を提示したルイスにも言えますが、ここではそこには立ち入りません。なぜなら、彼のテーゼは、いわゆる反事実的条件法の研究に関する複雑で細かい考察や可能世界論が前提とされているからです。

さて、ルイスが正しいかどうかについては議論があります。ここで必要なのは、物理学が感動的なほどの進歩を遂げたのは、まさに現実を説明しようとしないからである、という的確な洞察だけです。むしろ物理学は、宇宙の構造をよりいっそう正確に把握するために理論武装を発展させる一つの経験科学であることに満足しています。物理学にとって重要なのは、現実の全体や世界そのものを把握することではなく、きちんと定義された、原理的に実験によって見出しうる問題に回答を与えることなのです。

残念ながら、憐れなファウストには、そのことが理解できません。彼は、形而上学的な問題に対して経験的研究の枠内だけで答えを出すことは決してできない、という洞察に絶望します。

ああ、わしはこれで哲学も
法学も医学も
よせばいいのに、神学まで
熱心に骨おって研究しつくした。
そのあげくがこのとおり哀れな愚かものだ。

前よりちっとも賢くなってはいない。
マギステルだの、ドクトルだのとさえ名のって、
もうかれこれ十年も
あげたり、さげたり、斜めに横に
学生たちの鼻をつまんで引っぱりまわしている――
そしてわれわれは何も知りえないのだということを悟っている。
それを思うと、この胸が焼けてしまいそうだ。
いかにもわしは、ドクトルだ、マギステルだ、
法律屋だ、坊主だというような、だて者よりは利口だ。
わしは、惑いや疑いに悩まされることはない。
地獄も悪魔もこわくない――
そのかわり、わしはいっさいの喜びを奪い去られた。
ひとかどのことを知っているなどと、うぬぼれはせず、
人間をよりよくし、改宗させるために、
何か教えることができると、うぬぼれもしない。
財産も金も持たなければ、
世間の名誉や栄華も持たない。
こんなふうにしてこれ以上生きることは、犬だってごめんだろう！

そこで、わしは、霊の力とことばで、
なにがしかの秘密がわかりはしまいかと、
魔術に身をまかせた。
そうすれば、自分の知りもしないことを、
つらい汗を流してしゃべらなくてもよくなるだろう、
この世界を奥の奥で総括しているものが
なんであるかを知ることができ、
いっさいの作用の力と種子を見ることもでき、
もう、ことばなんかせんさくしなくてもよくなるだろう、と思って。[204]

現実とは何か

現実とは、さまざまな対象と事実が存在している事態のことです。事実については、私たちは誤解することがあります。なぜなら、事実は私たちが事実に対して特定の考えをもっていることの中に埋没して消滅しないからです。現実のものは私たちの考えを訂正します。私たちの考えは現実ですから、私たちは間違えることがありますが、正しいこともあります。ここで注意しなければならないのは、現実は物でもなければ、物が入っている容れ物でもない、ということです。現実〔現実性〕ということで問題になっているのは、むしろ様相カテゴリーの一つです。様相カテゴリーの別の例としては、必然性、可能性、不可能性、偶然性（偶然性については、三五一頁参照）などがあります。

　プラトンとアリストテレスは、先ほど取り上げたように、さまざまな様相カテゴリーを列挙し、相互に区別することを始めた最初の人たちです。**カテゴリー**は一般に、それなしには他の概念を作ることができない概念として理解されます。現代哲学では、そもそもカテゴリーは存在するのか、存在するとしたらいくつあるのか、といったことが議論されています。[205]

　この背後にある考え方については、次のように理解するといいでしょう。**概念**とは、それを用いることでいくつかのものを他のものから区別できるものです（四六頁参照）。犬という概念は、犬をネコから区別しますが、ライオンや耳たぶからも区別します。犬という概念の扱いにいくらか慣れている人なら、ご存じのことです。概念を数え上げるのは難しくありません。例えば、魚という概念、（一つの）冷凍魚フライという概念、食品用ラップフィルムという概念、金融危機という概念、といった具合です。概念ではない対象から成る任意のリストを作ることも難しくありません。例えば、複数の魚、（たくさんの）冷凍魚フライ、複数の食品用ラップフィルム、複数の金融危機、といった具合です。魚〔Fisch〕という概念が存在しますが、一匹の魚〔ein Fisch〕というのは、また別のものです。

　概念は思想に変えることができます――魚を冷凍魚フライに変えるように。あいにく魚という概念から冷凍魚フライを作ることはできません（もしできたら、飢餓問題は簡単に解決するでしょうし、イエスが起こした大漁の奇跡も簡単に再現できるでしょう）。また、冷凍魚フライを結び合わせて思想にすることもできません。こうして、概念が概念でないものから区別されることが証明されました（時に理論哲学は子供でも分かるくらい簡単です）。

ところで、現実が概念によって構築されているのではないことも、これによって証明されます。というのも、もし概念によって構築されていたら、複数の魚が魚という概念と同一ではないことを認識するのは、ずっと難しかったでしょうから。

けれども、概念が概念でないものから区別されるなら――さあ、少し微妙になってきましたよ――、概念という概念があるわけです。概念という概念が存在しなかったら、私たちは概念と概念でないものを区別できないでしょう。

このことに最初に気づいたプラトンは、この概念の概念を対話篇『ソピステス』でロゴス〔*Logos*〕と名づけます（ちなみに、その冒頭では釣り師の概念が問題になっています）。のちに、ここから論理／論理学〔Logik〕という言葉が生まれました。つまり、概念という概念があるのです。概念の本質は何かという問題は、幸運なことに、ここではまだ決着をつけずにおくことができます。だって、今はまず現実とは何かを知りたいのですから。それだけでも十分、野心的なことですが。

そして、まさにここでプラトンの登場となります。というのも、概念という概念が他の概念から区別されなければならないことに最初に気づいたのはプラトンだからです。つまり、概念という概念を他のすべての概念から引き離す、区別のメルクマールがある、ということです。プラトンによると、厳密にはいくつかのメルクマールが存在しなければなりません。それを彼は「最高類」[206]と呼びます。

このメルクマールを、プラトンの弟子アリストテレスはカテゴリーと呼びます。カテゴリーという言葉は古代ギリシア語の *katēgoria* に由来し、告発ないしは告発状という意味です。カテゴリーによって、概念は概念の概念から区別されるようになります。したがって、すべての概念は一般に、カテゴリーによって、つまり概念の概念から区別されることによって規定されます。

現実性というカテゴリーの本質は、プラトンが表現したように、あるものが理念〔イデア〕を分有しているということにあります。例えば、私は皆さんとまったく同じように、生き物という概念を分有しています。むろん、生き物の概念とは何かを述べるのは、かなり難しいことです。私たちは、あるものがいつ生き物になったのかを正確に言い表す普遍妥当的な実質的定義をもっていません。今日の生命科学は、このような問題に対して明確で一義的な回答を与えてくれないのです。確かに、新陳代謝、成長、環境による刺激反応性など、生き物を特徴づける諸々のメルクマールを挙げることはできます。けれども、宇宙全体の中で、生きているものを生きていない物質から一義的に区別できる「生」の定義は提示されていません。

私の現実は、私が精神をもった生き物、つまり人間であるという事態以上でも以下でもありません。他にも精神をもった生き物はいるかもしれません。その場合には、私が人間であることを特徴づけるために、さらにいくつかの概念を付け加えなければならないでしょう。でも、少なくとも私が精神をもった生き物であるかぎり、私の存在は現実的です。アウディが現実的に存在するということは、アウディが特定の製品を製造し、アウディの法的地位を定めたいくつもの法規制を満たしているコンツェルンであるということです。皆さんが今読んでいる本が現実的に存在するということは、私がそれを書いたということ、それが哲学的な思想を語っているということ、ウルシュタイン出版が私の原稿を編集し、私と協議したのち印刷にまわしたということです。

現実的に存在するものは、概念のネットワークに組み込まれています。どの概念も別の概念を指示しています。ある概念を知っている人は、そのことによって別の概念も知っていることになります。このテーゼは**意味論的ホーリズム**として知られていますが、それが意味するのは、ある概念を用いることができるのは、その概念と論理的連関をもつ一連の概念を用いることができる時だけだ、ということです。

この立場は、現代哲学において、アメリカの哲学者ロバート・ボイス・ブランダム（一九五〇年生）によって理論的に非常に洗練された仕方で擁護されています。彼はこれを『推論主義序説』で一般的に分かりやすい形で表しました。[207]ハヴァンナが小型の愛玩犬である（厳密にはうちのペットです）と知っている人は、おそらくハヴァンナは人間によって改良された品種らしいということを知っています。小型の愛玩犬と、それが十中八九、品種改良によって生み出されていることには、論理的連関があります。ある概念は別の概念から推論できます。つまり、概念はネットワークを形作っているのです。

すると、プラトンをインターネットという理念の無自覚な発見者とみなすこともできます。というのも、彼は概念同士の連関を「イデアの結合」[208]と呼んでいるからです。これによって情報時代の論理的基礎の第一歩が踏み出されたわけです。今日、私たちが「情報」と呼んでいるものはかなり正確にプラトンのイデア論と合致しています。実際、イン - フォメーション〔In-Formation〕とは特定の論理的な形式〔Form〕をもつことを意味しますが、その論理的形式を用いることで、メッセージの発信者と受信者の関係はコードとして記述できるのです。

インターネットは論理空間です。私たちはネットの中のある位置から別の位置に旅することができますが、それは論理的原則によってコード化されたり復元されたりする論理的アドレスがあるからです。皆さんも覚えていると思いますが、これは、どんなコードも原理的に破られうるものであって、永続的に情報を隠しておける永遠のファイアウォールが存在しえない理由です。コード化できるものは、デコード、つまり復元もできるのです。

私たちがどれほど多くの情報を使えるようになろうとも、現実のものはさらに多くの情報をもたらし続けるでしょう。そもそも情報が受信者にとって解釈可能でありうるには、何かがカットされなければなりません。解釈可能な情報は、概念的な形式をもっています。概念的形式は、抽象的〔abstrakt〕です。つまり、この形式は概念的でないものから何かを取り除きます（ラテン語の *abstrahere*「取り除く」）。ですから、概念を用いて考えることは、決して同じものではない諸々の対象を互いに関係づけ、現実には等しくないものを特定の観点から等しくすることなのです。私の左手は、多くの細かい点で私の右手と異なります。私の左手が〔スーパーモデルの〕ハイディ・クルムの左手と異なっていることは言うまでもありません。それでも、私の左手とハイディ・クルムの左手は、どちらも手です。情報は、現実の関係が単純化されうる場合にのみ存在するのです。

どっちつかずの現実

現実というものには二つの側面があります。何の概念も分有していないものは、現実の一部になることはありません。他方で、間違えることがありえないものは、現実的に存在するものではありません。二つの側面の対比をはっきりさせるには、次のように考えるといいでしょう。まず一方には、ヴィルヘルム・フリードリヒ・ヘーゲルが主張する絶対的観念論という立場があります。ヘーゲルは有名な個所で、自分の見解を次のように要約しています（ヘーゲルの二重命題）。

理性的なものは現実的であり、現実的なものは理性的である。[209]

観念論の主たる考え方は、あるものが現実的に存在しているのは、それが情報を示す時、すなわち、それが何らかのシステムにとって原理的に解釈可能な時のみである、というものです。私たちの情報時代は、この考え方の上に強固に築き上げられています。デジタル革命とそれが見据える総インターネット化は、まさに観念論がテクノロジーに姿を変えたものです。

とはいえ、これは現実の一面しか捉えていません。観念論者の記述が、私たちには現実を捉え、自分たちの観念に合わせてその形を変える能力があることに限定されていないのは偶然ではありません。いわゆるトランスヒューマニズムという極端な変種をとる観念論は、私たちの身体性まで克服しようと努めます。現代哲学において、これに反対しているのは、観念論のライプツィヒ学派（特にジエイムズ・コナント、アンドレア・ケルン、セバスティアン・レーデル、ピルミン・シュテケーラー＝ヴァイトホーファー）です。彼らは、自己意識をもった人間の生を概念‐概念の根源とみなし、観念論をヒューマニズムと結びつけるのです。[210]

トランスヒューマニズムとは、超人というフリードリヒ・ニーチェによる空想の産物をテクノロジーの進歩によって実現しようとする試みです。トランスヒューマニズムは、より高次の人間の存在形式を追い求めますが、それはもはや生物圏のうちではなく、インフォスフィア／情報圏のうちで生きる純粋な情報としての人間の姿です。ここでは、スパイク・ジョーンズの映画『ｈｅｒ／世界でひとつの彼女』に登場する、サマンサという名の完璧な人工知能、あるいは「ブラック・ミラー」や「エレクトリック・ドリームズ」などに登場する未来の表象を考えてみましょう。観念論はトランスヒューマニズム的な世界観を間接的に支持しています。にもかかわらず、ヘーゲルも現代のドイツ観念論者たちも（典型的にはライプツィヒ大学とハイデルベルク大学に代表されます）、現実を人間の根本に、いわば乗り越えられない宇宙の頂点として根づかせようとしています。[211]

現実のもう一つの側面、つまり私たちが間違いを犯しうるという側面は、当然ながら絶対的観念論の枠組みでは適切に捉えることはできません。それゆえ観念論は、ずっと以前から実在論と対立してきました。

実在論は、私たちが自分たちの考えを現実の事態に適合させなければならないことを、現実を示す決定的なメルクマールとして見ています。それによると、現実のものは、私たちの認識装置に合わせてまるごと調整されているのではありません。私たちに現れている姿とはまったくの別物である可能性だってあります。そういうわけで、実在論による現実的なものの理解は、それがいつでも私たちを驚かせうるという事態に適合しています。実在論によると、現実のものが認識可能であり、私たちが間違えてばかりいるわけでないことは確かに分かっていますが、それが意味するのは、だから現実は私たちに合わせて調整されているということではなく、単に私たちには認識するものと認識しないものがあるということです。そして、現実が原理的に認識可能かそうでないかという問題を克服しているのが、新しい実在論です。なぜなら、現実に関して、すべてを包括する対象領域が問題になっているという考え方ときっぱり訣別しているからです。現実は、すべてを包括する対象領域ではなく、様相のカテゴリーの一つであるかぎりにおいて、現実は原理的に認識可能なものなのです。

この文脈で、フランスの現代哲学では、ハイデガーの後期哲学に依拠して「出来事〔生起〕」について語られることがあります。ハイデガー自身はアンリ・ベルクソン（一八五九—一九四一年）を拠り所にしましたが、ベルクソンとは一線を画しています。ベルクソンはドイツでは過小評価されています。しかも、それはハイデガーが彼のことを悪く言ったからにほかなりません。ベルクソンは、当時アルバート・アインシュタインらと並び称されていましたし、なかんずくその第一級の文章によってノーベル文学賞を受賞してもいます。ベルクソンとアインシュタインは仲もあまりよくありませんでした。結局、そのこともベルクソンの評判を（実際不当にも）貶《おとし》めることになったのです。

実在論によると、現実は一つの出来事〔生起〕という性格をもっています。言い換えるなら、現実のものがどのように展開するかを完全に予想することは原理的に決してできない、ということです。私たちのモデルは現実のものの構造を捉えなければなりませんが、そのモデルがいかに正確に現実のものの一断面に適合していようとも、それによって現実を完全に透明にする試みは決してうまくいきません。確かに、現実は隅々まで構造化されているのかもしれません。でも、それが厳密に言って、どのような性質をもっているのかを私たちが突きとめることは原理的に決してできないのです。ですから、ハイデガーは、そもそも古典的な哲学が現実を捉えられるとも思っていません。というのも、そうした哲学では、出来事〔生起〕の入り込む余地がないことになっているからです。このような理由から、彼は哲学を喜んで克服しようとし、自分が「別の始まり」と呼ぶまったく別の思考に置き換えたいと考えたのです。〔ただし〕この点には深入りしないほうがいいでしょう。

出来事〔生起〕や実在論の範囲についての現代哲学的な考察は、ここ数十年のあいだに、まず思弁的実在論を、続いて「新しい実在論」を生み出しました。フランスの哲学者カンタン・メイヤスー（一九六七年生）は、時代を画する著作『有限性の後で』で出来事〔生起〕というテーマを極限まで展開させます。[212] **メイヤスーの思弁的実在論**は、現実はどの瞬間にも、それまで私たちに見せていた姿からラディカルに変化しうる、と想定します。この想定に従うと、今、何の理由もなく私のソファの横にアラジンが登場して、有効とみなされているあらゆる自然法則を侵すかもしれません。宇宙が突然停止するかもしれませんし、無から新たな神が生まれるかもしれません。メイヤスーによれば、私たちが確実に認識できるのは、現実がもつラディカルな偶然性だけです。

偶然性とは、別様でありうることです。偶然的なものは、このようであるかもしれないし、他のようであるかもしれません。ということは、何はともあれ、現にあるあり方は必然的ではない、ということです。メイヤスーによると、唯一の必然性は偶然性の必然性なのです。

もっとも、絶対的観念論者も思弁的実在論者も現実の一つの側面を過度に引き伸ばしています。一方（絶対的観念論者）は現実の認識可能性を過大評価し、他方（思弁的実在論者）は過小評価しているのです。

そういうわけで、「新しい実在論」は両者のあいだをとります。すると、現実は中間的存在であることになるでしょう。中間的は、ラテン語では *ne-utrum* と言って、一方でも他方でもない、どっちつかず、という意味です。ですから、私は認識論に貢献している自分の立場を**中立的実在論**と呼ぶこともあります。それが意味するのは、現実は全体として人間にとって認識可能なものでもなければ、原理的に人間の認識から引き離されたものでもない、というテーゼです。[213] 現実とは、あるがままの現実です。「新しい実在論」の同志であるフランスの哲学者ジョスラン・ブノワ（一九六八年生）がアイロニカルに述べたように、「それが現実の定義」なのです。[214] 現実は、私たちが現実について意見を変えたくらいでは引き下がってくれません。まさにそれゆえに、私たちは現実について間違えることがあるのです。

魚、魚、魚

「魚」という表現には、少なくとも三つの使い方があります。

1　「魚」は、一つの文字から成る一つの語を示すことができます。この意味で「魚」と綴ることができます。

2　「魚」という語は、魚という概念を表すことができます。例えば「イルカは魚ではない」などのように、です。

3　魚という概念は、魚について考える時には、特定の生き物と結びつきます。つまり、一匹の魚と結びつくのです。これを、魚という概念によって要約された事柄と呼びましょう。

こうしたことを概念的によりはっきりさせましょう。**語**とは、一文字ずつ綴ることができ、他の言語に翻訳することができるものです。「魚〔Fisch〕」は、英語では »fish«、スペイン語では »pescado« です。概念は思想の一つの要素ですが、この要素のおかげで私たちは論理的な関連を作ることができます（一一四頁参照）。そういうわけで、魚という概念は、例えば哺乳動物という概念から区別されます。〔また〕魚の概念は多くの〔魚の〕種類を包括しています、などという具合に続けることができます。一つの語が指示する**事柄**とは、それゆえ思想の一部である概念が取り扱っているものです。

私たちは、さまざまな概念の中で事柄について考えをめぐらせ、それを語〔言葉〕を使って表現しています。私たちの考えていることは、概念的にフォーマットされているのであって、言語的にフォーマットされているのではありません。たとえスペイン語で夢を見ることがあるとしても、スペイン語やドイツ語で考えているのではありません。考えられているものは言語を必要としないのです。

私たちが母語として話している自然言語――私ならドイツ語です――は、私たちの思考に特徴を与えます。でも、制約はしません。だからこそ、私たちは外国語を習得したり、新しい文を作り出したりできるのです。皆さんが今まさに読んでいる本書に登場する文章の大半は、これまで一度も口に出されたり印刷されたりしたことがありません。毎日、無数のドイツ語話者が、それまで誰も使ったことのない文章を無数に使っています。

それができるのは、言語が私たちの思想を制約しないからです。自然言語と思考の決定的な連関は、自然言語が私たちの考えていることにより明瞭な輪郭を与え、ともすれば漠然と頭に浮かぶだけにすぎないさまざまな思想を明確に区別する手助けをしてくれることにあります。それゆえ詩は、無味乾燥な命題より的確でもありえます。それは、詩のほうが思想のニュアンスを正確に捉えさせてくれるからです。例として、ライナー・マリア・リルケの『ドゥイノの悲歌』の「第八の悲歌」から素晴らしく的確な表現をご紹介しましょう。

さらに母の胎から生まれ出ながら空飛ぶさだめをもった生きものは
いかにおどろき周章《しゅうしょう》することだろう、おのれみずからにおびえるかのように
それは空中を翔けりとぶ。焼物《やきもの》に
亀裂《ひび》のはしるに似て。そのように蝙蝠《こうもり》は
薄暮《はくぼ》の陶器に傷《きず》を入れるのだ。
そしてわれわれは。いつのとき、いかなる場合にも観《み》る者であるわれわれは、
すべてのものに向きあっていて、けっして広いかなたに出ることはない！

それらはわれわれを一ぱいに満《み》たす。われわれはそれらを整理する。それらは崩《くず》れる。ふたたびわれわれは整理する、と、われわれ自身が崩れ去る。[215]〔『ドゥイノの悲歌』（改版）、手塚富雄訳、岩波書店（岩波文庫）、二〇一〇年、六七―六八頁〕

リルケは、ここでコウモリであるとはどのようなことかを記述しています。二〇世紀の最も有名な哲学論文の一つ「コウモリであるとはどのようなことか」で、アメリカの哲学者トマス・ネーゲルは、コウモリであることがどういうことかは想像できない、と主張しました。[216]それは、想像するための言葉が彼にはないからだそうです。もちろん誰であれ、今コウモリであったり、コウモリの体験をいわば内側から感じたりすることはできません。遠い未来にはできるようになっているかもしれませんが、それは外科手術によって私たちの意識的生の神経生理学的基盤に影響を与え、自分が本当にコウモリであるかのような幻覚か夢を見させることが可能になる段階にこぎつけたら、の話です。でも、そんなことはまったくのSFですし、厳密に言うと、もし実現できたら、私たちにコウモリのように感じさせるのではなく、結局、私たちをコウモリにしてしまうでしょう。

リルケは、ここでもし人間の言語表現が制約されたものなら不可能に思われるようなことを成し遂げています。つまり、ある気分を捉えているのです。コウモリの飛行は、リルケが「磁器」〔右の訳詩では「陶器」〕として記述する夕暮れの単調な雰囲気を破ります。このことは多くのことを思い起こさせます。例えば、容易に想像できるのは、誰かが黙ってテラス席に座り、磁器のカップで紅茶を飲んでいる、という一夏の情景でしょう。そんなふうに、ゆったりと紅茶を飲んでいるような感じがしますね。そこへ突然コウモリが現れて、その人はびっくりします。たぶんカップを落として割ってしまうでしょう。でも、ゆったりとした、いわば滑らかな私たちの経験がコウモリによって破られれば十分なのです。経験された現実の表面に現れるこの亀裂を、リルケは興奮したコウモリとのアナロジーで示しています。コウモリ自身は、私が引用したこの詩節の冒頭で登場する羽虫のように、その経験の痕跡を私たちの経験のうちに残します。

おお、ちいさい生きものの至福さよ。
かれらはいつも胎内にある、かれらを時満《ときみ》つるまで懐妊《かいにん》していた母胎のなかに。
おお、蚊《か》の幸福よ、かれらは婚礼の祝祭のときでさえ
なお母胎の内部で踊っている、なぜなら一切が母胎なのだから。[217]〔前掲書、六七頁〕

詩の表現は、一連の思想をより明確に述べるのを容易にしてくれます。詩を作ることは曖昧な活動ではありません。反対に、往々にしてそれまで語られずにいた思想を表現しようとすることです。そのようにして詩作は私たちの思考を広げてくれます。思考の中では無数の思想が駆けまわっていますが、それらを私たちは意識的に捉えることがありません。思想が無数にあることで、文字どおり言葉を失ってしまうからです。

このあたりで中心的なテーマとなっている概念‐概念は、それにふさわしい言葉が見つかった時に初めて理解されます。「概念〔Begriff〕」は、もともと一つの隠喩で、「つかむ〔greifen〕」と関係があ

ります。思想〔考えられていること〕は「捉える」ことができます。私たちは現実に「アクセス」し、あるいは「介入」します。「隠喩」自体も一つの隠喩です。

すでに見てきたように、哲学と科学の用語の多くが隠喩的です。思考の歴史を見ても、新たな思想を述べるために新たな表現が作られるのは避けられません。それらの表現は、本来、隠喩、つまり思想と文のあいだに架かる橋です。**隠喩／メタファー**は、字義どおり訳すと（古代ギリシア語の *metaphérein* より）、別のところに運ぶことを意味します。つまり、隠喩は（私が今話している隠喩の概念に合わせて隠喩《メタファー》を使うなら）あるものを一方の岸から他方の岸まで運ぶのです。一方の岸は思想という現実で、他方の岸は言葉という現実です。隠喩がなかったら、新しい思想は表現できません。

思想は表現されるや否や、翻訳することができます。だからこそ、私たちは自然言語の文の翻訳とみなせる形式体系を発達させることができるのです。「2に2を足すと4になる」という文を、私は「2＋2＝4」という文に翻訳できます。でも、2＋2＝4という思想は、まったく別の仕方でも表現できます。例えば、指を折って数えたり、二個のリンゴと二個の梨を並べたりするのです。

私たちの表現能力は、言語能力と結びついています。けれども、そこから言語が私たちの考え方を定めるなどと結論してはなりません。ルートヴィヒ・ヴィトゲンシュタインは「私の言葉の限界は私の世界の限界である」[218]という有名な一文を残していますが、これは正しくありません。ところで、彼は後年、自分でもこの間違いに気づき、それゆえ私たちの言語使用に近い言語哲学を提唱しました。

概念‐概念などのような概念は、私たちには隠喩で表現することしか許されていません。ですから、最初の哲学的な表現は、古代ギリシアでも、古代中国や古代インドでも、今日の基準では総じて詩的なのです。断片的に伝わっている西洋の最初期の哲学理論は、すべて韻文か謎かけの形で語られています。ソクラテス以前の哲学者たちは、まずもって適切な言葉、つまり哲学の言葉を見つけ出す必要がありました。そのあとでプラトンとアリストテレスは、この活動を「哲学」と名づけて体系にすることができたのです。その際、彼らもまた新たな思想を思いどおりに表現するために、新たな隠喩を用いました。このことは、プラトンの対話篇で、誕生の隠喩とともに繰り返し示されています。ロマン主義の哲学者フリードリヒ・ヴィルヘルム・ヨーゼフ・シェリング（一七七五―一八五四年）は、思考それ自体が常設の分娩室だとまで述べています。

> あらゆる誕生は闇から光への誕生である。そして、穀種は土の中に沈み、より美しい光輝に満ちた姿が身をもたげ、日の光のもとで伸びゆくことができるよう、暗闇で死ななければならない。人間は母胎で形作られ、無分別なものの闇から（感情から、憧憬から、認識という素晴らしい母から）初めて輝ける考えが生まれる。[219]

二〇世紀に理論哲学の分野で広まった大いなる勘違いは、形式的な数理論理学が思想を明晰に表現する模範例である、とするものです。特に目を引くのは、その想定が的確であることを証明する明晰性の理論がただの一つもないことです。

しかし、そもそも明晰さとは何でしょうか。哲学史上、この問いに対してなされた重要な貢献は数多くあり、とりわけデカルト、ライプニッツ、ヴィトゲンシュタインの理論が挙げられます。彼らの理論とは異なり、現代哲学で「明晰性」という表現は、残念ながらまったく明晰でない仕方で使われています。「明晰性」という言葉には、このように目くらましの自明性がついてまわりますが、その根底に誤解があることは簡単に確認できます。この誤解は、抽象的なレベルにある思想の論理的連関を明確化するために、今日、私たちが進歩した形式的道具（計算）を駆使しているということにまで遡ります。

ここで小学校の授業に出てくるような単純な事例を考えてみてください。どこかの時点で、皆さんは２＋３＝３＋２、７＋４＝４＋７、５＋１＝１＋５には共通点があることを学ぶでしょう。そして、それはａ＋ｂ＝ｂ＋ａと書き表すことができます。代数を使った表現は、以前は私たちに隠されていたもの、つまり、そもそも私たちが――自分でそうと気づく以前から――もっていた数についての思想を規定していた数学的法則を私たちに示してくれます。ａ＋ｂ＝ｂ＋ａを理解するとき、私たちは明晰性を獲得します。そして、このようにして、あれこれ考える手間が大幅に省かれるのです。

以上のプロセスは、抽象化と呼ぶことができるでしょう。**抽象化**とは、一連の実例を基にして一般的な規則を捉えることです。抽象化ができるからこそ、私たちは抽象的な思想を表現することができます。ここに関わってくるのが、翻訳というプロセスです。私たちは以前なら別の形で表現していたであろう思想を形式言語に翻訳しているのです。

でも、少なくともこれと同じくらい重要で、反対の方向に進む思考プロセスもあります。それを具体化と呼びましょう。**具体化**とは、ある法則や理論的連関を説明するのに適当な実例を見つけるプロセスです。

哲学の仕事は、抽象化に限定されません。具体化も同じくらい重要です。哲学的思考の意味〔Sinn〕は、わけても抽象的に考えられていることの領域と具体的に考えられていることの領域とのあいだを駆け引きするように媒介することにあります。

カントは「思考の方向を定めるとはどういうことか」という素晴らしい論文を、この区別を自分流に論じることから始めています。

> われわれが概念をどれほど高いところに求めて、それによって概念を感性からどれほど遠く引き離そうとも、概念にはなお形象的な表象がつきまとうものだが、このような形象的表象の本来の使命は、それがなければ経験から導出されなくなるような概念を経験的使用に役立てることにある。それというのも、何らかの直観（直観は結局は常に何らかの可能的経験の実例でなければならないのだが）が概念の根底になければ、どうして概念に意味〔Sinn〕と意義を与えようとするのであろうか。この具象的な悟性作用から、後にそれの形象のうちに混じっているものを、つまり最初は感官の偶然的知覚を、次には純粋な感性的直観一般を取り去るならば、純粋悟性概念が残るのであるが、この悟性概念は今や拡張されて思惟一般の規則を含むことになる。一般論理学もこうして生じたのである。ところがわれわれの悟性や理性の経験的使用にはもしかしたらそのほかに、思考のためのいくらかの発見的な方法も隠されていて、かの経験からこの方法を慎重に引き出すことができれば、発見的方法は、抽象的思考においてさえ哲学を豊かにする幾多の有益な格率をもたらすことであろう。[220]〔「思考の方向を定めるとはどういうことか」円谷裕二訳、『カント全

集』第一三巻、岩波書店、二〇〇二年、六九頁〕

哲学は、数学ほど抽象的ではなく、詩作ほど具体的ではありません。二〇世紀の思想家の中に哲学を数学や詩作と同一視しようとした人がいたとしても、そうなのです。こうした本来の哲学の捉え方から外れた二つの極端な立場は、錚々たる面々によって主張されました。前者は特にバートランド・ラッセルとルドルフ・カルナップ（一八九一―一九七〇年）で、後者はルートヴィヒ・ヴィトゲンシュタインとマルティン・ハイデガーです。ラッセルは哲学を一種の数学とみなし、そのため「数理哲学」という紛らわしい言葉を作り出しました。それに対して、ハイデガーは詩作と思考を同一視しようとし、それによって自分は「愚か者にすぎぬ！　詩人にすぎぬ！[221]」と言ったニーチェの後継者たろうとしました。ラッセルは哲学に対して抽象化を義務づけようとしました。一方、ハイデガーは具体化を義務づけようとしましたが、これをヴォルフラム・ホグレーベは、よくまとめられた小冊子の中で「リスクをともなう生への近接」と分析しました[222]。

　どちらのやり口も容認できません。お粗末な還元主義の一つの形式です。**お粗末な還元主義**は、ある思考法を、本質的なものを省略し、幻惑された視点に導く別の思考法に還元します。特にお粗末な還元主義の例で今日蔓延しているものは拙著『「私」は脳ではない』で「神経《ニューロ》中心主義」と名づけたものですが、これは思考のプロセスと脳内プロセスを同一視することを意味します。例えば、私は最近、ハインリヒ・ハイネが〔「夜の思い」という詩で祖国を謳った〕当時のように、（メルケル政権が危機に直面していた二〇一七年と一八年に）夜中にドイツのことを考えると、おちおち眠ることもできません。ドイツのことを考えるのが一つの脳内プロセスと同一であるはずがありません。つまり、ドイツのことを考えると、ドイツは思想〔考えられていること〕の中に現れます。ドイツは、ドイツについての思想の一部です。そうでなければ、それは何か別のものについての思想だったでしょう。けれども、ドイツは私の脳の一部ではありません。私の頭蓋冠の下にはドイツの居場所なんてまったくありません。頭蓋冠の下に収めるには、ドイツの領土は広すぎます。

思考を、数学的思想を抽象的に把握する能力に還元したり、反対に抽象的思想を〔実例を用いた〕具体化によって理解する能力に還元したりすると、容認できない還元主義、つまりお粗末な還元主義という間違いを犯してしまいます。たとえ今日のアカデミックな哲学者同業組合のメンバーの何人かが、自分が数学者や詩人であったならと願っていたとしても、哲学はどこまでも哲学なのです。

つかみどころのない現実の変動幅

現実に戻りましょう！　魚がただちに魚でないことは、もうはっきりしました。そこで、語、概念、事柄（三五三頁参照）の区別を現実に適用してみましょう。「現実」という語は、現実という概念を表現します。そして、この概念のもとで問題になっている事柄を――当節広まっている混乱を避けるために――現実のもの〔*das Wirkliche*〕と呼びます。この混乱は、世界像によってもたらされたものです。**世界像**とは、存在するすべてのものが、存在するすべてのものとどのように関連しているかを捉えた見方のことです。世界像は、おしなべて、すべてのものについての理論に従事しています。さまざまな世界像は、何か現実のもの（例えばバリオン物質や遺伝子）を取り出し、それを土台にして、他のすべての現実のものはどうなっているのか、ということについての像を作ることによって成立します。つまり、何か現実のものを選び、それを普遍的に適用するモデルとするのです。諸々の世界像は、一つの現実そのものが存在すると考え、それを一つの大きな容器か、そうでなければ、すべての現実のものが共有する一つの根本的特徴と同一視します。

今日、特に二つの世界像が広まっています。大雑把な唯物論が一方に、宗教的原理主義が他方にあります。**大雑把な唯物論**は、現実は物質的 - エネルギー的構造からのみ成り立っていると考えます。**宗教的原理主義**は、物質的 - エネルギー的構造を、神が私たちの魂を試すために仕組んだ感覚的な仮象の世界にすぎないとみなします。つまり、感覚的な世界の背後には、すでにニーチェが嘲笑的に「背後世界」と呼んだ、もう一つの世界がある、というわけです。[223]

この争いでは、どちらの陣営も正しくありません。次のような間違いを犯しているからです。つまり、この二つの立場は、実際に現実的に存在するものを選び出し、その自分たちの（かなり恣意的な）選択から、あらゆる現実のものにとってモデルとなるものを見つけたと結論しているのです。それを基に［それぞれの］世界像が組み立てられます。そして、その世界像の枠組みにおいて、「現実そのもの」という名前の巨大な対象領域の観念が生まれます。現実そのもの——一つの、すべてを包括するものの集合体——が存在すると信じる者は、概念と事柄を取り違えているのです。

現実という概念それ自体が現実的に存在するのかといえば、そうあっさりと問屋は卸しません。もちろん、現実は現実のものに属しています。なぜなら、私たちは現実について間違えることがありうるのですから。現実については、互いに排除し合う多様な理論が存在していますから、その中のある理論が正しく、他の理論は間違っている、ということもありえます（もちろん、ここでは「新しい実在論」が正しいのですが……）。したがって、現実は確かに現実のものですが、単にそれだけのものではありません。だいたい、現実がなかったら、私たちはまったく考えることができないでしょうから。

大雑把な唯物論は、時として、現実に実在するものは原因－結果の関係に結びついているものだけである、という指摘を引き合いに出します。〔実際〕「現実〔Wirk-lichkeit〕」という言葉は、他のものに何らかの結果をもたらす〔einwirken〕ものだけが現実に存在する、ということを暗示しています。原因－結果の関係を専門用語で言うと、**因果性**となります。要するに、大雑把な唯物論は、現実を因果性に還元しているのです。ただし、このやり方では先に進めません。因果性から現実を逆向きに推論するためには、因果性の理論が必要となるからです。この点については二つの競合する理論があり、哲学のみならず、自然科学や社会科学でも展開され、議論されています。[224]〔もちろん〕ここですべての因果論を見てまわるには及びません。けれども、現実にとって重要な因果論の要点は、結局のところ、ある物質的な物が他の物を突っつきまわすのが因果性だと理解してはならない、ということです（一六一頁以下参照）。なぜなら、因果性は必ずしもすべての場合においてエネルギー伝達のプロセスであるとは限らないからです。

AとBという二つの系のあいだにある因果関係は、何はともあれ単なる相関関係以上のものです。簡単な例が、それを示しています。私がこの世に生まれて以来、毎朝、太陽は昇ります。この世に生まれて以来、私はほぼ毎日、何かを食べています。にもかかわらず、太陽が昇ることは私が毎日パンを食べることの原因ではありません（もちろん、太陽がなければパンはなかったでしょうが）。太陽が昇ることは、確かに私の食生活という事実と相関関係がありますが、この事実の原因とはなりません。反対に、私の食生活も太陽が昇る原因とはなりません。定期的に同時に起こることが、すべて原因－結果の関係にあるわけではありません。ですから、単なる相関関係（複数の出来事の発生が規則的に一致すること）と真の因果性は区別されるのです。

真の因果性が存在するのは、なにも物理学の領域に限ったことではありません。南アフリカ共和国の宇宙論研究者ジョージ・フランシス・レイナー・エリス（一九三九年生）は、一九七〇年代にスティーヴン・ホーキングと共同で、時空間の構造に関するとても注目された著作を執筆しましたが、彼は最近、上から下へと向かう因果性（トップダウン因果性）が存在すると指摘しています。[225] 例えば、ある人物を拘禁刑に処するという判決などは、その人物が今ある特定の場所（刑務所）にいるという状況を引き起こすことができます。それゆえ、有罪判決という抽象的な出来事は、時空間内の物質の分散状況に変化をもたらす原因となりうるのです。したがって、すべての因果性は常に物質的なものから精神的なものへと（下から上へと）進行する、というのはあたっていません。もっとあたっていないのは、物質的なものしか存在しない、という考え方です。そんなナンセンスなことは、物質的－エネルギー的に存在するものだけが現実的に存在すると認めたくなるような、誤った因果論を踏まえていなければ思いつきませんから。文脈は、その中に埋め込まれている要素間の関係を規定します。これは、単純に素粒子から成り立っているのではない宇宙にもあてはまることです。というのも、素粒子はビッグバンという初期条件から生じますが、その初期条件のほうも、それ自身、上から下に（全体から部分に）向かって組織された一つの文脈を形成するからです。

結局のところ、本当の自然科学、社会科学、人文科学は唯物論的な世界像をいささかも支持しません。それに、そのような世界像に支えられることもありません。大雑把な唯物論には多くの支持者がいますが、だからといって真剣に受けとめるべき科学的な理論ではありません。むしろ大雑把な唯物論は迷信の一つの形態で、せいぜい科学的世界から似非《えせ》科学的結論を引き出すだけです。

いまだかつて自然科学、社会科学、あるいは人文科学の成果から、全体としての現実の構造についてのテーゼが導き出されたことはありません。ですから、今日まだ広く流布している自然主義は、すべての現実を自然科学のフォーマットに合わせて調整し、そこから大雑把な唯物論を側面から支援することを期待していますが、そんなものは真の科学的テーゼではなく、似非科学なのです。[226]

だからといって、まだ対抗馬たる宗教的原理主義に走ってはなりません。唯物論が間違っていることから、神が物質や宇宙が存在する原因だと結論するのは、同様に迷信の一形態です。一神教や（ヒンズー教のような）多神教における天地創造の物語は、宇宙の成立についての科学的理論を含んでいません。というのも、自然科学研究の対象領域としての宇宙という概念は、古典的な創造説が作られた頃には、まったく知られていなかったからです。

ここで、聖典の著者は神あるいは神々から直接霊感を与えられたとされることを引き合いに出しても、何の役にも立たないでしょう。聖典の著者は唯物論的な世界像をもっていませんが、それは神様ご自身も同じでしょう。ですから、創造説の本質は、たとえ宗教的原理主義者の主張に従ったとしても、純粋に物質的な宇宙の成立を記述することにあるとは考えられません。天地創造を報じる物語は、詩で書かれた物理学ではないのです。厳密に言うなら、どのみち唯一有効な創造説など存在しません。聖書の天地創造物語、コーランの天地創造物語というように、個々に異なる物語があるだけです。ヒンズー教の根っこにある物語を一例として挙げられるように、多種多様な天地創造物語があることは言うまでもありません。

前近代《プレモダン》の時代には非常に多くの高度な文化で天地創造の物語や神話があったことが証明されていますが、それらの意味についてもっと正確な情報を提供するのは、神学、宗教哲学、文学、宗教学、歴史学、その他いくつかの学問の仕事です。私はここでどの宗教哲学にも縛られたくありません。［ただし］一つだけ指摘したいと思います。一神教の宗教で信仰される神を、私たちにはまったく理解できない行為によって帽子からバリオン物質と暗黒物質を取り出す一種の魔法使いとして信じるのは、迷信の一形態です。神が始まりに天と地を創造したことは、神が始まりにバリオン物質と暗黒物質を作ったことを意味するのではありません。そんなことは聖書などのテキストのどこにも書かれていません。一神教は神を創造主と呼びますが、それは神が純粋に物質的な現実を生み出したという意味では決してないのです。なぜなら、神は生き物や人間の創造主ともみなされていて、その際、人間には永遠の魂があると多くの信者から認められていますが、そうした魂はバリオン物質や暗黒物質からできているとはとても思えないからです。

科学的と称される世界像と宗教的と称される世界像のあいだの争いは、現在、特にアメリカ合衆国で、社会政治的な結果をともないながら、かなり熱っぽく進行中ですが、要するに、これは二つの形態の迷信の争いなのです。本当の科学も、本当の宗教も、唯物論的な（あるいは他の）世界像に拘束されてはいません。

物質だけでなく、多くのものが現実的に存在しています。こうした事態を、**現実のものの異種性**（古代ギリシア語の *heteros*「異なる／多様な」＋ *genos*「類」より）と呼びましょう。現実のものは、さまざまな種類のものから成り立っています。それでも私たちは、現実という同種の概念をもっています。この概念の本質は、私たちは現実のものについて間違った判断を下すことがある一方で、それを捉えることもできる、という点にあります。私たちは現実のものをいくつも認識してきましたが、他のものはまだ認識していません。多くの現実のものに関しては、決して私たちは認識しないでしょう。そして、その中のいくつかのものは、さまざまな理由から、いつまでも認識できません。

カエサルの髪とインドのマンホールの蓋とドイツ

あまりにも日常にありふれた事柄は、永久に私たちの認識の埒外に置かれます。カエサルのことを考えてみましょう。あのガイウス・ユリウス・カエサルです。この人は紀元前（つまり西暦が始まる以前の）四九年一月一〇日にルビコン川を渡ったようですが、このことはローマの内戦の歴史に関わっています。では、彼が今まさにルビコン川の対岸に足を踏み出し、風に髪をなびかせている様子を思い描いてみましょう。その瞬間、彼の頭部には——完全な禿頭でないかぎり——髪の毛があったはずですが、その本数を私たちは永久に知ることができません。彼が完全な禿頭であったなら、髪の毛の本数は正確に分かったのですがね、〇本だって。私が思うに、当時、ルビコン川を渡った瞬間のカエサルの頭髪の数を数えた人はいなかったでしょう。仮にいたとしても、その報告は失われてしまって、私たちが入手することはできません。

ローマ史に立ち入らずに済む別の例を挙げましょう。私がこの文章を書いているあいだにも、インドにはマンホールの蓋があります。でも、今まさにインドにはどのくらいの数のマンホールの蓋があるのでしょうか。私はこの文を二〇一八年二月一日一一時三九分（中部ヨーロッパ標準時）に書いています。さあ、今皆さんが読んだ文章が書かれた時間に、インドには正確にいくつのマンホールの蓋があったか、想像してみてください。大した想像力を使わなくても、マンホールの蓋の正確な数を尋ねる問いの答えを見つけろなんて、できない相談だと、すぐに分かります。仮にその答えが見つかったとしても、では中国の、北朝鮮の、ハンブルクの、ローマなどのマンホールの蓋はどうか、という問いが出てくるでしょう。私たちは、この地球上に、正確に定められたかなりの数のマンホールの蓋があることを知っています。でも、その正確な数は誰にも分からないことも知っています。

おそらく、皆さんは私の言いたいことが、もうお分かりでしょう。超越的なことに関わらなくても、私たち人間に認識できない事実は非常に多くあります。きわめてありふれたような出来事でも、考慮に入れるべき要素が複雑すぎると、私たちには認識できないままに終わるのです。

私たちは、このような不確かなあり方を回避するための方法を開発してきました。国勢調査という考え方が登場して以来、官僚機構の機能の一つの本質は、できるかぎり多くの重要な事実を記録することにあります。デジタル時代にあって、これは部分的に容易になっています。数量を確定するのがより容易になり、コストもそれほどかからなくなったからです。すでに最初期の高度な文明は、社会経済的に重要な対象に関する数量データを粘土板に書きとめ、それによって事実を把握していました。もちろん、完璧は望むべくもないでしょうが。

今日、グローバル化した経済秩序は夥《おびただ》しい数の商品を私たちに供給してくれていますが、結果として、まったく全体が見通せないほどの分業体制が生まれています。グローバル展開するコンツェルンは、これを利用して、行政による監視と規制が及ばない水面下で、記録されない事実を作り出そうとしています。カリフォルニアに拠点を置く大企業は、さながら素晴らしいデジタル新世界の独占企業であり、そこで生み出される新たな商品に対しては国家による経済政策上の監督体制がまだ十分にとらえられていません（例えばソーシャルメディア、それから住宅の個人間貸し借りや、カーシェアリングなどのシェアリングエコノミーを含みます）。このようなやり方で、それらの企業は知識〔情報〕によって優位に立ち、利益を得ています。現在のところ、（例えばアルゴリズムや私たち顧客の合法的な騙《だま》し方といった）特定の事実を知っているのは、こうした企業だけです。そこから文字どおり資本を囲い込んでいるのです。

今度は、政府が——ここではドイツ連邦政府としましょう——どのような状況に置かれているか、ちょっと想像してみましょう。もちろん、政府の誰一人として、「ドイツ」という名の社会システムについてすべてを見通しているわけではありません。特定の時点を取り上げても、それについておよそにでも見通している人はいません。ですから、どこの政府もほとんどのことは分からないという条件下で動いています。だからこそ、政府が機能するには、大臣、次官、委員会、省庁、等々、要するに官僚機構が必要なのです。これらの組織は、上がってきた情報を重要性の基準に従って再度フィルターにかけますが、その基準の一部は政府があらかじめ定めたものであり、そうすることで政府は反対に事実の成立に介入することになります。その際、政府が従う特定の価値観の一部は、党の綱領で定められています。誰も知らないことがまさに無限に多く存在するということは、どのレベルでも分かっています。それでも、知識は伝達されるということがすべてのレベルで暗黙の了解となっていなかったなら、先の構造は崩壊してしまうでしょう。

この状況から抜け出すことはできません。前世紀、ヨーロッパに住む私たちの人間性を粉々に打ち砕いた全体主義的国家モデルに人々は魅了されていましたが、その理由の一つは、このモデルが社会的関係におけるすべてのやり取りを徹底的に監視し、コントロールする全知の官僚機構を約束していたことにあります。こうして秩序は一望に収められます。とはいえ、そのようにすべてを知ることは原理的に不可能です。

社会学者のニクラス・ルーマン（一九二七―九八年）は「民主‐官僚制」という言葉を作り出しました。[227]この言葉が示すのは、連邦主義というドイツ連邦共和国の理念にとって特徴的とみなせる一つの構造です。国家全体を制御する（パリやロンドンを範とするような）唯一の中央権力という幻想に代わって、いくつもの中央と多様な決定プロセスが登場するのです。

この構造が機能するのは、それが適切な仕方でフィルターにかけられ、さまざまなレベルを通して伝達される知識を生み出すかぎりにおいてです。だからこそ、教育政策は重要な役割を担うわけですし、総じてしっかりした公立の学校や高等教育制度をもつことが有意義であるともみなされます。なぜなら、まさにグローバルな経済状況の中にあって私たちが期待するのは、政府が知識を得られる立場にあり、民主主義が理想的に機能する場合、私たち市民を社会経済的秩序への有害な介入から守るために、その立場を利用することだからです。このことは、デジタル時代において、とりわけサイバー攻撃にもあてはまるでしょう。多くの人が、二〇一六年のアメリカ大統領選挙はひょっとしてサイバー戦争だったのではないか、そこにはさまざまな役者が絡んでいて選挙結果に影響を与えようとしていたのではないか、と考えています。これが本当かどうかは、現在アメリカで捜査されています。

このような事態を正確にどう評価するべきか、哲学者である私がどうこう言えることではありません。ここで大切なのは、知識と権力の根本的な関係です。思考の意味／考えるという感覚〔Sinn des Denkens〕には、社会的・政治的な現実について考える際にどんな落とし穴があるのかについて、より明確なイメージをもてるようにする、という役目があります。このとき決定的に重要なのは、実際に私たちが学問、テクノロジー、官僚制度によって経済的付加価値が生じる知識社会に生きているということです。その付加価値がさらに有意義に活用されうるのは、他の知識の形態も同様に求められる場合だけです。

自然科学と技術を価値の問題から切り離して進展させれば、すぐに次の原子爆弾や次の排気ガススキャンダルが起きるでしょう。ヴェトナム戦争を背景にした科学の責任については、大きな影響力をもったハルーン・ファロッキの一九六九年の作品『消せない火』で、ことのほか印象深く描かれました。価値の問題を科学やテクノロジーによって処理することはできません。私たちは人間として何者であり、何者であろうとするのか。私たちは、他の種の動物に対して、この惑星に対して、他の言語を話す外国人に対して、きわめて薄く脆《もろ》い大気という屋根の下に集《つど》っているすべての多様な生命に対して、どのようにふるまうのか。こうしたことは、人文科学と哲学の認識を頼りに判断するしかないのです。例えば、ドイツとは何か、なんてことは誰も知りません。ドイツは、好むと好まざるとにかかわらず、すべて見通せないほど複雑であり、何かに還元できるようなものではないのです。その意味では、カエサルの髪やインドのマンホールの蓋と同じです——ましてやグローバル化のプロセスの複雑さについては言うまでもありません。そして、グローバル化のプロセスは、西洋や東洋の本質を探したところで巻き戻せません。なぜなら、そんな本質など、まったく存在しないからです。

フレーゲのエレガントな事実理論

私がすでに何度も言及したゴットロープ・フレーゲ（一〇〇頁以下参照）は、歴史上最も偉大な論理学者の一人です。数学者としては、現代の記号論理学の着想に大いに貢献しました。それは、数学の抽象的な思想を表現するために今日でも用いられている、数学的記号の体系のことです。フレーゲは、独自の表記法を発案し、それによって思想同士の論理的関係を見通しよく表せるようにしました。この表記法を、彼は「概念記法」と呼んでいます。[228]

フレーゲの概念記法がなかったら、今日のデジタル革命はなかったでしょう。一九世紀にフレーゲが大いに促進した論理学の形式化のおかげで、新たな記号化の可能性が生まれました。そして、それを用いることで初めて、思想の論理的関係をプログラム化できる単純な方法で表現できるようになったのです。

フレーゲは、思考について最も重要なテキストの一つを著しました。一九一八年の「思想」という地味で小さな論文です。見過ごされやすいのは、そこでフレーゲが、私たちは思考について隠喩的にしか語ることができないと認めていることです。「思考」を彼は「思想を捉えること」と理解しています。[229] これを、**フレーゲの思考理論**と名づけましょう。その中でフレーゲは思想についての三つの態度を区別しています。そのおかげで私たちも少し先に進めます。

1　思想を捉えること――思考
2　思想が真であることを承認すること――判断
3　その判断を表明すること――主張[230]

この簡単な区分が、思想についてのフレーゲの天才的思想の根底にあります。彼によれば、思想とは真理性をもちうる形象です。真理性をもちうる誰かや何かは、それだけではまだ真であるには程遠く、真でありうるだけです。

定義を与えようというつもりは毛頭ないが、私は考え〔思想〕を、そもそも真実が考慮の対象となりうる何かと呼ぶ。偽であるものを、真であるものと同様、私は考えとみなす。したがって、考えとは一つの文の意味〔Sinn（＝意義）〕だと言えるが、それをもって、いかなる文の意味〔Sinn（＝意義）〕も考えである、と主張するつもりはない。それ自体では非感性的である考えは、その身を文という感性の衣に包み、それによって私たちに把握できるようになる。文は一つの考えを表現すると言える。[231]

要するに、**思想**は真か偽であるようなものです（一〇〇頁以下参照）。ある思想を捉えているとき、私たちは何かについて考えをめぐらせています。では、住民が多いのは北京とニューデリーのどちらか、という問いを考えてみてください！　私が今お願いしたことをやってくれているとき、皆さんは一つの思想を捉えていることになります。この思想は、なかんずく北京、ニューデリー、住民を扱っています。もしこの思想が言うなればドイツ語で皆さんの意識を通り抜けているとしたら、ほとんど聞き取れない程度の（どうやら自分のものと思しき）声が意識の流れの中に現れて、「住民が多いのは北京かニューデリーか」とささやいたような印象を抱いたかもしれません。思想の肝心なところは、幾通りものやり方——命題、言語、あらゆる種類の記号体系——によって捉えることができることです。

（命題1）北京はニューデリーより住民が多い

という文と

（命題2）北京を自分の住所としている人は、ニューデリーを住所としている人より多い

という文は、類似した思想を表現しています。この思想は事柄に関わります。私たちはこの思想を、疑問という形式でも、主張という形式でも捉えることができます。

　こうしたことを基礎にしてフレーゲは、事実に関する最もエレガントな理論の一つを展開しています。フレーゲは、一頁にも満たない中で、ポスト真実《トゥルース》の時代なるものが登場しうることに反駁しました。それも、多くの同時代人が感嘆した、他に類を見ない含蓄の深さと論証の鋭さをもって。さらに一歩進めるように私が解説を加える前に、皆さん、次の文章を熟読玩味してください。

> 考え〔思想〕を把握するということに、特別に精神的な能力、思考力は対応しなくてはならない〔ほら、私たちには考えるという感覚〔Sinn〕がありますよ！――M・G〕。考えているとき、私たちは考えを生み出しているのではない、考えを把握しているのだ。なぜなら、私が考えと呼ぶものは真実と最も緊密な関係にあるからだ。私が真であると認めるもの、それについて私が判断するに、それの真実性を私が認めることとは無関係に、かつ、それについて私が考えることとは無関係に、それは真である。ある考えが真であることに、その考えが考えられることは属さない。

「事実！　事実！　事実！」科学のより確かな基礎固めの必要性を肝に銘じさせたいとき、自然

科学者はそのように声を張り上げる。事実とは何だ。事実とは真なる思想。科学の確かな基礎として、自然科学者は、しかし変わりゆく人間の精神状態に依存するものを決して認めないだろう。科学の仕事の本質は創造にあるのではなく、真なる思想を発見することにある。天文学者は、少なくとも地上にその真実を認識する者がまだ誰も存在しなかった頃に起こった、とっくに過ぎ去った出来事を探究する際、数学的真実を応用することができる。彼がそれをできるのは、ある考えが真であることは時を超越しているからだ。したがって、その真実が発見されてようやく成立するものであるはずがない。[232]

今や私たちは、フレーゲとともに、現実が本質的に思想から、それも真なる思想から成り立っていることを確認することができます。フレーゲによれば、もし思想が存在しなければ、現実のものは存在しないでしょう。この点では、フレーゲは確かに観念論者です。しかし、彼の場合、思想は意識の内容ではありません。思想は、考える生き物に属するのではありません。むしろ思想は客観的に実在する構造であり、それを通じて対象は互いに関係づけられるのです。ある思想を捉えるとき、私たちは間違えることがありえます。なぜなら、現実のものは私たちが思っているものとは異なるかもしれないからです。思想は偽でありえます。この点では、フレーゲは実在論者だと言えるでしょう。

2＋2＝5という思想は、偽です。それを真とみなすなら、私は間違いを犯していることになります。思想そのものは間違いを犯しません。単に偽であるだけです。私たち人間は、誤りうる存在です。それは私たちが主張するからです。特定の思想を真である、または偽であると主張した途端、私は思い違いをしているかもしれないのです。人間が思考する以上、間違いを犯す可能性はついてまわります。フレーゲは、思考を思想をもつことと理解した点では正しいと言えます。ですが、あいにく彼は、私たちが判断を間違えるのは私たちの思想の多くが偽であるからではない、という点を見落としています。というのも、ある思想が偽であるだけでは、まだそれは間違いではないからです。私たちの考覚が鈍っているか、あるいは鈍る可能性がある時に、初めて間違いというものが現れます。

ライプツィヒの哲学者セバスティアン・レーデル（一九六七年生）は、誰かがいかなる理由で、どのように間違えるのかは説明できる一方で、真なる思想には、その思想が真であること以外の説明はない、と指摘していますが、この指摘はまったく正しいのです[233]。私がある件で間違えたなら、それは見込み違いだったからか、時代遅れの見解に固執したからか、しっかり見なかったからか、はたまた自分の偏見に惑わされたか、等々の理由によります。あることで間違える場合、間違え方は無数にあります。けれども、間違わない仕方は一つしかありません。真なる思想を思考しているなら、その思想が真であり、その人が間違えていない理由は、この特定の内容をもったこの特定の思想が思考されていること以外にありません。首尾よくいったなら、それ以上の説明は不要です。真実を語る者に口実は要らないのです。

私たちの知の限界を超えて

私たちは間違いを犯しうるのですから、事実が存在するに違いありません。正しくない仕方で捉えることがありうる事実がなければ、間違いを犯すことはありえないからです。このような調子で、過激な懐疑主義を二、三のステップで打ち負かすことができます。**過激な懐疑主義**とは、私たちはまったく何も知ることができない、という想定のことです。仮に過激な懐疑主義が真だとしても、当然ながらそれが真であることを私たちは知りません。とはいえ、ひとまずこの有名な難問は脇に置いて、仮に過激な懐疑主義が真だったらどうなるかを描き出してみましょう。すると私たちは、自分が下すどの判断においても思い違いをしていることになります。判断するとは、ある思想を真とみなす思考活動を完遂することです。ある思想を真とみなすことは、その思想が真であることを確認するとはどういうことか思い描けることを前提としています。それができないとしたら、私たちはその思想をまったく理解できていないことになるでしょう。

私が言いたいことは次のことです。皆さん、何かありふれたことを考えてみてください。例えば、

今日（二〇一八年二月二日、現地時間一五時五二分）、パリの空は曇っているが、シュジェール通り〔Rue Suger〕では雨は降っていない。

この思想が真であることは、簡単に確認できます。現在私が仕事をしているアパルトマンから、外を眺めればいいのです。上記の思想を確認する方法はたくさん（それこそ無限にたくさん）あります。皆さんが思想を理解するなら、すぐさま何らかの確認手段が皆さんの頭に閃《ひらめ》くでしょう。というの

も、ある思想を理解するとは、それが真であるか否かを見つけ出すとはどういうことかイメージできることなのですから。

ところで、これは宗教哲学の中心的な考え方です。それに基づいて、オックスフォードの哲学者サー・マイケル・アンソニー・アードリー・ダメット（一九二五―二〇一一年）は著書『思想と実在』の中で、私たちは神の立場を思い描くことができるし、思い描かなければならない、とまで述べました[234]。というのも、いつの時点であれ、それが真理であることを誰も確認ないし否定できない思想は無限に多く存在するからです。にもかかわらず、私たちは、こうした事実について、いくつもの命題を作って理解することができます。私たちは次のような、**きわめて一般的な事実命題**を理解することができるのです。

〔過去あるいは未来の〕いつの時点であれ、それが真理であることを誰も確認または否定できない思想は無限に多く存在する。

きわめて一般的な事実命題が意味するのは、私たち人間は知りうることのすべてを知っているわけではない、というほどのことです。私たちは全知ではないと確認しているにすぎません。私たちは、自分たちが全知ではないことを理解するためには、いつの時点であれ、誰も確認または否定しないであろう命題があることを理解していなければなりません。

ところが、ダメットに言わせると、これは誰か（神かもしれません）がそうした命題を確認または否定することがありうる、と私たちが想像できることを意味します。それゆえ、私たちによる命題の理解は、私たちが実際に認識できる範囲を無限に超えたところにまで達しているのです。だからこそ、そもそも認識の進歩というものがあるのです。したがって、私たちの思考もまた、検証可能な認識の及ぶ範囲をはるかに超えたところにまで達しています。この想定なしには、私たちは自分たちが知を獲得したことを説明できないでしょう。

ここからダメットは神の証明を組み立てていくのですが、必ずしもそれを受け入れる必要はありません。彼が示唆しているのは、せいぜいのところ、どんな事実についても、それが成立していることを認識している存在者を想像できる、ということです。だからといって、もちろん、そのような存在者が存在するということにはなりません。そして、仮にこのことを何とか証明できたとしても（そんなことはできませんが！）、それをもってその存在者が神であると証明したとは、とうてい言えません。とはいえ、私としては神の問題は別の機会に譲り、まずは気を取り直して地上の世界に戻りたいと思います。

さて、私たちは今では自分たちがすべてを知っているのではないことを知っています。そのことを知っているとき、ある命題を理解できるのは、その命題を確認または否定するとはどういうことかを思い描ける時だけである、ということも同時に私たちは知っています。

ダメットを哲学において有名にしたのは、何よりもフレーゲの思想の概念を理解の理論によって補完したことです。だって、どんな命題も理解できないとしたら、そもそもどうやって思想を捉えればいいのですか。

理解に関する理論は、専門用語で**解釈学**と言います。言語的な意味に関する理論は、専門用語で**意味論**と言います。まともな意味論で、解釈学をともなわないものはありません。言語的な意味の理論は、私たちがそもそも語や文を理解できるということから、すっきり切り離すことはできません。この点で、後期のダメットはハイデルベルクの哲学者ハンス＝ゲオルク・ガダマーに同意しています。ガダマーは生涯かけてずっと、知に限界があることを指摘しましたが、この知の限界は現実を二つの固定した領域、つまり知ることができるものの領域と知ることができないものの領域に分けるものではありません。今日まだ知らないことを明日はもう知っている、ということだってありうるのです。知には不動の限界はありません。まさにそれゆえに、私たちは決して、自分が何をもう知っていて、何をまだ知らないのかを厳密に知ることもないのです。

最古の伝承の中で、言語的な意味を表す古代ギリシア語の表現が明らかに示されているのは、哲学者ヘラクレイトスが語ったものです。伝統的な整理番号による断片九三には、次のように記されています。

デルポイで信託する主は何も語らず何も隠さず、代わりに暗示する[235] (sêmainei)。

言語的な意味は、謎かけを発するプロセスと似ています。誰かが述べることは、何であれ、理解されるかもしれないし、誤解されるかもしれないからです。どんな発言であっても、誤解をはじめから阻止することなどできません。ですから、一〇〇パーセント明晰な発言、つまり誰も誤解しえないような言語的内容をもった発言などというものも存在しないのです。それゆえ、私たちの思考や言語は現実に属することになります。私たちは、自分が考えていることや語っていることについて間違った判断を下すことがあります。これまで現実の事柄、例えば考えるという事柄がどうなっているのかを問われて間違えなかった者はいませんでしたし、これからもいないでしょう。

思考の現実は頭蓋基底のレッスンではない

思考は、私たちの頭蓋冠の下で進行する、自分だけが熟知している出来事ではありません。思考が思想を捉えることであるかぎり、私たちの精神的所有物ではないという構造があるに違いないからです。思考は現実のものです。現実に生じているものです。他人の考えていることや考え方のほうがよく理解できるということが時々あるのも、そのためです。この前提がなければ、心理学という学問分野のすべては台なしになり、自分の思考上で起きる出来事を変えたいと願う人々の心的生活に心理療法を使って介入する希望は潰《つい》えてしまうでしょう。

私たちがあることについてどのように考えているかということは、さまざまな影響を及ぼします。これは特に自己探究の分野において言えることです。精神的生活のある時点において自分が何者なのかということは、自分と自分を取り巻く社会的環境と（社会的でない）自然環境についてどのように考えているかということと密接な関わりがあります。

この単純な事実は、思考について今日流布しているイメージを傷つけるでしょう。ジークムント・フロイトによるいくつかの影響力ある見解と考察のおかげで、そして一般的には一九世紀後半以降の経験心理学と神経科学の発展のおかげで、私たちの思考上の出来事は常に私たちが思っているとおりのものではないことが承知されています。心の目を言うならば内側に向けたところで、私たちは自分の思考上の出来事を見通すことができないのです。

このことは労せずとも思い浮かべることができます。私が今書いているどの文章も、どこからかやって来るものです。この段落の文章は、私が書き記す前に、すでに私のパソコンのディスプレイに映っていたわけではありません。もしそうなら、苦労せずに本書を執筆できたのですけどね。では、この段落の文章はどこから来たのでしょう。

明らかに、この文章はそれを書き記す前に（あるいは、おそらく書き記しているあいだも）私の心の内なる空間で（私の魂の静かな小部屋の中で）作り上げられていた、という想定が成り立ちます。でも、それはそれで、どのように成り立つというのでしょうか。もちろん、この文章が現れる前に、私が心の内なる空間でそれを思い浮かべることで成り立つのではありません。けれども、それは、私にはこの文章を心の眼前に呼び出したところで意図的に文章を作り出すことはできない、という意味です。なぜなら、そうするためには、どの文章を呼び出したいのか、あらかじめ知っていなければなりませんから。とすると、文章が現にそこに存在する前に、私はその文章にアクセスできるのでなければならない、ということになります。

もう一度、ゆっくり述べましょう。ここに（「もう一度」で始まる）この一文があります。私はこの文を書きました（そして、それは印刷所で私の〔原稿の〕データから複製されました）。この文は私が思いついたものです。私がこの文をいわば私の魂に書き込んだとか、書き記す前に一人でつぶやいたということはありえません。もしそうなら、この文を心の中で書き記す前に思いついていたことになりますから。

こうした事態を考慮すると、いったいどうして私が言語的に記号化された私の思想の執筆者たりうるのか、突如として疑わしく思われてきます。このことを、自然科学者で数学者でもあるゲオルク・クリストフ・リヒテンベルク（一七四二―九九年）は有名なアフォリズムの中で先鋭的に表現しています。

Es denkt〔〈それ〉が考える〕と述べるべきでしょう――es blitzt〔閃光が走る〕と言うのと同じように。cogito は、それを Ich denke〔私は考える〕と翻訳するや否や、すでに過剰なものとなる。Ich〔私〕を想定し、要求するのは、実践的な欲求なのだ。[236]

ところで、リヒテンベルクの先を行くのがシェリングです。彼はミュンヘン大学での「近世哲学史講義」で、「〈それ〉が私のうちで考える、〈それ〉が私のうちで考えられる、これが純然たる事実である」[237]と端的に記しています。

〈それ〉が何か現実のものだとしても、私たちは自分の思考について、他人の思考についてと同じように思い違いをすることがあります。私たちが考えている内容や考える仕方は、私たちがそれについて何かを考えているという事実の中に埋没して消滅してしまうわけではありません。私〔Gabriel（ガブリエル）〕が考えている特定の思想をGと呼ぶ場合、私は自分の考えているものがGであってG*〔私Gabriel以外の人が考えている思想〕でないことを考慮に入れないと、自分がGを考えていることに確信をもてません。だからこそ、私たちは自分自身の思想を、ふと思い浮かぶ何か異質なものとして経験することがありうるのです。思考は出来事の一部であり、精神の息吹のような、現実から乖離して宙に浮かんだ事象ではありません。

もちろん、リヒテンベルクとシェリングは誇張しています。〔でも〕この誇張は、深層心理学から今日の神経科学や認知科学に至るまで繰り返されています――これらの学問は、だから私たちは決して自分自身について規定できないのだ、と主張するのですから。私たちが考えている内容は、確かにふと思い浮かんでくるものです。なぜなら、私たちは自分の思考上の出来事の裏側にまわり込んで、それをコントロールすることができないからです。でも、だからといって、思考上の出来事がすべて無意識のうちに生じているわけではありません。

思考は、私たちが意識をもっているかぎり、途切れることなく遂行されます。精神分析が正しいなら、それ以外にも、それと気づかれることなく私たちの意識の底に沈んでいる、無意識の思考上の出来事もあります。思考は現実のものですから、その成立条件が私たちに完全に分かっているわけではありません。厳密に言って、ある思想がどのように私たちの心に思い浮かび、処理されるのか、言い換えれば、厳密に言って、どのように具体的な思考上の出来事が進行するのか、といったことは、別の思想を通してしか捉えることができません。現行犯で逮捕されるような思想はないのです。

マッシュルームとシャンパンと思考－思考との違い

一九世紀に深層心理学が無意識を発見して以来、私たちの思考上の出来事の進行は、私たちがそれについて報告する時に思いなしているのとはまったく異なっていることが広く認められています。これは、精神分析は私たちの自我が「自分の家の主人」[238]でないことを証明したという、誰もがよく知っている考え方と合致しているでしょう。もちろん、何よりも精神分析をもたらした経験心理学の進歩以来、実際、すべての思考上の出来事は思考活動において見通すことのできない前提をともなうことが知られています。そのことから、私たちの意識的思考と経験は、言うなれば私たちの身体とその無意識的な生命過程が自分を観察するために生み出した一種のシミュレーションではないか、とする推論を試みたい気持ちに駆られるかもしれません。

ニーチェは「精神的なもの」を「身体の信号言語[239]」と呼ぶことで、このような見方に対して大いに貢献しました。私たちの思考上の出来事は、もしかすると私たちの身体がそういう仕方でみずからを操るために生み出すシンボルなのでしょうか。ちょうど今、私は喉の渇きを感じているので、遅かれ早かれ（というか早々に）冷蔵庫に行って何か飲むでしょう。――飲んできました。今、私はまた机に向かっています。喉の渇きの印象が私の中でゆっくり強まる一方で、私の思想は、そう意図したわけではないのに、その印象のほうに誘導されました。喉の渇きは、私の意識の中で任意の対象xのように現れたのではなく、刺激が特定の閾値を越えてから私の注意を引き寄せたのです。

何について考えるか、自分が関わっている状況についてどのように考えるかを、私たちは完全にはコントロールできません。私たちは、何らかの仕方で絶えず注意を逸らしては、また集中することを繰り返しています。そうすることで、同じ対象のもとにとどまりながら、常に別のパースペクティヴからその対象を調べているのです。私たちの精神的生活はすべてさまざまな緊張が生じる場として遂行されていますが、その場の構造は心理学の実験と理論構築によって研究することができます。

このことには深い哲学的理由があります。それ自体は思想ではないもの（例えばマッシュルームやシャンパン〔といった対象〕）について考えながら、その際、同時にそれ自体は思想ではないものについて考えているという思想について考えることは、原理的に不可能なのです。それ自体は思想ではない〔思考の〕対象を、**非思想**と呼びましょう。非思想について考えている時は、明らかに自分自身の思想については考えていません。

たいていの場合、私たちは非思想について考えています。思想について考えることを生業《なりわい》とする職業哲学者でも、時折、非思想について考えています（「誰からの電話だ」、「メモ帳はどこだ」、「パソコンめ、フリーズした！」、「おっと、コーヒーカップが倒れた」）。もちろん、私たちの心理的装置の中で起きていることは、それだけではありません。思想は、すぐさま簡単な文章に書き換えることもできます。しかし、それは思考上の出来事としては、ふつうのケースではありません。実際の思考上の出来事は、たいていむしろ何かを探し求める漠然とした過程なのです。

アリストテレスは、これにぴったりの *orexis* という言葉を作り出しました。欲求という意味です。

これに対応する動詞 *oregomai* は、何かに向かって伸びる、という意味です。これが、中世ラテン世界の哲学において、今日志向性と呼ばれるものになりました（一二三頁参照）。私たち人間は、人生のいかなる瞬間においても、何かに到達したいと思っています。夢を見ずに眠っているとき、私たちの身体はみずからを夢を見ない状態のうちに保っています。ちょうど今、私はこの文を書き終えようとしていますが、〔この文を書く〕私の意図の一部は思想についての思想を表現することにあります。もちろん、私は本書で、多かれ少なかれ責任を逃れた意図にしか言及していませんし、さもなければ私たち人間が切望するものについての害のない例をひねり出しています。〔それでも〕私が何かに触れていないとしたら、それは、精神分析によると、何よりも私の無意識が私の思想世界に及ぼす影響のなせる業です。ここで私の思考上の出来事に基づいて報告していることは──幸運にもプロイセンや北朝鮮の検閲ほどではないとはいえ──心理的な検閲にかけられているのです。これは欠陥ではなく、日常の役割を果たすのに必要な心理的な正常性が十分に機能しているしるしです。

ところで、フロイトの著作で特徴的なのは、症例を描写していても、読者にとってスリリングな展開になってくると、その描写が途切れてしまうことです。心理学の理論構築という領域で文章を生み出す際にも、心理的検閲が働くのです。けれども、それだけではなく、どんな心理療法のプロセスでも、心理学の実験でも、参加者すべてが検閲に従うことが前提になっています。フロイトが「自我」と名づけたものが検閲プロセスの実施場所であり、この検閲を通して心理的力関係が生じます。「健康は、こうして、フロイトの理論は、正常な思考上の出来事のイメージを次のように描き出します。「健康は、私たちによって認識される──推測される、推定される、と言ってもよいが、そのような──心的装置の〔エス、自我、超自我という〕三層間の力関係に関連づけて、メタ心理学的に記述するしかない」。[240]

思い出してください。現代哲学における志向性とは、思想を対象に方向づけることを意味するものの名前でした（一二三頁参照）。その際、志向性の理論は、主として非思想についての思想に関心を寄せています。ところで、アリストテレスの欲求理論と現代的な思考理論との結びつきは、哲学分野におけるフロイトの師であり、ウィーン大学で教鞭を執っていたフランツ・ブレンターノ（一八三八―一九一七年）によって有名になりました。思考活動は何かに向けられていますが、この活動の経験からだけでは、なぜ思考活動がその携わっているものに向けられるのかを推論することはできません。近代心理学は、おしなべてこの単純な洞察の上に成り立っています。非思想に対する思考の場合、その思想を思考する者は完全には知られていないのです。

とはいえ、状況を放置し、みずからの無意識のうちに身を隠すことはできません。私たちは無意識の犠牲者か何かではないのです。意識的に思考することは、何らかの理由をもって無意識が行っているシミュレーションではありません。仮にすべての思考上の出来事が原理的に私たちにはアクセスできない衝動によってコントロールされているとしたら、すなわち私たちが決して自分の家の主人ではないとしたら、どうやって誰かがそのことを見出したのか、まったく理解に苦しむことになるでしょう。

それゆえ、ここで**思考の疎外理論**と称されるものを導入することになります。この理論が主張するのは、私たちの身体内部の無意識的な出来事が幼少期に、遺伝的にか、運動感覚神経細胞のシナプス結合によってか、ともかく何らかの仕方で固定された無意識のデフォルト設定とともに進行することによって、私たちの思考上の出来事はすべて規定されている、ということです。このモデルに従うと、ふと何かを思いついたりするのは、本来、常に相当驚くべきことだということになるでしょうね。それに、私たちが合理的にコントロールできる自分の精神的生活を送っているという印象は単なる幻想にすぎないことになるでしょう。この幻想は、私たちの思想がそれ自身の成立過程を決して完全には見通せないということから生じてきます。

さて、問題は、この理論はそれ自身に適用されることで破綻してしまう、という点にあります。もし本当に私たちの思考上の出来事がすべて無意識の衝動によって操られているのだとしたら、思考上の出来事についての思考上の出来事も衝動によって操られていることになります。そうすると、誰かが心理学的な発見に成功することは常に幸運な拾いものであり、その人はその発見に実は何の貢献もできていないことになるでしょう。心理学者になるかならないかということは、それが自分の人生の事情で決まるなら、偶然——多かれ少なかれ——何かを思いつくか、あるいは何も思いつかないかということと何ら変わりありません。

このことが正しいとしたら、例えば心理学という分野は（そして他の分野も！）教えることができないでしょう。教えようとしたところで、方法も基準もなければ、普遍的に妥当する認識もなく、あるのは個々の研究者による恣意的な思いつきだけなのですから。研究者の中にはそれなりのカリスマ性をそなえる者もいて、ひそかにリーダーに従属したいと願う他の研究者が、あたかも一つの群れのようにそのあとをつき従うかもしれませんけどね。

知識を獲得する学問的な営みが、一定の説得力をもってエゴイスティックな闘争として説明されることに異議を唱えるつもりはありません。学術的な自己主張の一面には心理学的にしか説明できない力比べというものがありますが、このことをフランクフルト学派の哲学者アクセル・ホネット（一九四九年生）はヘーゲルを引き合いに出して「承認をめぐる闘争」[241]と呼びました。けれども、どの労働社会学あるいは知識社会学も、この理論がどのように機能するかを説明してくれません。せいぜい、いかなる社会的・心理的条件のもとで、〔闘争の〕結果と思考システムの受容に至るのかが説明されるくらいです。でも、これは真理の問題とはあまり関係ありません。

いかなる知への意志も力への意志に帰してしまうこの議論の布置は、すべての厄介な思考疎外理論の帰結です。思考を非思想について考えることに還元する者は、無意識的なものの論理に絡めとられています。なぜなら、非思想について考えるとき、私たちは実際、生物物理学的パラメーターを要求しているからです。何しろ、このパラメーターがなければ、生き物としての私たち人間は、まったく何も考えることができず、認識することもできないのです。〔しかし〕パラメーターの有効化を完全に見通したり認識したりすることは原理的にできません。

そうはいっても、非思想についてではなく、思想について考えをめぐらせるなら、つまり哲学に携わるなら、すべてはまったく異なって見えてきます。ギリシア哲学やドイツ観念論が登場した古きよき時代、私たちの先人たちは大胆にも、哲学者を神のごとくみなしていました。というのも、哲学者は、考えをめぐらせることについて考えをめぐらせる中で、人間の生にともなう日常的関心の構造の外に歩み出るからです。哲学者は、こうして中世の修道院生活の模範となりました。中世の修道院の中で古代哲学の知の宝が数百年にわたって伝承され、繰り返し新たに解釈し直されてきたことは偶然ではありません。そして、この古代からの伝承と新たな解釈は、一連の近代的啓蒙において、ついに頂点に達しました。

好むと好まざるとにかかわらず、中世は近代の精神的・文化的な土台です。そこにイスラム帝国からの、さらにはアジアからの無数の「非ヨーロッパ的」影響があったことは付記しておかなければなりません。この近代の前史は、ドイツ語圏ではハンス・ブルーメンベルク（一九二〇―一九九六年）やクルト・フラッシュ（一九三〇年生）の著作、ボン大学で中世哲学講座を担当する私の同僚たち（特にルドガー・ホンネフェルダー（一九三六年生）とヴォウター・ゴリス（一九六八年生））の仕事によって決定的な仕方で再構築されてきましたし、〔これからも〕再構築されるでしょう。二〇一八年にようやく遺作として出版された『性の歴史』の最終巻『肉の告白』で、フーコーは私たち近代人の心理的状況をまるごと中世人の実践から導き出しています。そのため、フーコーによると、彼の時代の社会学と精神分析のすべては告白の修練が反響したものということになりますが、その際、告白の修練は近代的であると、つまり何よりもはや中世的ではないとみなされています。[242] もしフーコーが正しければ、近代と中世の境界線が崩れてしまいます。

ここで何より重要なのは、プラトンとアリストテレスが気づいた事実、すなわち考えることについて考えることとは非思想について考えることとは機能の仕方がまったく異なる、ということです。『形而上学』と『魂について』という名で伝えられる書物の中で、アリストテレスは思考についての思考〔思惟の思惟〕の理論を展開していますが、その理論の基本的な持ち味は比類なきものです。〔とりわけ〕アリストテレスの『形而上学』第一二巻第九章は、哲学において最も影響力のあるいくつかの命題を含んでおり、すでに述べたように、幾千年ものあいだ、アリストテレス以降、思考について語られたあらゆることの中でこだましているのです（私の中でもこだましています）。

アリストテレスはそこで、そもそもなぜ私たちは思考を価値あるものとみなすのか、という問いを立てています。何といっても人間は、今日に至るまでみずからの思考能力、みずからの知性を自明のこととしてきました。だからこそ、私たちは人工知能研究とテクノロジーの発展を目の当たりにして、人間の特権が突如として人間でないものに委譲されたことに困惑しているのです。私たちが作った人工物は、かつては人間だけの排他的な権利と解されてきた領域で、私たちを凌駕しているかのように見えます。

でも、思考の何がそれほど特別なのでしょうか。なぜ思考は、アリストテレスの言葉を借りるなら、まさに「あらゆる現象の中で最も神のごときこと」とみなされるのでしょうか[243]。ここでアリストテレスは思考上の出来事における三つの側面を区別します。

1　思考する者（nous）
2　思想［思考されているもの］（noumenon）
3　思考する活動（noêsis）

私たちが考えているもの——思想——は、私たちが思考を高く評価する理由にはなりえません。なぜなら、結局、私たちは「最も悪いこと」[244]についても考えるからです——例えば、全体主義の独裁者、水責め尋問、残虐な暴力など多くありますが、犠牲者に対する崇敬の念から、ここではもう書かないことにします。これについて、アリストテレスは簡潔に「見るより見ないほうがいいこともある」[245]と述べています。だから、もしいつもひどいことばかり考えていたら、思考は決してそんなに喜ばしいものではないでしょう。ということは、私たちが思考を評価する理由は、考える者か、考えるという活動にあるに違いありません。

そして、ここでアリストテレスは、私たちの思考は、最もよい場合、自分自身を考えるという特質をもつ、という注目すべき結論に達しています。私たちが、考える者、考えられたもの、考える活動を区別し、自分を考える者そのものとして考えるとき、それによって私たちは思考の現実を把握します。「最高のものであるとき、それはみずからを思考する。そして、その思考は思考の思考である」[246]。これを、**純粋な思考**と呼びましょう。純粋な思考の本質は、思考の活動がみずからをそのようなものとして捉えることにあります。これは、私たちが非思想ではなく、思考するという形式そのものに取り組むことで成功します。哲学とは、純粋な思考という立場から、他のすべての思想を吟味する理論を構築することなのです。

ここまで読んでくれたとしたら、皆さんは思考を思考することにとっくに熟練しているわけです。したがって、おそらくアリストテレスの命題は多少なりとも直截に理解できるものになっていることでしょう。しかし、そうすると、すべての思考が非思想に関わっているのではないこと、それゆえすべての思考が無意識の出来事によって説明できるわけではないことも明らかになったはずです。私たちは、無意識の力関係に弄《もてあそ》ばれない思考理論を発展させることは可能だと想定しなければなりません。さもなければ、もはや真に知識を獲得することと知的に洗練された権力闘争を行うこととを区別する基準がないことになってしまいますから。

このことは、フーコーとその師であるニーチェにもあてはまることです。二人は、自分たちがどうやって、私たちの意識的思考のすべてを構築しているはずの、無意識的な力への意志、あるいは隠れた規律訓練的実践についての洞察にたどりついたのかを説明することができません。彼らは自分たちのために例外的な立場を要求します。ところで、それをニーチェは、奴隷制を正当化するために恥ずかしげもなく利用しています。[247]

そこで、私たちは選択することになります。精神をもった理性的な生き物として、時には自分たちの利己的関心より真理と事実を優先することができる、というイメージからきっぱり訣別するか、それとも純粋な思考が存在すると認めるか、の選択です。

とはいえ、純粋な思考は、生き物が実行するものです。人間は、理性や純粋な思考ではなく、その生の遂行が時折、思考上の出来事を自覚するという形をとる生き物です。「なぜなら、純粋な思考の現実は生だからである[248]」。

人間は人工知性だ

生き物としての私たちは、感覚装置を持ち合わせています。つまり、それなしには現実のものと接触することができない感覚能力という基本的設備をそなえているということです。私たちは、この基本的設備のことを完全に知っているわけではありません。完全に測定して地図のように示すことも決してできないでしょう。というのも、それは私たちの環境におけるニッチ〔生態的位置〕や、結局見通すことができないほど多くの生存条件と不可分な仕方でネットワーク状に結びついているからです。こうした生存条件は、数百万年にもわたる種の進化や、その生存によって生み出された部分もある地球環境と種との相互作用の中で生じたものです。さらに、私たちには一部しか分かっていない宇宙線が進化に対して果たす役割（今日知られているように、宇宙線は地球上の生物学的な事象に関与しています）、地球環境に影響を与える地質学的現象、そして現代では何といっても、人間もその責任の一端を負う気候変動が、これに加わります。

こうしたことはすべて、現実に対する私たちの意識的経験というレベルで堆積していますが、それらがともに作用している中で、私たちが個々の要因を見抜くことはないでしょう。決して完全にはシミュレーションできないというのが、現実の本質なのです。

にもかかわらず、人間は決してそのニッチに認知的に囚われている動物ではなく、モデルを使って何とかそこから出ようと試みています。私たちの生物的な構成要素は、私たちを制限するものではなく、私たちに外せない目隠しを強要するものではないのです。それどころか、まったく反対に、私たちが生物学的基盤から解放された知性の一形態、つまり私たち自身の人工知性を生み出したことの前提条件なのです。

人間や人間以外の生き物がどのくらい知的かを計測できる一般的な知能指数の計量心理学が存在す

るかどうかについては、議論の余地があります。[249] 人間の場合に知能テストを用いて把握されることが他の生き物の場合でも把握できるということは、まったく証明されていません。明らかに、人間の知性と他の生き物の知性には違いがあります。そして、その違いの本質は、私たちが他の生き物には閉ざされている意味の場の中で活動していることにあります。その顕著な例として、私たちが知能テストを行うのに対して、他の生き物は行わない、ということが挙げられます。私たちはクジラの回遊を調査しますが、クジラは人間の移動調査はしません。おそらく私たちは、自分たちが惑星上に存在する生き物であることを知っている、およそ惑星で唯一の生き物でしょう。

　別に他の生命体を貶《おとし》めているのではありません。私がこのように述べたのは、私たち人間の知性が徹頭徹尾、生物的なものでないことを指摘したかったからです――もちろん、私たちが生き物でないなら、知性は存在しないでしょうが。

　人間は本質的に、物語を語る生き物です。動物でありたくない動物としての人間は、自分たちが経験したエピソードがどのように関連し合うかについて物語を創作します。そうした物語は、幾千年ものあいだ、世代を越えて語り継がれ、高度な文明で花開きました。そして、文字が発明されたその時より、人間の深い過去から私たちの目前に歩み出てきたのです。ギルガメシュ叙事詩、旧約聖書、ホメロスとヘシオドスの叙事詩、インドの『マハーバーラタ』と『ラーマーヤナ』は人間の自己探究にある深層構造を証明していますが、この構造は精緻さという点でほとんど他の追随を許しません。こうした叙事詩におけるナラティヴの構造やきわめて複雑な表現法を研究して一生を送ることだってできます。だからこそ、深層心理学は、その始まり以来、私たちの祖先が残した考古学的証拠、ここでは何よりその物語の原型のうちに、人間の内面の生を解くカギを探しているのです。

偉大な叙事詩が記録しているのは、自分たちはいったい何者なのかということを人間がどのように思い描いているのか、ということです。人間は、ここで物語という――人間と人間でないものを区別するのに役立つ――密な網の目の中に織り込まれた存在として私たちに対峙しています。人間は、なぜ自分が単なる動物ではなく、石でもなく、神でもないのか、という物語を語ることで自分自身になるのです。人間は物語の語り手になるのです。

私たちは自分たちの物語から完全に逃れることはできません。にもかかわらず、私たちは近代において、無限なものに対して、物語ではなく、科学的な理論構成によって近づき、捉えることができるようになりました。この出来事は、それ自身、偉大な神話の時代のギリシアで、神話と論理を、つまり物語と純粋な思考を区別することから始まっています。

この区別をすることで、人間はそれまで存在しなかった知性の新しい形を作り出します。躾《しつけ》と教育を通して、後続する者たちのためのプログラムを組み、自分たちのモデル認識を最適化するために作り上げたアルゴリズムをその人たちに伝授します。今日学校で習う数学は、最も知性が優れた私たちの先人たちが知りえたことをはるかに凌いでいます。なぜなら、私たちは人工的に獲得した知性を教育システムによって後世に伝えているからです。

人類の科学的進歩は、私たち自身が人工知性をもっていることに基づいています。つまり、私たちの知性の大部分は、私たちの文化的環境、言い換えれば社会的環境が生み出した人工物なのです。もちろん、人間の人工知性にそのつどアクセスしなければならないという生き物としての前提はあります。でも、だからといって知性が生まれつきのものであるわけではありません。生まれつきなのは、生物的前提のほうです。これは、人間にとって思考可能で説明可能な範囲の根底にある論理的構造の把握を、やさしくも難しくもするでしょう。考覚〔思考感覚〕は生まれつきのものであって、どのように行使されたり訓練されたりするか、という話ではありません。

人間が非生物的基盤にインストールしたプログラムは、人間の生物的知性と人間の人工知性の関係を示すモデルです。このプログラムは、両者の関係をシミュレーションします。ですから、ここではもう人工知能について語っているのではなく、人工‐人工知能／知性について語っているのです。したがって、今日ＡＩと呼ばれているものは、現実には第二段階のＡＩなのです。これを、**ＡＡＩテーゼ**と呼びましょう。このテーゼによれば、ＡＡＩは思考のモデルであって、思考のコピーではありません。私たちがこのモデルを開発したのです。これは人間の作り出した人工物で、それに特有の知性もまた人工物です。

人間は二つの構成要素から成っています。ただし、それらは相互に影響を及ぼし合っており、そのため、二元論が考えるように、二つの切り離された現実領域に分けることはできません。

一方の構成要素は、ヒトと呼べるかもしれません。**ヒト**は、進化によって生まれた生物種です。この種は長いあいだ変化していません。今でも私たちは、私たちの祖先の多くと同じ種です。はるか昔、のちに文字で記録されることになる叙事詩の原型を謳った吟遊詩人たちを現代の東京に連れてくることができたら、その人たちに地下鉄の乗り方を教えることができるでしょう。彼ら彼女らは、生物学的に私たちと違いはありません。それに対して、ゾウには東京が日本の首都であることを説明できないのです。他方、紀元前二〇〇〇〇年のホモサピエンスなら、私たちの言うことを基本的には理解できるでしょう。

私たちは、このことを、近代に前近代的《プレモダン》人間と近代的《モダン》人間の接触が起きたこと、そして今でも起きていることから、事実として知っています。この接触は残念ながら、私たちの前近代的な、というより非近代的な同胞たちに決定的な影響を与えています。その理由は、近代が文字どおり軍拡競争から生まれたことにあります。軍拡競争とは、政治的な敵を屈服させ、破滅させるために、人工知性をどんどん最適化させていくことでした。

現代のテクノロジーは、ヨーロッパ全土を覆う戦争――二〇世紀には二度の世界大戦となりました――という実験場で生まれました。もっとも、先行するテクノロジーは、すでに〔一六世紀から始まる〕近代初期に存在していました。当時、新大陸を発見するために航海に出たイベリア半島の人々が見つけた「異人」は、帝国主義的に征服されました。私たち自身の人間的人工知性は、物語空間の中だけで発達したのではありません。時を同じくして、戦場でも発達したのです。それゆえ、偉大な叙事詩のテーマが戦争であるのは驚くべきことではありません。人間同士の争い、あるいは人間以外の生き物、神々、想像上の強大な生き物と私たちの同胞との戦いです。

人間のもう一つの構成要素は、自分が何者であるかについて、その時々に作り上げるイメージで、そこから一人一人が自分は何者になるべきかの指示を導き出すイメージのことです。このイメージを、ここでは**人間像**と呼びましょう。人間は、みずからをヒトと同一視できないために、動物ではありたくないと思っている動物です。人間としての私たちは、単に進化の過程で枝分かれした一つの種なのではありません。なぜなら、歴史的で社会的な人工物であるがゆえに完全には進化論的に記述できない考覚と関わることは避けられないからです。その時々に人間のどの自己描写が、つまりどの人間像が広く認められるかは、通時的にも共時的にも大きく変化します。人間像の変化は、ゆっくりとした生物学的淘汰の原理に従うものではありません。生き物は自己保存を目指しますが、人間像の変化はこの原理に支配されません。このことは、ほとんどの人間像が（残念ながら）人間を自己破壊に導いているのを見れば分かるでしょう。

この点に関しては、現在のＡＡＩの発達も、この規則の例外ではありません。私たちの語る未来の知性は好戦的です。私たちは、自分たちが生み出しうるいかなる知性も根本においては人類を滅ぼすことに関心をもっているだろう、と想像しています。これは多くのことを物語っています。

このことは、ヨーロッパ人にあてはまるだけでなく、アジアの歴史からも十分に学べることです。仏教の禅は、刀の文化と密接に関わっています。世界中で人気のあるアジアの格闘技も、修練を通じてＡＩを獲得することとです。これらは知覚と運動の連係を利用することで、躾と教育の基盤となるものを教え込んでいるのです。そして、第二次世界大戦では、ヨーロッパだけが戦場になったのではないことも忘れてはなりません。

私たち人間を脅かすＡＡＩについて今日語られていることは、私たち自身の暴力幻想を自分たちが作った機械に転化したものです。というのも、ＡＡＩは何といっても軍事的な関連で生まれたものであり、人間社会に対するグローバルな監視ネットワークという形で設置されていることを私たちは知っているからです。デジタル革命は決して単なる経済的な出来事ではありませんし、ましてや人間を身体的制約という軛《くびき》から解放するものではまったくありません。デジタル革命は、巨大な戦争機械です。せいぜい私たちに望みうるのは、恐怖のシナリオを流布することで――幸運にも核戦争の勃発を抑制しているのと同様に――戦争機械を暴走しないようにすることです。世界の終末を描く映画や物語が無数にあるおかげで、これまで核の抑止力が人間の自己破滅を防ぐのに何とか一役買ってきたように、ＡＡＩの脅威のシナリオを呪文のように唱えることで同様の効果が発揮されることを願うのみです。

人間は、これからも人間自身にとっての最大の敵です。その際、私たちは自律型兵器システムを生み出しましたが、それは破壊と権力を求める私たち自身の思考モデルであるために、私たちはこのシステムを恐れるのです。

人間の終焉――悲劇か、喜劇か

「機械」という言葉は古代ギリシア語の *mèchanè*、つまり手段に由来しますが、策略や技巧も意味しています。機械は自然、他の生き物、そして何より他の人間を策に乗せて騙《だま》すという機能を果たします。[250] 教育システムの中でアルゴリズムを習得することは、競争を有利に導く手段と道筋を手に入れることです。ですから、教育は財産であり、そのために多くの国では巨額の費用を支払わなければなりません。ドイツでは、教育は広く市民がもつ権利ですし、一定の制限つきでドイツに暮らす外国の市民もこの権利をもっています。これは近代が成し遂げた成果です。機会の平等という理念は、決して当たり前のものではなく、人間は人間に対する最大の脅威であって、それゆえ互いに保護し合う社会システムを生み出してきたという洞察を実現したものです。〔ここでの〕機会の平等とは、理想的な場合、倫理に導かれて行動を調整できるようにみずからの考覚を育てる機会から誰も締め出されないようにして、リスクを最小化することです。

近代は、真なる進歩の上に成り立っています。真なる進歩は、産業に応用可能な科学と技術の結びつきだけを意味するのではありません。科学とテクノロジーに関して先頭を走っているとしても、自分たちが実際に何をしているのかを反省しないなら、私たちは遠い、というより近い将来、自分で自分を破壊してしまうでしょう。そして、自滅へ向かうその途上、先進工業国のテクノロジー的優位に抗う術をもたない人々のいるところ、どこでも災いが起こるでしょう。まさにこれこそ、今日私たちが立ち向かうべき状況です。それに対してずっと目をつぶっていることは許されません。

カントは繰り返し、なぜ人間は、一方では「自然の目的に連なる鎖の一部」でありながら、他方ではみずからの自己保存に背《そむ》くことで自然から転落するのか、という問いを立てています。自己保存と生存への意志は、どちらも人間生来の性質ではありません。ですから、カントは暗い見通しを示しながら次のように述べます。人間の中の「自然素質の不条理」は、

人間自身がみずから考え出した苦しみへと人間を陥れ、さらに人類に属する他の人間を支配の重圧、戦争の蛮行などによってこうした苦境に陥れ、こうして人間はできるかぎり、自分で人類を

破壊することに携わるのであるから、われわれの外の自然がどんなに慈恵に満ちているとしても、自然の目的が人類の幸福をめざしているとしても、われわれの内の自然がこの幸福を受け入れないのであるから、地上での自然の体系のうちでは自然の目的は達成されないであろう。[251]〔『判断力批判』下、牧野英二訳、『カント全集』第九巻、岩波書店、二〇〇〇年、一〇九頁〕

人間は、もともと幸せ（カントが「幸福〔Glückseligkeit〕」と呼ぶもの）になるようには作られていません。私たちが自分の欲望を満足させることが、同時に他の人々を非人間的に扱うことにつながるなら、人類全体としての私たちがずっと幸福であることは決してありえないからです。そのため、社会的公正は今後も大事なキーワードだということになります。現代のブラジルなどのように富と機会の分配があまりにも偏った不公正な社会では、カントのもう一つの表現を（彼の意図に少々反しますが）借りるなら、幸福に値するという人間のあり方が危険にさらされています。なぜなら、極端な不公正から自覚的に利益を得る人は——そのことによって、直接的にであれ間接的にであれ、罪もない人々が苦しみ、それどころか、その人にふさわしくない境遇で死ななければならないとしたら——幸福に値するとは言えないからです。ですから、機会の平等という価値の根拠は、共同生活における戦略的打算にのみ求められるものではなく、私たちが人間として倫理的な洞察を得る能力をもつかぎり、人間性という概念それ自体に根づいています。そして、この能力は私たちの考覚をともなうのです。

したがって、啓蒙主義の中心理念の一つは、私たちが真なる進歩を成し遂げるのは人間性の育成を推し進める時だけだ、というものです。このことは哲学的、芸術的、人文科学的な反省を前提としていますが、それは本当の社会的公正について考える際の基盤でもなければなりません。このような枠組みにおいてのみ、どのようにデジタル革命を取り扱うべきかを定めることができます。

本書で私は、一般の人たちに分かるようなやり方で思考の迷宮をめぐる旅を試みてみました。そうすることで、私たちはともに思考の意味／考えるという感覚〔Sinn des Denkens〕を再発見し、それを修正する作業に取りかかることができます。この修正によって、ブレーキの効かないテクノロジーの進歩という産業の歯車を生み出す思考の誤謬を取り除くことができるようになるでしょう。

ここで総決算として、古きよき思考実験、つまり演劇について思い起こしてもらいたいと思います。それでは、もう一度、古代に戻りましょう。歴史上最初の民主主義は——奴隷抜きには成り立たないものでしたから、完璧とは程遠いものでしたが——、ご存じのとおり、アテナイの地で生み出されました。この社会は、自分自身を数学、論理学、哲学、自然学、政治理論、建築のうちに見出しましたが、なかんずく演劇においてみずからを見つめました。その結果が、**ヒューマニズム**、すなわち人間は、そのあらゆる活動の中にみずからを反映させているという発見でした。私たちのなすことは——自分で気づいていてもいなくても——、私たちが何者であるかを映し出す鏡なのです。この考え方は時代遅れではありません。ペリクレスの時代と同じように、現代でもアクチュアルです。

プラトンは、演劇の構造について天才的な解釈を提示しました。そして、注目すべきことに、この解釈を演劇的な作品、詳しく言うと対話篇の形でみずから披露したのです。彼の対話篇『饗宴』（最近のドイツ語だと『パーティー』です）は、愛と友情を扱っています。特に哲学がテーマになっていますが、哲学とは真理への愛ですからね。この対話篇は、真の悲劇詩人は真の喜劇詩人でもなければならないというソクラテスの洞察でクライマックスを迎えます。[252] 私はこれを次のように解釈します。すなわち、人間が何者であるかは、私たちがどのように自分たちを定めるかにかかっている、と。未来が悲劇になるか喜劇になるかは、私たちの手の内にあるのです。

悲劇を選ぶなら、テクノロジーがさらに加速度的に進歩することで今日の問題はどうにか処理されるだろうという眩惑の中、私たちは奈落の底へと落ち込むでしょう。すると、「ブラック・ミラー」や「エレクトリック・ドリームズ」などの傑作の中で、衝撃的なほどリアルに演出された社会モデルそのものに向かうわけですが、相変わらずそのことに気づくことはありません。

それに対して喜劇を選ぶなら、そのために、すべての人が完全な人権を享受しながら自己決定を行える立場になるという条件を作らなければなりません。けれども、そのためには、何よりもまず人間であることの普遍的な核心が存在することの洞察に至らなければなりません。その核心とは、単なる動物にはならないという願望です。この願望は、今日、私たちが恥ずかしげもなくテクノロジー万能主義によって搾取している非物質的な現実と私たちを結びつけるものです。この二つは非常にうまく結びつきますが、それは、本来は時代遅れになっているはずの一九世紀の世界像が私たちの思考装置に付着してしまっているからです。

私たちは、人間であることを廃止しようと試みるポストヒューマニズムに抵抗しなければなりません。というのも、ポストヒューマニズムは、人間がみずからのデジタル軍事装置によって自滅するのを手助けする眩惑だからです。超人〔スーパーヒューマン〕に道を譲るために人間であることを克服しようとする者は、実は人生を蔑《ないがし》ろにしています。でも、人生の唯一の意味は、人生そのものの中にあります。よく生きることこそが、人生の意味です。よく生きるための条件は、何よりも考えることについて考えることで探究されますが、この思考は、私たちの考覚を通じて、私たちは人生から逃れることはできないという事実に結びつくでしょう。私たちは、動物でありたくないという願望をもちながら、あまりにも頻繁に「どんな獣より獣らしくある」[253]ために理性を使ってしまう、そんな精神をもった生き物です。そして、これからもそうあり続けるのです。

本書のおわりに――大仰なる最終コメント

大きな影響力をもちながら見当外れでもある世界像と人間像とそれらの哲学的基盤に対して、私は三部作のすべてを通して論駁してきました。この三部作は、全体としての世界についての問い（『なぜ世界は存在しないのか』）に始まり、私たちの「私〔自我〕」についての問い（『「私」は脳ではない』）を経て、考えるという感覚／思考の意味という自己把握へと導いてきました。新しい実在論は、その間、色あせるどころか、ますますアクチュアリティを増しています。振り返れば、現代哲学における実在論的転回以来、Repräsentation〔表象／代表〕の危機と倫理的普遍主義に対する不信は激しさを増したように思えます。

過去一〇年ほどのあいだに多くの国で見られるようになったもう一つの事実《オルタナティヴ・ファクト》やポスト真実《トゥルース》の時代などというナンセンス、そしてメディア批判と報道の自由の消滅は、新しい実在論に倫理面においても果たすべき役割があることを裏づけています。現実から逃避していると、人はうまく自分を規定することができません。すると、世をすねた人々が、私たち人間は肌の色、性、信仰、国籍、文化的伝統によって本質において異なるのだと嘘をつき、人と人のあいだにたやすく反目の種を蒔けるようになるのです。人間同士が異なっているのは、単に人々がお互いを〔そのように〕区別するからにすぎません。

今日、区別の指標カタログなるものが流行っていますが、それは人文科学の研究や歴史的調査に堪える代物ではありません。歴史に精通している人なら知っていますが、原始の民族など存在しません。いまだかつて、どこにも存在したことはないのです。また、その人なら、一義的な文化的アイデンティティは存在しないこと、いまだかつてどこにも存在したことがないことも知っているでしょう。〔ハンガリーの首相〕オルバーン・ヴィクトルのようにヨーロッパにはキリスト教の基盤があるなどと信じている人は、ヨーロッパとキリスト教の歴史についての完全な無知をさらしていることになります。ところで、キリスト教は近東で一人のユダヤ人によってその礎《いしずえ》が築かれましたが、その男はのちにキリスト教に征服されるヨーロッパの帝国によって処刑されました。キリスト教は、一つの精神による旅路、個人の帰結であり、ヨーロッパの本質とは何の関わりもありません。なぜなら、ヨーロッパに本質などないからです。

ヨーロッパが将来どうなるかは、私たちが成功裡に、かつ倫理の基準に照らして適切に発展するか否かにかかっています。ヨーロッパ文明に決定的な特徴を刻み込んだ祖先（本来、誰もが知っておくべきですが、その中にはイスラム教徒の学者も多くいました）をもつ人口集団をすべて排除することは、普遍的理性の基準にかなっていません。それゆえ、哲学的に（だけではありませんが、何といってもこの分野で）きっぱり退けなければなりません。さらに言うなら、人間であるために、〔あるいは〕ヨーロッパで人権をもつために、ヨーロッパに何らかの貢献をなした祖先をもつ必要はありません。なぜなら、人間存在は何を成し遂げたかで評価されるわけではないからです。

ヨーロッパは危機のただなかにあります。この危機は、今日遂行されているデジタル革命やサイバー戦争とも関わるグローバルなプロセスの一部です。危機のただなかにいると、どうしていけばいいのか分からないものです。生存の危機に瀕するたびに、私たちは、自分たちはそもそも何者なのか、将来何者になろうとしているのか、と自問するでしょう。自分たちについて熟考するわけです。〔しかし〕自分たちについて考えること自体に欠陥があるのなら、私たちはこの危機から無傷で脱出することはできません。私たちヨーロッパ人とはいったい何者であり、将来何者になろうとしているのでしょうか。

本書の最後にヨーロッパのヴィジョンを描こうとするなど、無鉄砲なことでしょう。けれども、これだけは何としてもはっきりさせなくてはなりません。ヨーロッパは、テクノクラシーの構築物でなければ——ブリュッセル〔EU本部〕は、批判者にとってはこの立場を支持しているように見えます——、西洋キリスト教世界でもありません。そもそも何なのか、厳密には誰も知りません。だからこそ、ヨーロッパとはいかなるものであるべきか、という問いがまず生じるのです。

少々大仰に締めくくるために、無条件の普遍主義という大言壮語を威勢よく吐きたいと思います。人間にはその普遍的本質に関わる中核があります。それは人間の自己規定という能力です。自己規定能力は、動物でありたくない動物という病的な自己定義として姿を現します。すべての人は、現実をいくつかに分かれた感覚〔Sinn〕に基づいて——思考も感覚の一つです——基本的には同じように経験しています。だからこそ、私たちは、他者であるとはどういうことかをイメージする能力をもてるのです。この能力こそ、倫理の源です。

それゆえ、ある行為が倫理的に有意味であるのは次の時だと言えるでしょう。つまり、自分の行為が他人の行為でもありうることを自分で知りながら実行に移す時、したがって自分がすることが自分に対してなされることがありうる時です。

倫理の基盤としての善は、誰もが別の誰かであることに由来します。一人一人が他者ですが、それは他者にとっても同じことです。それゆえ、他者についてどのように考えるかは、その人が実際に何者であるかを示しているのです。キリスト教徒の皆さん、これはまさに、自分を愛するように汝の隣人を愛せよ、ということですよ。そういうわけで、ここでは私は鏡を一つ差し出すだけにとどめましょう。その鏡に自分を映し出し、どのくらい自分が、他者を貶《おとし》めるイメージを抱くことが許されるほど立派で確固たるアイデンティティをもっていると（間違って）考えているか、測ってみてはいかがでしょう。

今日ヨーロッパが直面している危機は、ゼノフォビア、つまり他者に対する恐れという病に連なるものです。他者恐怖症は、クモ恐怖症や閉所恐怖症のように、歪んだ自己表象の表れです。それゆえ、事は急を要します。考えるという感覚／思考の意味〔Sinn des Denkens〕を再び活性化させて、私たちの思考の誤りを修正する治療法を探さなければなりません。まさにヨーロッパ哲学の出番です。ただし、それは、真に統一されたヨーロッパと同様、いまだかつて一度も存在したことがない哲学なのですが。

謝辞

本書の出版にあたり、多くの人々、多くの機関のお世話になりました。ここにその名を挙げて感謝を捧げたいと思います。まずアレクザンダー・フォン・フンボルト財団とパリ第一パンテオン・ソルボンヌ大学に感謝します。本原稿は、経験豊かな研究者と客員教授に対して支給されるフェオドル・リュネン研究助成金の枠組みのもと、パリで完成しました。本書が誕生することになった研究プロジェクトは、フィクションにおける対象の意味論、つまり私たちが想像し、それについて物語るような対象は現実に存在するのか、という問題に取り組むものでした。この問題に着手するため、新しい実在論の骨子が固められましたが、周知のように、この理論では一角獣のような架空の対象も歓迎されています。母校であるライン・フリードリヒ＝ヴィルヘルム大学ボン〔通称ボン大学〕は、この研究助成金を受けるにあたって、大学でのさまざまな義務から解放してくれました。感謝に堪えません。

さらに、この関連で、フランス国立科学研究センター（ＣＮＲＳ）、パリ第一大学学長ジョルジュ・ハダッド〔Georges Haddad〕教授、ボン大学学長ミヒャエル・ホーホ〔Michael Hoch〕教授・名誉博士にも感謝いたします。両氏は、新たに設立された新しい実在論に関する独仏研究センター（Centre de Recherches sur les Nouveaux Réalisme＝ＣＲＮＲ）――ＣＮＲＳとパートナー大学から資金提供を受けています――の準備に尽力してくださいました。この枠組みの中で、実在論哲学の問題は知覚〔という論点〕に収束してきています。ありがたいことに、私はフランス人哲学者ジョスラン・ブノワやカンタン・メイヤスーらとともに、この論点に集中して取り組むことができています。ジョスラン・ブノワには特に感謝しています。彼は、主観と客観の分裂はすでに知覚のレベルで生じているという示唆を与えてくれたからです。このような仕方で感覚的なものに対する実在論的な理解が育ってきていますが、この点については、ブノワ自身も、数々の著作の中で、きわめて重要な貢献をいくつもしています。

それ以外にも、私を未来学の会議に招待してくれたチリ共和国議会上院に深く謝意を表します。これが縁で、私はジュリオ・トノーニと知り合うことができました。彼は還元主義的ではない実在論的な意識の理論によって、神経科学の研究領域で同様に主観‐客観の二分法を脱しています。残念なことに、本書の原稿は私が二〇一八年五月にウィスコンシン州マディソンにある彼の研究室を訪れる前に脱稿していたため、私たちが交わした深い議論の成果をここで紹介することはできません。

さらに、本書のテーマに関する何時間もの議論に付き合ってくれたボン大学「科学と思想センター〔Center for Science and Thought〕」(CST)と、ノルトライン＝ヴェストファーレン州国際哲学センターの同僚たちに感謝します。ここでは特に、ウルフ＝G・マイスナー〔Ulf-G. Meißner〕、マイケル・N・フォルスター〔Michael N. Forster〕、イェンス・ロメッチュの名を挙げたいと思います。彼らとは、何カ月にもわたって週に何度も、知覚・思考理論における実在論の正しいあり方について論じ合うことができました。ここで私は再度ジョスラン・ブノワに謝意を表するとともに、チャールズ・

トラヴィスにも感謝の意を述べたいと思います。

私たちはボン大学の共同ゼミで、トラヴィスのフレーゲに関する論稿をともに検討したのですが、それは知的喜びに満ちたものでした。彼はその論考で、思考の現実を言語学的に解釈する時に生じる誤りから「見えない領域〔invisible realm〕」の存在を擁護しています。

いつの日かトラヴィスに、フレーゲの背後には「見えざる教会[254]」、すなわちドイツ観念論という古きよきプロジェクトがあるという秘密を伝える日が来るかもしれません。

加えて、私の原稿に数々のコメントを寄せて最終稿の完成を助けてくれた私の講座の仲間たち、ヴァリード・ファイザーダ〔Walid Faizzada〕、マリン・ガイアー〔Marin Geier〕、マリヤ・ハルヴァジーヴァ〔Mariya Halvadzhieva〕、イェンス・ピエール〔Jens Pier〕、イェンス・ロメッチュ、ヤン・ヴォースホルツ〔Jan Voosholz〕にも感謝を伝えます。

最後に、ウルシュタイン社のかたがた、特に原稿審査担当のユリカ・イェニケ〔Julika Jänicke〕とウルリケ・フォン・シュテンクリン〔Ulrike von Stenglin〕には、私が三部作とみなしている三冊の出版プロジェクトを見事に進めてくれたことに謝意を表します。さらに、カーラ・シフィデルスキ〔Carla Swiderski〕は文章校正について的確なアドバイスをくれました。彼女の細部にわたる原稿審査に感謝します。

244　Ebd., S. 320 (1074b31) 参照。
245　Ebd. (1074b32f.) 参照。
246　Ebd. (1074b33-35) 参照。
247　Nietzsche 1999b 参照。
248　アリストテレス『形而上学』1072a26f. からの私の翻訳（Aristoteles 1970, S. 312 参照）。
249　これについては、Sternberg (Hrsg.) 2018 収録の論文を参照。
250　これについては、ギュンター・アンダースの不当にも忘れ去られた『時代おくれの人間』（Anders 2002）を参照。
251　Kant 1974b, S. 388f.
252　Platon 2006, S. 139 (223D4-8) 参照。
253　Goethe 2014, S. 10.

謝　辞

254　Hegel 1969, S. 18.

212 Meillassoux 2014.
213 Buchheim (Hrsg.) 2016.
214 Benoist 2017, S. 62 参照。
215 Rilke 2006, S. 710.
216 Nagel 2016.
217 Rilke 2006, S. 710（強調個所は原文）。
218 Wittgenstein 1984b, S. 67 (5.6)（強調個所は原文）。
219 Schelling 1975, S. 55.
220 Kant 1977d, S. 267.
221 Nietzsche 1999a, S. 378.
222 Hogrebe 2009.
223 Nietzsche 2007, S. 272.
224 この問題の入門書として、Hüttemann 2018 をおすすめします。
225 Ellis 2016; Hawking und Ellis 1973.
226 これについては Tetens 2015 も参照。
227 Luhmann 2009, S. 216.
228 Frege 1993 参照。
229 Ebd., S. 35.
230 Ebd.
231 Ebd., S. 33.
232 Ebd., S. 49f.
233 Rödl 2018.
234 Dummett 2008. Dummett 2010 も参照。カンタベリーのアンセルムス〔Anselmus Cantuariensis〕による有名な神の存在証明を再構成したものについては、Gabriel 2012 を参照。
235 ディールス＋クランツ編『ソクラテス以前哲学者断片集』22 B 93 からの私の翻訳（Mansfeld und Primavesi (Hrsg.) 2012, S. 252f. 掲載の断片も参照）。
236 Lichtenberg 1971, S. 412.
237 Schelling 1985, S. 428.
238 Freud 1917, S. 7.
239 Nietzsche 1988, S. 285.
240 Freud 1982, S. 366 (Fn. 3).
241 Honneth 1994.
242 Foucault 2018.
243 アリストテレス『形而上学』1074b15f. からの私の翻訳（Aristoteles 1970, S. 320 参照）。

192　Gabriel 2012; Descartes 2009.

193　Wittgenstein 1989a, S. 195 (§ 383).

194　Wittgenstein 1984a, S. 362 (§ 258).

195　Ebd.

196　プラトン『ソピステス』263E3-5 からの私の翻訳（Platon 1990, S. 177 参照）。

197　もちろん、アリストテレスは、思考には誤謬がありえない形もあり、それは不可分のものを把握することだと考えていますが、それには長い検討が必要になります。いずれにせよ、誤りの可能性があるところには、はっきりと総合があります。彼は『魂について』430a26-28 で次のように書いています（Aristoteles 2011, S. 155 参照）。「さて、「分割されないもの〔不可分のもの〕」を対象とした知性認識〔思考〕は、それについて偽であるということが成立しない事象のうちに属する。これに対して、それについて偽も真もともに成立する事象においては、諸々の知性認識〔思考〕された事柄が、一つであるような仕方でまとめられて、それらの一定の結合〔総合〕がすでに成立している」〔『魂について』中畑正志訳、『アリストテレス全集』第 7 巻、岩波書店、2014 年、152 頁〕。

198　Russell 1967, Kapitel XIII.

199　Descartes 2009, S. 37 並びに S. 169 参照。

200　詳しいことに興味のある人には、イェンス・ロメッチュの画期的な著書『真理への自由』がおすすめです（Rometsch 2018）。

201　Platon 1990, S. 114-121 (245E-247E).

202　特にプラトン『ティマイオス』51A4 以下（Platon 2003, S. 93）参照。

203　Lewis 1986, S. ix からの私の翻訳：»It is the doctrine that all there is to the world is a vast mosaic of local matters of particular fact, just one little thing and then another.«

204　Goethe 2014, S. 13.

205　この議論の細部に興味のある人には、Westerhoff 2005 がおすすめです。

206　『ソピステス』254C（Platon 1990, S. 143 参照）からの私の翻訳。

207　Brandom 2004 参照。

208　プラトン『ソピステス』259E4-6（Platon 1990, S. 163 参照）からの私の翻訳。

209　Hegel 1989, S. 24.

210　これについては Kern und Kietzmann (Hrsg.) 2017 と、特に Stekeler-Weithofer 2012 参照。

211　アントン・フリードリヒ・コッホの記念碑的な数々の著書、特に Anton Friedrich Koch 2006; Anton Friedrich Koch 2016 参照。

169 Latour 2008.

170 この概念については、ユルゲン・ハーバーマスによる古典的著作『公共性の構造転換』を参照。彼は、近代が啓蒙のメディア構造から成立したことを描き出しています（Habermas 1990）。

171 Wittgenstein 1984a, S. 360 (§ 255).

172 Hegel 1986, S. 68.

173 Adorno 1973, S. 106.

174 Radisch 2014.

175 この狂気の背後にあるポストモダン理論が抱える誇張と推論の誤りは、とりわけ Boghossian 2013 と Hacking 1999 で明確に暴かれています。

176 Baudrillard 1981.

177 Heidegger 2002b, S. 30.

178 Baudrillard 2004.

179 Baudrillard 1981, S. 10 からの私の翻訳。

180 Takami 2012.

181 Juvenal 1993, S. 209.

182 Debord 1996.

183 Harari 2015.

184 Bostrom 2003.

185 Bostrom 2016.

186 Bostrom und Kulczycki 2011.

187 彼が TED で »You are a Simulation & Physics Can Prove It« というテーマで語っている映像を見てください。YouTube で簡単に見つけられます。再生回数は数百万回にもなっています。

188 Bostrom 2003, S. 248 からの私の翻訳：»If there were a substantial chance that our civilization will ever get to the posthuman stage and run many ancestor-simulations, then how come you are not living in such a simulation?«

189 Ebd., S. 243f. からの私の翻訳：»The argument provides a stimulus for formulating some methodological and metaphysical questions, and it suggests naturalistic analogies to certain traditional religious conceptions, which some may find amusing or thought-provoking«.

190 Ebd., S. 243 からの私の翻訳：»(1) the human species is very likely to go extinct before reaching a ›posthuman‹ stage; (2) any posthuman civilization is extremely unlikely to run a significant number of simulations of their evolutionary history (or variations thereof); (3) we are almost certainly living in a computer simulation«.

191 Ebd., S. 244f. 参照。

157　この場で言及しておきますが、トノーニは私が『「私」は脳ではない』で批判した神経中心主義の代表者ではなく、むしろ、これを神経科学という土俵の上で克服しています。それはパラダイムの転換、つまり根本的なパースペクティヴの変換に対応しています。現在の物理学がもはや自然主義的ではないのと同様、現在の神経科学は神経中心主義を内部から克服する途上なのです。これは哲学と自然科学のまったく新しい邂逅にもなりうる、楽しみな展開です。このプログラムに関連して、まさに私もさまざまな分野の自然科学者たちと仕事をしており、その進捗状況をいずれお知らせできたらと思っています。

158　これについての入門書として、Gabriel 2015. 専門的な議論の概観を得たい人は、*Stanford Encyclopedia of Philosophy* の「consciousness」の項を参照してください。オンラインで簡単に見ることができます。

159　Gabriel 2014c.

160　Zhuang Zi 2013, S. 60f. 参照。

161　ソーシャルロボットには意識がないということ、そして『ウエストワールド』が現実化できないフィクションであることは、タールマン自身が個人的なメールで私に保証してくれました。専門家の意見として、ここに記載するだけにしておきます。

162　Gabriel 2013; Gabriel 2016a. より詳しい学術的な議論の詳細に興味のある人は、Buchheim（Hrsg.) 2016 を参照してください。

163　Gabriel 2013, S. 15.

164　Ebd.

165　Huxley 1986, S. 193 からの私の翻訳：»How it is that anything so remarkable as a state of consciousness comes about as the result of irritating nervous tissue, is just as unaccountable as the appearance of the Djin when Aladdin rubbed his lamp«.

166　私たちはモデルを用いて、あるいは意識として自然を単純に反映させているだけだという考え方に対する一般的な批判に関しては、リチャード・ローティの有名な著書『哲学と自然の鏡』(Rorty 1987) を参照してください。残念ながら、ローティは相当に度を越していて、ポストモダン構築主義の旗頭の一人になってしまいました。彼は、私たちは自然の鏡ではないということから、真理も確かな現実認識も存在しえないことを導き出す、という誤りを犯しています。この結論には無理があります。

167　Wittgenstein 1984a, S. 363f. (§ 265).

第5章　現実とシミュレーション

168　Radisch 2014.

127 Kant 2000, S. 114.
128 Gabriel 2015.
129 Kant 1977a, S. 37f.
130 Clark und Chalmers 1998; Clark 2004; Clark 2008; Clark 2016.
131 Bostrom 2016.
132 Sartre 1993, S. 833f.

第４章　なぜ生き物だけが考えるのか

133 Tegmark 2016.
134 Platon 2014, S. 86 参照。
135 これについては、Beierwaltes 2014 参照。
136 *Die Bibel.*『マタイによる福音書』10.28.
137 Borges 1992, S. 143.
138 Ferraris 2017 参照。
139 Wittgenstein 1984a, S. 411 (§ 415).
140 Wittgenstein 1989b, S. 307 (§ 173).
141 YouTube で視聴可能（https://www.youtube.com/watch?v=93sYbHDtv9M）。Bostrom und Yudkowsky 2014 も参照。
142 Goethe 2007, S. 277.
143 Ebd., S. 278f.
144 Görnitz und Görnitz 2016.
145 Ebd., S. 120：「意識は Protyposis の特殊な一形式、すなわち、生きている脳によって担われる情報処理プロセスの一部として、みずからを経験し知ることができる量子情報である」。
146 Ebd., S. 161.
147 Ebd., S. 160.
148 Ebd., S. 174.
149 Ebd.
150 Ebd., S. 175.
151 Hegel 1986, S. 71.
152 https://www.congresofuturo.cl/
153 とくに Tononi und Koch 2015.
154 Ebd., S. 13-15.
155 Tononi und Koch 2015, S. 7 からの私の翻訳：»properties that physical systems (elements in a state) must have to account for experience«.
156 意識についてのコッホの最近の立場は、Christof Koch 2017 などを参照。詳しくは、Christof Koch 2013.

大のことばかり。もちろん、現実の政治は延々と続く討論ではなく、具体的な資源の配分ですから、たまには事柄も問題になります。しかし、これはふつう、残念ながら十分に論理的に洗練された仕方で分節化されていない価値のパラメーターに操られています。資源配分が懸案であるために、選挙戦になっても、合理的決定に至ることはありません。それがよいことかどうかは別問題で、政治哲学の枠組みで研究する必要があります。

101 *Die Bibel.*『テトスへの手紙』1.10-14.

102 細部に興味のある人は、Hoffmann 2015 などを読んでください。

103 これについては、特に Priest 2001; Anton Friedrich Koch 2006 参照。コッホの理論を新しい実在論との関連でさらに発展させたものは、Anton Friedrich Koch 2016 にあります。

104 Bromand und Kreis (Hrsg.) 2011, S. 483-487.

105 Moore 1990.

106 https://de.wikipedia.org/wiki/Wiener_Schnitzel（2018 年 2 月 13 日閲覧）。空腹だったので、とうとうこのサイトに行き着きました。

107 Leibniz 1996; Gabriel 2012 参照。

108 Homolka und Heidegger (Hrsg.) 2016, S. 22.

109 Ebd., S. 36.

110 Heidegger 1985, S. 27f.

111 Heidegger 2002a で読むことができます。

112 Heidegger 2002b, S. 68.

113 Ebd., S. 28.

114 Putnam 1978, S. 18f. 参照。

115 Gabriel 2016b.

116 これについて一般に理解しやすい説明は、Randall 2008; Greene 2006 参照。

117 ハイデガーと反ユダヤ主義というテーマについての現在の状況は、Homolka und Heidegger (Hrsg.) 2016 で概観できます。

118 Heidegger 2002b, S. 30.

119 Heidegger 1977, S. 100.

120 Kant 1974a, S. 23.

121 Heidegger 1984, S. 93.

122 Heidegger 1985, S. 21.

123 Heidegger 1977, S. 57.

124 Burge 2011 参照。

125 Lyotard 2007.

126 Kant 1974b, S. 76.

確に指摘することはほとんど不可能である」〔「意義と意味について」土屋俊訳、『フレーゲ著作集』第4巻、勁草書房、1999年、77頁〕。
80　Maturana und Varela 2009.
81　Jonas 1997参照。
82　これに関しては、Tetens 2015の詳細な論証も参照。デネットの世界観に関しては、Gabriel 2018も参照。
83　Tegmark 2017, S. 91.
84　Block 1978など参照。
85　ビール缶の例については、Searle 1982参照。
86　Chalmers 1996.
87　Maturana 2000, S. 11.
88　Aristoteles 1987, S. 61 (194b) 参照。
89　Deutsch 2011.
90　Kurzweil 2014.
91　Ferraris 2012.
92　Searle 2011; Searle 2017.
93　Ferraris 2014a; Searle 2014.
94　2013年春学期に私たちがバークレーで行った一連の公開討論で、サールはこのように論証しました。
95　Ferraris 2014b, S. 58.
96　文字使用以前の人類史について今日知られている歴史的詳細の概観を得るには、Parzinger 2015が素晴らしい。
97　Lawson 2001.
98　Ganascia 2017.
99　Ebd., S. 75からの私の翻訳：»En conséquence, l'esprit existerait séparément et de façon totalement dissociée de la matière. Bref, poussée jusqu'au bout, le monisme consubstantiel à la science contemporaine dont les promoteurs de la Singularité technologique se réclament les conduit à admettre un dualisme tout aussi radical qu'incongru sur lequel ils fondent leur prétention«.

第3章　社会のデジタル化

100　日常の中のナンセンスの最たるものは、政治演説の類です。選挙戦中のテレビ討論（2017年9月を思い出してください）などは、候補者の論理的な言語能力を証明するのに何の役にも立ちません。これは、残念なことに現代では一つの問題です。代わりに私たちが目の当たりにするのは、誤った推論や中途半端な考えのオンパレードです。これに他党の候補者へのいわれのない非難の数々が加わります。発言することといったら、権力維持か権力拡

第2章　考えるという技術

57　Houellebecq 2011, S. 34.

58　Ebd.

59　Ebd., S. 79f. 参照。

60　Floridi 2011, S. 61.

61　Frege 1966, S. 31.

62　Houellebecq 2011, S. 383 参照。

63　Searle 1980.

64　サールの論証の詳細な分析については、Dresler 2009 参照。

65　Searle 1991.

66　Ebd., S. 19-21 参照。

67　Putnam 1982, S. 15-40 参照。

68　Ebd., S. 15.

69　Travis 2021 参照。

70　Mansfeld und Primavesi (Hrsg.) 2012, S. 227 より引用。

71　議論の状況については、Schmitz (Hrsg.) 2014 の論文参照。

72　Floridi 2011, S. 7-12.

73　Ebd., S. 7 からの私の翻訳：»Mental life is thus the result of a successful reaction to a primary *horror vacui semantici*: meaningless (in the non-existentialist sense of 'not-yet-meaningful') chaos threatens to tear the Self asunder, to drown it in an alienating otherness perceived by the Self as nothingness, and this primordial dread of annihilation urges the Self to go on filling any semantically empty space with whatever meaning the Self can muster, as successfully as the cluster of contextual constraints, affordances, and the development of culture permit«.

74　Heidegger 1977, § 51.

75　Krauss 2018.

76　Freud 2010.

77　Feuerbach 1983, S. 90.

78　これについては、Gabriel 2018, Kapitel 2 参照。

79　Frege 2007, S. 28 参照：「この段階で可能なさらに別の区別としては、色合いと陰影という区別もある。これらは、作詩法や雄弁術が意義〔Sinn（本書では「意味／感覚」と訳している）〕に対して付加するものである。この色合いと陰影とは客観的なものではなく、したがって、聞き手と読者が詩人または弁士の与える手がかりに従いつつ自ら作り出して、付加するものである。もちろん人間の表象作用が親和的でないかぎり、芸術は不可能であろうが、しかし、詩人の意図にいかなる程度まで合致しているかということを正

34　これについては、Dreyfus und Taylor 2016 の接触説を参照してください。
35　Nagel 2012.
36　Quine 1980, S. 474.
37　Cixin 2016; Cixin 2018.
38　認識論にもっと取り組みたい人は、Gabriel 2014a を参照してください。
39　Gabriel 2013.
40　構築主義のさまざまな潮流とそれらの基本的な主張についての概観を得るには、Hacking 1999 がよいでしょう。
41　Davidson 1990, S. 199, Fn. 16.
42　アリストテレス『形而上学』1011b26-28 からの私の翻訳（Aristoteles 1970, S. 107f. 参照）。
43　現状について包括的なイメージをもちたい人には、Künne 2005 をおすすめします。ミニマリズムについての標準的な描写は、Horwich 1999 にあります。
44　Foucault 1974, S. 26.
45　Ebd.
46　Foucault 1987; Foucault 1989a; Foucault 1989b; Foucault 2018.
47　Foucault 1981.
48　Frege 1966 参照。
49　Gabriel 2014a; Gabriel 2014b; Anton Friedrich Koch 2006; Anton Friedrich Koch 2016.
50　Wittgenstein 1984b, S. 19 (3.144).
51　さまざまな情報科学の初学者向けの概観は Floridi 2010 が与えてくれますが、フロリディがみずからの理論を仕上げたのは Floridi 2011 です。情報について興味をかき立てる歴史的資料のいくつかは、Gleick 2011 で見ることができます。
52　フロリディの論証は、かなり技巧を凝らしたものですが、やはり洗練もされています。どうしてもこれと取り組みたいと思う人は、Floridi 2011, S. 93-107 を読んでください。
53　Frege 1966, S. 50.
54　Searle 2015.
55　De la Barca 2009.
56　この立論のさらなる詳細に興味がある人は、Gabriel 2012, Kapitel II. 1 を読んでください。ここではデカルト的懐疑の第 3 段階について論じています。

「亜リン酸」のせいだと考えており、亜リン酸の作用のために彼らは肌が黒いのだと説明しています。「そのほかさらに、湿気の多い暖かさは動物の頑強な成長にとってそもそも有益であり、要するに、ニグロ〔黒人〕は気候に十分適合して生まれてきたのである。すなわち、ニグロは頑強で、筋肉質で、体は柔軟だが、彼らを生んだ土地の豊かな世話のもとで怠惰で、だらしなく、ぶらぶらしているのである」(ebd., S. 23〔「さまざまな人種について」福田喜一郎訳、『カント全集』第3巻、岩波書店、2001年、408-409頁〕)と述べています。

13 Linné 1773, S. 62. これについて詳しくは、Gabriel 2015参照。

14 これについては、Platon 1986参照。

15 Sartre 1993, S. 764.

16 Grünbein 2017, S. 132.

17 Kripke 1993, S. 28.

18 Lessing 1980.

19 Sloterdijk 2012, S. 713.

第1章　考えるということの真実

20 Gabriel 2013; Gabriel 2016a.

21 Johnston 2009, S. 131f.

22 Adorno 1973. 併せてAdorno 1990収録の、残念ながら現在ではほとんど読まれていない初期の著作も参照してください。

23 Quine 2003, S. 62：「さらに厳密に考えるなら、根底的翻訳は家庭で始まっている」。

24 Deutsch 2011.

25 Ebd., S. 107-124.

26 Ebd., S. 114からの私の翻訳：»It is a claim that something abstract – something non-physical, such as the knowledge in a gene or a theory – is affecting something physical«.

27 Aristoteles 2011, S. 127 (424b22f.).

28 Kant 1974a, S. 170.

29 Hogrebe 2009.

30 Aristoteles 2011, S. 131 (425b12).

31 Gabriel 2015, Kapitel III.

32 『魂について』425a27参照。もう少し詳しくは、450a9-15 (Aristoteles 2011, S. 129参照)。

33 アリストテレスからの私の翻訳：『魂について』426b3並びに426b8 (Aristoteles 2011, S. 135参照)。

原注

まえがき

1 Kant 1977b, S. 446.

2 Ebd.

3 Ebd.

4 Hegel 1986, S. 74; Boghossian 2013.

序　論

5 本文では煩雑さを避けるため、人間、科学者、哲学者、読者のような語に関して、文法上の性としては男性〔名詞〕を用いていますが、それは〔男性という〕読者や著者の一部が人間を模範的に代表しているということでは決してありません。子供、昏睡状態にある人、トランスセクシュアルの人、女性、男性、党幹部、キリスト教徒、イスラム教徒、黒人、白人、褐色に日焼けした人、金髪の人、白髪の人、赤毛の人も皆、たとえその意見がすべて正しいわけではないとしても、等しい権利をもって人間を代表しています。人間は〔バイエルンのシンガーソングライターであるクラウディア・コレックが歌うように？〕かなりカラフルな（羽のない）鳥なのですから。

6 本文でゴシック体になっている言葉は、できるかぎり正確に定義します。これらの定義は巻末の「語彙集」にまとめて収録しますので、私が取り上げた重要な語彙は一目瞭然になります〔「語彙集」に掲載されていない言葉もわずかにある〕。

7 私たちは互いに何を負っているのか、そして何が普遍的に最も意義深いのか、という問いは、現代の哲学的倫理学における二つの重要な説——トーマス・M・スキャンロン（1940年生）の説とデレク・パーフィット（1942-2017年）の説——の中心を占めています。Scanlon 2000; Parfit 2011a; Parfit 2011b; Parfit 2017 参照。

8 これについて詳しくは、Gabriel 2018 参照。

9 Floridi 2011, S. 3.

10 Gabriel und Thelen 2018, S. 58-65.

11 Baudrillard 1981, S. 52.

12 Kant 1977c を参照。例えば、カントはそこで「黒人」を奴隷として採用することを正当化していますが、それは「赤い奴隷（アメリカ先住民）」は「弱すぎて畑仕事には向かないため、その仕事に従事する黒人が必要」だから、ということです（ebd., S. 22)。カントは「黒人はみんな臭い」、それも

ロワイアル』（全2冊）、幻冬舎（幻冬舎文庫）、2002年〕
Tegmark, Max 2016: *Unser mathematisches Universum. Auf der Suche nach dem Wesen der Wirklichkeit,* Berlin: Ullstein.〔マックス・テグマーク『数学的な宇宙——究極の実在の姿を求めて』谷本真幸訳、講談社、2016年〕
—— 2017: *Leben 3.0. Mensch sein im Zeitalter Künstlicher Intelligenz,* Berlin: Ullstein.〔マックス・テグマーク『LIFE 3.0 ——人工知能時代に人間であるということ』水谷淳訳、紀伊國屋書店、2020年〕
Tetens, Holm 2015: *Gott denken. Ein Versuch über rationale Theologie,* Stuttgart: Reclam.
Tononi, Giulio und Christof Koch 2015: »Consciousness: Here, There and Everywhere?«, in: *Philosophical Transactions of the Royal Society B,* 370 (1668): 2014.0167 (https://doi.org/10.1098/rstb.2014.0167).
Travis, Charles 2021: *Frege: The Pure Business of Being True,* Oxford: Oxford University Press.
Westerhoff, Jan 2005: *Ontological Categories: Their Nature and Significance,* Oxford: Clarendon Press.
Wittgenstein, Ludwig 1984a: *Philosophische Untersuchungen,* in: ders.: *Werkausgabe,* Band 1, Frankfurt am Main: Suhrkamp, S. 225-580.〔ルートウィッヒ・ウィトゲンシュタイン『哲学探究』鬼界彰夫訳、講談社、2020年〕
—— 1984b: *Tractatus logico-philosophicus,* in: ders.: *Werkausgabe,* Band 1, Frankfurt am Main: Suhrkamp, S. 7-85.〔ウィトゲンシュタイン『論理哲学論考』野矢茂樹訳、岩波書店（岩波文庫）、2003年〕
—— 1989a: *Über Gewißheit,* in: ders.: *Werkausgabe,* Band 8, Frankfurt am Main: Suhrkamp, S. 113-257.〔『確実性の問題』黒田亘訳、『ウィトゲンシュタイン全集』第9巻、大修館書店、1975年〕
—— 1989b: *Zettel,* in: ders.: *Werkausgabe,* Band 8, Frankfurt am Main: Suhrkamp, S. 259-443.〔「断片」菅豊彦訳、『ウィトゲンシュタイン全集』第9巻、大修館書店、1975年〕
Zhuang Zi 2013: *Vom Nichtwissen,* Freiburg im Breisgau: Herder.

（ちくま学芸文庫）、2005 年〕
Sartre, Jean-Paul 1993: *Das Sein und das Nichts. Versuch einer phänomenologischen Ontologie,* Reinbek bei Hamburg: Rowohlt.〔ジャン＝ポール・サルトル『存在と無——現象学的存在論の試み』全 3 冊、松浪信三郎訳、筑摩書房（ちくま学芸文庫）、2007-08 年〕
Scanlon, T. M. 2000: *What We Owe to Each Other,* Cambridge, Mass.: Belknap Press of Harvard University Press.
Schelling, Friedrich Wilhelm Joseph von 1975: *Philosophische Untersuchungen über das Wesen der menschlichen Freiheit und die damit zusammenhängenden Gegenstände,* Frankfurt am Main: Suhrkamp.
—— 1985: *Zur Geschichte der neueren Philosophie. Münchener Vorlesungen,* in: ders.: *Ausgewählte Schriften,* Band 4, Frankfurt am Main: Suhrkamp, S. 417-616.〔シェリング『近世哲学史講義』細谷貞雄訳、福村出版、1974 年〕
Schmitz, Friederike (Hrsg.) 2014: *Tierethik. Grundlagentexte,* Berlin: Suhrkamp.
Searle, John R. 1980: »Minds, Brains, and Programs«, in: *Behavioral and Brain Sciences,* 3 (3): 417-424.
—— 1982: »The Myth of the Computer«, in: *The New York Review of Books,* April 29, 1982: 3-7.
—— 1991: *Intentionalität. Eine Abhandlung zur Philosophie des Geistes,* Frankfurt am Main: Suhrkamp.〔ジョン・R・サール『志向性——心の哲学』坂本百大監訳、誠信書房、1997 年〕
—— 2011: *Die Konstruktion der gesellschaftlichen Wirklichkeit. Zur Ontologie sozialer Tatsachen,* Berlin: Suhrkamp.
—— 2014: »Aussichten für einen neuen Realismus«, in: Gabriel, Markus (Hrsg.): *Der Neue Realismus,* Berlin: Suhrkamp, S. 292-307.
—— 2015: *Seeing Things as They Are: A Theory of Perception,* Oxford: Oxford University Press.
—— 2017: *Wie wir die soziale Welt machen. Die Struktur der menschlichen Zivilisation,* Berlin: Suhrkamp.〔ジョン・R・サール『社会的世界の制作——人間文明の構造』三谷武司訳、勁草書房、2018 年〕
Sloterdijk, Peter 2012: *Du mußt dein Leben ändern. Über Anthropotechnik,* Berlin: Suhrkamp.
Stekeler-Weithofer, Pirmin 2012: *Denken. Wege und Abwege in der Philosophie des Geistes,* Tübingen: Mohr Siebeck.
Sternberg, Robert J. (Hrsg.) 2018: *The Nature of Human Intelligence,* Cambridge: Cambridge University Press.
Takami, Koushun 2012: *Battle Royale,* München: Heyne.〔高見広春『バトル・

—— 2003: *Timaios*, Stuttgart: Reclam.〔『ティマイオス』種山恭子訳、『プラトン全集』第 12 巻、岩波書店、1975 年〕
—— 2006: *Symposion*, Stuttgart: Reclam.〔プラトン『饗宴』(改版)、久保勉訳、岩波書店(岩波文庫)、2008 年〕
—— 2014: *Gorgias*, Stuttgart: Reclam.〔プラトン『ゴルギアス』三嶋輝夫訳、講談社(講談社学術文庫)、2023 年〕
Priest, Graham 2001: *Beyond the Limits of Thought*, 2. Auflage, Oxford: Clarendon Press.
Putnam, Hilary 1978: *Meaning and the Moral Sciences*, London: Routledge and Kegan Paul.〔H・パットナム『科学的認識の構造——意味と精神科学』藤川吉美訳、晃洋書房、1984 年〕
—— 1982: *Vernunft, Wahrheit und Geschichte*, Frankfurt am Main: Suhrkamp.〔ヒラリー・パトナム『理性・真理・歴史——内在的実在論の展開』野本和幸・中川大・三上勝生・金子洋之訳、法政大学出版局(叢書・ウニベルシタス)、1994 年〕
Quine, Willard Van Orman 1980: *Wort und Gegenstand*, Stuttgart: Reclam.〔W・V・O・クワイン『ことばと対象』大出晁・宮館恵訳、勁草書房(双書プロブレーマタ)、1984 年〕
—— 2003: »Ontologische Relativität«, in: ders.: *Ontologische Relativität und andere Schriften*, Frankfurt am Main: Vittorio Klostermann, S. 43-84.
Radisch, Iris 2014: »Was ist hinter dem Bildschirmschoner?«, in: *Die Zeit*, 26 (18. Juni 2014).
Randall, Lisa 2008: *Verborgene Universen. Eine Reise in den extradimensionalen Raum*, Frankfurt am Main: Fischer.
Rilke, Rainer Maria 2006: »Duineser Elegien«, in: ders.: *Die Gedichte*, Frankfurt am Main und Leipzig: Insel, S. 687-718.〔リルケ『ドゥイノの悲歌』(改版)、手塚富雄訳、岩波書店(岩波文庫)、2010 年〕
Rödl, Sebastian 2018: *Selbstbewußtsein und Objektivität. Eine Einführung in den absoluten Idealismus*, Berlin: Suhrkamp.
Rometsch, Jens 2018: *Freiheit zur Wahrheit. Grundlagen der Erkenntnis am Beispiel von Descartes und Locke*, Frankfurt am Main: Vittorio Klostermann.
Rorty, Richard 1987: *Der Spiegel der Natur. Eine Kritik der Philosophie*, Frankfurt am Main: Suhrkamp.〔リチャード・ローティ『哲学と自然の鏡』野家啓一監訳、伊藤春樹・須藤訓任・野家伸也・柴田正良訳、産業図書、1993 年〕
Russell, Bertrand 1967: *Probleme der Philosophie*, Frankfurt am Main: Suhrkamp.〔バートランド・ラッセル『哲学入門』髙村夏輝訳、筑摩書房

——その哲学と数学』石村多門訳、講談社（講談社学術文庫)、2012 年〕
Nagel, Thomas 2012: *Der Blick von nirgendwo,* Berlin: Suhrkamp.〔トマス・ネーゲル『どこでもないところからの眺め』中村昇・山田雅大・岡山敬二・齋藤宜之・新海太郎・鈴木保早訳、春秋社、2009 年〕
—— 2016: *What Is It Like to Be a Bat? / Wie ist es, eine Fledermaus zu sein?,* Stuttgart: Reclam.〔トマス・ネーゲル「コウモリであるとはどのようなことか」、『コウモリであるとはどのようなことか』永井均訳、勁草書房、1989 年〕
Nietzsche, Friedrich 1988: *Nachgelassene Fragmente 1882-1884,* in: ders.: *Kritische Studienausgabe,* Band 10, München: dtv.〔「遺された断想」、『ニーチェ全集』第 II 期第 5 巻、杉田弘子訳、白水社、1989 年、第 6 巻、杉田弘子・薗田宗人訳、白水社、1984 年、第 7 巻、薗田宗人訳、白水社、1984 年〕
—— 1999a: *Dionysos-Dithyramben,* in: ders.: *Kritische Studienausgabe,* Band 6, München: dtv, S. 375-411.〔「ディオニュソス頌歌」、『ニーチェ全集』第 II 期第 4 巻、西尾幹二・生野幸吉訳、白水社、1987 年〕
—— 1999b: *Homers Wettkampf. Vorrede,* in: ders.: *Kritische Studienausgabe,* Band 1, München: dtv, S. 783-792.〔「ホメロスの競争」、『ニーチェ全集』第 2 巻、塩屋竹男訳、筑摩書房（ちくま学芸文庫)、1993 年〕
—— 2007: *Also sprach Zarathustra,* in: ders.: *Kritische Studienausgabe,* Band 4, München: dtv.〔フリードリヒ・ニーチェ『ツァラトゥストラはこう言った』森一郎訳、講談社（講談社学術文庫)、2023 年〕
Parfit, Derek 2011a: *On What Matters,* Volume I, Oxford: Oxford University Press.〔デレク・パーフィット『重要なことについて』第 1 巻、森村進訳、勁草書房、2022 年〕
—— 2011b: *On What Matters,* Volume II, Oxford: Oxford University Press.〔デレク・パーフィット『重要なことについて』第 2 巻、森村進・奥野久美恵訳、勁草書房、2022 年〕
—— 2017: *On What Matters,* Volume III, Oxford: Oxford University Press.〔デレク・パーフィット『重要なことについて』第 3 巻、森村進訳、勁草書房、2023 年〕
Parzinger, Hermann 2015: *Die Kinder des Prometheus. Eine Geschichte der Menschheit vor der Erfindung der Schrift,* 4. Auflage, München: C. H. Beck.
Platon 1986: *Apologie des Sokrates,* Stuttgart: Reclam.〔プラトン『ソクラテスの弁明』納富信留訳、光文社（光文社古典新訳文庫)、2012 年〕
—— 1990: *Der Sophist,* Stuttgart: Reclam.〔『ソピステス』藤沢令夫訳、『プラトン全集』第 3 巻、岩波書店、1976 年〕

Lawson, Hilary 2001: *Closure: A Story of Everything,* London und New York: Routledge.

Leibniz, Gottfried Wilhelm 1996: »Betrachtungen über die Erkenntnis, die Wahrheit und die Ideen«, in: ders.: *Kleine Schriften zur Metaphysik,* Frankfurt am Main: Suhrkamp, S. 25-47.〔「認識、真理、観念についての省察」米山優訳、『ライプニッツ著作集』第I期第8巻、工作舎、1990年〕

Lessing, Gotthold Ephraim 1980: *Die Erziehung des Menschengeschlechts und andere Schriften,* Stuttgart: Reclam.

Lewis, David K. 1986: *Philosophical Papers,* Volume II, Oxford: Oxford University Press.

Lichtenberg, Georg Christoph 1971: *Sudelbücher II,* in: ders.: *Schriften und Briefe,* Band 2, München: Carl Hanser.〔ゲオルク・クリストフ・リヒテンベルク『リヒテンベルクの雑記帳』宮田眞治編訳、作品社、2018年〕

Linné, Carl von 1773: *Des Ritters Carl von Linné Königlich Schwedischen Leibarztes [et]c. vollständiges Natursystem nach der zwölften lateinischen Ausgabe und nach Anleitung des holländischen Houttuynischen Werks mit einer ausführlichen Erklärung. Von den säugenden Thieren,* Erster Theil, Band 1, Nürnberg: Bey Gabriel Nicolaus Raspe.

Luhmann, Niklas 2009: *Soziologische Aufklärung 3. Soziales System, Gesellschaft, Organisation,* Opladen: Westdeutscher Verlag.

Lyotard, Jean-François 2007: *Libidinöse Ökonomie,* Zürich und Berlin: Diaphanes.〔ジャン＝フランソワ・リオタール『リビドー経済』杉山吉弘・吉谷啓次訳、法政大学出版局（叢書・ウニベルシタス）、1997年〕

Mansfeld, Jaap und Oliver Primavesi (Hrsg.) 2012: *Die Vorsokratiker,* Stuttgart: Reclam.

Maturana, Humberto R. 2000: *Biologie der Realität,* Frankfurt am Main: Suhrkamp.

Maturana, Humberto R. und Francisco J. Varela 2009: *Der Baum der Erkenntnis. Die biologischen Wurzeln menschlichen Erkennens,* Frankfurt am Main: Fischer.〔ウンベルト・マトゥラーナ＋フランシスコ・バレーラ『知恵の樹——生きている世界はどのようにして生まれるのか』管啓次郎訳、筑摩書房（ちくま学芸文庫）、1997年〕

Meillassoux, Quentin 2014: *Nach der Endlichkeit. Versuch über die Notwendigkeit der Kontingenz,* Zürich und Berlin: Diaphanes.〔カンタン・メイヤスー『有限性の後で——偶然性の必然性についての試論』千葉雅也・大橋完太郎・星野太訳、人文書院、2016年〕

Moore, A. W. 1990: *The Infinite,* London: Routledge.〔A・W・ムーア『無限

学』湯浅正彦・井上義彦訳、『カント全集』第 17 巻、岩波書店、2001 年〕
—— 1977c: *Von den verschiedenen Rassen der Menschen,* in: ders.: *Werkausgabe,* Band XI, Frankfurt am Main: Suhrkamp, S. 11-30.〔「さまざまな人種について」福田喜一郎訳、『カント全集』第 3 巻、岩波書店、2001 年〕
—— 1977d: *Was heißt: sich im Denken orientieren?,* in: ders.: *Werkausgabe,* Band V, Frankfurt am Main: Suhrkamp, S. 265-283.〔「思考の方向を定めるとはどういうことか」円谷裕二訳、『カント全集』第 13 巻、岩波書店、2002 年〕
—— 2000: *Kritik der praktischen Vernunft,* in: ders.: *Werkausgabe,* Band VII, Frankfurt am Main: Suhrkamp.〔イマヌエル・カント『実践理性批判』熊野純彦訳、作品社、2013 年〕
Kern, Andrea und Christian Kietzmann (Hrsg.) 2017: *Selbstbewusstes Leben. Texte zu einer transformativen Theorie der menschlichen Subjektivität,* Berlin: Suhrkamp.
Koch, Anton Friedrich 2006: *Versuch über Wahrheit und Zeit,* Paderborn: Mentis.
—— 2016: *Hermeneutischer Realismus,* Tübingen: Mohr Siebeck.
Koch, Christof 2013: *Bewusstsein. Bekenntnisse eines Hirnforschers,* Wiesbaden: Springer Spektrum.
—— 2017: »Lasst uns aufgeschlossen bleiben und sehen, inwiefern die Wissenschaft eine fundamentale Theorie des Bewusstseins entwickeln kann«, in: Eckoldt, Matthias (Hrsg.): *Kann sich das Bewusstsein bewusst sein?,* Heidelberg: Carl-Auer, S. 179-196.
Krauss, Lawrence M. 2018: *Ein Universum aus Nichts. ... und warum da trotzdem etwas ist,* München: Knaus.
Kripke, Saul A. 1993: *Name und Notwendigkeit,* Frankfurt am Main: Suhrkamp.〔ソール・A・クリプキ『名指しと必然性——様相の形而上学と心身問題』八木沢敬・野家啓一訳、産業図書、1985 年〕
Künne, Wolfgang 2005: *Conceptions of Truth,* Oxford: Clarendon Press.
Kurzweil, Ray 2014: *Menschheit 2.0. Die Singularität naht,* Berlin: Lola Books.〔レイ・カーツワイル『シンギュラリティは近い——人類が生命を超越するとき』(エッセンス版)、NHK 出版編、井上健監訳、小野木明恵・野中香方子・福田実訳、NHK 出版、2016 年〕
Latour, Bruno 2008: *Wir sind nie modern gewesen. Versuch einer symmetrischen Anthropologie,* Frankfurt am Main: Suhrkamp.〔ブルーノ・ラトゥール『虚構の「近代」——科学人類学は警告する』川村久美子訳、新評論、2008 年〕

Hogrebe, Wolfram 2009: *Riskante Lebensnähe. Die szenische Existenz des Menschen*, Berlin: Akademie Verlag.

Homolka, Walter und Arnulf Heidegger (Hrsg.) 2016: *Heidegger und der Antisemitismus. Positionen im Widerstreit*, mit Briefen von Martin und Fritz Heidegger, Freiburg im Breisgau: Herder.

Honneth, Axel 1994: *Kampf um Anerkennung. Zur moralischen Grammatik sozialer Konflikte*, Frankfurt am Main: Suhrkamp.〔アクセル・ホネット『承認をめぐる闘争——社会的コンフリクトの道徳的文法［増補版］』山本啓・直江清隆訳、法政大学出版局（叢書・ウニベルシタス)、2014 年〕

Horwich, Paul 1999: *Truth*, 2. Auflage, Oxford: Clarendon Press.〔ポール・ホーリッジ『真理』入江幸男・原田淳平訳、勁草書房、2016 年〕

Houellebecq, Michel 2011: *Karte und Gebiet*, Köln: DuMont.〔ミシェル・ウエルベック『地図と領土』野崎歓訳、筑摩書房（ちくま文庫)、2015 年〕

Hüttemann, Andreas 2018: *Ursachen*, 2. Auflage, Berlin: De Gruyter.

Huxley, Thomas H. 1986: *Lessons in Elementary Physiology*, London: Macmillan.

Johnston, Mark 2009: *Saving God: Religion after Idolatry*, Princeton: Princeton University Press.

Jonas, Hans 1997: *Das Prinzip Leben. Ansätze zu einer philosophischen Biologie*, Frankfurt am Main: Suhrkamp.〔ハンス・ヨーナス『生命の哲学——有機体と自由』細見和之・吉本陵訳、法政大学出版局（叢書・ウニベルシタス)、2008 年〕

Juvenal 1993: *Satiren*, Berlin: De Gruyter.〔ユウェナーリス『諷刺詩』、ペルシウス／ユウェナーリス『ローマ諷刺詩集』国原吉之助訳、岩波書店（岩波文庫)、2012 年〕

Kant, Immanuel 1974a: *Kritik der reinen Vernunft 1*, in: ders.: *Werkausgabe*, Band III, Frankfurt am Main: Suhrkamp.〔『純粋理性批判』上、有福孝岳訳、『カント全集』第 4 巻、岩波書店、2001 年〕

—— 1974b: *Kritik der Urteilskraft*, in: ders.: *Werkausgabe*, Band X, Frankfurt am Main: Suhrkamp.〔『判断力批判』下、牧野英二訳、『カント全集』第 9 巻、岩波書店、2000 年〕

—— 1977a: *Idee zu einer allgemeinen Geschichte in weltbürgerlicher Absicht*, in: ders.: *Werkausgabe*, Band XI, Frankfurt am Main: Suhrkamp, S. 33-50.〔「世界市民的見地における普遍史の理念」福田喜一郎訳、『カント全集』第 14 巻、岩波書店、2000 年〕

—— 1977b: *Immanuel Kants Logik. Ein Handbuch zu Vorlesungen*, in: ders.: *Werkausgabe*, Band VI, Frankfurt am Main: Suhrkamp, S. 419-582.〔『論理

店、2006年〕

Harari, Yuval Noah 2015: *Eine kurze Geschichte der Menschheit,* München: Pantheon.〔ユヴァル・ノア・ハラリ『サピエンス全史――文明の構造と人類の幸福』(全2巻)、柴田裕之訳、河出書房新社、2016年〕

Hawking, S. W. und G. F. R. Ellis 1973: *The Large Scale Structure of Space-Time,* Cambridge: Cambridge University Press.

Hegel, Georg Wilhelm Friedrich 1969: »Hegel an Schelling [Ende Januar 1795]«, in: Hoffmeister, Johannes (Hrsg.): *Briefe von und an Hegel,* Hamburg: Meiner, S. 15-18.〔「シェリング宛(一七九五年一月)」、『ヘーゲル書簡集』小島貞介訳、日清堂書店、1975年〕

―― 1986: *Phänomenologie des Geistes,* in: ders.: *Werke,* Band 3, Frankfurt am Main: Suhrkamp.〔G・W・F・ヘーゲル『精神現象学』全2冊、熊野純彦訳、筑摩書房(ちくま学芸文庫)、2018年〕

―― 1989: *Grundlinien der Philosophie des Rechts oder Naturrecht und Staatswissenschaft im Grundrisse,* in: ders.: *Werke,* Band 7, Frankfurt am Main: Suhrkamp.〔ヘーゲル『法の哲学――自然法と国家学の要綱』(全2冊)、上妻精・佐藤康邦・山田忠彰訳、岩波書店(岩波文庫)、2021年〕

Heidegger, Martin 1977: *Sein und Zeit,* in: ders.: *Gesamtausgabe,* I. Abteilung, Band 2, Frankfurt am Main: Vittorio Klostermann.〔ハイデガー『存在と時間』(全4冊)、熊野純彦訳、岩波書店(岩波文庫)、2013年〕

―― 1984: *Die Frage nach dem Ding,* in: ders.: *Gesamtausgabe,* II. Abteilung, Band 41, Frankfurt am Main: Vittorio Klostermann.〔『物への問い――カントの超越論的原則論に向けて』高山守+クラウス・オピリーク訳、『ハイデッガー全集』第41巻、創文社、1989年〕

―― 1985: *Unterwegs zur Sprache,* in: ders.: *Gesamtausgabe,* I. Abteilung, Band 12, Frankfurt am Main: Vittorio Klostermann.〔『言葉への途上』亀山健吉+ヘルムート・グロス訳、『ハイデッガー全集』第12巻、創文社、1996年〕

―― 2002a: *Was heißt Denken?,* in: ders.: *Gesamtausgabe,* I. Abteilung, Band 8, Frankfurt am Main: Vittorio Klostermann.〔『思惟とは何の謂いか』四日谷敬子+ハルトムート・ブフナー訳、『ハイデッガー全集』第8巻、創文社、2006年〕

―― 2002b: *Bremer und Freiburger Vorträge,* in: ders.: *Gesamtausgabe,* III. Abteilung, Band 79, Frankfurt am Main: Vittorio Klostermann.〔『ブレーメン講演とフライブルク講演』森一郎+ハルトムート・ブフナー訳、『ハイデッガー全集』第79巻、創文社、2003年〕

Hoffmann, Dirk W. 2015: *Theoretische Informatik,* 3., aktualisierte Auflage, München: Hanser.

Berlin: Ullstein.〔マルクス・ガブリエル『「私」は脳ではない——21世紀のための精神の哲学』姫田多佳子訳、講談社（講談社選書メチエ）、2019年〕
—— 2016a: *Sinn und Existenz. Eine realistische Ontologie,* Berlin: Suhrkamp.
—— 2016b: »What Kind of an Idealist (If Any) Is Hegel?«, in: *Hegel Bulletin,* 37 (2): 181-208.
—— 2018: *Neo-Existentialism: How to Conceive of the Human Mind after Naturalism's Failure,* Cambridge: Polity Press.〔マルクス・ガブリエル『新実存主義』廣瀬覚訳、岩波書店（岩波新書）、2020年〕
Gabriel, Markus und Frank Thelen 2018: »Schöne neue Welt«, in: *Philosophie Magazin,* Februar 2018: 58-65.
Ganascia, Jean-Gabriel 2017: *Le mythe de la singularité: faut-il craindre l'intelligence artificielle?,* Paris: Seuil.〔ジャン＝ガブリエル・ガナシア『虚妄のAI神話——「シンギュラリティ」を葬り去る』伊藤直子・小林重裕・伊禮規与美・郷奈緒子・佐藤剛・中市和孝訳、早川書房（ハヤカワ文庫）、2019年〕
Gleick, James 2011: *The Information: A History, a Theory, a Flood,* London: HarperCollins.〔ジェイムズ・グリック『インフォメーション——情報技術の人類史』楡井浩一訳、新潮社、2013年〕
Goethe, Johann Wolfgang von 2007: »Der Zauberlehrling«, in: ders.: *Gedichte,* München: C. H. Beck, S. 276-279.〔「魔法使いの弟子」山口四郎訳、『新装普及版 ゲーテ全集』第1巻、潮出版社、2003年〕
—— 2014: *Faust. Der Tragödie erster Teil,* Stuttgart: Reclam.〔ゲーテ『ファウスト　悲劇第一部』（改版）、手塚富雄訳、中央公論新社（中公文庫）、2019年〕
Görnitz, Brigitte und Thomas Görnitz 2016: *Von der Quantenphysik zum Bewusstsein. Kosmos, Geist und Materie,* Berlin: Springer.
Greene, Brian 2006: *Das elegante Universum. Superstrings, verborgene Dimensionen und die Suche nach der Weltformel,* München: Goldmann.
Grünbein, Durs 2017: *Zündkerzen,* Berlin: Suhrkamp.
Habermas, Jürgen 1990: *Strukturwandel der Öffentlichkeit. Untersuchungen zu einer Kategorie der bürgerlichen Gesellschaft,* Frankfurt am Main: Suhrkamp.〔ユルゲン・ハーバーマス『公共性の構造転換——市民社会の一カテゴリーについての探究』（第2版）、細谷貞雄・山田正行訳、未來社、1994年〕
Hacking, Ian 1999: *Was heißt ›soziale Konstruktion‹? Zur Konjunktur einer Kampfvokabel in den Wissenschaften,* Frankfurt am Main: Fischer.〔イアン・ハッキング『何が社会的に構成されるのか』出口康夫・久米暁訳、岩波書

〔ミシェル・フーコー『性の歴史IV　肉の告白』フレデリック・グロ編、慎改康之訳、新潮社、2020年〕

Frege, Gottlob 1966: »Der Gedanke. Eine logische Untersuchung«, in: ders.: *Logische Untersuchungen,* Göttingen: Vandenhoeck & Ruprecht, S. 30-53.〔「思想——論理探求（I）」野本和幸訳、『フレーゲ著作集』第4巻、勁草書房、1999年〕

—— 1993: *Begriffsschrift und andere Aufsätze,* Hildesheim: Olms.

—— 2007: »Über Sinn und Bedeutung«, in: ders.: *Funktion, Begriff, Bedeutung. Fünf logische Studien,* Göttingen: Vandenhoeck & Ruprecht, S. 23-46.〔「意義と意味について」土屋俊訳、『フレーゲ著作集』第4巻、勁草書房、1999年〕

Freud, Sigmund 1917: »Eine Schwierigkeit der Psychoanalyse«, in: *Imago. Zeitschrift für Anwendung der Psychoanalyse auf die Geisteswissenschaften,* 5: 1-7.〔「精神分析のある難しさ」家高洋訳、『フロイト全集』第16巻、岩波書店、2010年〕

—— 1982: »Die endliche und die unendliche Analyse«, in: ders.: *Schriften zur Behandlungstechnik,* Frankfurt am Main: Fischer, S. 351-392.〔「終わりのある分析と終わりのない分析」渡邉俊之訳、『フロイト全集』第21巻、岩波書店、2011年〕

—— 2010: *Das Unbehagen in der Kultur,* Stuttgart: Reclam.〔『文化の中の居心地悪さ』嶺秀樹・高田珠樹訳、『フロイト全集』第20巻、岩波書店、2011年〕

Gabriel, Markus 2012: »Ist der Gottesbegriff des ontologischen Beweises konsistent?«, in: Buchheim, Thomas, Friedrich Hermanni, Axel Hutter und Christoph Schwöbel (Hrsg.): *Gottesbeweise als Herausforderung für die moderne Vernunft,* Tübingen: Mohr Siebeck, S. 99-119.

—— 2013: *Warum es die Welt nicht gibt,* 8. Auflage, Berlin: Ullstein.〔マルクス・ガブリエル『なぜ世界は存在しないのか』清水一浩訳、講談社（講談社選書メチエ）、2018年〕

—— 2014a: *Die Erkenntnis der Welt. Eine Einführung in die Erkenntnistheorie,* 4. Auflage, Freiburg im Breisgau: Karl Alber.

—— 2014b: *An den Grenzen der Erkenntnistheorie. Die notwendige Endlichkeit des objektiven Wissens als Lektion des Skeptizismus,* 2. Auflage, Freiburg im Breisgau: Karl Alber.

—— 2014c: *Antike und moderne Skepsis zur Einführung,* 2. Auflage, Hamburg: Junius.

—— 2015: *Ich ist nicht Gehirn. Philosophie des Geistes für das 21. Jahrhundert,*

Ellis, George 2016: *How Can Physics Underlie the Mind?: Top-Down Causation in the Human Context*, Berlin: Springer.
Ferraris, Maurizio 2012: *Documentality: Why It Is Necessary to Leave Traces*, New York: Fordham University Press.
—— 2014a: *Manifest des neuen Realismus*, Frankfurt am Main: Vittorio Klostermann.
—— 2014b: »Was ist der Neue Realismus?«, in: Gabriel, Markus (Hrsg.): *Der Neue Realismus*, Berlin: Suhrkamp, S. 52-75.
—— 2017: *L'imbécillité est une chose sérieuse*, Paris: Presses universitaires de France.
Feuerbach, Ludwig 1983: *Grundsätze der Philosophie der Zukunft*, 3. Auflage, Frankfurt am Main: Vittorio Klostermann.〔フォイエルバッハ「将来の哲学の根本命題」、『将来の哲学の根本命題 他二篇』松村一人・和田楽訳、岩波書店（岩波文庫）、1967 年〕
Floridi, Luciano 2010: *Information: A Very Short Introduction*, Oxford: Oxford University Press.〔ルチアーノ・フロリディ『情報の哲学のために——データから情報倫理まで』塩崎亮・河島茂生訳、勁草書房、2021 年〕
—— 2011: *The Philosophy of Information*, Oxford: Oxford University Press.〔ルチアーノ・フロリディ『情報哲学大全』藤末健三訳、サイゾー、2020 年〕
Foucault, Michel 1974: *Die Ordnung der Dinge. Eine Archäologie der Humanwissenschaften*, Frankfurt am Main: Suhrkamp.〔ミシェル・フーコー『言葉と物——人文科学の考古学』渡辺一民・佐々木明訳、新潮社、1974 年〕
—— 1981: *Archäologie des Wissens*, Frankfurt am Main: Suhrkamp.〔ミシェル・フーコー『知の考古学』慎改康之訳、河出書房新社（河出文庫）、2012 年〕
—— 1987: *Sexualität und Wahrheit*, 1: *Der Wille zum Wissen*, Frankfurt am Main: Suhrkamp.〔ミシェル・フーコー『性の歴史Ⅰ　知への意志』渡辺守章訳、新潮社、1986 年〕
—— 1989a: *Sexualität und Wahrheit*, 2: *Der Gebrauch der Lüste*, Frankfurt am Main: Suhrkamp.〔ミシェル・フーコー『性の歴史Ⅱ　快楽の活用』田村俶訳、新潮社、1986 年〕
—— 1989b: *Sexualität und Wahrheit*, 3: *Die Sorge um sich*, Frankfurt am Main: Suhrkamp.〔ミシェル・フーコー『性の歴史Ⅲ　自己への配慮』田村俶訳、新潮社、1987 年〕
—— 2018: *Histoire de la sexualité*, 4: *Les aveux de la chaire*, Paris: Gallimard.

ク『生まれながらのサイボーグ——心・テクノロジー・知能の未来』呉羽真・久木田水生・西尾香苗訳、春秋社（現代哲学への招待）、2015 年〕

—— 2008: *Supersizing the Mind: Embodiment, Action, and Cognitive Extension,* Oxford: Oxford University Press.

—— 2016: *Surfing Uncertainty: Prediction, Action, and the Embodied Mind,* Oxford: Oxford University Press.

Clark, Andy und David Chalmers 1998: »The Extended Mind«, in: *Analysis,* 58 (1): 7-19.

Davidson, Donald 1990: »Was ist eigentlich ein Begriffsschema«, in: ders.: *Wahrheit und Interpretation,* Frankfurt am Main: Suhrkamp, S. 183-203.〔ドナルド・デイヴィドソン「概念枠という考えそのものについて」、『真理と解釈』野本和幸・植木哲也・金子洋之・高橋要訳、勁草書房、1991 年〕

Debord, Guy 1996: *Die Gesellschaft des Spektakels,* Berlin: Edition Tiamat.〔ギー・ドゥボール『スペクタクルの社会』木下誠訳、筑摩書房（ちくま学芸文庫）、2003 年〕

De la Barca, Calderón 2009: *La vida es sueño / Das Leben ist ein Traum,* Stuttgart: Reclam.〔「人生は夢」、『カルデロン演劇集』佐竹謙一訳、名古屋大学出版会、2008 年〕

Descartes, René 2009: *Meditationen über die erste Philosophie. Mit sämtlichen Einwänden und Erwiderungen,* Hamburg: Meiner.〔ルネ・デカルト『省察』山田弘明訳、筑摩書房（ちくま学芸文庫）、2006 年〕

Deutsch, David 2011: *The Beginning of Infinity: Explanations That Transform the World,* London: Penguin.〔デイヴィッド・ドイッチュ『無限の始まり——ひとはなぜ限りない可能性をもつのか』熊谷玲美・田沢恭子・松井信彦訳、インターシフト、2013 年〕

Dresler, Martin 2009: *Künstliche Intelligenz, Bewusstsein und Sprache. Das Gedankenexperiment des »Chinesischen Zimmers«,* Würzburg: Königshausen & Neumann.

Dreyfus, Hubert und Charles Taylor 2016: *Die Wiedergewinnung des Realismus,* Berlin: Suhrkamp.〔ヒューバート・ドレイファス＋チャールズ・テイラー『実在論を立て直す』染谷昌義・植村玄輝・宮原克典訳、法政大学出版局（叢書・ウニベルシタス）、2016 年〕

Dummett, Michael 2008: *Thought and Reality,* Oxford: Oxford University Press.〔マイケル・ダメット『思想と実在』金子洋之訳、春秋社（現代哲学への招待）、2010 年〕

—— 2010: *The Nature and Future of Philosophy,* New York: Columbia University Press.

Block, Ned 1978: »Troubles with functionalism«, in: *Minnesota Studies in the Philosophy of Science,* 9: 261-325.
Boghossian, Paul 2013: *Angst vor der Wahrheit. Ein Plädoyer gegen Relativismus und Konstruktivismus,* Berlin: Suhrkamp.
Borges, Jorge Luis 1992: *Das Aleph,* Frankfurt am Main: Fischer.〔J・L・ボルヘス『アレフ』鼓直訳、岩波書店（岩波文庫）、2017 年〕
Bostrom, Nick 2003: »Are You Living in a Computer Simulation?«, in: *Philosophical Quarterly,* 53 (211): 243-255.
—— 2016: *Superintelligenz. Szenarien einer kommenden Revolution,* Berlin: Suhrkamp.〔ニック・ボストロム『スーパーインテリジェンス——超絶 AI と人類の命運』倉骨彰訳、日本経済新聞出版社、2017 年〕
Bostrom, Nick und Eliezer Yudkowsky 2014: »The Ethics of Artificial Intelligence«, in: Frankish, Keith und William M. Ramsey (Hrsg.): *The Cambridge Handbook of Artificial Intelligence,* Cambridge: Cambridge University Press, S. 316-334.
Bostrom, Nick und Marcin Kulczycki 2011: »A Patch for the Simulation Argument«, in: *Analysis,* 71 (1): 54-61.
Brandom, Robert 2004: *Begründen und Begreifen. Eine Einführung in den Inferentialismus,* Frankfurt am Main: Suhrkamp.
Bromand, Joachim und Guido Kreis (Hrsg.) 2011: *Gottesbeweise. Von Anselm bis Gödel,* Berlin: Suhrkamp.
Buchheim, Thomas (Hrsg.) 2016: *Neutraler Realismus. Jahrbuch-Kontroversen,* 2, Freiburg im Breisgau: Karl Alber.
Burge, Tyler 2011: »Self and Self-Understanding«, in: *The Journal of Philosophy,* 108 (6/7): 287-383.
Chalmers, David J. 1996: *The Conscious Mind: In Search of a Fundamental Theory,* New York: Oxford University Press.〔デイヴィッド・J・チャーマーズ『意識する心——脳と精神の根本理論を求めて』林一訳、白揚社、2001 年〕
Cixin, Liu 2016: *Die drei Sonnen* (*Trisolaris*-Trilogie, Band 1), München: Heyne.〔劉慈欣『三体』立原透耶監修、大森望＋光吉さくら＋ワン・チャイ訳、早川書房、2019 年〕
—— 2018: *Der dunkle Wald* (*Trisolaris*-Trilogie, Band 2), München: Heyne.〔劉慈欣『三体 II　黒暗森林』（全 2 巻）、大森望・立原透耶・上原かおり・泊功訳、早川書房、2020 年〕
Clark, Andy 2004: *Natural-Born Cyborgs: Minds, Technologies, and the Future of Human Intelligence,* Oxford: Oxford University Press.〔アンディ・クラー

文献一覧

Adorno, Theodor W. 1973: *Negative Dialektik,* in: ders.: *Gesammelte Schriften,* Band 6, Frankfurt am Main: Suhrkamp.〔テオドール・W・アドルノ『否定弁証法』木田元・徳永恂・渡辺祐邦・三島憲一・須田朗・宮武昭訳、作品社、1996 年〕

—— 1990: *Zur Metakritik der Erkenntnistheorie. Studien über Husserl und die phänomenologischen Antinomien,* Frankfurt am Main: Suhrkamp.〔テオドーア・W・アドルノ『認識論のメタクリティーク——フッサールと現象学的アンチノミーにかんする諸研究』古賀徹・細見和之訳、法政大学出版局（叢書・ウニベルシタス）、1995 年〕

Anders, Günther 2002: *Die Antiquiertheit des Menschen,* Band 1: *Über die Seele im Zeitalter der zweiten industriellen Revolution,* München: C. H. Beck.〔ギュンター・アンダース『時代おくれの人間』上「第二次産業革命時代における人間の魂」青木隆嘉訳、法政大学出版局（叢書・ウニベルシタス）、1994 年〕

Aristoteles 1970: *Metaphysik. Schriften zur Ersten Philosophie,* Stuttgart: Reclam.〔アリストテレス『形而上学』岩崎勉訳、講談社（講談社学術文庫）、1994 年〕

—— 1987: *Physik. Vorlesung über Natur,* Erster Halbband: *Bücher I (A)-IV(Δ),* Hamburg: Meiner.〔『自然学』内山勝利訳、『アリストテレス全集』第 4 巻、岩波書店、2017 年〕

—— 2011: *Über die Seele,* Stuttgart: Reclam.〔『魂について』中畑正志訳、『アリストテレス全集』第 7 巻、岩波書店、2014 年〕

Baudrillard, Jean 1981: *Simulacres et simulation,* Paris: Galilée.〔ジャン・ボードリヤール『シミュラークルとシミュレーション』竹原あき子訳、法政大学出版局（叢書・ウニベルシタス）、1984 年〕

—— 2004: *Amerika,* Berlin: Matthes & Seitz.〔ジャン・ボードリヤール『アメリカ——砂漠よ永遠に』田中正人訳、法政大学出版局（叢書・ウニベルシタス）、1988 年〕

Beierwaltes, Werner 2014: *Platonismus im Christentum,* 3., erweiterte Auflage, Frankfurt am Main: Vittorio Klostermann.

Benoist, Jocelyn 2017: *L'adresse du réel,* Paris: Vrin.

Die Bibel, nach Martin Luthers Übersetzung, Stuttgart: Deutsche Bibelgesellschaft, 2017.

スパートナーや人生の一時期のパートナー、スマートフォンなどの）物品の山と、それらを（化石燃料の燃焼、豪奢な贅沢、星付きレストランでの散財などのように）享楽的に処分することにある、という倫理的解釈も意味する。

有意味な思想（Sinnvoller Gedanke） 必然的に真でも必然的に偽でもない考え。

ユニウェア（ゲルニッツ＋ゲルニッツ）（Uniware (Görnitz / Görnitz)） 生き物は、ソフトウェアとハードウェアが一つになったもの、つまりユニウェアである。

夢仮説（Traumhypothese） 私たちはいかなる時でも、自分が目覚めているか夢を見ているかを確実さをもって言うことはできない、とする仮説。

夢論証（Traumargumente） 私たちは自分が目覚めているか夢を見ているかを知ることができないということを証明することになっている論証。この論証は、目覚めている状態における現象と夢を見ている状態における現象は区別できない、ということを常に前提とする。

［ラ］

離散的な区別（Diskrete Unterschiede） あるものを明確に区切られた領域へと選別する。

倫理学（Ethik） よい生き方とはどんなものかについても考える、哲学の一分野。その際、倫理学は禁止される行為、必要な行為、許される行為を区別し、それらの行為のあいだにある論理的関係を構築する。

連続的な区別（Kontinuierliche Unterschiede） 内包的な区別。例えば、二冊の本のカバーは、別のものであっても一つの内包的な赤でありうる。私たちの赤の体験は連続的である。赤にはさまざまな度合いと明度がある。一つの音がやかましかったり静かだったりすることがあるのと同じである。でも、だからといって二つの明確な分類（やかましい音と静かな音）があるわけではない。

論理 →論理学

論理学／論理（Logik） 思考の法則と取り組むが、それは、この法則の本質が考えを把握することにある場合だけである。論理は、そのようにして考えと考えの関係を定める。

［ワ］

私たちの生を取り巻く志向的でない環境（Nicht-intentionale Umgebung unseres Lebens） 誰もそうなるように前もって計画しなかったのにそうなっている事実。

原則が真理とみなされることだと理解し、命題の真理はどの点にあるのかを確定する真理理論の一つ。

無意味な思想（Sinnloser Gedanke）　トートロジー〔反復〕か矛盾である考え。

矛盾（Kontradiktionen）　必然的に偽である考え。

無矛盾性（Konsistent）　一つの思想体系（一つの理論）は、その中に明確な矛盾がなく、そこから脇道に逸れる可能性もないなら、一貫性がある。

命題（Aussagen）　私たちが、そこ〔文〕に述べられていることをもって、事実に即している何かを確認することを要求する文。

メイヤスーの思弁的実在論（Meillassoux' Spekulativer Realismus）　現実はどの瞬間にも、それまで私たちに見せていた姿からラディカルに変化しうる、と想定する。

メタ認知（Metakognition）　哲学では伝統的に自己意識、つまり意識の意識を指す。

メタファー　→隠喩

モデル（Modell）　現実の状況を単純化して描いたもの。

モデルのいやらしい無限後退（Fieser Modellregress）　もし現実のものについての何かをモデル‐モデルでしか知ることができないとしたら、このことはモデル‐モデルについてもあてはまる。すると、私たちはモデル‐モデル‐モデル……をもつ羽目になる。この悪質な無限後退を防ごうとするなら、残された手は、どこかで当て推量をすることだけだ。

物（Ding）　メゾスコピック〔微視的領域と巨視的領域の中間〕ないしはマクロスコピック〔巨視的〕な、時間的・空間的に広がる対象。物とは、私たちが神経の末端を介して接触する、まさにその対象のこと。これらの対象は、世間一般的な意味において、私たちが物を知覚する原因である。

問題（Problem）　行為者が特定の目標、つまり解決に達するために解こうとする課題のこと。

［ヤ］

役柄（Person）　自分は他人にとっていかなる者でありたいのかを元に作り上げるイメージのこと。

役柄であること／役柄性（Personalität）　社会の競争で戦略的地位を勝ち取り、あるいは、それらを維持するために状況ごとに変化する役割を巧妙に演じること。

役柄設定マシン（Personalisierungsmaschinen）　それを手段とすることで自己演出を行い、商品化するシステム。

唯物論（Materialismus）　存在するものはすべて物質から成り立つ、という学説。同時に、私たち人間の生の意味〔Sinn〕が、結局は（自動車、家、セックすべて、つまるところローカルで個別的な事実が織りなす巨大なモザイクだということになる。単純に小さなものが一つ、また別のものが一つ、といった具合である」ということを述べる(デイヴィッド・ルイス)。

広い意味での情報(Weiter Begriff der Information) 広義の意味に従うなら、情報は「イエス」か「ノー」で答えられる問いがあるところなら、どこにでも存在する。

不鮮明性(ないしは曖昧性)(Unschärfe (beziehungsweise Vagheit)) 私たちの自然言語は形式的体系ではない。ほとんどの、おそらくはすべての表現の意味は厳密に定義されていない。これを言語哲学では、不鮮明性と呼ぶ。

古い実在論(Alter Realismus) 現実は物から成り立ち、物への視点は含まない、とする主張。現実=目撃者のいない世界。

フレーゲの思考理論(Freges Denktheorie) 思考とは、一つの思想を捉えることである。

プログラム(Programm)(古代ギリシア語の *pro*「前もって」+ *graphein*「書く」より)字義どおり訳せば、前もって書いたもの。そこから転じて規則/指示のこと。追体験して理解できるステップを踏めば実行できる行動指示は、いかなるものでもプログラムである。

文明(Zivilisation) ゲームのルールを言葉で明確に表現することによって人間が共同生活を営む構造。

ヘーゲルの二重命題(Hegels Doppelsatz)「理性的なものは現実的であり、現実的なものは理性的である」。

ボードリヤールのシミュレーションテーゼ(Baudrillards Simulationsthese) グローバリゼーションとは、自分で自分を生み出す空疎な記号システムによって促進されるプロセスである。

ホーリズム/全体論(Holismus)(古代ギリシア語 *holon*「全体」より)この理論は宇宙のすべての出来事と構造を宇宙の総合構造に還元する。この理論は還元主義とは対立する。還元主義はふつう、あらゆる複雑構造を単純構造の相互作用を通して説明しようとする。すると、完璧に還元主義的な理論という理想が実現された場合、宇宙の最小構成要素に行き着くそうだ。

本書の第一主テーゼ(Erste Hauptthese des Buchs) 人間が考えるということは一つの感覚〔Sinn〕であり、今日、私たち人間のような生き物の感覚系として知られている聴覚、触覚、味覚、平衡感覚などと同様である。

本書の第二主テーゼ(Zweite Hauptthese des Buchs)「生物学的外在主義」を参照。

[マ]

ミニマリズム(Minimalismus) 命題の真理とは、若干の簡単にあとづけできる

認識論（Erkenntnistheorie） 哲学の一分野。特に（人間の）認識とは何か、その活動範囲はどのくらい厳密に定めることができるか、という問題と取り組む。私たちは何を知ることが、あるいは認識することができるのだろうか。

認知的浸透（Kognitive Durchdringung (cognitive penetration)） 複数の感覚モダリティが相互に影響を及ぼし合うこと（例えば、飛行機が離陸するとき、視線の方向は変えていないのに、上を見上げるような印象をもつ。これは平衡感覚が貫通するためである）。

ヌースコープテーゼ／思考鏡テーゼ（Nooskopthese） 考えるということは一つの感覚であり、それを用いることで私たちは無限を探究し、数学でも表現できる。

［ハ］

排除（ジュリオ・トノーニ）（Exklusion (Giulio Tononi)） 意識は完全に明確なあり方で限定的である。意識は、そのつど、そうあるがままに存在し、それ以上でも、それ以下でもない。

媒体（Medium） 情報をあるコードから別のコードに書き換えるインターフェース。

汎心論（Panpsychismus） 存在するすべてのものに一種の精神が宿っている、という推定。

汎用型 AI（Universelle K. I.） 適切なタイミングで一つの知的活動を異なるどんな知的活動にも置き換えることができる人工知性。

非思想（Nichtgedanken） それ自体は思想ではない思考の対象。

ヒト（Menschentier） 進化によって生まれた生物種。ヒトはもう長いあいだ変化していない。私たちは古人類学で究明された私たちの祖先の多くと、いまだに同じ種である。

ひねくれた実現の問題（Problem der schrägen Realisierungen） すぐにイメージできることのすべてが、イメージできるからといって現実に可能なわけではない。

非唯物論（Immaterialismus） 考えるとは考えられたものをつかむことだ。思想は、脳の状態でもなければ、物理的に計測できる何らかの形の情報処理でもない。にもかかわらず、人間は、生きていて、一定の脳の状態にある、もっと一般的に言えば、一定の身体的状態にあるのでなければ、思想をもつことができない。

ヒューマニズム（Humanismus） 人間は自分のあらゆる活動においてみずから〔の本性〕を反映させているという発見。私たちのなすことは——私たちが気づいていてもいなくても——私たちが何者であるかを映し出す鏡である。

ヒューム的付随性（Humesche Supervenienz） 「世界に関して意味のあるものは

ち、それ自体と——同一であるのかを確定させる規則を正しく配置したもの。

投影テーゼ（Projektionsthese）　私たちは、私たちが付与しなかったならもたなかったであろう意味を現実に付与する。

統合（ジュリオ・トノーニ）（Integration (Giulio Tononi)）　どの意識的経験も、簡単にその経験の部分には還元できない構造をもつ、ということ。

統合情報理論（Theorie der integrierten Information）　ジュリオ・トノーニによって提唱された意識の理論。この理論によると、意識は部分に分解できない高度に統一された現象で、同時に高い情報密度をもつ。

統合問題（Bindungsproblem）　私たちは意識の中で孤立した質（例えば、色、音、形）を体験しているのではなく、むしろ統合された体験をしている。私たちの脳とさまざまな感覚モダリティの具体的関連については、まだ説明されていない。

独我論（Solipsismus）　そのつどの自分の意識だけがあり、それ以外のものは意識の内容として理解される、という推定。

どこでもないところからの眺め（Blick von Nirgendwo）　客観性の本質は私たちが完全に中立な立場をとることにある、とする推定。どこでもないところからの眺めは、本物の客観性が完全に無主観的であることを前提とする。

トートロジー（Tautologien）　必然的に真である考え。

トノーニの公理（Tononis Axiome）　トノーニは、内在的存在、構成、情報、統合、排除という五つの公理を定めている。

トランスヒューマニズム（Transhumanismus）　超人というフリードリヒ・ニーチェの空想の産物をテクノロジーの進歩で実現しようとする試み。

［ナ］

内在的存在（ジュリオ・トノーニ）（Intrinsische Existenz (Giulio Tononi)）　その本質は、何かが自分が存在していることを自分で知る、ということにある。

人間学（Anthropologie）　人間は他の生き物や宇宙の無機質領域と具体的にどう違うのか、という問題と取り組む学問分野。

人間学的構築主義（Anthropologischer Konstruktivismus）　人間は自分で自分を生み出したのであり、私たちについての真理で、この自己創出と無縁のものはない。

人間像（Menschenbild）　私たちが、自分は何者であるかということから、それぞれに描き出すイメージのことで、そこから一人一人が自分は何者であるべきかの指示を導き出す。

認識可能性の原則（Prinzip der Erkennbarkeit）　宇宙は少なくとも私たちが科学的に正しく把握できる程度には認識可能である、ということ。

済みの概念とその他の登録済みの項目（高等霊長類としての私たちにそなわっている感覚生理学的能力がこれに数えられる）のおかげで、いくつかのものに関しては常に他との区別においてのみ知覚する、とする推定。

知覚の因果説（Kausale Theorie der Wahrnehmung） 私たちの意識ないしは身体表面の外側にある外界には、私たちの感覚器官を刺激する物が存在する。この感覚刺激は、有機体の内部で加工され、脳内での情報処理のおかげで印象へと形を変える。

知性／知能（Intelligenz） 考える能力。

知性に関する語彙（Noetisches Vokabular）（ギリシア語の *noein*「考える」より） 一つの言語ないしは一人の発話者の思考語は、ともに語彙を作る。

知能 →知性

中国語の部屋（Chinesisches Zimmer (Chinese room argument)） 思考実験の一つ。コンピューターには何かを理解することができず、したがって考える能力がないのだから、いかなるコンピューターであっても情報を知性的な方法で処理することはできない、ということを証明しようとするもの。

抽象化（Abstraktion） 数々の実例を基にして一般的な規則を捉えること。

中立的実在論（Neutraler Realismus） 現実は全体として人間にとって認識可能なものでもなければ、原理的に人間の認識から引き離されたものでもない、というテーゼ。

チューリングマシン（Turingmaschine） 本来「コンピューター」は「計算する誰か」、特に人間を意味していた。チューリング以降、この呼び名が一定の属性を人間と共有する機械に用いられるようになった。チューリングは、このような機械を描写し、それによって情報科学の基礎を築いた。

超過激な構築主義（Superradikaler Konstruktivismus） 現実自体は物理学や自然科学が束になって描写するような姿ではない、なぜなら現実でさえ人間の精神、人間の脳、あるいは——時々見かけるが——（学問という）特定の社会体系が構築したものなのだから、と主張する。

強いAI（Starke K. I.） 人間の知性と区別できないような人工知性を開発できる、という想定。

停止性問題（Halteproblem） どんなプログラムも、決して無限ループに陥らないよう永遠に手配してくれるプログラムを書くことは不可能である。

デカルトのコギト（Cartesisches Cogito）「われ思う、ゆえにわれあり」。

テクノロジー（Technologie） 技術を用いた人工物の生産に対する一つの考え方／態度。

デジタル化（Digitalisierung） 19世紀後期から20世紀にかけての論理的洞察を、新たに開発されたテクノロジーをベースに実現すること。

同一性条件（Individuationsbedingung） そもそも、いつ何かが何かと——すなわは、もう二、三のことができる程度の――最低限の教育を受けるや否や、その中で活動を始める。

精神（Geist） 人間とは何者なのか、という観念に照らし合わせて人生を送る能力。

生物学的外在主義（Biologischer Externalismus） 私たちが自分の思考上の出来事を描写し、把握するのに用いる手段である言葉は、生物的な部分をもつものと本質的に関連がある、というテーゼ。

生物学的自然主義（Biologischer Naturalismus） （人間の）すべての意識状態を神経伝達プロセスと同定すること。

世界像（Weltbild） 存在するすべてのものが存在するすべてのものとどのように関連しているかについての解釈。

接触説（Kontakttheorie） ヒューバート・ドレイファスとチャールズ・テイラーが、その著書『実在論を立て直す』で導入。私たちは知覚の助けを借りて見知らぬ外界に接近する必要はなく、知覚のおかげで、もうすでに現実と接触している、とする。

選言命題（Disjunktion） 何か、または別の何かが事実に即している、という形の命題。

全体論 →ホーリズム

属性／性質（Eigenschaft） あるものが別のあるものと区別されるとき、その原因となる何か。

ソーマ‐セーマテーゼ（プラトン）（Sôma-sêma-These (Platon)） （古代ギリシア語で *sôma* は肉体、*sêma* は墓）プラトンによると、私たちの肉体は魂の牢獄ないしは墓である。

存在汎化（Existenzgeneralisierung） 例えば、ある対象 a が E という属性をもつなら、E という属性をもつ何かが存在する、という一つの論理法則。

［タ］

第一の人間学的主テーゼ（Erster anthropologischer Hauptsatz） 人間とは動物であろうとしない動物である。

第二の人間学的主テーゼ（Zweiter anthropologischer Hauptsatz） 人間は精神をもった自由な生き物である。

多重実現可能性（Multiple Realisierbarkeit） ある制御システムは、さまざまなハードウェアにインストールできるなら、多重に実現可能である。

単純なモデル‐モデル（Einfaches Modell-Modell） モデルのモデル。このモデルは常に二つの部分――モデルと、それらのモデルが単純化する現実のもの――に分解できる。

知覚選択主義（Wahrnehmungsselektionismus） 私たちは自分のもっている獲得

集-立（Ge-Stell） 現実は総じて予測可能であり、私たちの目的のために自由に利用できるようになっている。したがって、私たちは存在するあらゆるものを人間が自由に使えるようにすべきである、というイメージ。

主観（Subjekt） 精神をもった個々の生き物。

主観性／主体性（Subjektivität） これの本質は、私たちがどのように思い違いをするか、その仕方にある。

主観と客観の分裂（Subjekt-Objekt-Spaltung） 考える主体としての私たちが自分たちにはなじまない現実と向き合っている、という誤った解釈のこと。これは、一方に主観から独立した現実（客観あるいは客観的なもの）があり、もう一方にはその現実のほうを向く主観がある、という想定から生じる。

主体性 →主観性

純粋な思考（Reines Denken） その本質は、思考の活動がみずからをそのようなものとして把握することにある。

象徴的秩序（Symbolische Ordnung） 私たちが社会の機能の仕方から全体として抱くイメージを公共的に演出したもの。

情報（Information） 意識的経験はどれも他のいかなる意識的経験とも異なる、という状況。意識的経験は、高度に個人的なものとして、私や他の誰かがいつかするであろう他の経験のどれとも異なる。

情報圏 →インフォスフィア

シンギュラリティ／技術的特異点（Singularität） 人工知能が私たち抜きでも勝手に進化していけるほど発達した時点。

真理性の論証（Wahrheitsargument） 真理性の論証は、私たちは自分が本当だと考えることを文で表現できる、と認めることを出発点とする。

真理適合性（Wahrheitsfähigkeit） 考えは、それが真であるかもしれないが、偽であるかもしれないとき、真理適合的である。ある考えが真理適合的である場合、その考えは何かを扱っている。意味のある考えが扱っているものが対象である。その考えがその何かをどのように扱っているかが、その考えの内容である。

真理の透明性（Alethische Transparenz） （ギリシア語の *alêtheia*「真理」より）何かが真であると述べることは、ある主張を強調するにすぎず、その主張を変えてしまったりはしない。したがって、「雨が降っているのは本当だ」という命題は、結局のところ「雨が降っている」と同じことを述べている。

神話（Mythologie） 私たち人間がそれぞれの歴史的・社会経済的な状況の総合的なイメージを描くのに用いる物語の構造。

生活世界（Lebenswelt） 私たちを取り巻く物、人、文化環境について私たちが日常的にもっている理解のことで、私たちは、ただちに車に轢かれて死なずに済み、いずれは自分で食べていけるようになる程度の――場合によっての人が知覚したとおりの状態だと推測される。物が本当はどのようにそこに存在しているのかを認識できる、いかなる事態においても、私たちは思い違いをすることがある。

指示の魔術理論（Magische Theorie der Bezugnahme）　人は自分の知らない何かに対して精神的に関係づけをすることができる、という推定。だから、ウィンストン・チャーチルが何者か知らないアリが砂の上を歩きまわって偶然引いた線がチャーチルの諷刺画だということになる（ヒラリー・パトナムが挙げている例の一つ）。

自然主義（Naturalismus）　その標準理論では、人間と人間の考えについて、私たちは自然科学で完全に描写可能であり、したがって厳密に言えば模造可能である、とする主張。

思想（Gedanke）　真か偽である何か。

実在論（Realismus）　私たちが自分たちの考えを現実の事態に適合させなければならないことを、現実を示す決定的なメルクマールとして見る理論。

実存主義（Existenzialismus）　人間の生には外部から定められた絶対的な意味〔Sinn〕はなく、自分たちがそこに居合わせるという文脈の中でのみ、私たちは生に意味を与えている、と推定する。

私的言語論（Privatsprachenargument）　正しくない言葉の使用ができて初めて、どのような言葉であれ正しく使うことができる。

シミュレーション（Simulation）（ラテン語の動詞 *simulare*「そっくりにする」に由来する *simulatio* より）一つの別の現実に似せた、見せかけの現実のこと。

シミュレーション仮説（Simulationshypothese）　私たちの生きている現実は実はシミュレーションであると思い描く仮説。シミュレーション仮説が誤りであることを示せたら、それによってシミュレーション論証は否定される。

シミュレーション論証（ニック・ボストロム）（Simulationsargument (Nick Bostrom)）　私たちがシミュレーションの中にいると信じることは合理的であるという意味において、私たちがシミュレーションの中で生きていることには蓋然性がある、というテーゼを証明しようとする試み。

社会構築主義（Sozialkonstruktivismus）　社会はそれ自体、実は現実のものではなく、慣行を変えることで基本的にいつでも変容させることができる一種の仮面劇であるという意味において一つの社会構成概念である、という考え方。

社会存在論（Sozialontologie）　哲学の一分野で、対象や事実の中に「社会的」とみなされるものがあるのはなぜか、という問いと取り組む。

宗教的原理主義（Religiöser Fundamentalismus）　物質的 - エネルギー的構造を、神が私たちの魂を試すために仕組んだ感覚的仮象にすぎないものと捉える。

集合（Menge）　そこにあり、ひとまとめにされる対象の山。

事柄（Sache） 思想の一部である概念が取り扱っているもの。
言葉のラベル（Wortetikett） 「表現／言葉」とは異なり、私たちが話の中で用いる音の連なり、あるいは文字の連なりで、意味を表現する以外の働きもある（例えば、美しさを感じさせること）。
コンピューター（Computer） 私たちによって作られ、その状態の変化がプログラムによって制御される一つのシステム。

［サ］

最善の説明を導く推論（Schluss auf die beste Erklärung） 手許のデータに基づいて、どの原因あるいは原因の連鎖が最も確からしいかを決定すること。
サイバネティクス（Kybernetik） サイバネティクスの基本的な考え方は、多くの事象は自分自身を制御する閉鎖系のシステムがデザインできるコントロールプロセスとして記述できる、というもの。
色彩構築主義（Farbkonstruktivismus） 色は現実には存在せず、むしろ私たちが脳のプロセスなどによって生み出している、と信じる。
自己意識（Selbstbewusstsein） 意識の意識。
思考鏡テーゼ →ヌースコープテーゼ
思考語（Denkwörter） 思考語には「考える」の他に、知性、理解力、賢さ、思う、思い悩む、推測する、などの語が属する。これらの語は、考えの内容を把握するプロセスを示している。
志向性（Intentionalität） （ラテン語の *intendere*「方向づける、まっすぐにする、誘導する」より）心の状態が、それ自身は必ずしも心の状態ではない何かのほうを向くこと。
志向性貸与テーゼ（ジョン・サール）（These der geliehenen Intentionalität (John Searle)） 考えと文が（ということは、テキストとコンピュータープログラムも）何かを扱うのは、私たちがそれらに志向性——現実のものに意識の状態を向けること——を貸し与えるからにすぎない。
思考の疎外理論（Entfremdungstheorie des Denkens） 私たちの思考プロセスはすべて、私たちの体内の無意識的なプロセスが幼少期に——遺伝的にか、運動感覚神経細胞のシナプス結合によってか——ともかく何らかの仕方で固定された無意識のデフォルト設定とともに進行することによって決定される、と主張する理論。
自己中心性指標（タイラー・バージ）（Ego-zentrischer Index (Tyler Burge)） ある生き物の自己中心性指標とは、まわりの環境がその生き物にどう現れているか、そのあり方のこと。
指示（Referenz） 言語的関係づけのこと。
事実性（Faktivität） 誰かが何かを知覚すると、その結果として、その何かはそ

ンスセクシュアルの人であれ、すべての人間をあらゆる意味で人間とみなすことにいっさいの疑念を残さない理解をする――に基づく。

原 - 原因（URSACHE）　あらゆる原因の原因。

言語論的転回（Linguistische Wende）　現実のものを探究することから、現実のものを探究するために私たちが用いる言語という道具を探究することへの転換。

現実（Wirklichkeit）　対象と、その対象について私たちがもつ見解と対象そのものが合致しないために、私たちが思い違いをするかもしれない、という事実がある状況のこと。現実のものは、現実についての私たちの見解を訂正する。

現実のもの（Wirkliches）　それについて私たちが思い違いをすることがありうる、まさにそのもの。なぜなら、私たちが思い違いをしないためには〔現実のものについて〕どう考えをめぐらせればよいのかを、現実のものは、たいていの場合、私たちに簡単には伝えてくれないからだ。

現実のものの異種性（Die Heterogenität des Wirklichen）（古代ギリシア語の *heteros*「異なる／多様な」、*genos*「類」より）現実のものは多様なあり方をしている。

現象（Phänomen）　まったく媒介されることなく、フィルターにかけられることもなく現れるように私たちには思えるもの。

現象的意識（Phänomenales Bewusstsein）　その時々の心的状態、私たちの有機体の背景ノイズ。これにはさまざまな要素が関わっていて、世間で言うところの、いわゆる第二の脳――腸管神経系――も含まれている。

原子論（Atomismus）　存在するすべての物は最小の粒子で構成されており、粒子と粒子のあいだには（せいぜい）純然たる空虚があるのみだとする学説で、これによって、たった一つの物質の塊が存在するのではない理由が説明されるそうだ。

語（Wort）　一文字ずつ綴ることができ、他の言語に翻訳できるもの。

幸運　→幸福

高次元の意識（Höherstufiges Bewusstsein）　意識の意識。

構成（ジュリオ・トノーニ）（Komposition (Giulio Tononi)）　この本質は、私たちの意識的経験には構造がある、ということにある。

幸福／幸運（Glück）　うまくいっている人生につけられた名前だが、カタログに記載されるような普遍的なスタンダードがあるわけではない。

個人であること／個人性（Individualität）　私たちの誰もが、余人をもって代え難いその人自身である、という純然たる事情から生じる。

GOTT（GOTT）　あらゆるプログラムに対して、それが最終的に停止するか否かを探りあてることができるプログラム。

感じる生き物と、（蛇、水虫、昆虫など）私たちには重要でないか、おぞましく思われる生き物に分けることも、その一部である。

基体からの独立性（Substratunabhängigkeit） 物がもつ一つの同一機能は、それぞれにまったく異なる物質的基盤――すなわち、さまざまな基体――をもつ物で補うことができる、という想定のことだと解釈されている。

機能主義（Funktionalismus） 人間の知性とは特定の問題を解く目的でデータ処理を行うための制御システムである、というテーゼ。この制御システムは生物的ハードウェアで現実化される必要はない。

機能主義の主要な問題（Hauptproblem des Funktionalismus） 人間が考えるとはどういうことかを述べていないこと。

基盤現実（Basiswirklichkeit） それ自体はシミュレーションではなく、生き物の意図によって生み出されたものでもない何か。

客体次元の意識（Objektstufiges Bewusstsein） 身のまわりの何か、あるいは私たちの生体内の何かについての意識。

客体次元の現実（Objektstufige Wirklichkeit） それ自体では命題を扱っていない命題が扱っている、まさにそのこと／もの。

客体性 →客観性

客観性／客体性（Objektivität） 自分は思い違いをするかもしれないし正しいかもしれない、ということをその本質とする態度の指標。

客観性コントラスト（Objektivitätskontrast） 一つの考えは私たちの評価とは無関係に真であり偽である、という考えの指標。この指標は真理と、真とみなすことを厳しく区別する。

きわめて一般的な事実命題（Sehr allgemeiner Tatsachensatz (S. A. T. S.)） いつの時点であれ、それが真理であることを誰も確認または否定できない思想は無限に多く存在する。

偶然性（Kontingenz） 別様でありうること。

クオーレ（複数形：クオリア）（Quale (Plural: Qualia)） 個々の質的な体験。

具体化（Konkretion） ある法則や理論的連関を説明するのに適当な実例を見つけるプロセス。

経験主義（Empirismus） 現実について私たちが知りうることはすべて、私たちの感覚〔Sinn〕が私たちにもたらすデータを解釈した結果である、というテーゼ。

形而上学（Metaphysik） 一つの現実世界（実在）、見かけ〔仮象〕、人間が陥るとされている錯覚を区別する、すべてを包括する現実の理論。

啓蒙的ヒューマニズム（Aufgeklärter Humanismus） 本書で作り上げた人間像――人間という概念について、外国人であれ、自国人であれ、友人であれ、隣人であれ、女であれ、子供であれ、男であれ、昏睡状態の人であれ、トラ

概念（Begriff）さらに別の考えに用いるために私たちが一つの考えから引き離すことができる何か。

学習（Lernen）古い問題を解決するために新たな問題を体系的に導入すること。

拡張した心のテーゼ（Die These vom erweiterten Geist (extended mind)）私たちの心理的・精神的現実はとうの昔に肉体に限定されなくなっており、私たちの作り出した思考装置の中にまで拡張している、ということを述べる。

学問的な過激な構築主義（Radikaler wissenschaftlicher Konstruktivismus）実際には色や幾何学的な形は存在せず、物理学が外界の対象について教えてくれるものしか存在しない、と述べる。現実に丸いものは存在しないし、赤いものの代わりに、私たちには赤として現れる波長のスペクトルが存在するにすぎない、と主張する。

過激な懐疑主義（Radikaler Skeptizismus）私たちはまったく何も知ることができない、とする想定。

過激な知覚構築主義（Radikaler Wahrnehmungskonstruktivismus）この理論は、私たちがもっている概念は知覚を変えるだけでなく、知覚されたもの自体にも関わる、と主張する。

価値の整合性（Wertausrichtung (value alignment)）プログラムや行為者が追求する上位の目標の体系。

カテゴリー（Kategorie）それなしには他の概念を作ることができない、一つの概念。

考えられたものの対象（Gegenstand eines Gedankens）ある思想がテーマとして取り扱うもの。

考えられたものの内容（Inhalt eines Gedankens）思想がどのように自分の対象を取り扱うか、そのあり方。

感覚モダリティ（Sinnesmodalität）意識の間隙を越えて再認識できる対象と接触することだが、間違えることがよくある。

観念論の主たる考え方（Hauptidee des Idealismus）あるものが現実的に存在しているのは、それが情報を示す時、すなわち、それが何らかのシステムにとって原理的に解釈可能な時のみである。

完璧なシミュレーション（Perfekte Simulation）もはや現実と区別できないシミュレーション。

技術（Technik）自然には存在しなかった物を作り出す観念〔アイデア〕を実現すること。

技術的特異点　→シンギュラリティ

擬人観（Anthropomorphismus）一般に人間の仕組みを人間ではないものの領域に誤って投影することだが、動物界を（家畜やシマウマなど）私たちが身近に

意味論的原子（Semantische Atome）　それ以上分解できない単純な意味成分。
意味論的ホーリズム（Semantischer Holismus）　ある概念を用いることができるのは、その概念と論理的連関をもつ多くの概念を用いることができる時だけである、と述べる理論。
意味を欠いた対象（Sinnlose Gegenstände）　いかなる媒体にも現れず、いかなる意味〔Sinn〕においても情報の担い手ではない対象。
いわゆる人工知性／人工知能（AI）と人間知性（HI）の関係についての基本命題（Hauptsatz über das Verhältnis von sogenannter künstlicher Intelligenz (K.I.) und menschlicher Intelligenz (M.I.)）　AI と HI の関係は、地図と領土の関係と同じだということ。AI は考えるものではなく、思考モデル〔考えるモデル〕である。
因果性（Kausalität）　原因－結果の関係を意味する専門用語。
インフォーグ（Inforg）　デジタル情報だけで成り立つサイボーグ。
インフォスフィア／情報圏（ルチアーノ・フロリディ）（Die Infosphäre (Luciano Floridi)）　私たちのデジタル環境。
隠喩／メタファー（Metapher）（古代ギリシア語の *metaphérein*「別のところに移す」より）一つの陳述形式を他の形式に移し替えること。
ウェットウェア（Wetware）　私たちの神経系の湿った物質。
宇宙（Universum）　物理学の対象領域。
AAI テーゼ（K. K. I.-These）　私たち自身の知性は一つの人工知性 AI である一方、ふつう AI と呼ばれているシステムは私たち自身の知性を模した人工物である。AAI は思考のモデルではあるが、思考のコピーではない。
大雑把な唯物論（Grober Materialismus）　現実は物質的－エネルギー的構造からのみ成り立つ。
お粗末な還元主義（Schlechter Reduktionismus）　この理論は一つの思考のやり方を別のやり方に還元するが、その際、本質的なものを省略するため、分別をもって考えられないような視点に導く。
穏健な知覚構築主義（Bescheidener Wahrnehmungskonstruktivismus）　私たちの概念が私たちの知覚を変えてしまう。

［カ］

懐疑的論証（Skeptisches Argument）　私たちは特定のことを原理的に知ることができない、ということを証明することになっている論証。
外在主義（Externalismus）　ある種の表現は、言語能力のある発話者が、自分が表現媒体の中で取り扱っている何かの正確な状態を知らなくても、その何かと関連づけられる、という推定。
解釈学（Hermeneutik）　理解についての理論。

語彙集

［ア］

曖昧性　→不鮮明性

新しい実在論（Neuer Realismus）⑴対象と事実はあるがままに把握でき、⑵対象と事実が存在する意味の場は無数にある、とする主張。

アドルノの仲介宣言（Adornos Vermittlungsspruch）「ごくわずかではあるが、主体と客体という両極のように、仲介は具象化される。仲介は、この状況においてのみ有効だ。仲介は、仲介されたものを通して仲介される」。

アニミズム（Animismus）自然にはすべて魂が宿っている、とする信仰。今日、この信仰は汎心論とも呼ばれる。

アリストテレスによる真理の定義（Aristoteles' Wahrheitsdefinition）「そうであることをそうではないと言うこと、あるいはそうではないことをそうであると言うことは思い違い、ないしは嘘である。そうであることをそうであると言い、そうではないことをそうではないと言うことは真理である。であるから、何かがそうである、あるいはそうではないと主張する者は、真理を述べているか、あるいは思い違いをしているか、嘘をついているかのどれかである」。

アルゴリズム（Algorithmus）制御された結果――問題の解――にたどりつくために、一つのプロセスがきちんと定義された特定のステップを踏んで進行するように定めたルール。

一貫性（Kohärent）思想体系（一つの理論）は、構成部分が有意義に関連していれば、一貫性がある。

イデオロギー（Ideologie）ある社会経済的機能を満たす歪んだ人間解釈のこと。通常、この歪んだ人間解釈は、結局は不公平な富の配分を暗黙裡に正当化する。

意味の場（Sinnfeld）その中にある複数の対象が特定のあり方で関連をもつように並ぶ領域。それらの対象がどのように関連をもつか、そのあり方を著者は「意味〔Sinn〕」と呼ぶ。

意味論（Semantik）言葉の意味の理論。

意味論的外在主義（Semantischer Externalismus）言明に含まれる多くの要素は――それによって、私たちはそれ自体は言明ではないものに注意を向けることができるが――言うなれば外から方向づけられている、という主張。「意味は私たちの頭の中にあるのではない」（ヒラリー・パトナム）。

ランキン・Jr、アーサー（Arthur Rankin Jr.）
『最後のユニコーン（*The Last Unicorn*）』（ジュールス・バスとの共作） 31
劉慈欣（リウ・ツーシン）（Liu Cixin） 71
『三体』三部作 71
リオタール、ジャン＝フランソワ（Jean-François Lyotard） 234
リヒテンベルク、ゲオルク・クリストフ（Georg Christoph Lichtenberg） 385, 386
リーブス、キアヌ（Keanu Reeves） 304
リルケ、ライナー・マリア（Rainer Maria Rilke） 354-356
『ドゥイノの悲歌（*Duineser Elegien*）』 354, 355
リンチ、デイヴィッド（David Lynch） 158
『ブルーベルベット（*Blue Velvet*）』 158
リンネ、カール・フォン（Carl von Linné） 29, 93
『自然の体系（*Systema Naturae*）』 29
ルイス、デイヴィッド・ケロッグ（David Kellogg Lewis） 339, 340
ルター、マルティン（Martin Luther） 186, 198
ルブラン、マット（Matt LeBlanc） 129, 229
ルーマン、ニクラス（Niklas Luhmann） 371
レーガン、ロナルド（Ronald Reagan） 310
レーデル、セバスティアン（Sebastian Rödl） 349, 378
ロス、ゲイリー（Gary Ross） 228
『ハンガー・ゲーム（*The Hunger Games*）』 228, 313, 314
ローソン、ヒラリー（Hilary Lawson） 46, 172
ロメッチュ、イェンス（Jens Rometsch） 333

［ワ］

ワツラウィック、ポール（Paul Watzlawick） 205

ホメロス（Homer） 269, 398
『オデュッセイア（*Odysseia*）』 269
ボルヘス、ホルヘ・ルイス（Jorge Luis Borges） 257
『エル・アレフ（*El Aleph*）』 257
ホワイトヘッド、アルフレッド・ノース（Alfred North Whitehead） 102
ホンネフェルダー、ルドガー（Ludger Honnefelder） 393

［マ］

マカロック、ウォーレン（Warren McCulloch） 205
マクドナー、マーティン（Martin McDonagh） 312
『スリー・ビルボード（*Three Billboards Outside Ebbing, Missouri*）』 312
マザー・テレサ（Mutter Teresa） 243
マトゥラーナ、ウンベルト（Humberto Maturana） 144, 159, 205
『知恵の樹（*El árbol del conocimiento*）』（フランシスコ・バレーラとの共著） 144
マニュナ・タールマン、ナディア（Nadia Magnenat Thalmann） 281
ミンスキー、マーヴィン（Marvin Minsky） 24
メイヤスー、カンタン（Quentin Meillassoux） 351
『有限性の後で（*Après la finitude*）』 351
メスナー、ラインホルト（Reinhold Messner） 243, 244
メルケル、アンゲラ（Angela Merkel） 97, 104, 180, 181, 361

［ヤ］

ユウェナリス、デキムス・ユニウス（Decimus Junius Juvenalis） 313
『諷刺詩集（*Saturae*）』 313
ユドカウスキー、エリエゼル・シュロモ（Eliezer Shlomo Yudkowsky） 262, 264
ヨナス、ハンス（Hans Jonas） 144
『生命という原理（*Das Prinzip Leben*）』 144

［ラ］

ライプニッツ、ゴットフリート・ヴィルヘルム（Gottfried Wilhelm Leibniz） 201, 202, 250, 318, 358
ラカン、ジャック（Jacques Lacan） 314
ラッセル、バートランド（Bertrand Russell） 102, 103, 188-191, 332, 361
ラディッシュ、イリス（Iris Radisch） 292, 294
ラトゥール、ブリューノ（Bruno Latour） 293
『私たちはモダンであったことはない（*Nous n'avons jamais été modernes*）』 293

『パイドン（*Phaidon*）』 251
プランク、マックス（Max Planck） 42, 338
ブランダム、ロバート・ボイス（Robert Boyce Brandom） 346
『推論主義序説（*Articulating Reasons*）』 346
プリースト、グレアム（Graham Priest） 193
フリッシュ、カール・フォン（Karl von Frisch） 254
ブール、ジョージ（George Boole） 11
ブルーメンベルク、ハンス（Hans Blumenberg） 393
フレーゲ、ゴットローブ（Gottlob Frege） 11, 100-105, 113, 115, 141, 182, 189, 373, 374, 376-378, 381
「思想（Gedanke）」 100, 373
ブレンターノ、フランツ（Franz Brentano） 390
フロイト、ジークムント（Sigmund Freud） 23, 138, 142, 234, 384, 389, 390
『文化の中の居心地悪さ（*Das Unbehagen in der Kultur*）』 138
ブロック、ネド（Ned Block） 154, 156, 157
フロリディ、ルチアーノ（Luciano Floridi） 23, 24, 103, 113, 133
ヘーゲル、ゲオルク・ヴィルヘルム・フリードリヒ（Georg Wilhelm Friedrich Hegel） 14, 16, 172, 270, 348, 349, 392
ヘシオドス（Hesiod） 398
ヘッセ、ヘルマン（Hermann Hesse） 13
ヘラクレイトス（Heraklit） 148, 382
ペリクレス（Perikles） 406
ベルクソン、アンリ（Henri Bergson） 350
ベルルスコーニ、シルヴィオ（Silvio Berlusconi） 35
ホーキング、スティーヴン（Stephen Hawking） 24, 365
ホグレーベ、ヴォルフラム（Wolfram Hogrebe） 63, 361
ボゴシアン、ポール（Paul Boghossian） 16
ボストロム、ニック（Nick Bostrom） 239, 318-322
「あなたはコンピューターシミュレーションの中で生きているのか（Are You Living in a Computer Simulation?）」 318
『スーパーインテリジェンス（*Superintelligence*）』 318
ホックニー、デイヴィッド（David Hockney） 45
ボードリヤール、ジャン（Jean Baudrillard） 26, 307-311, 316
『アメリカ（*Amérique*）』 310
『シミュラークルとシミュレーション（*Simulacres et simulation*）』 307, 310
ホネット、アクセル（Axel Honneth） 392
ホフスタッター、ダグラス・リチャード（Douglas Richard Hofstadter） 55

『知恵の樹（*El árbol del conocimiento*）』（ウンベルト・マトゥラーナとの共著）
144
ヒトラー、アドルフ（Adolf Hitler） 207
『我が闘争（*Mein Kampf*）』 207
ピュタゴラス（Pythagoras） 250
ヒューム、デイヴィッド（David Hume） 339
ピール、ジョーダン（Jordan Peele） 312
『ゲット・アウト（*Get Out*）』 312
ファロッキ、ハルーン（Harun Farocki） 372
『消せない火（*Nicht löschbares Feuer*）』 372
フィスター、ウォーリー（Wally Pfister） 262
『トランセンデンス（*Transcendence*）』 262
フィッシュバーン、ローレンス（Laurence Fishburne） 304
フェラーリス、マウリツィオ（Maurizio Ferraris） 164-170, 260, 292, 293
『愚かさは深刻なことである（*L'imbecillità è una cosa seria*）』 260
『総動員（*Mobilitazione totale*）』 164
フォイエルバッハ、ルートヴィヒ（Ludwig Feuerbach） 129, 139
『キリスト教の本質（*Das Wesen des Christentums*）』 129
『将来の哲学の根本命題（*Grundsätze der Philosophie der Zukunft*）』 139
フォン・デア・ライエン、ウルズラ（Ursula von der Leyen） 106
深作欣二 313
『バトル・ロワイアル』 313
フーコー、ミシェル（Michel Foucault） 14, 88-94, 393, 396
『言葉と物（*Les mots et les choses*）』 88, 91, 92
『性の歴史（*Histoire de la sexualité*）』 91, 393
『肉の告白（*Les aveux de la chair*）』 393
フッサール、エトムント（Edmund Husserl） 182, 197, 205, 271, 273
『ヨーロッパ諸学の危機と超越論的現象学（*Die Krisis der europäischen Wissenschaften und die transzendentale Phänomenologie*）』 197, 205
ブノワ、ジョスラン（Jocelyn Benoist） 352
フラッシュ、クルト（Kurt Flasch） 393
プラトン（Platon） 11, 14, 46, 91, 100, 159, 180, 202, 250, 251, 328, 331, 332, 334-337, 343-345, 358, 393, 406
『饗宴（*Symposion*）』 406
『ソピステス（*Sophistes*）』 344
『テアイテトス（*Theaitetos*）』 328
『ティマイオス（*Timaios*）』 335

ドレイファス、ヒューバート（Hubert Dreyfus） 66, 200-202, 205, 208
『実在論を立て直す（*Retrieving Realism*）』（チャールズ・テイラーとの共著） 66
トロ、ギレルモ・デル（Guillermo del Toro） 312
『シェイプ・オブ・ウォーター（*The Shape of Water*）』 312

［ナ］

ナポレオン・ボナパルト（Napoléon Bonaparte） 31
ニクソン、リチャード（Richard Nixon） 310
ニーチェ、フリードリヒ（Friedrich Nietzsche） 12, 14, 26, 349, 361, 363, 387, 396
ニュートン、アイザック（Isaac Newton） 250, 285, 318
ヌスバウム、マーサ（Martha Nussbaum） 14
ネーゲル、トマス（Thomas Nagel） 69, 70, 355
「コウモリであるとはどのようなことか（What Is It Like to Be a Bat?）」 355
ノイマン、ジョン・フォン（John von Neumann） 205

［ハ］

ハイデガー、マルティン（Martin Heidegger） 134, 204-208, 210-214, 216-219, 221, 222, 224, 226, 228, 232, 309, 350, 351, 361
「考えるとはどういうことか（Was heißt Denken?）」（邦題「思惟とは何の謂いか」） 208
『存在と時間（*Sein und Zeit*）』 221
ハイネ、ハインリヒ（Heinrich Heine） 361
「夜の思い（Nachtgedanken）」 361
パウロ（使徒）（Paulus (Apostel)） 186-188
ハクスリー、トマス・ヘンリー（Thomas Henry Huxley） 283
バージ、タイラー（Tyler Burge） 231
バス、ジュールス（Jules Bass）
『最後のユニコーン（*The Last Unicorn*）』（アーサー・ランキン・Jr との共作） 31
バチェレ、ミシェル（Michelle Bachelet） 271
パトナム、ヒラリー（Hilary Putnam） 125-127, 131, 215
『理性・真理・歴史（*Reason, Truth, and History*）』 125
ハーバーマス、ユルゲン（Jürgen Habermas） 14, 306
ハラリ、ユヴァル・ノア（Yuval Noah Harari） 316
『サピエンス全史（*Sapiens*）』 316
バレーラ、フランシスコ（Francisco Varela） 144

［タ］

ダーウィン、チャールズ（Charles Darwin）　23
高見広春　313
　『バトル・ロワイアル』　313
ダメット、マイケル・アンソニー・アードリー（Michael Anthony Eardley Dummett）　380-382
　『思想と実在（*Thought and Reality*）』　380
チャーチル、ウィンストン（Winston Churchill）　124-126, 128
チャーマーズ、デイヴィッド（David Chalmers）　156, 157
　『意識する心（*The Conscious Mind*）』　156
チューリング、アラン（Alan Turing）　118, 191, 192, 198, 201, 204, 205, 272
デイヴィドソン、ドナルド（Donald Davidson）　83, 96
ディズニー、ウォルト（Walt Disney）　26, 262
テイラー、チャールズ（Charles Taylor）　66
　『実在論を立て直す（*Retrieving Realism*）』（ヒューバート・ドレイファスとの共著）　66
ティルドゥム、モルテン（Morten Tyldum）　191
　『イミテーション・ゲーム／エニグマと天才数学者の秘密（*The Imitation Game*）』　191
デカルト、ルネ（René Descartes）　272, 273, 280, 283, 323, 325, 333, 334, 358
　『省察（*Meditationes de prima philosophia*）』　323
テグマーク、マックス（Max Tegmark）　152, 250
テトス（パウロの弟子）（Titus (Schüler v. Paulus)）　186
デネット、ダニエル（Daniel Dennett）　151
デモクリトス（Demokrit）　337, 338
テレン、フランク（Frank Thelen）　25
ドイッチュ、デイヴィッド（David Deutsch）　55-58
　『無限の始まり（*The Beginning of Infinity*）』　55
ドゥボール、ギー（Guy Debord）　315, 316
　『スペクタクルの社会（*La société du spectacle*）』　315
トノーニ、ジュリオ（Giulio Tononi）　271-278, 280, 333
トラヴィス、チャールズ（Charles Travis）　75, 127
トランプ、ドナルド（Donald Trump）　17, 84, 128, 296, 310, 311, 315, 316
トリアー、ラース・フォン（Lars von Trier）　238
　『ドッグヴィル（*Dogville*）』　238
トリチェリ、エヴァンジェリスタ（Evangelista Torricelli）　223

コーエン、ジョエル（Joel Coen） 312
コッホ、アントン・フリードリヒ（Anton Friedrich Koch） 195
コッホ、クリストフ（Christof Koch） 272, 276
コナント、ジェイムズ（James Conant） 349
ゴリス、ヴォウター（Wouter Goris） 393
コリンズ、スーザン（Suzanne Collins） 313
『ハンガー・ゲーム（*The Hunger Games*）』 313, 314

［サ］

サール、ジョン・ロジャーズ（John Rogers Searle） 24, 106, 118-127, 131, 167-170, 200-202, 205
『あるがままにものを見る（*Seeing things as they are*）』 106
サルトル、ジャン゠ポール（Jean-Paul Sartre） 14, 30, 243
シェリング、フリードリヒ・ヴィルヘルム・ヨーゼフ（Friedrich Wilhelm Joseph Schelling） 358, 385, 386
『近世哲学史講義（*Zur Geschichte der neueren Philosophie*）』 385
シャノン、クロード（Claude Shannon） 115
シャープスティーン、ベン（Ben Sharpsteen） 262
『ファンタジア（*Fantasia*）』 262
シュタイン、エディット（Edith Stein） 14
シュタール、ゲオルク・エルンスト（Georg Ernst Stahl） 223
シュテケーラー゠ヴァイトホーファー、ピルミン（Pirmin Stekeler-Weithofer） 349
ショーペンハウアー、アルトゥール（Arthur Schopenhauer） 107
ジョーンズ、スパイク（Spike Jonze） 262, 349
『her／世界でひとつの彼女（*her*）』 262, 349
ジョンストン、マーク（Mark Johnston） 46
シラー、フリードリヒ（Friedrich Schiller） 257
スコット、リドリー（Ridley Scott） 38
『プロメテウス（*Prometheus*）』 38
スピアーズ、ブリトニー（Britney Spears） 97
スムート、ジョージ（George Smoot） 319
スローターダイク、ペーター（Peter Sloterdijk） 33
ゼーホーファー、ホルスト（Horst Seehofer） 181
荘子（Zhuang Zi） 280
ソクラテス（Sokrates） 12, 29, 89, 129, 148, 187, 358, 407

orientieren?)」 360
『純粋理性批判（*Kritik der reinen Vernunft*）』 62, 63, 223, 224
『判断力批判（*Kritik der Urteilskraft*）』 234, 405
カントール、ゲオルク（Georg Cantor） 195, 197
キャメロン、ジェームズ（James Cameron）
『ターミネーター（*The Terminator*）』 25, 121, 258, 261, 262
キューブリック、スタンリー（Stanley Kubrick） 38
『2001 年宇宙の旅（*2001: A Space Odyssey*）』 38, 262
クセノパネス（Xenophanes） 129
クライトン、マイケル（Michael Crichton） 281
『ウエストワールド（*Westworld*）』 281
クリプキ、ソール・アーロン（Saul Aaron Kripke） 30
グリュンバイン、ドゥルス（Durs Grünbein） 3, 30
クルーニー、ジョージ（George Clooney） 312
『サバービコン 仮面を被った街（*Suburbicon*）』 312
クルム、ハイディ（Heidi Klum） 347
クローネンバーグ、デイヴィッド（David Cronenberg） 304
『イグジステンズ（*eXistenZ*）』 304
クワイン、ウィラード・ヴァン・オーマン（Willard Van Orman Quine） 51, 70
『ことばと対象（*Word and Object*）』 70
ゲイツ、ビル（Bill Gates） 24
ゲッタ、デヴィッド（David Guetta） 314
ゲーテ、ヨハン・ヴォルフガング・フォン（Johann Wolfgang von Goethe） 31, 79, 146, 257, 262
『ゲーテ全集（*Goethe-Gesamtausgabe*）』 255
『ファウスト（*Faust*）』 31, 340
「魔法使いの弟子（Der Zauberlehrling）」 146, 262
ゲーデル、クルト・フリードリヒ（Kurt Friedrich Gödel） 186, 195, 201
ケネディ、ジョン・F（John F. Kennedy） 199
ゲルニッツ、トーマス（Thomas Görnitz） 267-271
『量子物理学から意識へ（*Von der Quantenphysik zum Bewusstsein*）』（ブリギッテ・ゲルニッツとの共著） 267
ゲルニッツ、ブリギッテ（Brigitte Görnitz） 267-271
『量子物理学から意識へ（*Von der Quantenphysik zum Bewusstsein*）』（トーマス・ゲルニッツとの共著） 267
ケルン、アンドレア（Andrea Kern） 349
コーエン、イーサン（Ethan Coen） 312

125, 303-305, 307
ウォシャウスキー、リリー（Lilly Wachowski） 303
『マトリックス（*Matrix*）』三部作（ラナ・ウォシャウスキーとの共作） 53, 125, 303, 305, 307
ウォーホル、アンディ（Andy Warhol） 308
《ブリロ・ボックス（Brillo Boxes）》 308
ウォルフ、マイケル（Michael Wolff） 315
『炎と怒り（*Fire and Fury*）』 315
エガーズ、デイヴ（Dave Eggers） 226
『ザ・サークル（*The Circle*）』 226
エピメニデス（Epimenides） 187
エリス、ジョージ・フランシス・レイナー（George Francis Rayner Ellis） 365
オーウェル、ジョージ（George Orwell） 98
『1984（*1984*）』 98
オストルンド、リューベン（Ruben Östlund） 135, 230
『ザ・スクエア 思いやりの聖域（*The Square*）』 135
『フレンチアルプスで起きたこと（*Turist*）』 230
オバマ、バラク（Barack Obama） 25, 123, 124, 127, 128, 312
オルバーン、ヴィクトル（Orbán Viktor） 410

［カ］

カエサル、ガイウス・ユリウス（Gaius Julius Caesar） 368, 369, 373
ガダマー、ハンス＝ゲオルク（Hans-Georg Gadamer） 83, 84, 96, 382
カーツワイル、レイモンド（Raymond Kurzweil） 24, 166
ガナシア、ジャン＝ガブリエル（Jean-Gabriel Ganascia） 173
『シンギュラリティという神話（*Le mythe de la singularité*）』（邦題『虚妄の AI 神話』） 173
ガーランド、アレックス（Alex Garland） 262, 312
『アナイアレイション ―全滅領域―（*Annihilation*）』 312
『エクス・マキナ（*Ex Machina*）』 262
ガリレイ、ガリレオ（Galileo Galilei） 223
カルデロン・デ・ラ・バルカ、ペドロ（Pedro Calderón de la Barca） 107
『人生は夢のごとし（*La vida es sueño*）』 107
カルナップ、ルドルフ（Rudolf Carnap） 361
カント、イマヌエル（Immanuel Kant） 13, 14, 21, 28, 62-64, 222, 224, 225, 234, 236, 237, 360, 404, 405
「思考の方向を定めるとはどういうことか（Was heißt: sich im Denken

人名・作品名索引

・「謝辞」を除く本文中に登場する人物（作品の登場人物などを除く）をすべて対象とした。
・登場する作品名を、人名の子項目として掲げた。

［ア］

アインシュタイン、アルバート（Albert Einstein） 248-250, 350
アウグスティヌス（教父）（Augustinus (Kirchenvater)） 328
アドルノ、テオドール・ヴィーゼングルント（Theodor Wiesengrund Adorno） 46, 298
『否定弁証法（*Negative Dialektik*）』 46
アリストテレス（Aristoteles） 11, 14, 23, 59-62, 64-67, 86, 91, 100, 105, 107, 159, 160, 180, 202, 250, 331, 332, 334-337, 343, 344, 358, 388, 390, 393-395
『形而上学（*Metaphysica*）』 393
『魂について（*De anima*）』 59, 393
アル＝アサド、バッシャール（Bashar al-Assad） 88
アレント、ハンナ（Hannah Arendt） 14
アロノフスキー、ダーレン（Darren Aronofsky） 312
『マザー！（*mother!*）』 312
イエス（ナザレの）（Jesus von Nazareth） 207, 343
ヴァイツゼッカー、カール・フリードリヒ・フォン（Carl Friedrich von Weizsäcker） 267
ヴィトゲンシュタイン、ルートヴィヒ（Ludwig Wittgenstein） 75, 101, 103, 115, 198, 261, 287, 296, 325-329, 357, 359, 361
『確実性について（*Über Gewißheit*）』 325
『哲学探究（*Philosophische Untersuchungen*）』 198, 261, 287
『論理哲学論考（*Logisch-philosophische Abhandlung*）』 101
ウィーナー、ノーバート（Norbert Wiener） 205
ウエルベック、ミシェル（Michel Houellebecq） 25, 112, 115
『ある島の可能性（*La Possibilité d'une île*）』 25
『地図と領土（*La carte et le territoire*）』 112
ウォシャウスキー、ラナ（Lana Wachowski） 303
『マトリックス（*Matrix*）』三部作（リリー・ウォシャウスキーとの共作） 53,

マルクス・ガブリエル (Markus Gabriel)

一九八〇年生まれ。哲学者。現在、ボン大学教授。後期シェリング研究をはじめ、古代哲学における懐疑主義からヴィトゲンシュタイン、ハイデガーに至る西洋哲学全般について多くの著作を執筆。「新しい実在論」を提唱して世界的に注目されている。主な著書として、『なぜ世界は存在しないのか』(原著二〇一三年、講談社選書メチエ)、『「私」は脳ではない』(原著二〇一七年、講談社選書メチエ)、本書(原著二〇一八年)で構成される一般書「三部作」がある。

姫田多佳子（ひめだ・たかこ）

津田塾大学国際関係学科卒業。五年間のドイツ滞在時にドイツ語を習得。以来三〇年間、学術論文等の翻訳に従事。訳書に、バスティアン・オーバーマイヤー＋フレデリック・オーバーマイヤー『パナマ文書』(ＫＡＤＯＫＡＷＡ)、マルクス・ガブリエル『「私」は脳ではない』(講談社選書メチエ)、ダニエレ・グラフ＋カティア・ザイデ『ドイツ流 絶対に怒らない子育て』(飛鳥新社)。

飯泉佑介（いいずみ・ゆうすけ）

一九八四年、千葉県生まれ。東京大学大学院人文社会系研究科博士課程単位取得退学。博士(文学)。現在、福岡大学人文学部准教授。専門は、ドイツ観念論・現代実在論。著書に、『意識と〈我々〉――歴史の中で生成するヘーゲル『精神現象学』』(知泉書館)、『ヘーゲルと現代社会』(共著、晃洋書房)ほか。訳書に、マルクス・ガブリエル＋スラヴォイ・ジジェク『神話・狂気・哄笑』(共訳、堀之内出版)、ポール・ボゴシアン『知への恐れ』(共訳、堀之内出版)ほか。

考《かんが》えるという感《かん》覚《かく》／思《し》考《こう》の意《い》味《み》

二〇二四年一二月一〇日　第一刷発行
著者　マルクス・ガブリエル
訳者　姫《ひめ》田《だ》多《た》佳《か》子《こ》・飯《い》泉《いずみ》佑《ゆう》介《すけ》
発行者　篠木和久
発行所　株式会社　講談社
東京都文京区音羽二丁目一二—二一　〒一一二—八〇〇一
電話（編集）〇三—五三九五—三五一二
（販売）〇三—五三九五—五八一七
（業務）〇三—五三九五—三六一五
装幀者　奥定泰之
本文印刷　株式会社新藤慶昌堂
カバー・表紙印刷　半七写真印刷工業株式会社
製本所　大口製本印刷株式会社

ISBN978-4-06-535293-9　Printed in Japan　N.D.C.101　466p　19cm
KODANSHA

講談社選書メチエの再出発に際して

講談社選書メチエの創刊は冷戦終結後まもない一九九四年のことである。長く続いた東西対立の終わりはついに世界に平和をもたらすかに思われたが、その期待はすぐに裏切られた。超大国による新たな戦争、吹き荒れる民族主義の嵐……世界は向かうべき道を見失った。そのような時代の中で、書物のもたらす知識が一人一人の指針となることを願って、本選書は刊行された。

それから二五年、世界はさらに大きく変わった。特に知識をめぐる環境は世界史的な変化をこうむったとすら言える。インターネットによる情報化革命は、知識の徹底的な民主化を推し進めた。誰もがどこでも自由に知識を入手でき、自由に知識を発信できる。それは、冷戦終結後に抱いた期待を裏切られた私たちのもとに差した一条の光明でもあった。

その光明は今も消え去ってはいない。しかし、私たちは同時に、知識の民主化が知識の失墜をも生み出すという逆説を生きている。堅く揺るぎない知識も消費されるだけの不確かな情報に埋もれることを余儀なくされ、不確かな情報が人々の憎悪をかき立てる時代が今、訪れている。

この不確かな時代、不確かさが憎悪を生み出す時代にあって必要なのは、一人一人が堅く揺るぎない知識を得、生きていくための道標を得ることである。

フランス語の「メチエ」という言葉は、人が生きていくために必要とする職、経験によって身につけられる技術を意味する。選書メチエは、読者が磨き上げられた経験のもとに紡ぎ出される思索に触れ、生きるための技術と知識を手に入れる機会を提供することを目指している。万人にそのような機会が提供されたとき初めて、知識は真に民主化され、憎悪を乗り越える平和への道が拓けると私たちは固く信ずる。

この宣言をもって、講談社選書メチエ再出発の辞とするものである。

二〇一九年二月　　野間省伸

MÉTIER